Gaohan Diqu Gaodengji Gonglu Lumian
Yufangxing Yanghu Jishu

高寒地区高等级公路路面预防性养护技术

赵雄章 张长福 马寿 等 编著

人民交通出版社股份有限公司

北京

内 容 提 要

本书以青海省高速公路、一级公路沥青路面预防性养护工程为实例,讨论了高寒地区高等级公路沥青路面预防性养护决策分析方法,介绍了苯乙烯-丁二烯-苯乙烯嵌段共聚物(SBS)改性乳化沥青微表处、超薄冷拌改性乳化沥青混凝土、橡胶沥青应力吸收层、沥青路面材料就地热再生等预防性养护技术,可供相关工程技术人员参考。

图书在版编目(CIP)数据

高寒地区高等级公路路面预防性养护技术 / 赵雄章等编著. — 北京:人民交通出版社股份有限公司, 2021.12
ISBN 978-7-114-15826-1

Ⅰ.①高⋯ Ⅱ.①赵⋯ Ⅲ.①寒冷地区—等级公路—路面—公路养护 Ⅳ.①U418.6

中国版本图书馆 CIP 数据核字(2019)第 190949 号

书　　　名:	高寒地区高等级公路路面预防性养护技术
著 作 者:	赵雄章　张长福　马　寿　等
责任编辑:	丁　遥　闫吉维
责任校对:	赵媛媛
责任印制:	张　凯
出版发行:	人民交通出版社股份有限公司
地　　址:	(100011)北京市朝阳区安定门外外馆斜街3号
网　　址:	http://www.ccpcl.com.cn
销售电话:	(010)59757973
总 经 销:	人民交通出版社股份有限公司发行部
经　　销:	各地新华书店
印　　刷:	北京市密东印刷有限公司
开　　本:	787×1092　1/16
印　　张:	18.25
字　　数:	445 千
版　　次:	2021 年 12 月　第 1 版
印　　次:	2021 年 12 月　第 1 版
书　　号:	ISBN 978-7-114-15826-1
定　　价:	150.00 元

(有印刷、装订质量问题的图书由本公司负责调换)

本书编写委员会

主　　编：赵雄章
副 主 编：陈胜利　马鹏飞　程军勤
委　　员：张长福　马　寿　马晓明　马成华
　　　　　马成海　田中伟　史文兴　李秀兰
　　　　　杨洪莉　肖　林　张伟宽　周存秀
　　　　　童知翠　薛永康

前　言

　　青海省高速公路建设从 1999 年开始,目前已基本形成以西宁为中心,连接 7 个市(州),辐射东部周边和西部地区的高速公路主骨架,实现了历史性跨越,取得了巨大成就。高速公路的快速发展,极大地提高了青海省公路网的整体技术水平,优化了交通运输结构,对缓解交通运输的"瓶颈"制约发挥了重要作用,有力促进了青海经济发展和社会进步。

　　青海等西部地区有着鲜明的地域气候特色,高等级公路建设和养护均有其独特性,因此在青海高等级公路建设高峰时期研究预防性养护技术,目的就是让高等级公路的养护技术发展不滞后于公路建设,为今后大规模的高等级公路养护做好技术储备,弥补西部高寒地区高等级公路预养护技术较为落后的不足,改变青海等西部地区的养护理念,满足高等级公路建养不脱节的需求。

　　近年来,青海省在高等级公路中积极推行预防性养护的理念。本书以青海省高速公路、一级公路沥青路面预防性养护工程为实例,讨论了高寒地区公路沥青路面预防性养护决策分析方法,介绍了 SBS 改性乳化沥青微表处、超薄冷拌改性乳化沥青混凝土、橡胶沥青应力吸收层、沥青路面材料就地热再生等预防性养护技术。

　　本书得到青海省高等级公路建设管理局及相关科研、设计、施工、监理单位的大力支持和帮助,他们为本书提供了宝贵的资料,在此致谢!

　　鉴于作者水平有限,疏漏或错误之处在所难免,敬请读者批评指正。

目　录

第一章　绪论	1
第一节　研究背景	1
第二节　研究目的和意义	3
第三节　国内外研究现状	3
第二章　国内外预防性养护技术	11
第一节　稀浆封层与微表处	11
第二节　沥青混凝土薄层罩面	13
第三节　碎石封层	14
第四节　雾封层与还原剂封层	15
第五节　就地热再生	16
第三章　高寒地区高等级公路沥青路面预防性养护时机及决策技术	19
第一节　青海高寒地区高等级公路沥青路面早期病害调查与分析	19
第二节　高寒地区高等级公路沥青路面预防性养护措施	50
第三节　高等级公路沥青路面预防性养护决策分析	51
第四章　高寒地区高性能 SBS 改性乳化沥青研究	61
第一节　研究背景及现状	61
第二节　SBS 改性沥青乳化性能的影响因素	63
第三节　SBS 改性沥青的制备与性能试验	67
第四节　SBS 改性乳化沥青的制备与性能试验	72
第五节　SBS 与纳米二氧化硅复合改性乳化沥青的制备与性能试验	75
第五章　高寒地区 SBS 改性乳化沥青微表处预养护技术	87
第一节　研究背景及现状	87
第二节　微表处技术原材料要求	88
第三节　微表处混合料配合比设计	91
第四节　微表处混合料路用性能	96

第五节　微表处施工技术 …………………………………………………………… 100
　　第六节　现场试验工程 …………………………………………………………… 105
第六章　超薄冷拌改性乳化沥青混凝土预养护技术 …………………………………… 125
　　第一节　研究背景及现状 ………………………………………………………… 125
　　第二节　薄层罩面特点、适用条件及适用范围 ………………………………… 130
　　第三节　原路面病害处治措施 …………………………………………………… 132
　　第四节　原材料要求 ……………………………………………………………… 134
　　第五节　冷拌乳化沥青的生产与技术指标 ……………………………………… 135
　　第六节　改性乳化沥青混合料配合比设计 ……………………………………… 140
　　第七节　冷拌改性乳化沥青混凝土配合比设计 ………………………………… 147
　　第八节　冷拌改性乳化沥青混凝土路用性能 …………………………………… 150
　　第九节　施工工艺 ………………………………………………………………… 154
　　第十节　施工质量控制 …………………………………………………………… 155
第七章　橡胶沥青应力吸收层预养护技术工程应用 …………………………………… 159
　　第一节　试验工程概况 …………………………………………………………… 159
　　第二节　橡胶沥青应力吸收层设计 ……………………………………………… 159
　　第三节　橡胶沥青应力吸收层施工 ……………………………………………… 161
　　第四节　试验工程性能检测与评价 ……………………………………………… 163
第八章　高寒地区沥青路面材料就地热再生技术及推广应用研究 …………………… 165
　　第一节　研究背景及现状 ………………………………………………………… 165
　　第二节　RAP性能评价及回收方法分析 ………………………………………… 180
　　第三节　再生沥青制备与性能研究 ……………………………………………… 187
　　第四节　再生沥青混合料配合比设计与路用性能评价 ………………………… 204
　　第五节　再生沥青混合料的老化特性 …………………………………………… 228
　　第六节　改性剂对再生沥青混合料性能的影响 ………………………………… 237
　　第七节　就地热再生施工技术 …………………………………………………… 247
　　第八节　施工质量控制与安全管理 ……………………………………………… 261
　　第九节　现场试验工程 …………………………………………………………… 267
　　第十节　经济效益分析 …………………………………………………………… 269
参考文献 …………………………………………………………………………………… 274

第一章
绪论

第一节 研究背景

　　交通运输是国民经济的基础产业和先导产业。我国西部地区地域辽阔,要加快经济发展,改善生产、生活条件,急需便捷完善的交通运输作为支撑。青海省顺应"要致富先修路"的发展理念,自20世纪末以来在公路建设上已取得了长足的进步。根据东部地区的经验,高等级公路的发展,最初以规划建设为主,逐步向运行管理与养护管理过渡,在路网基本建成之后则集中体现在运行管理与养护管理上。

　　路面是公路服务功能的集中体现部位,公路的使用寿命及服务质量与路面的使用状况息息相关,因此,路面养护是整个公路养护工作的重中之重,其基本原则是"以路面养护为中心,加强全面养护"。竣工后的路面在使用过程中,其使用性能会因行车荷载和环境因素的不断作用而逐渐变坏。路面使用性能的恶化,将急剧增加车辆的运行费用。因此,在路面运营期内,还需投入大量的资金用以维护(包括养护和改建)路面,使之保持良好的使用性能。在资金充足的情况下,可以对所有不满足使用性能的路段及时采取养护或改建措施。然而,在资金不足的情况下,尤其像青海这样的西部省份,自身的经济发展水平较低,公路建设资金有限,就更需要倡导公路预防性养护的理念,把有限的资金分配到最需要采取措施并能取得最佳效果的路段上,使现有的路网保持合理的服务水平。

　　所谓预防性养护,就是在合理的时间内对相关公路设施进行正确维护,在路面尚未发生破坏或刚出现病害迹象时采取强制性保养措施,将病害控制在萌芽状态,从而取得养护工作的主动性,延缓路面状况的进一步恶化。养护不及时可能导致公路的早期损坏,增大养护成本,形成恶性循环。美国公路行业曾对几十万公里不同等级公路进行跟踪调查,发现这些公路的使用性能和寿命有一个共同的变化特征:一条质量合格的公路,在使用寿命75%的时间内性能下降40%,这一阶段称之为预防性养护阶段。此阶段如不及时进行养护,在随后12%的使用寿命时间内,性能再次下降40%,而养护成本却要增加3~10倍,这一阶段称为矫正性养护阶段。

　　路面预防性养护(Pavement Preventive Maintenance,简称PPM),是指在不增加路面结构承载力的前提下,对结构完好的路面或附属设施有计划地采取某种具有费用效益的措施,以达到保养路面系统、延缓损坏、保持或改进路面功能状况的目的。

　　根据1985年美国对沥青路面三种不同养护方式的实际费用分析可以看出:第一种情况,路面铺筑后不进行中间养护,待使用20年后重新修建,平均每平方米年费用是1.043美元;第二种情况,路面铺筑后行车10年进行保养,平均每平方米年费用是0.799美元;第三种情况是采用预防性养护计划,平均每平方米年费用为0.383美元。比较以上三种费用,采用预防性养护计划可比第一种情况节省63%,比第二种情况节省52%,且采用预防性养护计划所产生的间接效益更为显著。

可见PPM是缓解养护资金短缺、提高养护质量的有效手段,应纳入低成本养护技术范畴,因此本书将重点围绕预防性养护技术开展研究。

近几年来,青海省在高等级公路中也积极推行预防性养护的理念,主要包括以下三方面的内容:一是加强路面、桥涵技术状况的定期检查;二是加强路面裂缝、坑槽和高路肩的维修和处治;三是加强路基边沟和桥涵纵横排水系统的疏通。

目前乃至未来一段时间,像青海这样高寒高原条件下的西部地区的公路养护呈现如下几个特点:

(1)地广人稀,公路里程长,养护难度大。

(2)交通量相对东部地区较低,对路面品质和性能的要求也要低于东部地区。

(3)经济欠发达,养护资金不足现象时常存在。

(4)海拔高,气候寒冷,施工期短,不利于热拌混合料施工。

此外,目前东部地区高等级公路常用的预防性养护方法,如热沥青混凝土薄层罩面和微表处,用在西部欠发达地区高等级公路中会带来一些问题:前者是热拌混合料施工,不适应西部寒冷气候条件;后者在东部地区应用时就存在寿命较短的问题,更难适应西部高寒地区气候环境,需要进一步改善其使用性能。原来用在东部地区中低等级路面或者高等级路面的养护技术,如乳化沥青碎石封层、乳化沥青混凝土等,有如下特点:

(1)早期强度形成慢,且低于热拌混合料,不适合交通量大的高等级公路,但采取改性等技术措施后,能满足低交通量西部高等级公路养护的要求。

(2)工程造价低于目前热拌混合料养护技术,乳化沥青碎石封层成本大约为13元/m^2,在成本上更容易被西部地区接受。

(3)常温施工既环保、节约燃料,又可延长施工期,能较好地解决西部高寒地区施工期短的问题,有利于保护生态环境。

(4)采用常温混合料,比热拌混合料更适合长距离养护施工,节约能源。

(5)施工简便,对工艺设备要求相对较低,适合西部经济欠发达地区应用。

综上所述,基于乳化沥青的冷铺冷拌技术非常适合西部高等级公路预防性养护,需要解决的问题是如何进一步改善其性能和工艺,使其适合西部地区高等级公路的养护。本书将紧紧围绕目前养护工作中存在的这些不足之处,从以下两个方面来开展工作:一是选用高性能乳化剂和改性剂,全面提高乳化沥青的路用性能,特别是提高乳化沥青对石料的裹覆和黏结能力;二是开展新型冷拌冷铺技术及其在青海省高等级公路预养护中的适应性研究。通过上述工作,研究提出符合青海省高等级公路养护需求的低成本路面预防性养护技术。

在西部高等级公路建设高峰时期组织一定技术力量,提前对养护管理进行深入研究,这样在理论、实践两方面都能使建设与养护管理这两个阶段紧密联系,不至于形成技术上和管理上的脱节,对西部地区公路运输具有重要现实意义。

第二节　研究目的和意义

青海等西部地区有着鲜明的地域气候特色,高等级公路建设和养护均有其独特性,因此在青海高等级公路建设高峰时期,研究预养护技术,目的就是让高等级公路的养护技术发展不滞后于公路建设,为今后大规模的高等级公路养护做好技术储备,弥补西部高寒地区高等级公路预养护技术较为缺乏的现状,革新青海等西部地区养护理念,满足高等级公路建养不脱节的需求。

第三节　国内外研究现状

公路管理技术始于20世纪70年代的北美,美国在经历了大规模的公路建设后,面临大量的、同时到来的路面养护工作,为了准确地了解公路网的破损情况,把有限的养护资金分配到最需要养护的路段上,研究人员开发了路面破损数据检测设备,建立了数据库,指定了评价方法、标准和优先养护排序模型,这种以计算机为工具的路面管理技术被称为路面管理系统(Pavement Management System,简称PMS)。到20世纪80年代中期,约有35个州已经建成或基本建成路面管理系统,其中较有代表性的有:加利福尼亚州路面管理系统(1978),华盛顿州路面管理系统(1980),亚利桑那州路面管理系统(1980),美国陆军工兵团的PAVER路面管理系统(1983),美国空军机场道面维护管理系统(1981)。

我国路面养护管理系统的研究始于1984年。交通部于1984年在辽宁引进英国的BMS系统,这标志着我国路面养护管理系统的研究和应用开始了。1987年,湖南省开发了适合本地区的路面养护系统。自此之后,广东、河南、陕西、江西等地也相继开发了适合本地区的路面养护系统。1988年,交通部在云南引进了世界银行的HDM-Ⅲ公路养护标准模型,开创了我国在公路养护领域经济分析研究的先例。在"七五"期间,交通部建立了我国自己的路面管理系统CPMS。"八五"期间,国家在14个省市推广使用了CPMS系统。与此同时,交通部公路科研所与同济大学及北京、广东等地联合开发了干线公路(省市级)路面评价养护系统。这些养护系统的开发利用,对我国路面养护管理水平的提高起到极大的推动作用。

至20世纪90年代末,除了管理技术之外,养护材料与养护机械也逐步开发完善,形成了成套的路面养护技术,如局部修补技术、罩面技术、沥青再生技术等,特别是稀浆封层技术、恢复抗滑能力技术等预防性养护技术的应用,充分体现了我国公路养护"预防为主,防治结合"的方针,取得了良好效果。但大多数地区仍采用被动养护方式,主要原因在于缺乏对路况的调查、对数据的收集整理以及对公路病害的预测,无法正确及时做出养护决策和养护规划,即使有养护计划,但针对性、预防性、效益性如何,很难有个量化结果,所以养护工作跟不上。

PPM是缓解养护资金短缺、提高养护质量的有效手段。如何针对合适的路面,综合考虑技术和经济因素,选择出最合适的预养护措施,即预养护对策的选择,是PPM的关键。PPM在国内的研究和应用都还处于起步阶段。东部地区虽然目前已经开始采取预养护措施,但各种预养护措施所应用的路面状况没有统一的标准,仅靠主观臆断,而且预养护措施的选择缺乏客观的依据,大大限制了预养护技术的推广应用。西部地区不但养护决策研究得少,而且在符合西部地区特色的预防性养护措施应用上研究得也不多。

国内的预养护技术尚处于起步阶段,不是十分成熟,主要是技术措施的应用,没有系统进行技术评估和决策研究,没有实施技术标准,因此在功能需求、养护策略等方面不能适应高速公路路面管理的需要。

高速公路沥青路面养护工作是一个系统的工程,其养护的定义和类别划分也随各个国家气候情况、道路类型、经济状况及技术水平的不同而不同。美国等西方国家根据病害的类型、路面的损害程度以及所需采用的养护维修方式的技术特点,将沥青路面的养护维修作业分为预防性养护、修复性养护、路面翻修、路面重建四类。

根据美国国家公路与运输协会(American Association of State Highway and Transportation Officials,简称 AASHTO)标准对预防性养护的定义来看,它是一种在公路寿命周期内,为了保证路况良好、延长公路寿命并将寿命周期内养护成本降到最低而应用一系列的预防性养护性措施的系统过程。

从沥青路面预防性养护技术的发展历程上来看,美国从 20 世纪 80 年代末开始提出路面预养护计划,并于 1987 年启动公路战略研究计划(Strategic Highway Research Program,简称 SHRP)。在 SHRP 计划的第三个子项目养护费用效益中的主要研究课题 H101 和 H106,对预防性养护、修复性养护、面层翻修工程、道路重建这四种预防性养护技术以及坑洞修补和裂缝(接缝)填封这两种修复性养护方法进行了深入系统的研究。SHRP 第二个子项目路面长期性能中有关柔性路面的养护课题 SPS3 作为 H101 课题的延伸和路面长期使用性能(Long-Term Pavement Performance,简称 LTPP)计划的一部分,进一步明确了预防性养护在有效延长路面服务寿命、节约寿命周期费用方面具有良好的经济效益。

此外,美国联邦公路管理局(FHWA)、路面维护机构(FP2:The Foundation of Pavement Preservation)和 AASHTO 联合推动路面预防性养护策略的实行,并在 6 个方面资助了 50 个研究子课题。为解决预防性养护时机问题,FHWA 资助了专门的项目 NCHRPP14-14(The National Cooperative Highway Research Program Project 14-14)。同时,AASHTO、FP2 和 FHWA 耗时 3 年,投资 350000 美元来支持有关预防性养护时机选择的研究项目。

澳大利亚各州以及法国各地区,利用 PMS 对道路路况进行总体监控,从而可以对需要采取养护措施的路面通过上铺薄层沥青磨耗层来改善路面抗滑效果,同时达到降噪、提高行车舒适性的目的,且养护成本较低。

南非普遍采用的路面养护措施是各种基于路况而选择的表面封层技术,通过 PMS 来识别路面病害,并利用预裹沥青集料在路面寿命周期中较早进行养护。

目前我国采用的预防性养护技术主要包括稀浆封层、微表处、碎石封层、复合封层、薄热拌沥青混凝土加铺层(Thin Hot-Mix Overlays,简称 THMO)、灌缝或封缝、雾封层和沥青再生剂八种。若按养护施工的厚度来划分,路面预防性养护措施则可以分为四类:第一类为 0cm 措施,主要指雾封层;第二类为 1cm 措施,主要指稀浆封层、微表处;第三类为 2cm 措施,主要指碎石封层、超薄磨耗层(Novachip)、超薄沥青混凝土(Ultra Thin Asphalt Concrete,简称 UTAC);第四类为 3cm 措施,主要指 AC-10、SMA-10、OGFC-10 薄层罩面。有的文献将封缝纳入预养护技术,因裂缝修补既属于小修范畴,也是进行其他预养护技术的前提,故本书不再单独将其列为预养护技术。

近年来,我国对预防性养护技术的研究不断深入,并在全国各地进行了不同程度的试验验证。在理论创新方面,在新材料、预养护决策与施工技术上都取得了一定的实际效果。下面具体对国内外主要采用的五种预养护技术做简单介绍。

一、雾封层技术

国外发达国家的雾封层养护技术的理论研究与实践经验都比较成熟,例如美国具有成套的雾封层技术规范、成熟的施工工艺以及精密的施工喷洒设备。

我国对于雾封层养护技术的研究相对较少。北京工业大学的王利利等首次在北京八达岭高速公路进行了雾封层养护工程,材料使用的是美国的 STAR-SEAL SUPREME 乳液拌和细集料,随后对雾封层处治后的使用效果进行了跟踪检测与评价。招商局重庆交通科研设计院有限公司、重庆市智翔铺道技术工程有限公司等通过对雾封层的主要原材料——乳化沥青的研究,并结合国内外已有的雾封层技术研究,开发出适应于我国交通量、路面状况、气候条件的雾封层材料,2005 年在重庆进行了推广应用,取得了一定的研究成果。

近年来,雾封层养护技术在我国的实际道路工程中开始逐步应用,例如在安徽合宁高速公路、新疆吐乌大高速公路以及湖北京珠高速公路上都得到了广泛的应用,其间积累了大量的理论与实践经验,并取得了良好的经济效益和社会效益。

由于雾封层用于预防公路早期破坏最为有效,所以 2004 年第二届全国公路科技创新高层论坛将它作为养护新技术,在全国进行推广。

跟发达国家相比,我国雾封层技术起步较晚,技术规范、施工工艺基本上都是照抄照搬国外发达国家,雾封层养护机械也是从国外引进。因此,我们应重视雾封层养护技术,总结国外雾封层研究成果,并且结合我国各地道路状况、气候特点,开发针对我国各地特色的雾封层技术。

二、微表处技术

1. 国外微表处技术研究

稀浆封层作为一种经济、快速、高效的路面表处方法,在西方发达国家早已被广泛使用。这项技术 20 世纪 40 年代后期发明于德国,60 年代后在欧美得到迅速推广。80 年代后又出现改性沥青稀浆封层,并在世界范围内迅速推广。在美国,改性沥青稀浆封层的应用范围占全国黑色路面的 60% 左右。

随着微表处技术的出现,欧洲各国开始大面积实践应用。另外,美国、澳大利亚和加拿大等国在 20 世纪八九十年代也开始引进这项技术,并且在道路养护维修中越来越普遍地使用。由于其良好的处治效果,有逐步取代普通稀浆封层的趋势。

由于微表处技术的迅速发展,国外学者开始对微表处混合料设计方法、试验方法、原材料对微表处混合料性能的影响以及微表处对环境的影响进行详尽的理论研究,并取得了一定成果。

在微表处混合料设计和试验方法研究中,C. Robed Benedict 通过负荷试验确定最佳沥青用量,通过60℃黏聚力试验或负荷试验确定最佳矿粉用量和添加剂用量,研究得出在车辆荷载作用下最大抵抗竖向位移时可以得到最佳改性剂和添加剂用量。Dr. Sundaram Logaraj 等通过振动试验、泵吸试验和高温储存稳定性试验对改性乳化沥青稳定性进行研究,得出不同环境条件下的稳定性,并提出相关技术指标。

在原材料对微表处性能的影响研究中,Alan James 等通过选择磷酸作为 pH 值调节剂对乳化沥青进行混合料黏聚力性能调节试验。研究结果表明使用磷酸效果更好,并且磷酸具有更广的适用范围,非常适用于 SBS 改性沥青。

在微表处对环境的影响研究中,德国巴斯夫集团通过对比微表处与热拌沥青混合料摊铺技术对环境的影响研究,得出微表处技术在运输摊铺过程中排放更少的污染物,因而具有更好的生态效益。

2. 国内微表处技术研究

20 世纪 80 年代后期,稀浆封层技术传到我国,各地开始乳化沥青及稀浆封层技术的研究。"八五"期间得到迅速发展,并取得一系列科研成果。随着国内外乳化沥青技术及设备的不断更新换代,"九五"期间,我国开始了改性乳化沥青稀浆封层的研究工作。近几年来,这项技术越来越受到重视,在公路养护与维修实践中得到了普遍认可,它对于新旧路面的老化、裂缝、松散、坑槽等病害,能够很好地起到预防和维修作用,使路面的防水、抗滑、平整、耐磨性能迅速得到提高,还可以用于砂石路的防尘处理、路面铺装等方面。目前,稀浆封层的施工已达到规范化、标准化,随着施工质量的提高和成本的降低,稀浆封层的应用范围也在逐步扩大,由低等级公路逐渐推广到高等级公路的早期维修与养护上,特别是改性乳化沥青稀浆封层(微表处)的研发,使其成为用量最大的一种预防性养护措施。

2000 年,"高速公路改性乳化沥青稀浆封层养护技术"列入国家经贸委组织的"国家技术创新计划"。2000 年 9 月,在山西太旧高速公路上铺筑了 8km 的微表处试验段。2001 年,由交通部公路科学研究所主持的"改性乳化沥青稀浆封层养护技术"列入交通部西部交通建设科技项目计划,该项目通过对西部地区道路状况、气候、材料条件的调查分析,开发出适合我国西部地区的微表处技术,提出了技术措施、设计方法、施工工艺、适用范围,编制了微表处技术指南,并在四川内宜高速公路和 110 国道乌海段进行了试验段铺筑。

2000 年以后,山西、四川、山东、江苏、辽宁、天津、内蒙古、福建、浙江、上海、河北等十多个省区市铺筑了 2000 多万平方米高速公路微表处罩面,为微表处技术的完善提供了大量实践经验。2004 年,交通部颁布的《公路沥青路面施工技术规范》(JTG F40—2004)对微表处的定义、原材料选择、设计方法与步骤、技术指标、施工工艺、质量控制要点与竣工验收等进行了规定,为微表处在我国的推广应用及发展提供了规范与指南。2006 年,交通部在前期大量科研成果和总结实践应用经验并参考国外相关指南的基础上颁布了《微表处和稀浆封层技术指南》,该指南为微表处的推广应用及发展提供了更为详细的规范与指南。

国内道路研究者在乳化剂、改性剂及改性乳化沥青、矿料级配、微表处施工工艺与质量控制方法等方面得出了很多有意义的结论,但取得积极成果的同时也出现了一些失败案例,特别是大量采用苯乙烯-丁二烯橡胶(SBR)改性乳化沥青的微表处技术使用寿命较短,一般也就 2~3 年,究其原因是 SBR 改性乳化沥青虽改善了乳化沥青的诸多性能,但其高温性能仍显不足,且对石料的黏附能力不如 SBS 改性沥青,为此国内外又积极开展 SBS 改性乳化沥青的研发和制备工作,取得了一定的成果。但是目前对 SBS 改性沥青的乳化难度较大,一般只能乳化 SBS 含量较低的改性沥青(SBS 含量超过 3% 后黏度大幅提高,很难直接乳化),其性能无法大幅度提高,因此需要进一步研究找到提高乳化沥青性能的关键技术。

三、薄层罩面技术

1. 国外薄层罩面技术研究

薄层沥青混凝土(Béton Bitumineux Mince,简称 BBM)首次出现于 20 世纪 70 年代后期的法国,特别适应于新建沥青路面的表面层和旧路面的养护,主要应用于高等级道路沥青路面的罩面。BBM 与沥青玛琋脂碎石混合料(Stone Matrix Asphalt,简称 SMA)均为断级配,所以 BBM 和 SMA 所选用的原材料非常相似。但 BBM 与 SMA 又有不同:BBM 的胶砂含量较少,0.075m 以下粉料的含量一般为 4%～6%;BBM 的结合料一般选用纯沥青或改性沥青,并且含量较小,一般为 4.5%～5.5%;BBM 的空隙率为 6%～12%,因此 BBM 可能透水。

英国在 20 世纪 90 年代初开始采用超薄沥青混凝土铺筑试验路,英国超薄沥青混凝土原材料采用最大粒径为 14mm 的矿料,面层空隙率为 2%,沥青含量为 5% 左右,其中大多数试验路取得了令人满意的应用效果。

欧洲细粒式 SMA 属于间断级配。薄 SMA 与传统 SMA 相比,其铺筑厚度较薄,铺筑在用乳化沥青喷洒而成的黏结层上,沥青用量较密实型混合料多,粗集料是 100% 破碎的,表面构造深度大,具有较好的抗车辙能力、抗磨耗强度和耐久性。在欧洲和美国,SMA 一般只使用纤维,同时使用改性沥青的情况较少,其沥青用量为 6.5%～8%,铺筑厚度为 25～40mm,空隙率初步建议为 2%～6%。

美国超薄磨耗层技术是美国科氏工业集团于 1992 年从法国引进的,是将特殊的断级配热拌沥青混合料铺筑在聚合物改性乳化沥青黏层上,其纹理非常类似于开级配磨耗层(OGFC),超薄层沥青混合料摊铺厚度为 10～20mm,主要用于高等级沥青路面的预防性养护和轻微病害的矫正性养护,主要功能为提高表层抗滑性、耐磨性,抵抗车辙。美国于 1992 年在亚拉巴马州和得克萨斯州修筑了两条 Novachip 实体试验路,对两条试验路经过近 4 年的跟踪调查检测发现,其路用性能表现良好,摩擦系数大于其他路段,但也出现了局部泛油等病害。

2. 国内薄层罩面技术研究

20 世纪 90 年代中后期,我国有相当一部分的公路已经进入或即将进入维修养护时期,薄层沥青混凝土罩面正是在这时应运而生。

多碎石沥青混凝土(Stone Asphalt Concrete,简称 SAC)是粗集料间断级配沥青混凝土的一种,它是采用较多的粗碎石形成骨架,沥青砂胶填充骨架中的空隙并使骨架胶合在一起而形成的沥青混合料形式。

1988 年,沙庆林首次提出采用 SAC-16 作为沥青路面表面层,并在京珠高速公路铺筑试验路,经过长期的实践监测,效果良好,随后在陕西省西三一级公路及西临高速公路上进行了推广应用,并取得了相当成功的经验。经过室内试验及现场实践证明,多碎石沥青混凝土由于粗碎石含量多、沥青砂胶填充骨架空隙的特点,所以具有表面构造深度大、空隙率较小、抗车辙与抗永久变形的优点,其路用性能基本达到预期目的。我国用于高速公路薄层罩面的多碎石沥青混凝土主要有 SAC-13 和 SAC-10。

1992 年,交通部公路科学研究所经过对欧美 SMA 技术的考察学习,结合对我国国情进一步的调研,在建设首都机场高速公路的过程中首次使用 SMA 薄层罩面,为我国进一步引进、研究与应用 SMA 技术创造了条件。随后在吉林、江苏、辽宁和福建等地分别铺筑了试验路。这几项实体工程使用状况良好,体现出 SMA 的优良性能。2002 年 7 月,交通部颁布了《公路沥青玛蹄脂碎石路面技术指南》(SHC F40-01—2002),并在全国范围内进行了推广。2004 年 9 月,交通部在参考国外相关规范的基础上,结合我国自身实践经验,出台了《公路沥青路面施工技术规范》(JTG F40—2004),正式将 SMA 的原材料选择、设计方法、施工工艺等技术标准纳入规范。尽管 SMA 技术从引进至今在我国取得了长足的进步,但由于我国的交通、气候、地质条件与国外其他国家有较大差别,也难免出现一些失败教训,并且应用范围较窄,目前还只是主要应用于新建高速公路的抗滑表层。

2001 年,交通部公路科学研究所承担交通部西部交通建设科技项目"超薄层沥青混凝土面层技术研究",主要研究内容包括:①超薄沥青混合料的级配组成和配合比设计,超薄层混合料的物理力学特性和路用性能;②沥青混凝土薄面层结构组合及设计参数;③在华南地区(广东)、西南地区(四川)、轻冰冻地区(河北)三个气候片区,修筑高速公路、一级公路、二级公路等总长近 23km 的试验路,采用的混合料级配有 SAC-10、SMA-10、SMA-13、SUP-10 等。主要研究成果有:①提出了超薄层沥青混合料的设计指标和方法;②提出了超薄层沥青混凝土与改性沥青防水层相结合的薄面层铺装结构;③提出了超薄沥青混凝土设计施工技术指南。

四、同步碎石封层技术

1. 国外同步碎石封层技术研究

同步碎石封层技术作为黑色路面的一种新型养护技术,已在欧美被广泛采用。该技术起源于法国,是法国 SECMAIR 公司通过总结 40 多年的实际道路铺筑养护经验发明出的新一代道路建设和养护技术,后期研制出相应的施工设备——同步碎石封层机。同步碎石封层技术在 20 世纪 80 年代开始在法国大规模应用,据统计,在法国 95% 以上的公路均采用该技术进行养护。法国的公路一般设计年限为 10~20 年。基层多为水结碎(砾)石,上铺不小于 25cm 的面层。面层为热拌热铺沥青混凝土,近年来多采用透水路面。新建路面使用 10 年后,立即用同步碎石封层进行中期养护。这样新建路面使用 10 年后,经过一次同步碎石封层就可以将寿命延长至 20 年以上。

20 世纪 90 年代,同步碎石封层技术推广到欧洲各国及美国、印度等国家。

法国 SECMAIR 公司最新研发了一种新型同步碎石封层养护技术——纤维封层。该技术采用纤维封层核心设备同时洒(撒)布沥青黏结料和玻璃纤维,然后在上面撒布碎石经碾压后形成新的磨耗层或者应力吸收中间层。纤维封层作为一种新型养护技术,具有良好的应力吸收和扩散能力、高耐磨性、高防水性及高稳定性。

2. 国内同步碎石封层技术研究

同步碎石封层技术由北京埃蒙泰公司于 2002 年引入中国,已在国内完成多项实践工程。

我国辽宁、湖南等地的高速公路下封层及国道、省道的建设养护已开始应用同步碎石技术。沈大高速公路改扩建工程、湖南长潭高速公路、安徽合徐高速公路、河南驻信高速公路、湖南省106国道、吉林省长太线、辽宁省沈环线等均进行了同步碎石封层的施工和试验路的铺筑。2005年，西安市公路管理局采用同步碎石封层作为磨耗层的新型养护技术，共处理国省道以及地方道路路面44万m^2。目前，我国河南省新乡市高远公路公司、西安筑路机械厂等公司已经开发出国产同步碎石封层机。

同步碎石封层技术在我国的应用实践，逐步解决了早期出现的施工工艺不够成熟、缺乏施工经验等问题，但是同步碎石技术中早期碎石流失的主要问题仍有待进一步解决，特别是寒区尤其明显。

五、沥青路面就地热再生技术

1. 国外再生技术现状

目前，沥青路面再生技术包括厂拌热再生、就地热再生、厂拌冷再生、就地冷再生、全深式再生等方式。国外对沥青路面再生技术的研究，最早是1915年在美国开始的。1974年，美国开始大规模推广沥青路面再生技术，至今，美国每年有3.2亿~7.8亿t的废料在公路工程中通过取代筑路新材料得到了再利用。

日本从1976年开始进行沥青路面再生技术的研究，并于1984年7月出版了《路面废料再生利用技术指南》。截至2000年，日本再生沥青混合料已达50万t，占全年沥青混合料产量的58%。现在，日本的路面废料再生利用率已超过70%。

欧洲一些国家对沥青路面再生技术的研究相对较晚，相比之下，德国发展较快，率先将再生沥青混合料应用于高速公路的路面维护。法国现在对再生技术的研究也颇为重视，在高速公路和一些重交通道路的路面修复工程中开始逐步推广应用这项技术。

近二十年来，世界各国广泛进行沥青路面再生利用的研究和试验，并且在道路建设中大面积推广应用，取得了丰硕的成果。据1997年国际经济合作组织发表的《道路工程再生利用战略》白皮书显示，主要发达国家的沥青路面再生利用率普遍在80%以上，并在沥青再生技术工艺的研究上取得了长足的进步，相继制定并颁布、完善了沥青再生技术规范。

2. 国内再生技术现状

我国对沥青路面材料的再生利用研究相对较晚，利用再生后的沥青混合料进行路面预防性养护管理的研究与实践还处于起步阶段。20世纪50—70年代，我国曾利用废旧沥青混合料来修路，方法多为冷再生，再生的沥青混合料一般用于轻交通道路、人行道或高等级公路的垫层。

到20世纪90年代，随着环保的要求及再生路面潜在的经济性优势的凸显，路面再生技术重新引起公路养护学界的重视。1991年6月，交通部发布了《热拌再生沥青路面施工及验收规程》，该规程主要针对中、轻交通道路，对原路面性能评价、再生剂的选择、施工工艺等方面阐述较少，并不能很好地指导沥青路面再生施工。1992年，同济大学对淮阜路使用阳离子乳化沥青进行冷再生沥青路面试验。1997年，江苏省淮阴市公路处用乳化沥青冷再生的旧料铺筑路面，取得了一定效果。

从 21 世纪初起,我国沥青路面再生技术的研发开始从理论研究与小规模试验验证阶段向全方位系统研发过渡,相关研发课题不断深入,涉及沥青路面再生的材料开发、施工技术应用、机械设备研发、经济效益评价等领域,取得了一定程度的发展。例如:2000 年,华北高速公路股份有限公司引入就地热再生技术,2001 年即在京津塘高速公路天津塘沽段进行试验性养护维修施工,并取得了成功;2005 年 11 月,河南中原高速公路股份有限公司联合东南大学完成了沥青路面热再生(就地)关键技术的研究,为高速公路养护管理部门在养护工程决策上提供了较为科学的理论依据,为养护工程中现场热再生技术的应用提供了实用的指导意见;2006 年 11 月,河南高速公路发展有限责任公司联合长安大学完成了高速公路旧沥青路面再生技术研究,研制开发了再生剂,并对再生沥青的性能、再生沥青混合料的路用性能以及旧路面再生施工工艺进行了系统的研究;2006 年,森远集团自主研发了具有国际先进水平和完全自主知识产权的森远时代再生列车,该沥青路面就地热再生施工设备具有就地加热、翻松(铣刨)、复拌、摊铺、整平功能,可一次成型新路面。旧路沥青混合料 100% 就地再生利用,具有节约资源、减少环境污染、作业时不封闭交通等特点,经济效益和社会效益都非常显著。

2008 年 4 月 1 日,交通运输部正式发布《公路沥青路面再生技术规范》(JTG F41—2008),作为公路工程行业标准,自 2008 年 7 月 1 日起施行。自此我国公路沥青路面养护领域正式提出了具有一定实际指导意义的系统性操作规范,同样也标志着我国在沥青路面养护领域的重大进步。

2009 年 11 月,英达热再生有限公司、江苏广靖锡澄高速公路有限责任公司、江苏省交通科学研究院股份有限公司联合完成了就地热再生技术处治沥青路面典型病害的应用研究,提出了适合就地热再生工艺要求的再生剂与再生沥青技术要求、再生混合料设计方法和就地热再生施工工艺等,对推动沥青路面就地热再生技术应用具有重要意义。

第二章
国内外预防性养护技术

第一节 稀浆封层与微表处

稀浆封层、微表处在我国高等级公路上的应用已经相当广泛,对于改善路表使用状况、预防各种病害起到了非常有效的作用。

国际稀浆罩面协会(ISSA)《普通乳化沥青稀浆封层技术指南》(A505—1998)对稀浆封层的定义如下:稀浆封层是一种将乳化沥青、集料、水和特殊添加剂按合理配比拌和并均匀摊铺到已适当处理过的路面上的混合料。它必须均匀,并能与原路面牢固连接,在使用期内可提供一个良好的抗滑表面。我国《公路沥青路面施工技术规范》(JTG F40—2004)对稀浆封层的定义如下:用适当级配的石屑或砂、填料(水泥、石灰、粉煤灰、石粉等)与乳化沥青、外掺剂和水,按一定比例拌和成流动状态的沥青混合料,将其均匀地摊铺在路面上形成的沥青封层。

ISSA《微表处技术指南》(A143—1996)对微表处的定义为:微表处是由聚合物改性乳化沥青、集料、填料、水和外加剂按合理配比拌和并均匀摊铺到原路面上的薄层结构。它应能满足摊铺不同截面厚度(楔形、凹形、刮痕面)的要求;不同沥青用量和不同摊铺厚度的混合料,经养生和初期交通作用固化后,均能经受住行车作用,并在使用寿命内保持良好的抗滑性能;它应能适应迅速开放交通的需要。我国《公路沥青路面施工技术规范》(JTG F40—2004)对微表处的定义如下:用适当级配的石屑或砂、填料(水泥、石灰、粉煤灰、石粉等)与聚合物改性乳化沥青、外掺剂和水,按一定比例拌和成流动状态的沥青混合料,将其均匀地摊铺在路面上形成的沥青封层。

稀浆封层与微表处还有一定的差别,从定义的角度看,两者的差别在于:①是否使用了改性的乳化沥青;②是否可以迅速开放交通;③是否可以填补车辙。

综上所述,可以将微表处理解成使用了改性乳化沥青、能够快速开放交通、慢裂快凝、能够满足微表处技术要求的稀浆封层,或者说是一种"最高水平"的稀浆封层。目前高等级公路预养护一般采用微表处,而不采用稀浆封层。

一、技术特点

在旧沥青路面养护过程中,采用适当的微表处技术,不但能快速修复旧沥青路面的磨损、老化、裂缝、光滑、松散等病害,还具有防水、防滑、平整、耐磨等功能。

微表处具体有如下特点:

(1)防水作用

稀浆封层与微表处混合料的细集料较多,且具有适当的级配组成。因此,采用微表处对旧沥青路面进行罩面养护后,它能紧密黏附在原路面,从而形成一层密实的表面防水层,可有效防止雨水和雪水从面层渗入基层。

(2)防滑作用

由于微表处混合料在空间上集料分布均匀、沥青用量适当、摊铺厚度较薄,所以混合料不产生离析,经过稀浆封层和微表处处治过的旧沥青路面不会出现泛油,且具有良好的粗糙面,因此抗滑性得到显著提高。

(3)耐磨耗作用

稀浆封层与微表处混合料原材料应该选择坚硬、耐磨性能好的集料,乳化沥青选择阳离子乳化沥青(阳离子乳化沥青对酸、碱性矿料都具有很好的黏附性),这样可以通过提高原材料自身的性能,达到延长路面使用寿命的目的。

(4)填充作用

由于稀浆封层与微表处混合料组成中含有较多水分,拌和后呈稀浆流动状态,具有良好的流动性,所以具有很好的填充和调平作用,可以满足各种截面厚度,可以封闭裂缝和填平浅坑,提高旧沥青路面平整度。

二、适用范围及使用条件

1. 适用范围

微表处主要用于旧沥青路面稀浆封层罩面,可以弥补沥青路面微小裂缝,防止水分下渗,黏结松散集料,延缓路面老化,提高路面抗滑性能。微表处还有一个特殊的功能,就是可以修复深度不大于40mm的车辙,提高路面平整度,美化路面。此外,还能用于水泥混凝土路面稀浆封层罩面、桥面维修或防水处理,以及砂石路面稀浆封层罩面。

2. 使用条件

(1)当路面结构强度不足和出现结构性破坏时,应首先进行补强处理。微表处作为厚度仅为10mm左右的薄层结构,要求原路面不能出现结构性损坏;否则微表处在车辆荷载的作用下会很快出现开裂,甚至与原路面剥离。

(2)当原路面出现结构性车辙或者车辙深度过大时,应对车辙进行预先处理。当车辙深度小于15mm时,采用单层微表处即可;车辙深度为15~25mm时,宜采用双层微表处处治;车辙深度大于25mm时,应先采用普通沥青混合料修补处理,恢复路表横断面后再利用微表处处理;当车辙深度大于40mm时,必须进行铣刨加铺后再铺筑单层微表处,才能保持路面具有充足的结构强度。

(3)当路面表面构造深度很小、抗滑性能较差时,宜采用双层微表处结构进行铺筑。双层微表处结构的重要作用就是加大路面表面的构造深度和提高路面的抗滑性能。

(4)当原路面存在大于5mm的裂缝时,应首先进行灌封处理。青藏高原地区昼夜温差大、受冻融循环影响显著,而微表处厚度仅有10mm左右,原路面未经填补的裂缝会在温差作用下反复胀缩而产生反复张拉应力,再加上车辆荷载在裂缝处引起的差动位移,会很快引起上层微表处材料产生疲劳开裂,导致反射裂缝的出现,影响微表处的美观和防水效果。

(5)当空气温度和路面温度均高于10℃,并且在铺筑完工24h内不出现冰冻的情况下才能铺筑微表处。应避免在雨天铺筑微表处,如果在微表处铺筑前有可能下雨,也不宜进行施工。在开放交通前,微表处需要一定的时间进行固化,因此微表处也不适用于必须在施工后立即开放交通的情况。

第二节　沥青混凝土薄层罩面

沥青混凝土薄层罩面是介于"传统磨耗层"与"厚表面处治"之间的一种处治技术。

薄层罩面结构可分为两个层次:表面磨耗层和黏结防水层。表面磨耗层的作用是恢复路面的表面功能,提高路面的抗滑性能,改善路面的平整度,从而提供一个舒适、安全、耐久的行驶表面;黏结防水层能够将薄层罩面与旧路面紧密黏结在一起,形成防水层,可以在一定程度上调整原路面的平整度,并且能适当延缓旧沥青路面的反射裂缝。但是,薄层沥青混凝土罩面也有一定的局限性,它既不能提高路面结构的强度和承载能力,也不能提高沥青路面的高温抗变形能力和防止原路面的反射裂缝,所以薄层罩面必须铺筑在路面结构强度和下面层沥青面层的高温抗变形能力满足要求的路面上。

一、技术特点

薄层罩面按厚度不同,可分为两种:厚度为20~30mm的薄沥青混凝土面层,厚度为15~20mm的超薄沥青混凝土面层。

超薄磨耗层是将间断级配的沥青混合料与改性沥青相结合的一项技术,具有构造深度大、抗滑性能好的优点,适用于车辙深度小于10mm的较平整且无结构性破坏的路面。超薄磨耗层具有如下特点:

(1)施工速度快,大幅度减少施工对交通的影响,可以做到即时开放交通。超薄磨耗层设计不会对原路面产生任何影响,施工时原路面一般无须铣刨,摊铺速度快,一次成型,摊铺后最快20min可开放交通,并且可在夜间施工,降低白天施工造成的交通压力。

(2)间断级配混合料结构,可以充分保障路面安全性能。采用间断级配混合料结构,表面层比较粗糙,具有较大的摩擦系数和较强的排水性能,从而减少路表积水,防止产生行车水雾,确保道路行驶安全。

(3)理想的经济效益。采用超薄磨耗层处治的路面具有良好的抗老化性能和抗变形能力,其成本比传统路面铣刨加铺4cm罩面的单价低30%。

二、适用范围及使用条件

1.适用范围

超薄磨耗层普遍适用于高等级沥青或者水泥路面的预防性养护和中小型病害的矫正性养护,同时也可以用于新建道路的表面磨耗层和需要快速开放交通的道路施工项目。超薄磨耗层具有延长路面寿命、改善行驶质量、校正表面缺陷、增加路面抗滑能力、提高道路安全性能、

改善表面排水和降低噪声等功能,通常用于下列路况条件的养护维修工作:
（1）出现龟裂、网裂、脱皮、露骨、渗水的高等级路面；
（2）路基强度满足要求,路面变形不大的路面；
（3）路表面构造深度较小,摩擦力系数不够,需要提高抗滑性的路面；
（4）路基完好的超期服役的高等级沥青路面；
（5）车辆行驶过程中路面噪声过大,需要减少路面轮胎噪声的特殊路面；
（6）路表面横向排水不畅,需改善表面排水的路面。

2. 使用条件

各种道路均可以使用超薄磨耗层对路面进行功能性恢复。功能性恢复包括改善路面的平整度、抗滑能力,通过增加少量或不额外增加路面的承载力以恢复路面功能。因此,超薄磨耗层适用于要求具有较长使用寿命且路面噪声较低的城市重交通道路。除此之外,还应满足如下条件：
（1）原路面具有足够的强度和刚度,具有良好的稳定性,基础较好。
（2）可见的路面损坏包括中等及严重的松散问题,伴有轻微的纵向和横向裂缝。在必要的情况下,需要进行中等程度的修复工作。
（3）如果路面出现严重的病害,建议在罩面之前对路面进行铣刨。

第三节　碎　石　封　层

碎石封层是在道路表面洒布一定量的结合料后,再在其表面撒布一定量的单粒径碎石,并通过碾压使碎石 2/3 嵌入结合料而形成一种耐久、抗滑的道路表面的处治方法。

碎石封层在澳大利亚、南非、美国及欧洲等国家和地区被广泛应用于新建道路的磨耗层、新建轻交通道路的面层和路面的预防性养护。但是,碎石封层作为路面养护措施,路面需具有足够的强度和刚度、良好的整体稳定性;原路面无严重的坑槽、松散、翻浆、坑陷、泛油、龟裂、网裂、车辙等病害现象;原路面无横坡超限,或中线偏移、平整度差等缺陷。因此,在同步碎石封层施工前,应对原路面车辙、沉陷、松散、坑槽、翻浆、龟裂、大裂缝等既有病害进行处治。

一、技术特点

同步碎石封层是将沥青和碎石在同一台机械上施工洒(撒)布,洒(撒)布时间只间隔几秒,可使集料和沥青能在高温时立即结合。同步碎石封层具有如下特点：

（1）良好的防水性

同步碎石封层的实质是用 1~2mm 厚的沥青结合料将沥青碎石表面包裹黏结起来的超薄处治层,凭借其柔性的力学特性,既能增加路面的抗裂性能、减少路面反射裂缝,还能治愈路面龟裂、提高路面防水性能。

（2）良好的防滑性

同步碎石封层的集料直接接触轮胎,这种镶嵌的集料粗糙度不但可以大幅度增加原路面的摩擦系数,从而大大提高路面的抗滑性,而且可以使修复后的路面平整度得到一定程度的恢复。

(3) 良好的耐磨耗及耐久性

当沥青结合料处于高温时,具有良好的流动性,这样可以保证沥青结合料和集料之间的接触。沥青结合料的毛吸引力可以产生一个凹面,该凹面与集料紧密结合,不会造成集料流失,从而使同步碎石封层具有良好的抗压性和稳固性。

(4) 施工方便

同步碎石封层工序简单、施工速度快、开放交通快,可以满足高速公路快速开放交通的要求;可使用各种沥青结合料;可以在高温或低温地区,甚至恶劣气候条件下进行施工养护。

二、适用范围

同步碎石封层技术主要用于道路的预防性养护和矫正性养护,用于提高高等级路面的抗滑性能。此项养护技术适用于高速公路等各等级公路。在欧洲(尤其法国)95%以上的公路均采用同步碎石封层进行路面养护。我国常用的同步碎石封层技术适用范围有以下几方面:

(1) 旧沥青混凝土路面的罩面层。封层罩面的作用是修补裂缝,从而延长各等级路面的寿命。

(2) 沥青路面的下封层。采用同步碎石封层施工,喷洒乳化沥青,利用沥青的渗透能力,使所有裂缝和空隙中都灌入沥青,从而形成一层防水层,防止水损害。同时,所形成的沥青薄层还起到延缓和消减底层的反射裂缝,增强抵抗应力和应变的能力。

(3) 旧水泥面板路面改造为沥青路面的防水黏结层。

(4) 桥面防水层。在桥面的防水工艺上,采用同步碎石封层技术施工,以轻质量的薄层结构完成良好的防水功能。

(5) 乡村公路建设。目前,法国等发达国家乡村公路建设大部分都采用这种技术,达到了与热摊铺同步的性能,却大大降低了乡村公路建设的造价。通常,在乡村公路砾石路基上,首先摊铺一层大粒径集料同步碎石封层,可起到结构层承载的作用;然后,再在上面摊铺一层小粒径集料同步碎石封层,作为表面磨耗层。

(6) 与微表处结合施工。先摊铺单层同步碎石封层,然后在其上再做一层稀浆封层或微表处。在这样的路面结构中,同步碎石封层作为防水层和黏结层,能起到一定承载作用。其上的稀浆封层、微表处能够改善表面纹理,增强耐久性。

第四节 雾封层与还原剂封层

雾封层和还原剂封层是一种有效的道路预防性养护方法。它是直接在道路表面喷洒或者涂刷一层乳化沥青或专门的再生剂,为道路迅速地提供一个黑色的表面,其目的是更新和还原表面已氧化的沥青膜。当路面出现轻微至中等程度的松散和氧化现象时,就可以采用雾封层和还原剂封层进行处理。

一、技术特点

（1）雾封层与还原剂封层可以封闭 3mm 以下的道路表面的空隙以及微裂缝，防止水分透过路面表层进入路面结构中而引起路面结构的破坏。

（2）雾封层与还原剂封层实质上是在旧沥青路面上铺一层很薄的沥青膜，通过沥青结合料可以黏结松散的集料，减少因路面老化、风化引起的集料损失，延缓路面病害的出现，延长道路的使用寿命。

二、适用范围与限制条件

1. 适用范围

（1）乳化沥青渗透能力很强的路面。只有在沥青路面具有足够的渗透能力，能够吸收充足的乳化沥青的条件下，才可以使用雾封层与还原剂封层技术。例如表面松散的沥青混合料路面、碎石封层表面、开级配或大空隙沥青路面。

（2）大交通量或低交通量道路维修养护都可以采用雾封层与还原剂封层。在重交通道路中，雾封层与还原剂封层主要用于防止开级配抗滑表面的松散，同时能够显著地划分主车道和路肩。

（3）路表贫油、细颗粒脱落等病害路段，轻微纵向、横向或块状裂缝的路面。选择适当的养护时机非常重要，如果养护时间偏后，病害发展严重，雾封层与还原剂封层的使用效果就会大大降低。

当路面产生坑洞、出现结构性破坏时，雾封层是不适用的，也不适合路面摩擦系数较小的路段；在交通繁忙的道路中，雾封层与还原剂封层的应用有所限制，这主要是因为雾封层与还原剂封层可能会降低路面的抗滑性能。

2. 限制条件

使用雾封层能否取得满意的处治效果取决于喷洒材料后能否形成足够的沥青膜。在低温时，由于雾封层材料的黏性与流动性很低，很难形成沥青膜，因此雾封层与还原剂封层不能在大气温度低于10℃和路面温度低于15℃的条件下使用。所以，温暖无雨是雾封层成功应用的必要条件。除此之外，在乳化沥青没有充分养生前，严禁开放交通。

第五节　就地热再生

一、技术特点

就地热再生（Hot In-place Recycling，简称 HIR）是指使用现场热再生机组，先将旧路面加热软化，耙松或热刨至预定深度，接着加入适当的新拌沥青混合料、再生剂进行机内热搅拌，拌和均匀后随即摊铺、熨平、碾压完成的连续式现场热再生作业方式。HIR 施工简便，广泛应用于路面养护，可完全利用旧材料，对环境无害，施工速度快，对交通的干扰小且节省运输成本。

按照再生机械的组成方式的不同,HIR 可以划分为综合作业模式与联合作业模式。其中,综合作业模式主要是指利用一台综合式路面再生机来实现加热、耙松、再生剂添加、搅拌、摊铺等整个路面就地再生过程,必要时可附加一台路面预加热机组成路面再生机组来共同作业。目前该技术的主要代表设备为维特根公司生产的综合作业机组。联合作业模式则主要是指利用多台不同功能的路面再生设备与常规摊铺机联合作业从而实现整个路面再生过程。目前该技术的主要代表设备有英达的沥青路面就地热再生机组、森远的就地热再生机组等。

按照摊铺施工工艺的不同,HIR 可以划分为路面表层(整形)再生、路面复拌再生、路面重铺再生三种模式。其中路面整形再生主要是利用复拌机将路面翻松后的原路面材料添加沥青再生剂后拌和均匀并摊铺碾压成型;路面复拌再生是将路面翻松后的原路面材料与新沥青混合料、沥青再生剂拌和均匀并摊铺碾压成型;路面重铺再生是在路面整形再生的技术上,在上面加铺新沥青混合料作为磨耗层,然后将两个材料层同时压实成型。

二、适用范围与使用条件

沥青路面 HIR 是一种快速修复再生技术,一般来说该技术主要适用于路面具有足够承载力、路基和基层状况良好的情况,适用于处理路面表层老化不太严重的车辙、泛油、麻面和磨光等表面缺陷,且 HIR 设备庞大、价格昂贵、技术复杂、机械化程度高,其运用对工程项目管理与再生过程控制质量的要求也比较高,因而受原路面性能、技术、管理等各个方面局限性的约束,该技术的运用具有其特定的使用条件与要求。

根据《公路沥青路面再生技术规范》(JTG/T 5521—2019)中的规定,HIR 作为一种预防性养护技术,其再生深度一般为 20~50mm,主要适用于浅层轻微病害的高速公路及一级、二级公路沥青路面的表层再生利用。此外,对于采用 HIR 进行预防性养护的沥青路面,其整体强度必须满足设计要求,且路面病害主要在表面层,其沥青的 25℃ 针入度不小于 20(0.1mm)。如果原沥青路面经稀浆封层、超薄罩面、微表处、碎石封层处治过,则不能直接采用就地热再生技术,应在就地热再生前先将其铣刨掉,或经充分试验分析后,做出针对性的材料设计和工艺设计。具体来说,采用就地热再生技术要求原路面性能状况满足表 2-1 中的各项要求。

采用就地热再生技术要求的原路面性能状况指标 表 2-1

路面性能指标		路面行驶质量指数 RQI	路面损坏状况指数 PCI	横向力系数 SFC 或摆值 BPN	路面强度指数 SSI	适用的就地热再生技术
性能等级		优、良	优、良	足够	优、良	—
				不足		表层整形热再生
		中、次、差		—		表层整形热再生
		—	中、次、差	—		面层重铺热再生
		优、良	优、良	足够	中	面层重铺热再生
				不足		面层重铺热再生
		中、次、差		—		不得采用就地热再生技术
		—	中、次、差	—		
					次、差	

FHWA 在 1997 年出版的《路面回收指南》中也根据路面病害类型对不同沥青路面 HIR 方式的选择给出了比较明确的适用性分类,如表 2-2 所示。

不同路面病害类型所适用的就地热再生技术情况　　　　　表 2-2

道路病害类型	就地热再生技术		
	表层整形再生	复拌再生	重铺再生
松散	很适合	很适合	很适合
坑槽	一般	很适合	很适合
泛油	一般	很适合	一般
抗滑力小	不太适合	一般	很适合
路肩脱落	不太适合	不太适合	很适合
车辙	一般	很适合	一般
波浪	一般	很适合	一般
拥包	不太适合	很适合	一般
疲劳裂缝	不太适合	一般	很适合
边缘裂缝	不太适合	一般	很适合
滑移裂缝	一般	一般	很适合
块状裂缝	一般	一般	很适合
横向裂缝	一般	一般	很适合
反射裂缝	一般	一般	一般
间断裂缝	不太适合	不太适合	一般
膨胀	一般	一般	一般
突起	一般	一般	一般
凹陷	一般	一般	一般
行驶质量差	很适合	很适合	很适合
强度差	不太适合	不太适合	不太适合

从上面两个表可以看出,表层整形热再生可以纳入预养护范畴,比较适合变形类病害的整治,面层重铺热再生则属于矫正性养护。

第三章 高寒地区高等级公路沥青路面预防性养护时机及决策技术

第一节 青海高寒地区高等级公路沥青路面早期病害调查与分析

为弄清青海省高等级公路的路面使用现状,分析西部高寒地区路面病害发生的原因及特点,为运用科学合理的预养护技术提供依据,专门开展了青海高寒地区高等级公路沥青路面早期病害调查与分析。

沥青路面损坏分为裂缝类、松散类、变形类、其他四大类,四大类又可细分为11类21项。裂缝类:龟裂(轻、中、重),块状裂缝(轻、重),纵向裂缝(轻、重),横向裂缝(轻、重);松散类:坑槽(轻、重),松散(轻、重);变形类:沉陷(轻、重),车辙(轻、重),波浪拥包(轻、重);其他:泛油,修补。

本次调查选取青海省的8条高等级公路,共335.9km,其中5条是高速公路(224.6km),3条是一级公路(111.3km)。

一、大通至西宁高速公路

1. 路面损坏调查

大通至西宁高速公路沥青路面主要病害统计结果如表3-1、表3-2所示。

此次调查中发现较为明显的病害有:①K8+000~K9+000中左幅K8+600处行车道和停车道路面产生多处网裂,路面主线和匝道引线衔接处施工缝不平顺造成路面出现长200m的纵向裂缝。②K12+000~K13+000中左幅K12+300处行车道路面出现两道长100m的纵向裂缝,局部出现纵横交错的网裂。③K30+000~K31+000中左幅K30+400~K30+600段行车道路面出现长200m的车辙,并伴随不连续的纵向裂缝。④K33+000~K34+000中左幅K33+600处路面出现长100m的纵向裂缝,并伴随长50m的波浪。

病害类型主要为裂缝类,占所有病害的4/5,如图3-1所示。

在龟裂病害中,轻重程度也较明显,如图3-2所示。

表 3-1

沥青路面病害统计表（1km）

起讫桩号	龟裂(m²)		块状裂缝(m²)		纵向裂缝(m²)		横向裂缝(m²)		其他病害(m²)		路面破损率 DR		路面损坏状况指数 PCI	
	左	右	左	右	左	右	左	右	左	右	左	右	左	右
K0+000~K1+000	146.0	37.0	0.0	13.0	34.0	58.2	0.0	7.2	0.0	1.6	100.0	81.8
K1+000~K2+000	0.0	0.0	0.0	0.0	0.0	4.8	0.0	40.0	0.0	0.3	100.0	90.9
K2+000~K3+000	0.0	0.0	0.0	0.0	0.0	10.1	0.0	384.7	0.0	3.1	100.0	76.0
K3+000~K4+000	0.0	0.0	0.0	0.0	18.8	37.1	0.0	109.3	0.0	0.8	100.0	86.1
K4+000~K5+000	0.0	0.0	0.0	0.0	10.5	50.4	0.0	82.6	0.2	0.9	93.1	85.5
K5+000~K6+000	70.0	148.0	0.0	52.0	48.3	12.1	1.2	32.2	0.7	2.2	87.3	79.3
K6+000~K7+000	0.0	0.0	0.0	0.0	52.9	18.4	0.0	22.7	0.4	0.1	89.8	93.3
K7+000~K8+000	118.0	0.0	0.0	0.0	15.8	61.1	40.0	3.4	1.4	0.2	82.8	92.8
K8+000~K9+000	164.0	81.4	0.0	28.6	4.6	68.6	0.0	7.5	1.9	1.4	80.7	82.9
K9+000~K10+000	0.0	364.2	0.0	127.9	34.0	58.2	0.0	8.7	0.0	4.4	96.0	72.4
K10+000~K11+000	146.0	37.0	0.0	13.0	21.4	61.2	20.0	7.2	1.5	0.9	82.4	85.8
K11+000~K12+000	19.0	214.7	0.0	75.4	24.1	38.5	0.0	76.6	0.5	3.3	88.9	75.5
K12+000~K13+000	0.0	383.4	0.0	134.6	20.5	0.0	4.6	28.7	0.2	4.5	92.4	72.1
K13+000~K14+000	0.0	843.6	0.0	296.4	15.8	8.6	0.0	0.0	0.2	8.8	92.1	63.2
K14+000~K15+000	0.0	584.6	0.0	205.4	17.8	0.0	0.0	19.2	0.1	6.3	93.4	67.9
K15+000~K16+000	0.0	717.8	0.0	252.2	13.5	57.7	0.0	47.3	0.2	7.9	93.2	64.9
K16+000~K17+000	0.0	44.4	0.0	15.6	26.4	19.9	0.0	9.1	0.1	1.0	93.9	85.2
K17+000~K18+000	0.0	1.0	0.0	3.0	9.2	19.0	0.0	44.6	0.2	0.5	92.0	88.5
K18+000~K19+000	0.0	0.0	0.0	0.0	11.1	28.0	0.0	2.3	0.1	0.2	91.0	92.9
K19+000~K20+000	0.0	0.0	0.0	0.0	10.0	9.1	0.0	3.4	0.1	0.3	94.6	91.7
K20+000~K21+000	0.0	0.0	0.0	0.0	7.8	2.0	0.0	1.1	0.1	0.1	94.7	94.8
K21+000~K22+000	0.0	0.0	0.0	0.0	8.9	14.5	0.0	48.6	0.1	0.4	95.2	89.8
K22+000~K23+000	0.0	0.0	0.0	0.0	20.0	12.5	8.0	1.8	0.1	0.1	93.3	93.7
K23+000~K24+000	0.0	0.0	0.0	0.0	20.0	12.5	0.0	1.8	0.2	0.1	92.8	94.0

续上表

起讫桩号	龟裂 (m²)		块状裂缝 (m²)		横向裂缝 (m²)		其他病害 (m²)		路面破损率 DR		路面损坏状况指数 PCI	
	左	右	左	右	左	右	左	右	左	右	左	右
K24+000~K25+000	0.0	0.0	0.0	0.0	2.3	2.5	0.0	30.6	0.0	0.3	97.0	91.5
K25+000~K26+000	0.0	0.0	0.0	0.0	6.6	6.5	0.0	1.1	0.1	0.1	95.4	95.4
K26+000~K27+000	0.0	0.0	0.0	0.0	4.4	4.1	40.0	30.7	0.3	0.3	90.3	91.3
K27+000~K28+000	0.0	0.0	0.0	0.0	6.6	11.9	0.0	29.9	0.0	0.3	95.9	90.6
K28+000~K29+000	0.0	0.0	0.0	0.0	2.2	43.8	0.0	25.4	0.0	0.5	97.1	88.5
K29+000~K30+000	0.0	0.0	0.0	0.0	4.4	14.5	47.2	1.8	0.5	0.1	96.1	93.7
K30+000~K31+000	2.0	0.0	0.0	0.0	14.4	5.7	12.0	0.7	0.2	0.0	88.7	95.7
K31+000~K32+000	0.0	0.0	0.0	0.0	11.0	14.1	0.0	1.7	0.1	0.1	92.7	93.7
K32+000~K33+000	0.0	0.0	0.0	0.0	4.8	0.0	0.0	0.0	0.0	0.0	95.3	100.0
K33+000~K34+000	0.0	16.3	0.0	5.7	24.0	23.1	328.0	103.9	2.7	1.1	77.3	84.2

表3-2 沥青路面病害统计表（10km）

起讫桩号	龟裂 (m²)		块状裂缝 (m²)		横向裂缝 (m²)		其他病害 (m²)		路面破损率 DR		路面损坏状况指数 PCI	
	左	右	左	右	左	右	左	右	左	右	左	右
K0+000~K10+000	352.0	593.6	0.0	208.5	146.3	265.6	45.8	903.4	0.4	1.5	89.3	80.3
K10+000~K20+000	165.0	2828.5	208.5	993.6	411.9	291.1	949.2	238.6	1.9	3.4	90.7	75.3
	2993.5		993.6		484.9		263.2		3.7		166	
K20+000~K30+000	0.0	0.0	0	0.0	73.3	121.4	48.0	172.8	0.1	0.2	94.2	92.1
	0.0		0		194.7		220.8		0.3		186.3	
K30+000~K34+000	2.0	16.3	0.0	5.3	56.2	42.9	387.2	106.3	0.9	0.3	85.9	90.6
	18.3		5.3		99.1		493.5		1.2		176.5	

注：1.所有病害均为折合成影响面积。
2.其他病害数据为剩余病害数据，剩余的每类病害占所有病害面积的比例均低于10%。

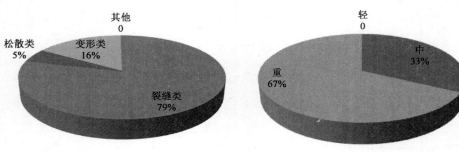

图 3-1　不同类型病害比例图(折合成影响面积)　　　图 3-2　龟裂比例图

2. 路面损坏状况评价

大通至西宁高速公路每公里路面损坏状况指数[按式(3-1)、式(3-2)计算]的变化规律如图 3-3 所示。

$$DR = 100 \times \frac{\sum_{i=1}^{i_0} \omega_i A_i}{A} \quad (3-1)$$

式中:DR——路面破损率(Pavement Distress Ratio),为各种损坏的折合损坏面积之和与路面调查面积的比值(%);

A_i——第 i 类路面损坏的面积(m^2);

A——调查的路面面积(m^2);

ω_i——第 i 类路面损坏的权重;

i——考虑损坏程度(轻、中、重)的第 i 项路面损坏类型;

i_0——包含损坏程度(轻、中、重)的损坏类型总数,沥青路面取 21。

$$PCI = 100 - a_0 DR^{a_1} \quad (3-2)$$

式中:a_0——沥青路面采用 15.00;

a_1——沥青路面采用 0.412。

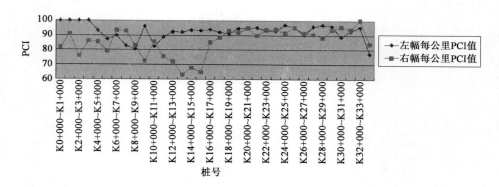

图 3-3　大通至西宁高速公路每公里 PCI 变化图

由图 3-3 可知,大通至西宁高速公路右幅路比左幅路破损严重。在左幅路中,除 K33+000~K34+000 评定为中,其余路段均为良以上。在右幅路中,K5+000~K6+000、K9+000~K10+000 与 K11+000~K13+000 的 4km 评定为中,甚至 K13+000~K16+000 的 3km 的 PCI 值均小于 70,评定为次,可见此段路破损较为严重。

对沥青路面进行评定,共调查有效面积 775200m^2。病害主要有:龟裂 3957.4m^2,块状裂缝 1207.8m^2,纵向裂缝 936.4m,横向裂缝 5953.3m,坑槽 9.3m^2,松散 398.9m^2,沉陷 570.1m^2,车辙 1295m,波浪拥包 222m^2,泛油 21m^2,共 8282.44m^2(折合成影响面积)。经计算,评定等级为良。

该调查路段尽管总体评价为良,但 K0~K20 已经出现了一定范围的龟裂,且有一部分路段 PCI 在 80 以下,早已过了预养护时机,必须采用罩面这类的中修技术。

二、西宁至塔尔寺高速公路

1. 路面损坏调查

此次调查发现西宁至塔尔寺高速公路沥青路面病害的主要类型集中表现在裂缝类和变形类,如表 3-3、表 3-4 所示。不同类型病害比例如图 3-4 所示。

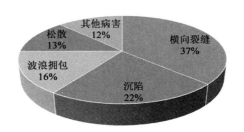

图 3-4　不同类型病害比例图(折合成影响面积)

此次调查中发现较为明显的病害有:①K1+000~K2+000 中右幅路面横缝以贯通为多,缝宽约 1.5cm。②K11+000~K12+000 中左幅 K11+200 处路面边缘出现沉陷、波浪,长 30m,最大沉降量为 10cm。③K17+000~K18+000 中左幅 K17+620~K17+900 段停车道路面出现长 380m 的不完全连续的纵向裂缝,最大缝宽为 1cm,局部停车道出现车位的沉陷。④K18+000~K19+000 中左幅 K18+800 处由于通道搭板断裂,造成左幅路面 30m^2 的沉陷,最大沉降量为 4cm。⑤K19+000~K20+000 中左幅 K19+950 处路面产生长 50m 的纵向裂缝,最大缝宽为 1cm。

2. 路面损坏状况评价

西宁至塔尔寺高速公路每公里路面损坏状况指数[按式(3-1)、式(3-2)计算]的变化规律如图 3-5 所示。

表 3-3 沥青路面病害统计表（1km）

起讫桩号	横向裂缝(m²) 左	横向裂缝(m²) 右	松散(m²) 左	松散(m²) 右	沉陷(m²) 左	沉陷(m²) 右	波浪拥包(m²) 左	波浪拥包(m²) 右	其他病害(m²) 左	其他病害(m²) 右	路面破损率DR 左	路面破损率DR 右	路面损坏状况指数PCI 左	路面损坏状况指数PCI 右
K1+000~K2+000	0.0	8.2	4.0	0.0	60.0	0.0	0.0	0.0	0.0	1.2	0.5	0.1	88.8	94.9
K2+000~K3+000	8.6	26.8	100.0	0.0	0.0	0.0	10.0	0.0	58.0	5.7	1.2	0.2	83.8	91.6
K3+000~K4+000	8.6	15.8	100.0	6.7	70.0	0.0	40.0	0.0	70.0	5.3	1.7	0.2	81.4	92.4
K4+000~K5+000	8.8	23.4	0.0	0.0	0.0	20.0	0.0	0.0	0.1	4.8	0.1	0.4	94.2	90.1
K5+000~K6+000	2.2	15.7	8.0	4.7	4.0	0.0	0.0	0.9	0.0	3.7	0.0	0.1	97.1	93.3
K6+000~K7+000	14.8	8.8	6.0	0.0	0.0	0.0	0.0	0.0	0.1	1.8	0.2	0.1	91.8	93.8
K7+000~K8+000	2.2	6.1	0.0	12.0	0.0	0.0	0.0	0.0	0.0	5.2	0.1	0.1	94.9	94.6
K8+000~K9+000	4.4	20.3	0.0	0.0	0.0	32.0	0.0	0.0	0.0	3.2	0.0	0.5	96.1	88.6
K9+000~K10+000	13.4	27.7	0.0	0.0	4.0	54.0	0.0	22.0	0.0	3.7	0.1	0.4	93.7	89.7
K10+000~K11+000	31.4	54.2	0.0	0.0	99.0	0.0	90.0	0.0	18.0	14.0	0.4	0.9	89.4	85.7
K11+000~K12+000	15.0	46.8	0.0	0.0	14.0	0.0	0.0	12.0	0.0	5.8	1.6	0.5	81.9	88.8
K12+000~K13+000	11.0	7.4	0.0	0.0	0.0	0.0	0.0	0.0	0.0	1.6	0.2	0.1	92.0	95.1
K13+000~K14+000	4.2	13.7	0.0	0.0	8.0	0.0	0.0	0.0	0.0	1.7	0.0	0.1	96.2	93.8
K14+000~K15+000	18.2	30.2	0.0	0.0	0.0	0.0	0.0	0.0	0.0	3.7	0.2	0.3	92.0	91.4
K15+000~K16+000	24.8	34.7	2.0	0.0	21.0	0.0	0.0	10.0	4.0	4.2	0.4	0.4	89.3	90.0

续上表

起讫桩号	横向裂缝 (m^2)		松散 (m^2)		沉陷 (m^2)		波浪拥包 (m^2)		其他病害 (m^2)		路面破损率 DR		路面损坏状况指数 PCI	
	左	右	左	右	左	右	左	右	左	右	左	右	左	右
K16+000~K17+000	28.2	37.2	0.0	0.0	0.0	0.0	0.0	0.0	18.0	4.8	0.4	0.3	90.2	90.7
K17+000~K18+000	37.8	33.6	0.0	0.0	0.0	0.0	0.0	0.0	18.0	18.6	0.7	0.6	87.0	87.6
K18+000~K19+000	44.8	10.8	30.0	10.0	30.0	56.0	0.0	162.0	12.0	1.5	0.9	1.8	85.4	80.7
K19+000~K20+000	38.8	21.1	0.0	0.0	0.0	30.0	0.0	0.0	11.6	2.6	0.4	0.2	89.8	92.6
K20+000~K21+000	18.4	34.5	0.0	0.0	0.0	0.0	0.0	0.0	0.0	4.4	0.2	0.3	93.2	90.9
K21+000~K21+460	8.6	3.6	0.0	0.0	0.0	0.0	0.0	0.0	0.0	0.4	0.2	0.1	93.0	95.1

表 3-4 沥青路面病害统计表（10km）

起讫桩号	横向裂缝 (m^2)		松散 (m^2)		沉陷 (m^2)		波浪拥包 (m^2)		其他病害 (m^2)		路面破损率 DR		路面损坏状况指数 PCI	
	左	右	左	右	左	右	左	右	左	右	左	右	左	右
K1+000~K11+000	94.4	207.1	218.0	23.4	138.0	106.0	50.0	22.9	76.2	47.7	0.4	0.3	89.3	90.8
	301.5		241.4		244.0		72.9		123.9		0.7		180.1	
K11+000~K21+460	250.0	273.6	172.0	10.0	32.0	86.0	90.0	184.0	95.6	49.3	0.5	0.4	88.9	89.4
	523.6		182.0		118.0		274.0		144.9		0.9		178.3	

注：所有病害均折合成影响面积。

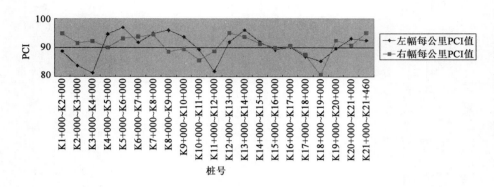

图 3-5　西宁至塔尔寺高速公路每公里 PCI 变化图

对沥青路面进行评定,共调查有效面积 466488m²。病害主要有:龟裂 12m²,纵向裂缝 799.4m,横向裂缝 4083.6m,坑槽 3.6m²,松散 283.4m²,沉陷 502m²,车辙 118.6m,波浪拥包 346.9m²,泛油 44.7m²,共 2216.64m²(折合成影响面积)。经计算,评定等级为优。

该路段病害较少、程度较轻,主要以横向裂缝为主,比较适合采用预养护技术。

三、平安至阿岱高速公路

1. 路面损坏调查

平安至阿岱高速公路沥青路面主要病害统计结果如表 3-5、表 3-6 所示。病害集中表现为变形类,如图 3-6 所示。其中较为明显的病害有:①K1+000~K2+000 中右幅两桥头为高填方路段,路面出现沉陷。②K3+000~K4+000 中左幅 K3+800~K4+000 段出现大面积沉陷。右幅 K3+100 处为台背沉陷,最大沉降量为 7cm。③K4+000~K5+000 中左幅 K4+100~K4+200 段全幅波浪,并伴随不连续的纵向裂缝、沉陷,最大缝宽 3cm,形成错台。④K5+000~K6+000 中左幅 K5+700~K5+900 段全幅出现不同程度的沉陷,并伴随长 170m 的纵向裂缝,最大缝宽 10cm。⑤K6+000~K7+000 中左幅 K6+700~K6+800 段全幅波浪。⑥K8+000~K9+000 中左幅 K8+600~K8+700 段全幅波浪。⑦K22+000~K23+000 中左幅停车道处出现不连续的纵向裂缝,最大缝宽 2cm,并伴随明显的沉陷。⑧K23+000~K24+000 中左幅行车道、超车道处出现不连续的纵向裂缝,最大缝宽 5cm,并伴随明显的沉陷。⑨K36+000~K37+000 中左幅 K36+500~K36+600 段行车道出现纵向裂缝,最大缝宽 1.5cm,裂缝处已形成纵向错台,停车道沉陷。

在变形病害中沉陷与波浪拥包所占比例较大,其轻重程度也较为明显,如图 3-7、图 3-8 所示。

2. 路面损坏状况评价

平安至阿岱高速公路每公里路面损坏状况指数[按式(3-1)、式(3-2)计算]的变化规律如图 3-9 所示。

表 3-5 沥青路面病害统计表（1km）

起讫桩号	纵向裂缝(m²) 左	纵向裂缝(m²) 右	沉陷(m²) 左	沉陷(m²) 右	波浪拥包(m²) 左	波浪拥包(m²) 右	其他病害(m²) 左	其他病害(m²) 右	路面破损率 DR 左	路面破损率 DR 右	路面损坏状况指数 PCI 左	路面损坏状况指数 PCI 右
K0+000~K1+000	309.4	0.0	30.0	6.0	60.0	0.0	49.6	54.1	1.1	0.2	84.2	91.9
K1+000~K2+000	0.0	0.0	310.0	240.0	100.0	200.0	0.0	34.5	3.2	3.8	75.9	74.1
K2+000~K3+000	25.6	0.0	0.0	150.0	164.0	0.0	56.6	64.4	1.6	1.7	81.8	81.5
K3+000~K4+000	83.6	11.0	1360.0	314.0	140.0	0.0	22.0	11.0	12.3	2.6	57.8	77.8
K4+000~K5+000	124.6	0.0	1280.0	0.0	410.0	250.0	4.4	8.7	14.1	2.0	55.3	80.1
K5+000~K6+000	87.4	0.0	860.0	120.0	306.0	0.0	12.9	2.2	9.8	0.9	61.6	85.4
K6+000~K7+000	78.8	0.0	0.0	60.0	1328.0	300.0	0.0	25.4	10.9	2.9	59.9	76.7
K7+000~K8+000	0.0	3.2	0.0	90.0	199.0	0.0	51.5	26.6	1.9	0.9	76.1	85.6
K8+000~K9+000	37.4	0.0	0.0	20.0	650.0	0.0	0.6	52.2	5.5	0.6	69.6	88.0
K9+000~K10+000	69.2	4.0	0.0	60.0	110.0	0.0	37.6	20.0	1.5	0.6	82.4	87.7
K10+000~K11+000	7.2	0.0	0.0	0.0	234.0	0.0	0.0	28.9	1.9	0.2	80.7	91.9
K11+000~K12+000	13.6	0.0	0.0	0.0	90.0	0.0	0.2	8.8	0.8	0.1	86.3	95.0
K12+000~K13+000	15.2	4.0	0.0	0.0	320.0	0.0	0.0	14.4	2.6	0.3	76.5	91.8
K13+000~K14+000	8.4	8.0	0.0	0.0	10.0	0.0	24.0	44.4	0.2	0.1	92.5	90.4
K14+000~K15+000	18.0	0.0	0.0	0.0	24.0	0.0	24.0	14.1	0.4	0.1	90.1	94.2
K15+000~K16+000	12.2	0.0	0.0	0.0	204.0	0.0	7.8	11.0	1.7	0.1	81.4	94.3
K16+000~K17+000	16.0	1.6	0.0	80.0	108.0	0.0	202.3	2.2	1.4	0.0	83.0	96.7
K17+000~K18+000	9.8	26.0	512.0	0.0	0.0	0.0	2.7	6.6	0.1	0.9	94.3	85.8
K18+000~K19+000	9.4	0.0	0.0	0.0	0.0	0.0	25.3	2.2	0.1	0.0	93.8	97.2
K19+000~K20+000	12.4	0.0	280.0	0.0	0.0	0.0	44.0	31.0	0.3	0.2	91.0	91.7
K20+000~K21+000	14.4	8.0	0.0	0.0	0.0	0.0	2.7	2.2	0.1	0.1	93.5	94.7
K21+000~K22+000	29.0	48.0	0.0	0.0	0.0	0.0	0.0	4.4	0.2	0.4	91.9	89.6
K22+000~K23+000	46.8	14.0	0.0	0.0	0.0	0.0	0.2	21.8	4.3	0.3	72.7	91.2
K23+000~K24+000	58.8	0.0	280.0	24.0	0.0	0.0	120.0	24.6	3.0	0.4	76.5	90.0
K24+000~K25+000	28.0	0.0	0.0	12.0	0.0	0.0	0.4	28.3	0.2	0.2	92.0	92.1
K25+000~K26+000	37.8	38.0	0.0	0.0	0.0	0.0	0.0	11.4	0.3	0.4	91.0	83.2
K26+000~K27+000	28.8	34.0	0.0	0.0	0.0	0.0	0.4	37.6	0.2	0.5	91.9	88.4

续上表

起讫桩号	纵向裂缝(m²) 左	右	沉陷(m²) 左	右	波浪拥包(m²) 左	右	其他病害(m²) 左	右	路面破损率DR 左	右	路面损坏状况指数PCI 左	右
K27+000~K28+000	41.8	20.0	0.0	0.0	0.0	0.0	0.0	55.0	0.3	0.6	90.6	88.0
K28+000~K29+000	21.2	8.0	0.0	0.0	0.0	0.0	4.0	49.6	0.2	0.4	92.7	89.5
K29+000~K30+000	15.6	36.0	0.0	0.0	0.0	0.0	0.8	50.8	0.1	0.6	93.6	82.2
K30+000~K31+000	27.2	10.0	0.0	0.0	0.0	0.0	0.0	59.0	0.2	0.5	92.2	88.5
K31+000~K32+000	0.0	0.0	0.0	0.0	0.0	0.0	0.0	0.0	0.0	0.0	100.0	100.0
K32+000~K33+000	0.0	0.0	0.0	0.0	0.0	0.0	0.0	0.0	0.0	0.0	100.0	100.0
K33+000~K34+000	0.0	0.0	0.0	0.0	0.0	0.0	0.0	0.0	0.0	0.0	100.0	100.0
K34+000~K35+000	31.6	0.0	0.0	0.0	0.0	0.0	1.4	59.4	0.3	0.5	91.3	89.1
K35+000~K36+000	10.2	6.0	0.0	0.0	0.0	0.0	10.2	33.0	0.1	0.3	94.7	90.8
K36+000~K37+000	35.0	6.0	400.0	0.0	200.0	0.0	0.0	35.2	4.9	0.3	71.1	90.6
K37+000~K38+000	38.6	0.0	0.0	0.0	0.0	0.0	16.0	6.6	0.4	0.1	89.5	95.6
K38+000~K39+000	26.4	15.0	0.0	0.0	0.0	0.0	0.5	0.0	0.2	0.1	92.2	93.8
K39+000~K40+000	15.6	0.0	160.0	0.0	0.0	0.0	0.4	2.2	1.4	0.0	83.0	97.2

沥青路面病害统计表(10km)

表3-6

起讫桩号	纵向裂缝(m²) 左	右	沉陷(m²) 左	右	波浪拥包(m²) 左	右	其他病害(m²) 左	右	路面破损率DR 左	右	路面损坏状况指数PCI 左	右
K0+000~K10+000	546.0	14.2	3840.0	1060.0	3469.0	750.0	235.2	299.1	6.2	1.6	68.2	81.7
	560.2		4900		4219.0		534.3		7.8		149.9	
K10+000~K20+000	122.2	31.6	0.0	80.0	990.0	0.0	329.6	169.6	0.9	0.2	85.4	92.1
	153.8		80.0		990.0		499.2		1.1		177.5	
K20+000~K30+000	322.2	206.0	792.0	24.0	0.0	0.0	128.5	285.7	0.9	0.4	85.7	89.8
	528.2		816.0		0.0		414.2		1.3		175.5	
K30+000~K40+000	184.6	37.0	560.0	0.0	200.0	0.0	18.6	195.4	0.7	0.2	86.7	92.6
	221.6		560.0		200.0		214.0		0.9		179.3	

注:1. 所有病害均折合成影响面积。
2. 其他病害数据为剩余病害数据,剩余的每类病害占所有病害面积的比例均低于10%。

图 3-6　不同类型病害比例图(折合成影响面积)

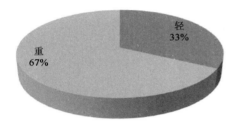

图 3-7　沉陷比例图

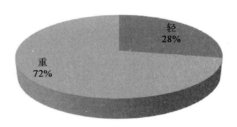

图 3-8　波浪拥包比例图

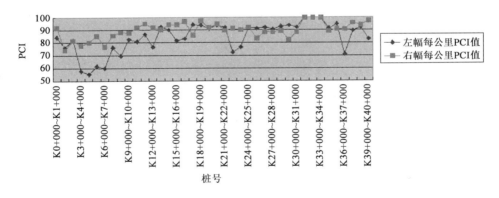

图 3-9　平安至阿岱高速公路每公里 PCI 变化图

从图 3-9 可以看出,右幅路破损较轻,PCI 评定在 80～95 之间;而左幅路破损较为严重,尤其在 K3+000～K7+000 段,PCI 值均低于 70,甚至有 2km 低于 60,评定等级为差。

对沥青路面进行评定,共调查有效面积 912000m^2。病害主要有:龟裂 22m^2,纵向裂缝 7319m,横向裂缝 2919.3m,坑槽 9.3m^2,松散 438m^2,沉陷 6356m^2,车辙 170m,波浪拥包 5409m^2,泛油 540.6m^2(折合成影响面积)。经计算,评定等级为良。

该调查路段尽管总体评价为良,但病害以纵向裂缝和沉陷为主,说明部分路段路基已经出现问题,特别是 K0～K10 路段病害严重,早已过了预养护时机,必须采用罩面这类的中修技术,局部路段还应处理基层甚至路基。其他路段在处理完病害后可以采用预养护技术。

四、马场垣至平安高速公路

1. 路面损坏调查

马场垣至平安高速公路沥青路面主要病害统计结果如表 3-7、表 3-8 所示。从表中可以发现,病害类型主要表现为裂缝类,车辙和波浪拥包也占一定比例,如图 3-10 所示。在裂缝病害中,其轻重程度也较为明显,如图 3-11 所示。

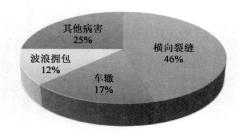 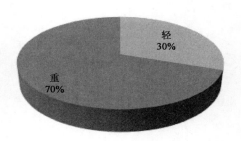

图 3-10　不同类型病害比例图(折合成影响面积)　　图 3-11　横向裂缝比例图

此次调查中发现较为明显的病害有:①K1+000～K2+000 中右幅行车道普遍存在车辙,小桥涵铺装层普遍损坏,接头沉陷。②K10+000～K11+000 中左幅 K10+100 处桥面多处修补。③K14+000～K15+000 中左幅 K14+700 处路面出现严重离析,面积 10m²。④K39+000～K40+000 中左幅 K39+800 处为高填方路基,外侧为挡墙,距防护栏 50cm 处出现长 50m 的纵向裂缝,裂缝处最大错台 5cm。⑤K46+000～K47+000 中左幅 K46+000～K46+100 段行车道路面出现长 30m 的纵向裂缝。⑥K48+000～K49+000 中右幅 K48+150 处行车道出现明显的车辙,车辙最大处为 6cm。⑦K52+000～K53+000 中左幅 K52+820 处路面出现 20m² 的网裂。⑧K54+000～K55+000 中左幅 K54+350 处路面出现 3 道不规则的纵向裂缝,最大缝宽 1.5cm,其中一道裂缝自超车道裂开通过行车道延至停车道。⑨K67+000～K68+000 中左幅 K67+300 处路面出现沉陷、裂缝。⑩K68+000～K69+000 中右幅 K68+700～K69+000 为高填方段,裂缝较多。⑪K71+000～K72+000 中左幅桥面出现大面积泛油现象。⑫K76+000～K77+000 中右幅局部沉陷。

2. 路面损坏状况评价

马场垣至平安高速公路每公里路面损坏状况指数[按式(3-1)、式(3-2)计算]的变化规律如图 3-12 所示。

表 3-7 沥青路面病害统计表（1km）

起讫桩号	横向裂缝（m²）		车辙（m²）		波浪拥包（m²）		其他病害（m²）		路面破损率 DR		路面损坏状况指数 PCI	
	左	右	左	右	左	右	左	右	左	右	左	右
K0+000~K1+000	2.2	0.0	0.0	0.0	0.0	0.0	30.0	0.0	0.3	0.0	92.1	100.0
K1+000~K2+000	55.8	35.9	0.0	144.0	0.0	85.1	16.4	44.4	0.6	1.8	87.9	81.0
K2+000~K3+000	44.0	27.1	0.0	12.4	0.0	0.0	4.0	3.5	0.4	0.2	90.1	91.8
K3+000~K4+000	50.8	47.0	0.8	8.8	0.0	0.0	4.4	6.3	0.5	0.5	89.2	88.7
K4+000~K5+000	37.4	34.9	0.0	16.0	0.0	0.0	4.0	4.3	0.4	0.4	90.2	90.1
K5+000~K6+000	44.2	65.2	0.0	7.2	0.0	0.0	0.1	28.0	0.4	0.8	90.1	86.1
K6+000~K7+000	39.6	72.9	0.0	16.0	0.0	0.0	0.0	9.2	0.3	0.7	90.7	87.2
K7+000~K8+000	4.4	7.8	0.0	28.0	0.0	0.0	0.0	1.8	0.0	0.2	96.1	92.4
K8+000~K9+000	11.0	38.3	0.0	60.0	0.0	0.0	0.0	5.9	0.1	0.6	94.3	88.2
K9+000~K10+000	10.6	34.0	0.0	98.0	0.0	0.0	10.0	22.4	0.1	0.9	94.5	85.6
K10+000~K11+000	37.2	20.5	0.0	26.0	0.0	0.0	0.1	3.4	0.4	0.9	89.8	85.4
K11+000~K12+000	17.6	49.5	0.0	18.0	0.0	0.0	0.0	50.1	0.2	1.0	93.2	85.3
K12+000~K13+000	18.0	25.3	0.0	156.0	0.0	0.0	0.0	33.1	0.2	0.6	93.2	88.0
K13+000~K14+000	43.8	50.6	0.0	182.0	0.0	0.0	0.0	26.6	0.4	1.8	90.3	80.9
K14+000~K15+000	6.6	63.7	0.0	176.0	0.0	30.0	0.0	44.8	0.1	2.5	95.6	78.2
K15+000~K16+000	44.0	58.2	0.0	26.0	0.0	40.0	44.4	130.1	0.3	3.0	90.4	76.3
K16+000~K17+000	13.0	55.7	0.0	0.0	0.0	0.0	0.0	6.9	0.5	0.7	89.0	87.2
K17+000~K18+000	0.0	0.0	0.0	0.0	0.0	0.0	0.0	0.0	0.0	0.0	100.0	100.0
K18+000~K19+000	30.8	84.9	0.0	8.0	0.0	0.0	0.0	10.7	0.2	0.7	91.7	86.9
K19+000~K20+000	13.0	30.6	6.4	0.0	0.0	10.0	34.0	36.3	0.4	0.7	89.4	87.4
K20+000~K21+000	67.4	53.7	12.0	0.0	0.0	0.0	40.0	21.2	0.9	0.6	85.5	88.2

续上表

起讫桩号	横向裂缝(m²)		车辙(m²)		波浪拥包(m²)		其他病害(m²)		路面破损率 DR		路面损坏状况指数 PCI	
	左	右	左	右	左	右	左	右	左	右	左	右
K21+000～K22+000	22.0	64.4	0.0	0.0	0.0	0.0	0.0	10.0	0.2	0.6	92.7	88.1
K22+000～K23+000	24.2	43.8	0.0	4.8	0.0	17.0	0.0	6.1	0.2	0.6	92.5	88.3
K23+000～K24+000	24.2	11.9	0.0	206.0	0.0	80.0	4.0	1.6	0.2	2.3	91.9	78.8
K24+000～K25+000	0.0	3.9	0.0	0.0	0.0	0.0	0.0	0.5	0.0	0.0	100.0	96.3
K25+000～K26+000	0.0	0.0	0.0	0.0	0.0	0.0	0.0	0.0	0.0	0.0	100.0	100.0
K26+000～K27+000	0.0	0.0	0.0	0.0	0.0	0.0	0.0	0.0	0.0	0.0	100.0	100.0
K27+000～K28+000	13.2	19.8	0.0	6.0	0.0	0.0	94.8	2.4	0.1	0.2	94.2	92.8
K28+000～K29+000	0.0	24.7	0.0	0.0	0.0	0.0	8.0	175.5	0.7	1.6	86.8	81.9
K29+000～K30+000	0.0	18.3	0.0	0.0	0.0	12.0	24.0	27.5	0.1	0.4	95.0	90.2
K30+000～K31+000	68.2	84.2	0.0	30.0	0.0	0.0	30.0	32.9	0.7	1.0	86.9	85.1
K31+000～K32+000	52.8	67.3	0.0	14.0	0.0	20.0	0.0	9.6	0.7	0.8	87.3	86.2
K32+000～K33+000	55.4	61.3	0.0	0.0	0.0	100.0	20.1	9.1	0.4	0.8	89.5	86.4
K33+000～K34+000	35.2	40.8	0.0	28.0	0.0	0.0	0.0	13.7	0.4	1.2	89.3	84.0
K34+000～K35+000	68.2	75.1	16.0	64.0	0.0	17.0	140.1	12.5	0.5	0.9	88.4	85.8
K35+000～K36+000	83.6	68.0	0.0	4.0	0.0	0.0	20.0	10.9	1.9	1.2	80.6	83.7
K36+000～K37+000	69.8	78.5	0.0	0.0	0.0	10.0	68.0	24.4	0.7	0.8	87.0	86.2
K37+000～K38+000	121.2	59.1	0.0	44.0	0.0	22.0	5.0	26.6	1.5	0.7	82.4	86.8
K38+000～K39+000	110.0	41.3	0.0	20.0	0.0	0.0	50.0	39.1	0.9	1.1	85.5	84.3
K39+000～K40+000	96.8	72.4	0.0	0.0	0.0	0.0	60.0	53.9	1.2	1.1	84.1	84.3
K40+000～K41+000	79.2	74.4	0.0	0.0	0.0	0.0	0.0	48.9	1.1	0.9	84.5	85.4
K41+000～K42+000	41.8	57.5	0.0	12.0	0.0	35.1	0.0	54.0	0.3	1.1	90.5	84.3

续上表

起讫桩号	横向裂缝(m²)		车辙(m²)		波浪拥包(m²)		其他病害(m²)		路面破损率 DR		路面损坏状况指数 PCI	
	左	右	左	右	左	右	左	右	左	右	左	右
K42+000~K43+000	81.6	60.0	0.0	0.0	0.0	0.0	0.0	16.3	0.6	0.6	87.6	88.0
K43+000~K44+000	117.6	56.6	0.0	0.0	0.0	70.0	7.2	19.6	1.0	1.1	85.2	84.3
K44+000~K45+000	72.0	62.5	0.0	8.0	0.0	0.0	20.0	29.4	0.7	0.8	86.9	86.6
K45+000~K46+000	83.6	63.3	0.0	6.0	0.0	30.2	32.0	15.5	0.9	0.8	85.6	86.5
K46+000~K47+000	70.6	66.4	0.0	0.0	0.0	0.0	38.0	50.8	0.9	0.9	86.0	85.7
K47+000~K48+000	93.8	68.2	0.0	40.0	0.0	35.1	8.0	190.8	0.8	2.6	86.3	77.9
K48+000~K49+000	86.6	41.7	0.0	84.0	0.0	0.0	0.1	89.4	0.7	1.6	87.3	81.6
K49+000~K50+000	99.2	11.6	0.0	0.0	0.0	0.0	20.0	26.7	0.9	0.3	85.5	91.0
K50+000~K51+000	69.6	16.7	0.0	0.0	0.0	21.1	6.1	24.2	0.6	0.5	88.0	89.0
K51+000~K52+000	74.0	7.4	0.0	67.2	0.0	15.1	26.0	3.3	0.8	0.7	86.3	86.9
K52+000~K53+000	59.4	25.2	0.0	40.0	0.0	30.0	56.0	23.8	0.9	0.9	85.6	85.6
K53+000~K54+000	83.2	37.6	0.0	12.8	0.0	15.1	60.0	46.2	1.2	0.9	84.1	86.0
K54+000~K55+000	78.4	56.5	0.0	0.0	0.0	20.0	160.0	42.3	1.9	0.9	80.7	85.6
K55+000~K56+000	68.8	15.0	4.0	104.0	0.0	0.0	10.0	1.8	0.7	0.9	87.4	85.4
K56+000~K57+000	28.6	55.2	0.0	120.0	0.0	44.0	0.0	8.3	0.2	1.8	91.9	81.1
K57+000~K58+000	36.8	62.9	0.0	168.4	0.0	460.0	84.0	22.6	0.9	5.4	85.5	69.9
K58+000~K59+000	37.4	57.4	0.0	27.6	0.0	185.1	0.0	7.6	0.3	2.1	90.9	79.5
K59+000~K60+000	37.4	67.3	0.0	176.0	0.0	93.0	40.0	33.1	0.6	2.9	87.6	76.9
K60+000~K61+000	27.6	39.2	0.0	52.0	0.0	0.0	9.0	17.8	0.3	0.8	92.0	86.1
K61+000~K62+000	41.6	24.0	0.0	0.0	0.0	0.0	0.0	3.1	0.3	0.2	90.5	92.2
K62+000~K63+000	26.0	43.8	0.0	26.0	0.0	35.1	24.1	6.5	0.4	0.9	89.8	85.9

续上表

起讫桩号	横向裂缝(m²)		车辙(m²)		波浪拥包(m²)		其他病害(m²)		路面破损率 DR		路面损坏状况指数 PCI	
	左	右	左	右	左	右	左	右	左	右	左	右
K63+000~K64+000	33.0	39.1	0.0	138.0	0.0	0.0	0.0	5.0	0.3	1.4	91.3	82.7
K64+000~K65+000	35.2	54.5	0.0	40.0	0.0	0.0	0.0	7.4	0.3	0.8	91.1	86.5
K65+000~K66+000	39.4	72.1	0.0	0.0	0.0	0.0	8.1	9.5	0.4	0.6	89.9	87.7
K66+000~K67+000	17.0	39.3	0.0	9.6	0.0	104.0	50.0	5.5	0.5	1.2	88.5	83.8
K67+000~K68+000	41.8	50.9	4.0	3.6	30.0	20.0	0.0	6.4	0.6	0.6	87.6	87.7
K68+000~K69+000	107.4	111.8	0.0	57.2	0.0	0.0	30.0	18.4	1.1	1.4	84.5	82.6
K69+000~K70+000	4.4	8.9	0.0	0.0	0.0	0.0	18.0	17.7	0.2	0.1	92.3	93.6
K70+000~K71+000	19.4	36.9	0.0	0.0	0.0	0.0	40.0	7.8	0.3	0.3	91.0	90.4
K71+000~K72+000	44.6	64.0	0.0	66.4	0.0	0.0	94.0	47.3	0.6	1.2	87.8	83.9
K72+000~K73+000	93.6	170.7	0.0	79.6	0.0	20.0	34.0	27.0	1.0	2.3	85.1	79.0
K73+000~K74+000	56.8	130.1	0.0	37.6	0.0	24.0	50.0	17.3	0.8	1.6	86.0	81.8
K74+000~K75+000	35.2	86.7	0.0	12.0	0.0	15.1	30.0	25.5	0.5	1.1	88.5	84.6
K75+000~K76+000	30.8	62.3	0.0	0.0	0.0	0.0	6.0	10.3	0.3	0.6	91.1	88.3
K76+000~K77+000	28.6	20.8	0.0	14.0	0.0	55.1	20.0	100.5	0.4	1.5	89.9	82.5
K77+000~K78+000	33.0	33.7	0.0	26.0	0.0	330.0	56.0	50.6	0.7	3.4	87.1	75.2
K78+000~K79+000	72.6	59.6	0.0	0.0	0.0	20.0	66.0	34.7	1.1	0.9	84.6	85.9
K79+000~K80+000	99.0	68.6	0.0	6.0	0.0	12.0	24.0	21.9	0.9	0.8	85.4	86.2
K80+000~K81+000	74.0	80.1	0.0	21.6	0.0	0.0	144.0	71.5	1.8	1.3	81.1	83.1
K81+000~K82+000	57.2	75.3	0.0	8.8	0.0	0.0	34.0	51.6	0.7	1.0	86.9	84.8
K82+000~K83+000	0.0	54.3	0.0	12.0	0.0	0.0	0.0	67.4	0.0	1.0	100.0	84.9

表 3-8

沥青路面病害统计表（10km）

起讫桩号	横向裂缝(m²)		车辙(m²)		波浪拥包(m²)		其他病害(m²)		路面破损率 DR		路面损坏状况指数 PCI	
	左	右	左	右	左	右	左	右	左	右	左	右
K0+000～K10+000	300.0	363.2	0.8	252.4	0.0	85.1	58.9	85.9	0.3	0.6	90.9	87.8
	663.2		253.2		85.1		144.8		0.9		178.7	
K10+000～K20+000	224.0	439.0	6.4	690.0	0.0	80.0	88.5	341.9	0.3	1.2	91.4	83.9
	663.0		696.4		80.0		430.44		1.5		175.3	
K20+000～K30+000	151.0	240.6	12.0	216.8	0.0	97.0	146.8	244.8	0.2	0.6	91.6	87.7
	391.6		228.8		97.0		391.6		0.8		179.3	
K30+000～K40+000	761.2	675.0	16.0	204.0	0.0	181.0	357.2	232.5	0.9	1.0	85.7	85.2
	1436.2		220.0		181.0		589.7		1.0		170.9	
K40+000～K50+000	826.0	562.2	0.0	139.2	0.0	160.4	185.3	541.1	0.8	1.1	86.4	84.6
	1388		139.2		160.4		726.4		0.91		170.7	
K50+000～K60+000	573.6	401.1	4.0	718.0	0.0	883.4	458.1	213.2	0.8	1.7	86.3	81.4
	974.7		722.0		883.4		671.3		2.5		167.7	
K60+000～K70+000	373.4	483.6	4.0	326.4	30.0	159.1	139.2	97.4	0.4	0.8	89.3	86.3
	857		330.4		189.1		236.6		1.2		175.6	
K70+000～K80+000	513.6	733.4	0.0	241.6	0.0	476.2	420.0	343.3	0.7	1.4	87.3	83.0
	1247.0		241.6		476.2		763.3		2.1		170.3	
K80+000～K83+000	131.2	209.7	0.0	42.4	0.0	0.0	178.0	190.5	0.3	0.3	91.6	90.4
	340.9		42.4		0.0		368.5		0.6		182.0	

注：1. 所有病害均折合成影响面积。
2. 其他病害数据为剩余病害数据，剩余的每类病害占所有病害面积的比例均低于10%。

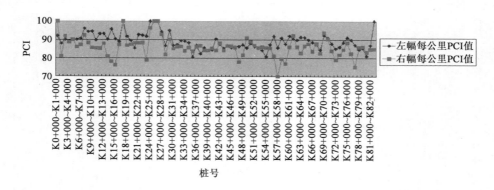

图 3-12　马场垣至平安高速公路每公里 PCI 变化图

对沥青路面进行评定，共调查有效面积 $1892400m^2$。病害主要有：龟裂 $927.3m^2$，块状裂缝 $83m^2$，纵向裂缝 $3521m$，横向裂缝 $39674m$，坑槽 $150.5m^2$，松散 $709.2m^2$，沉陷 $1515.5m^2$，车辙 $7185m$，波浪拥包 $2152.2m^2$，泛油 $252.2m^2$，共 $14890.56m^2$（折合成影响面积）。经计算，评定等级为良。

该调查路段总体情况较好，但病害数量较多，只是程度较轻，可以考虑恢复性的预养护技术。

五、平安至西宁高速公路

1. 路面损坏调查

平安至西宁高速公路沥青路面主要病害统计结果如表 3-9、表 3-10 所示。从表中数据可以发现，病害类型集中表现为变形类与裂缝类，如图 3-13 所示。

此次调查中发现较为明显的病害有：①K87+000～K88+000 中右幅行车道普遍存在车辙，小桥涵铺装层普遍损坏，接头沉陷。②K92+000～K93+000 中左幅 K92+000～K92+600 段在行车道与停车道间有一连续的纵向裂缝，最大缝宽 1cm，其中 K92+000～K92+100 段纵横交错，局部形成网裂。③K111+000～K112+000 中左幅 K111+000～K111+100 段出现长 15m 的纵缝，最大缝宽 1.5cm，周围伴随着网裂，主要分布在超车道和行车道中间。④K114+000～K115+000 中左幅 K114+260～K115+000 段行车道出现车辙。⑤K115+000～K116+000 中左幅车辙贯穿整公里的行车道，并伴随着纵向裂缝。⑥K117+000～K118+000 中左幅车辙贯穿整公里的行车道，并伴随着纵向裂缝。⑦K118+000～K119+000 中左幅车辙贯穿整公里的行车道，并伴随着纵向裂缝。⑧K119+000～K120+000 中左幅车辙贯穿整公里的行车道，并伴随着纵向裂缝。⑨K120+000～K121+000 中左幅车辙贯穿整公里的行车道，并伴随着纵向裂缝。

2. 路面损坏状况评价

平安至西宁高速公路每公里路面损坏状况指数［按式(3-1)、式(3-2)计算］的变化规律如图 3-14 所示。

第三章 高寒地区高等级公路沥青路面预防性养护时机及决策技术

表3-9 沥青路面病害统计表（1km）

起讫桩号	横向裂缝 (m²)		沉陷 (m²)		车辙 (m²)		波浪拥包 (m²)		其他病害 (m²)		路面破损率 DR		路面损坏状况指数 PCI	
	左	右	左	右	左	右	左	右	左	右	左	右	左	右
K86+000~K87+000	105.4	0.0	60.0	0.0	0.0	0.0	60.0	0.0	42.0	0.0	2.0	0.0	79.9	100.0
K87+000~K88+000	39.6	29.2	40.0	0.0	0.0	2.0	0.0	10.0	0.0	3.6	0.6	0.3	87.8	90.4
K88+000~K89+000	55.0	56.4	0.0	0.0	0.0	180.0	0.0	0.0	0.0	8.4	0.4	1.9	89.5	80.5
K89+000~K90+000	74.8	53.0	0.0	0.0	0.0	70.0	0.0	74.0	36.0	8.9	0.6	1.6	88.0	81.9
K90+000~K91+000	103.2	30.1	210.0	0.0	0.0	200.0	0.0	0.0	72.0	6.6	2.7	1.8	77.4	80.8
K91+000~K92+000	81.0	37.2	70.0	605.1	0.0	0.0	0.0	24.0	72.0	6.5	1.8	5.1	81.1	70.6
K92+000~K93+000	109.0	118.8	50.0	0.0	0.0	236.0	0.0	0.0	152.0	40.4	2.0	2.9	78.5	76.8
K93+000~K94+000	61.6	66.9	40.0	0.0	0.0	28.0	0.0	0.0	0.0	17.3	0.8	0.8	86.4	80.3
K94+000~K95+000	72.6	67.3	100.0	0.0	0.0	8.0	0.0	0.0	0.0	8.7	1.3	0.6	83.1	87.6
K95+000~K96+000	72.9	48.8	100.0	0.0	0.0	164.0	0.0	0.0	0.0	6.4	1.4	1.4	82.8	81.4
K96+000~K97+000	68.2	18.9	40.0	0.0	0.0	106.0	0.0	60.0	0.0	48.3	0.9	2.3	86.0	78.3
K97+000~K98+000	61.2	51.5	0.0	0.0	0.0	32.0	0.0	0.0	10.0	7.3	0.5	0.7	89.0	87.1
K98+000~K99+000	90.0	51.4	50.0	0.0	8.0	40.0	0.0	0.0	0.0	59.3	0.8	0.9	86.4	85.6
K99+000~K100+000	96.8	40.2	0.0	0.0	16.0	0.0	0.0	55.1	100.2	7.2	0.8	1.1	86.1	84.5
K100+000~K101+000	0.0	34.5	0.0	0.0	40.0	0.0	0.0	115.1	0.0	5.9	0.9	1.2	85.6	83.9
K101+000~K102+000	98.4	36.0	0.0	0.0	0.0	4.0	0.0	27.0	4.0	137.2	1.1	1.1	84.4	84.2
K102+000~K103+000	107.8	68.2	0.0	0.0	0.0	16.0	0.0	0.0	0.0	12.3	0.8	0.7	86.1	86.9
K103+000~K104+000	135.0	65.8	90.0	175.0	0.0	0.0	0.0	352.1	43.0	8.9	2.1	3.3	79.6	76.2
K104+000~K105+000	1284.6	117.3	60.0	0.0	0.0	0.0	0.0	0.0	28.0	33.2	1.6	1.0	81.6	85.0
K105+000~K106+000	110.0	0.0	0.0	300.0	0.0	0.0	0.0	0.0	6.0	0.0	0.9	0.0	85.7	100.0
K106+000~K107+000	164.0	100.4	0.0	0.0	0.0	0.0	0.0	0.0	29.0	26.6	1.5	0.9	82.4	85.7
K107+000~K108+000	141.4	96.8	0.0	0.0	0.0	0.0	0.0	0.0	45.3	31.9	1.6	2.9	45.6	65.4
K108+000~K109+000	141.0	97.2	0.0	0.0	0.0	0.0	0.0	0.0	69.8	33.1	1.6	3.2	81.6	75.9
K109+000~K110+000	90.0	36.3	0.0	0.0	0.0	192.0	0.0	390.2	5.0	24.8	0.7	5.0	86.8	71.0
K110+000~K111+000	187.8	53.7	0.0	0.0	0.0	0.0	0.0	0.0	115.8	8.0	2.4	0.5	78.6	89.1

续上表

起讫桩号	横向裂缝 (m²)		沉陷 (m²)		车辙 (m²)		波浪拥包 (m²)		其他病害 (m²)		路面破损率 DR		路面损坏状况指数 PCI	
	左	右	左	右	左	右	左	右	左	右	左	右	左	右
K111+000～K112+000	116.6	71.0	60.0	0.0	0.0	0.0	0.0	0.0	139.0	9.6	2.5	0.6	78.0	87.8
K112+000～K113+000	83.6	75.8	40.0	0.0	12.0	0.0	0.0	0.0	32.0	10.2	1.3	0.7	83.4	87.5
K113+000～K114+000	115.2	59.6	60.0	0.0	0.0	24.0	0.0	0.0	23.0	77.3	1.4	1.2	82.3	83.6
K114+000～K115+000	85.8	59.6	40.0	0.0	296.0	12.0	0.0	90.0	49.0	21.7	3.7	1.4	74.4	88.8
K115+000～K116+000	105.6	69.3	360.0	0.0	400.0	37.6	0.0	45.1	125.0	74.6	7.8	12.5	65.1	82.1
K116+000～K117+000	107.8	32.1	80.0	0.0	400.0	0.0	0.0	0.0	110.0	33.5	5.6	0.5	62.6	88.8
K117+000～K118+000	79.2	66.8	180.0	30.0	400.0	0.0	0.0	605.1	6.0	80.4	5.2	6.0	70.4	68.6
K118+000～K119+000	61.6	31.7	170.0	0.0	400.0	0.0	0.0	0.0	30.0	33.7	5.3	0.5	70.2	88.8
K119+000～K120+000	70.4	33.5	160.0	72.0	400.0	108.0	0.0	10.0	12.0	7.7	5.1	1.8	70.7	81.0
K120+000～K121+000	103.0	92.1	0.0	10.0	400.0	120.0	0.0	0.0	19.6	17.0	4.2	1.8	73.1	80.7
K121+000～K122+000	0.0	78.3	0.0	0.0	0.0	0.0	0.0	0.0	0.0	699.7	0.0	6.0	100.0	65.6

表3-10 沥青路面病害统计表（10km）

起讫桩号	横向裂缝 (m²)		沉陷 (m²)		车辙 (m²)		波浪拥包 (m²)		其他病害 (m²)		路面破损率 DR		路面损坏状况指数 PCI	
	左	右	左	右	左	右	左	右	左	右	左	右	左	右
K86+000～K96+000	781.4	507.6	670.0	605.0	0.0	892.0	60.0	104.0	302.0	106.7	1.4	1.7	82.7	81.4
	1289.0		1275.0		892.0		164.0		408.7		3.1		164.1	
K96+000～K106+000	892.2	480.2	190.0	50.0	64.0	298.7	0.0	582.3	191.1	319.9	1.0	1.2	84.8	83.7
	1372.4		240.0		362		582.3		511.0		2.2		168.5	
K106+000～K116+000	947.0	734.0	560.0	300.0	740.0	413.6	0.0	525.3	534.0	543.2	2.2	1.8	78.5	81.0
	1681.0		860.0		1153.6		525.3		1077.2		3.8		159.5	
K116+000～K122+000	422.0	334.4	590.0	112.0	2000.0	228.0	0.0	615.1	177.6	872.1	2.5	1.7	78.0	81.5
	756.4		702.0		2228.0		651.1		1049.7		4.2		159.5	

注：1. 所有病害均折合成影响面积。
2. 其他病害数据为剩余病害数据，剩余的每类病害占所有病害面积的比例均低于10%。

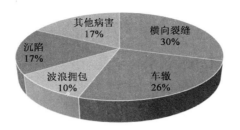

图 3-13 不同类型病害比例图(折合成影响面积)

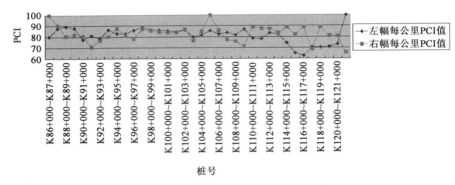

图 3-14 平安至西宁高速公路每公里 PCI 变化图

对沥青路面进行评定,共调查有效面积 820800m²。病害主要有:龟裂 1027.2m²,块状裂缝 188.8m²,纵向裂缝 3884.2m,横向裂缝 26815.6m,坑槽 39.5m²,松散 543.9m²,沉陷 3077.1m²,车辙 11589m,波浪拥包 1886.7m²,泛油 544m²,共 18028.76m²(折合成影响面积)。经计算,评定等级为良。

该调查路段中部分路段病害较为严重,而且基本上 PCI 在 85 以下,预养护技术已经不适合。

六、西宁至互助一级公路

1. 路面损坏调查

西宁至互助一级公路沥青路面主要病害统计结果如表 3-11、表 3-12 所示。从表中数据发现病害的主要类型表现为变形类、裂缝类,如图 3-15 所示。

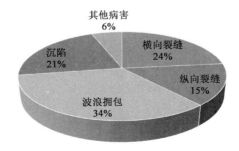

图 3-15 不同类型病害比例图(折合成影响面积)

表 3-11 沥青路面病害统计表（1 km）

起讫桩号	纵向裂缝 (m²)		横向裂缝 (m²)		沉陷 (m²)		波浪拥包 (m²)		其他病害 (m²)		路面破损率 DR		路面损坏状况指数 PCI	
	左	右	左	右	左	右	左	右	左	右	左	右	左	右
K0+000～K1+000	0.0	0.0	4.6	0.0	0.0	0.0	0.0	0.0	0.2	0.0	0.0	0.0	96.2	100.0
K1+000～K2+000	0.0	0.0	7.2	21.4	0.0	0.0	0.0	0.0	0.8	0.0	0.1	0.2	95.3	92.9
K2+000～K3+000	0.0	0.0	13.4	50.4	0.0	0.0	0.0	0.0	1.0	0.1	0.1	0.4	94.0	89.8
K3+000～K4+000	12.6	54.0	26.8	93.8	0.0	0.0	0.0	0.0	2.2	50.0	0.3	1.4	91.2	82.7
K4+000～K5+000	6.4	0.0	9.8	36.2	0.0	30.0	0.0	0.0	0.5	0.0	0.1	0.5	93.9	88.7
K5+000～K6+000	15.4	0.0	17.2	69.0	0.0	0.0	24.0	0.0	0.0	68.0	0.4	0.8	89.7	86.2
K6+000～K7+000	0.0	0.0	14.0	50.8	0.0	70.0	192.0	0.0	1.6	30.0	1.6	1.2	81.9	84.0
K7+000～K8+000	0.0	0.0	6.0	5.0	0.0	86.0	66.0	0.0	0.0	0.0	0.6	0.7	88.3	87.0
K8+000～K9+000	15.2	0.0	21.6	27.2	0.0	70.0	0.0	0.0	0.2	0.0	0.3	0.8	91.6	86.7
K9+000～K10+000	0.0	0.0	10.2	28.6	0.0	100.0	0.0	0.0	11.0	0.0	0.2	1.0	92.9	85.0
K10+000～K11+000	0.0	0.0	15.4	17.8	0.0	70.0	500.0	0.0	0.1	40.0	4.0	1.0	73.5	85.1
K11+000～K12+000	6.4	0.0	17.0	15.4	0.0	0.0	0.0	0.0	0.1	0.0	0.2	0.1	92.8	93.8
K12+000～K13+000	0.0	0.0	17.0	8.6	0.0	0.0	10.0	0.0	0.4	9.0	0.2	0.1	92.1	93.4
K13+000～K14+000	0.0	0.0	17.2	10.4	0.0	0.0	25.0	0.0	0.4	0.0	0.3	0.1	90.5	94.7
K14+000～K15+000	10.0	0.0	21.4	14.0	0.0	70.0	602.0	0.0	0.6	0.0	4.9	0.7	71.2	87.5
K15+000～K16+000	14.0	0.0	47.0	36.8	0.0	0.0	0.0	0.0	0.7	0.6	0.4	0.3	89.3	91.0
K16+000～K17+000	21.0	0.0	15.8	51.0	0.0	0.0	24.0	0.0	0.4	4.0	0.4	0.4	89.5	89.7
K17+000～K18+000	0.0	0.0	5.0	4.0	0.0	0.0	0.0	0.0	0.7	12.0	0.0	0.1	96.1	95.6
K18+000～K19+000	44.0	0.0	21.8	10.0	0.0	30.0	10.0	0.0	0.5	0.0	0.1	0.3	89.7	90.8
K19+000～K20+000	0.0	0.0	6.8	1.8	0.0	0.0	0.0	0.0	0.5	0.0	0.1	0.0	93.5	97.4
K20+000～K21+000	60.0	0.0	11.0	2.0	0.0	0.0	10.0	0.0	2.0	0.0	0.4	0.0	89.6	97.3

续上表

起讫桩号	纵向裂缝(m²)		横向裂缝(m²)		沉陷(m²)		波浪拥包(m²)		其他病害(m²)		路面破损率DR		路面损坏状况指数PCI	
	左	右	左	右	左	右	左	右	左	右	左	右	左	右
K21+000~K22+000	0.0	0.0	0.0	1.8	0.0	0.0	0.0	32.0	0.0	3.0	0.3	0.0	91.6	97.0
K22+000~K23+000	0.0	0.0	1.8	0.0	0.0	20.0	0.0	0.0	0.6	16.0	0.0	0.3	97.4	91.2
K23+000~K24+000	64.4	0.0	0.0	26.0	0.0	0.0	0.0	60.0	15.6	9.0	0.8	0.2	86.1	92.0
K24+000~K25+000	0.0	0.0	22.8	3.4	0.0	500.0	0.0	0.0	0.5	0.0	0.2	3.9	92.7	73.8
K25+000~K26+000	67.6	0.0	0.0	32.8	0.0	0.0	170.0	0.0	0.7	0.0	0.4	1.6	90.2	82.0
K26+000~K27+000	171.1	0.0	0.0	65.2	0.0	30.0	0.0	0.0	0.0	0.0	0.9	0.7	85.6	86.8
K27+000~K28+000	102.0	0.0	0.0	33.4	0.0	0.0	0.0	0.0	0.7	0.0	0.5	0.3	88.4	91.4
K28+000~K29+000	90.4	0.0	23.8	90.0	0.0	0.0	0.0	0.0	0.0	0.0	0.7	0.7	87.4	87.1

表3-12 沥青路面病害统计表(10km)

起讫桩号	纵向裂缝(m²)			横向裂缝(m²)			沉陷(m²)			波浪拥包(m²)			其他病害(m²)			路面破损率DR			路面损坏状况指数PCI		
	左	右	合计	左	右	合计	左	右	合计	左	右	合计	左	右	合计	左	右	合计	左	右	合计
K0+000~K10+000	49.6	54.0	103.6	130.8	382.4	513.2	0.0	356.0	356	282.0	0.0	282	15.9	148.1	164	0.4	0.7	1.1	90.2	87.1	177.3
K10+000~K20+000	95.4	0.0	95.4	184.4	169.8	354.2	0.0	170.0	170.0	1171.0	0.0	1171.0	4.7	65.6	70.3	1.1	0.3	1.4	84.4	90.9	175.3
K20+000~K29+000	555.5	0.0	555.5	59.4	254.6	314.0	0.0	550.0	550.0	92.0	170.0	262.0	20.1	28.0	48.1	0.5	0.9	1.4	89.1	86.0	175.1

注:1. 所有病害均为折合成影响面积。
2. 其他病害数据为剩余病害数据,剩余的每类病害占所有病害面积的比例均低于10%。

2. 路面损坏状况评价

西宁至互助一级公路每公里路面损坏状况指数[按式(3-1)、式(3-2)计算]的变化规律如图3-16所示。

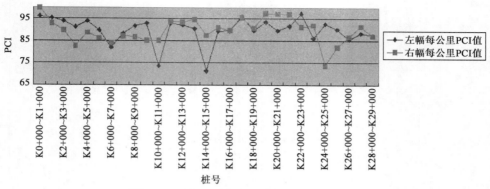

图3-16 西宁至互助一级公路每公里PCI变化图

对沥青路面进行评定,共调查有效面积661200m²。病害主要有:纵向裂缝3772.5m,横向裂缝5907m,坑槽52.3m²,松散138.7m²,沉陷1079m²,波浪拥包1715m²,泛油91.4m²,共5012.3m²(折合成影响面积)。经计算,评定等级为良。

该调查路段出现了较大面积的沉陷和波浪拥包病害,预养护技术已经不适合。

七、西宁至湟源一级公路

1. 路面损坏调查

西宁至湟源一级公路沥青路面主要病害统计结果如表3-13、表3-14所示。从表中数据可以发现,病害类型集中表现为裂缝类与变形类,如图3-17所示。

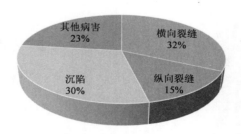

图3-17 不同类型病害比例图(折合成影响面积)

此次调查中发现较为明显的病害有:①K16+000~K17+000中右幅K16+000~K16+800段行车道出现1道或2道连续的纵向裂缝,有发展为网裂的趋势。②K20+000~K21+000中右幅整公里行车道出现不连续的纵向裂缝。③K26+000~K27+000中左幅K26+200~K26+300段停车带沉陷。④K29+000~K30+000中右幅整公里行车道出现连续的纵向裂缝,最大缝宽1cm。⑤K33+000~K34+000中左幅连续纵向裂缝。⑥K39+000~K40+000中左幅纵缝较严重,路基沉陷。⑦K48+000~K49+000中左幅小桥涵铺装层普遍损坏,接头处沉陷。

表 3-13 沥青路面病害统计表（1km）

起讫桩号	纵向裂缝(m²) 左	右	横向裂缝(m²) 左	右	沉陷(m²) 左	右	其他病害(m²) 左	右	路面破损率 DR 左	右	路面损坏状况指数 PCI 左	右
K14+000~K15+000	6.7	20.4	54.5	98.6	80.0	0.0	40.5	64.0	1.4	1.5	82.8	82.4
K15+000~K16+000	7.9	14.0	62.0	92.2	110.0	40.0	1.0	0.0	1.4	1.2	82.9	84.1
K16+000~K17+000	4.2	148.0	34.0	73.4	100.0	30.0	1.6	60.0	1.1	2.5	84.6	78.3
K17+000~K18+000	0.8	6.0	6.8	63.8	100.0	0.0	1.6	4.0	0.8	0.6	86.1	88.3
K18+000~K19+000	7.9	12.0	64.5	46.2	410.0	0.0	97.1	28.0	4.4	0.7	72.3	87.1
K19+000~K20+000	5.5	126.0	44.9	41.8	190.0	0.0	32.1	20.0	2.1	1.5	79.7	82.4
K20+000~K21+000	4.0	100.4	32.6	15.4	180.0	20.0	15.7	20.0	2.5	1.2	78.0	83.6
K21+000~K22+000	3.9	0.0	31.7	64.4	80.0	0.0	100.0	42.0	1.7	0.9	81.5	85.9
K22+000~K23+000	7.4	34.0	60.4	46.2	55.1	0.0	27.0	0.1	1.1	0.6	84.2	87.6
K23+000~K24+000	5.2	38.0	42.4	24.2	0.0	0.0	21.5	0.0	0.5	0.5	88.5	88.9
K24+000~K25+000	5.8	6.0	47.0	22.0	40.0	0.0	21.0	0.0	0.9	0.2	85.9	92.1
K25+000~K26+000	4.2	30.0	37.4	41.8	10.0	0.0	39.9	20.0	0.6	0.6	87.8	88.2
K26+000~K27+000	3.3	60.0	26.7	39.8	310.0	40.0	97.9	0.0	3.4	1.1	75.3	84.3
K27+000~K28+000	3.3	100.0	26.8	32.4	40.0	0.0	43.0	20.0	0.9	1.6	85.9	81.8
K28+000~K29+000	3.5	38.0	28.3	33.0	70.0	30.0	51.7	70.0	1.2	1.1	84.0	84.7
K29+000~K30+000	9.3	200.0	75.6	95.6	37.1	30.0	22.5	60.0	1.1	2.3	84.4	78.8
K30+000~K31+000	8.6	140.0	69.4	66.0	40.0	0.0	26.4	10.0	1.1	1.7	84.4	81.4
K31+000~K32+000	12.2	0.0	98.6	48.4	0.0	0.0	77.3	0.1	1.4	0.4	82.6	90.0
K32+000~K33+000	13.4	0.0	108.0	17.4	120.0	20.0	50.4	0.0	2.2	0.3	79.1	91.0
K33+000~K34+000	24.1	63.0	171.4	39.2	0.0	30.0	56.4	110.0	1.9	1.8	80.5	80.8
K34+000~K35+000	8.2	8.0	66.9	8.8	40.0	30.0	47.4	26.0	1.6	0.6	83.6	87.8
K35+000~K36+000	15.6	8.0	126.6	19.8	35.1	0.0	16.8	30.0	1.5	0.5	82.4	89.1
K36+000~K37+000	20.1	38.0	162.7	50.6	65.1	0.0	78.4	0.0	2.5	0.7	79.2	87.2
K37+000~K38+000	10.2	56.0	82.4	11.0	190.2	0.0	38.8	4.0	2.5	0.6	78.3	88.2

续上表

起迄桩号	纵向裂缝（m²）		横向裂缝（m²）		沉陷（m²）		其他病害（m²）		路面破损率DR		路面损坏状况指数PCI	
	左	右	左	右	左	右	左	右	左	右	左	右
K38+000~K39+000	5.9	8.0	48.3	6.6	60.0	0.0	41.8	0.1	1.2	0.2	83.9	93.8
K39+000~K40+000	11.1	50.0	89.6	60.8	300.0	50.0	33.5	0.0	3.3	1.3	75.4	83.5
K40+000~K41+000	8.3	88.0	67.5	65.2	30.0	0.0	52.1	30.0	1.2	1.4	83.8	82.6
K41+000~K42+000	10.9	12.0	88.6	65.2	7.0	0.0	192.3	10.0	2.3	0.6	78.9	87.7
K42+000~K43+000	9.2	6.0	74.6	26.2	0.0	0.0	43.2	0.0	1.0	0.3	85.3	91.6
K43+000~K44+000	10.0	0.0	81.2	19.8	0.0	10.0	127.3	0.0	1.6	0.2	82.0	91.6
K44+000~K45+000	10.9	28.4	86.0	17.6	90.0	0.0	232.3	4.0	3.2	0.4	75.8	90.0
K45+000~K46+000	13.5	22.0	109.3	99.0	290.0	0.0	198.9	0.0	4.7	0.9	71.6	85.4
K46+000~K47+000	11.3	62.0	91.5	71.4	220.0	0.0	210.5	6.0	4.1	1.1	73.2	84.5
K47+000~K48+000	6.5	0.0	52.5	63.8	205.1	0.0	83.1	20.0	2.7	0.7	77.6	87.3
K48+000~K49+000	5.6	28.0	44.8	68.4	0.0	0.0	116.4	0.0	1.3	0.7	83.4	86.7

沥青路面病害统计表（10km）

表3-14

起迄桩号	纵向裂缝（m²）		横向裂缝（m²）		沉陷（m²）		其他病害（m²）		路面破损率DR		路面损坏状况指数PCI	
	左	右	左	右	左	右	左	右	左	右	左	右
K14+000~K24+000	53.3	499.0	433.3	566.2	1405.1	90.0	338.1	238.1	1.7	1.1	81.3	84.4
	552.3		999.5		1495.1		576.2		2.7		165.7	
K24+000~K34+000	84.6	638.0	686.7	435.6	667.1	90.0	486.5	270.1	1.5	1.1	82.5	84.4
	722.6		1122.3		757.1		756.6		2.6		166.9	
K34+000~K44+000	106.6	274.0	888.3	334.0	727.4	90.0	671.6	100.1	1.8	0.6	80.8	87.7
	380.6		1222.3		817.4		771.7		2.4		168.5	
K44+000~K49+000	47.4	140.4	378.1	320.2	805.1	0	841.2	30.0	3.2	0.8	75.8	86.6
	187.8		698.3		805.1		871.2		4.0		162.4	

注：1. 所有病害均折合成影响面积。
2. 其他病害数据为剩余病害数据，剩余的每类病害占所有病害面积的比例均低于10%。

2. 路面状况评价

西宁至湟源一级公路每公里路面损坏状况指数[按式(3-1)、式(3-2)计算]的变化规律如图 3-18 所示。

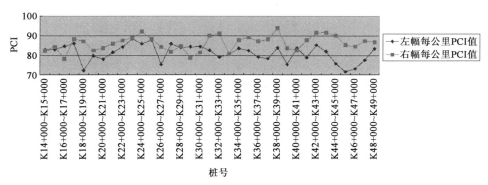

图 3-18 西宁至湟源一级公路每公里 PCI 变化图

对沥青路面进行评定，共调查有效面积 798000m²。病害主要有：龟裂 908.4m²，块状裂缝 128.8m²，纵向裂缝 9227.7m，横向裂缝 20208.1m，坑槽 125.3m²，松散 416.1m²，沉陷 3774.7m²，车辙 2612m，波浪拥包 249.5m²，泛油 101.2m²，共 12635.96m²（折合成影响面积）。经计算，评定等级为良。

该调查路段出现了较大面积的沉陷和车辙病害，预养护技术已经不适合。

八、湟源至倒淌河一级公路

1. 路面损坏调查

湟源至倒淌河一级公路沥青路面主要病害统计结果如表 3-15、表 3-16 所示。从表中数据可以发现，病害类型集中表现为裂缝类，如图 3-19 所示。

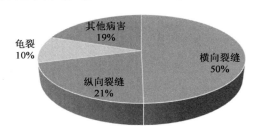

图 3-19 不同类型病害比例图（折合成影响面积）

此次调查中发现较为明显的病害有：①K52+000~K53+000 中左幅小桥涵铺装层普遍损坏，接头处沉陷。②K53+000~K54+000 中右幅 K53+000~K53+950 段行车道左右轮迹处出现纵向裂缝，有发展为网裂的趋势。③K61+000~K62+000 中左幅 K61+500~K61+600 高填方段路基不均匀沉降，拉裂路面。④K67+000~K68+000 中左幅 K67+800~K67+900 高填方段路面纵缝，形成错台。⑤K76+000~K77+000 中右幅 K76+000~K76+600 段路面出现长 100m 的车辙，并伴随纵向裂缝和沉陷。⑥K79+000~K80+000 中左幅纵缝严重，最大缝宽 2cm。⑦K87+000~K88+000 中右幅整公里行车道上出现纵向裂缝，基本连续。

表 3-15 沥青路面病害统计表（1km）

起讫桩号	纵向裂缝 (m²) 左	纵向裂缝 (m²) 右	横向裂缝 左	横向裂缝 右	龟裂 (m²) 左	龟裂 (m²) 右	其他病害 (m²) 左	其他病害 (m²) 右	路面破损率 DR 左	路面破损率 DR 右	路面损坏状况指数 PCI 左	路面损坏状况指数 PCI 右
K49+000~K50+000	6.1	93.6	49.7	114.0	0.0	30.0	1.0	0.0	0.4	1.9	89.4	80.7
K50+000~K51+000	6.4	36.0	50.0	69.2	0.0	40.0	20.8	0.0	0.6	1.1	87.8	84.2
K51+000~K52+000	6.2	34.2	50.2	96.0	0.0	16.0	3.4	2.0	0.5	1.2	89.2	84.1
K52+000~K53+000	7.3	52.0	59.2	126.8	0.0	20.0	152.4	0.0	1.7	1.6	81.4	82.0
K53+000~K54+000	4.6	190.0	37.4	119.0	26.6	134.0	21.5	0.0	1.0	3.5	85.0	74.8
K54+000~K55+000	4.4	86.0	35.9	136.4	0.0	90.0	16.4	0.0	0.4	2.5	89.4	78.3
K55+000~K56+000	4.6	48.0	38.1	103.4	0.0	30.0	0.5	0.0	0.3	1.4	90.5	82.6
K56+000~K57+000	2.9	58.0	23.8	112.2	0.0	70.0	0.5	0.1	0.2	1.9	92.2	80.4
K57+000~K58+000	4.3	10.0	35.1	48.4	0.0	30.0	23.9	0.0	0.5	0.7	88.9	87.0
K58+000~K59+000	4.5	18.0	35.9	50.6	0.0	20.0	26.9	0.0	0.5	0.7	89.0	87.1
K59+000~K60+000	5.4	0.0	43.5	48.4	0.0	0.0	1.6	0.0	0.4	0.4	89.9	89.9
K60+000~K61+000	3.2	52.0	26.1	77.0	0.0	30.0	38.8	0.0	0.5	1.3	88.5	83.5
K61+000~K62+000	2.7	38.0	22.3	66.6	0.0	0.0	430.0	0.1	3.5	0.8	74.9	86.3
K62+000~K63+000	1.5	78.0	12.1	65.8	0.0	0.0	12.2	0.0	0.2	1.1	92.3	84.3
K63+000~K64+000	2.2	22.0	17.8	74.8	0.0	0.0	34.0	0.0	0.4	0.8	89.5	86.6
K64+000~K65+000	3.1	6.0	25.1	60.0	0.0	40.0	35.8	30.0	0.5	0.7	88.8	86.8
K65+000~K66+000	4.0	90.0	32.9	49.8	0.0	0.0	0.0	0.0	0.3	1.4	91.1	82.7
K66+000~K67+000	5.0	34.0	41.1	104.4	0.0	30.0	0.0	0.0	0.4	1.3	90.3	83.1
K67+000~K68+000	1.5	74.0	12.1	120.8	0.0	40.0	41.1	0.0	0.4	1.9	89.6	80.6
K68+000~K69+000	1.5	46.0	11.9	106.2	0.0	60.0	1.5	12.0	0.1	1.8	93.9	80.9
K69+000~K70+000	1.4	62.6	11.8	145.4	0.9	50.0	35.8	0.8	0.4	2.0	89.7	79.9

续上表

起讫桩号	纵向裂缝(m²) 左	纵向裂缝(m²) 右	横向裂缝 左	横向裂缝 右	龟裂(m²) 左	龟裂(m²) 右	其他病害(m²) 左	其他病害(m²) 右	路面破损率DR 左	路面破损率DR 右	路面损坏状况指数PCI 左	路面损坏状况指数PCI 右
K70+000~K71+000	1.1	74.0	9.4	110.0	0.0	60.0	150.2	0.0	1.2	1.9	83.6	80.3
K71+000~K72+000	4.8	110.0	38.7	154.0	0.0	70.0	1.7	0.1	0.3	2.7	90.4	77.6
K72+000~K73+000	9.9	78.0	80.3	132.8	0.0	10.0	20.4	0.0	0.8	1.7	86.0	81.3
K73+000~K74+000	10.0	88.0	81.1	136.4	0.0	10.0	20.4	10.0	0.9	1.9	86.0	80.3
K74+000~K75+000	12.3	116.0	99.5	116.6	0.0	70.0	42.9	0.0	1.0	2.4	84.8	78.6
K75+000~K76+000	9.4	86.0	75.6	135.6	37.0	80.0	48.7	6.0	1.3	2.4	83.2	78.3
K76+000~K77+000	10.3	140.0	83.3	138.6	0.0	220.0	850.4	198.0	7.2	5.6	66.2	69.6
K77+000~K78+000	10.0	38.0	81.6	129.0	0.0	20.0	124.8	0.0	1.7	1.4	81.5	82.6
K78+000~K79+000	14.5	20.0	116.9	129.8	33.3	0.0	37.8	0.0	1.6	1.2	82.0	84.1
K79+000~K80+000	18.2	22.0	147.2	140.8	22.2	0.0	241.9	4.0	3.3	1.3	75.5	83.4
K80+000~K81+000	11.8	32.0	95.5	154.0	0.0	0.0	29.6	0.0	1.1	1.5	84.7	82.5
K81+000~K82+000	12.7	64.0	103.0	128.6	0.0	0.0	12.1	0.1	1.0	1.5	85.2	82.3
K82+000~K83+000	14.4	0.0	116.6	125.4	0.0	0.0	26.4	0.0	1.2	1.0	83.8	85.1
K83+000~K84+000	15.0	18.0	120.7	123.4	0.0	0.0	20.4	10.0	1.2	1.1	83.9	84.3
K84+000~K85+000	11.0	4.0	88.8	160.6	0.0	0.0	20.6	0.6	0.9	1.3	85.5	83.3
K85+000~K86+000	14.8	14.0	119.8	132.0	0.0	0.0	23.5	0.0	1.2	1.1	83.8	84.2
K86+000~K87+000	13.7	18.0	110.7	149.8	29.6	0.0	11.0	30.0	1.3	1.6	83.5	82.0
K87+000~K88+000	10.8	152.0	88.0	167.2	0.0	80.0	109.6	8.0	1.7	2.6	81.8	77.9
K88+000~K89+000	10.8	192.0	87.4	197.8	0.0	0.0	1.9	0.0	0.8	3.8	86.6	74.1
K89+000~K90+000	7.8	200.0	63.4	192.6	0.0	140.0	11.4	0.0	0.6	4.2	87.6	72.8
K90+000~K91+000	10.4	42.0	84.2	117.6	3.0	0.0	61.1	0.0	1.2	1.2	83.9	83.6

续上表

起讫桩号	纵向裂缝 (m²)		横向裂缝 (m²)		龟裂 (m²)		其他病害 (m²)		路面破损率 DR		路面损坏状况指数 PCI	
	左	右	左	右	左	右	左	右	左	右	左	右
K91+000~K92+000	12.0	70.0	97.4	129.8	0.0	0.0	43.5	0.0	1.2	1.6	84.1	81.9
K92+000~K93+000	12.4	140.0	100.6	96.6	0.0	0.0	7.3	0.0	0.9	1.9	85.5	80.6
K93+000~K94+000	9.7	86.8	78.0	120.0	4.5	0.0	141.9	0.0	1.8	1.6	80.9	81.8
K94+000~K95+000	14.8	224.0	119.6	140.4	9.7	0.0	7.4	0.0	1.2	2.9	84.1	76.7
K95+000~K96+300	10.3	84.0	83.8	129.8	0.0	30.0	1.3	8.0	0.6	1.6	88.2	82.0

沥青路面病害统计表（10km） 表3-16

起讫桩号	纵向裂缝 (m²)		横向裂缝 (m²)		龟裂 (m²)		其他病害 (m²)		路面破损率 DR		路面损坏状况指数 PCI	
	左	右	左	右	左	右	左	右	左	右	左	右
K49+000~K59+000	51.3	652.8	417.3	976.0	26.6	480.0	301.3	2.1	0.6	1.6	87.8	81.6
K59+000~K69+000	704.1		1393.3		506.6		303.4		2.2	1.2	169.4	84.1
	30.0	440.0	244.8	773.8	0.0	200.0	595.0	42.1	0.7		87.3	
K69+000~K79+000	470.0		1018.6		200.0		637.1		1.9	2.3	171.4	78.8
	83.7	812.6	678.1	1328.2	71.2	570.0	1335.8	234.9	1.6		81.6	
K79+000~K89+000	896.3		2006.3		641.2		1570.7		3.9	1.7	160.4	81.5
	113.2	516.0	1077.6	1479.6	51.8	80.0	497.0	52.7	1.3		83.1	
K89+000~K96+300	629.2		2557.2		131.8		549.7		3	2.1	164.6	79.6
	77.4	846.8	626.8	926.8	17.2	170.0	273.9	8.0	1.0		84.8	
	924.2		1553.6		187.2		281.9		3.1		164.4	

注：1. 所有病害均为折合成影响面积。
2. 其他病害数据为剔除病害数据，剩余的每类病害占所有病害面积的比例均低于10%。

2. 路面损坏状况评价

湟源至倒淌河一级公路每公里路面损坏状况指数[按式(3-1)、式(3-2)计算]的变化规律如图3-20所示。

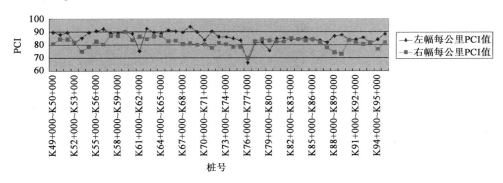

图3-20 湟源至倒淌河一级公路每公里PCI变化图

对沥青路面进行评定,共调查有效面积1078440m^2。病害主要有:龟裂1666.8m^2,块状裂缝58.4m^2,纵向裂缝18084.4m,横向裂缝42644.9m,坑槽45.2m^2,松散517.9m^2,沉陷1467m^2,车辙1656.1m,波浪拥包545.7m^2,泛油46.1m^2,共17155.4m^2(折合成影响面积)。经计算,评定等级为良。

该调查路段病害较多,但程度较轻,可根据其他指数来综合判断是否采用预养护技术。

九、小结

青海高寒地区高等级公路沥青路面主要病害情况如表3-17所示。

青海高寒地区高等级公路沥青路面主要病害情况　　　　表3-17

序号	公路名称	公路等级	调查起讫桩号	裂缝(%)	变形(%)	沉陷(%)
1	大通至西宁高速公路	高速公路	K0+000～K34+000	79	16	—
2	西宁至塔尔寺高速公路	高速公路	K1+000～K21+460	37	16	22
3	平安至阿岱高速公路	高速公路	K0+000～K40+000	10	36	43
4	马场垣至平安高速公路	高速公路	K0+000～K83+000	46	29	—
5	平安至西宁高速公路	高速公路	K86+000～K122+000	30	36	17
6	西宁至互助一级公路	一级	K0+000～K29+000	39	34	21
7	西宁至湟源一级公路	一级	K14+000～K49+000	47	—	30
8	湟源至倒淌河一级公路	一级	K49+000～K96+300	81	—	—

注:变形包括车辙和波浪拥包,"—"表示小于5%。

从表3-17可以看出青海高寒地区高等级公路沥青路面病害的特点如下:

(1)病害以裂缝为主,低温开裂的横向裂缝大约占到60%,纵缝大约为30%,网裂大约为10%。所有的预养护技术均能对裂缝起到防治作用,因此青海高寒地区高等级公路非常适合采用预养护技术来延长使用寿命。

(2)尽管青海高寒地区气候寒冷,但变形类病害仍占一定比例,在考虑对策时也要考虑这类病害,并且这类病害直接影响平整度。

(3)沉陷病害在部分路段占相当比例,这与高原地区冻土路基沉降有密切关系。在沉陷多发路段考虑预养护技术时,需要先处治沉陷病害。

第二节 高寒地区高等级公路沥青路面预防性养护措施

路面病害的调查分析是正确进行养护的重要参考依据。只有对路面病害的类型、成因等情况有了正确的认识和把握之后,才能科学、有针对性地进行养护,延长道路的使用寿命。

我国目前常用的预防性养护措施总结如表3-18所示。

常用预防性养护措施 表3-18

预防性养护措施	适用条件		
	路面状况	交通量	气候条件
灌缝或封缝	各种程度的非结构性裂缝	所有	凉爽干燥
雾封层	细小裂缝,轻微老化	中、轻	温暖干燥
单层微表处	轻微裂缝,轻微老化、松散、抗滑不足,小于15mm车辙	重	>10℃
薄层罩面	轻微裂缝,轻微松散,小于15mm车辙,路面渗水,抗滑不足	重	>10℃
表面整形热再生	轻微裂缝,轻微老化、松散、小于15mm车辙,路面渗水,抗滑不足	所有	温暖干燥
碎石封层	轻微裂缝,中轻度老化、松散、磨耗,中轻度泛油,抗滑不足	中、轻	>15℃

高寒地区常用预防性养护措施对病害的适用性如表3-19所示。

高寒地区常用预防性养护措施对病害的适用性 表3-19

病害类型	封缝	雾封层	微表处	碎石封层	热再生	薄层罩面
裂缝	√	×	√	√	√	√
松散	×	×	√	√	√	√
沥青老化	×	√	×	×	√	×
泛油	×	×	√	×	√	×
抗滑性差	×	×	√	√	√	√
渗水	√	√	√	√	√	√
车辙	×	×	√	×	√	√

注:√-适用,×-不适用。

上述预养护措施基本上都适用于高寒地区,只是需要在材料和工艺上尽量考虑高寒地区特色。此外,由于高寒地区沥青路面裂缝较多、发展较快,建议采用雾封层时要慎重。

第三节　高等级公路沥青路面预防性养护决策分析

一、我国沥青路面使用性能评价指标

沥青路面使用性能评价包含路面损坏、平整度、车辙、抗滑性能及结构强度五项技术内容。其中,路面结构强度为抽样评定指标,单独计算与评定,评定范围根据路面大中修养护需求、路基的地质条件等自行确定。

1. 路面抗滑性能指数

路面的安全性能主要由路面抗滑能力体现。目前规范是引入了路面抗滑性能指数(SRI)这个概念,它是横向力系数(SFC)的函数,其关系式如下:

$$SRI = SRI_{min} + \frac{100 - SRI_{min}}{1 + 28.6e^{-0.105SFC}} \tag{3-3}$$

考虑预防性养护的前瞻性特点,综合分析认为:当 SFC<45 时,雨天事故有急剧上升的趋势。随路面抗滑能力的增加,雨天事故率逐渐减小。因此,本书把预防性养护阶段的 SFC 分为以下两个等级:

(1) SFC>50,抗滑性能处于一级状态。此时由于路面抗滑性能不足引发的行车事故发生概率很小,不需要采取预防性养护措施增加路面的抗滑性。

(2) SFC 为 45~50,抗滑性能处于二级状态。此时可能由于路面的抗滑性能导致行车事故,建议采取微表处、石屑封层、薄层罩面等措施来提高沥青路面的抗滑性能。

2. 路面状况指数

功能性破损的原因主要有以下几种:局部细状裂缝、波浪拥包、泛油、剥落、麻面、坑洞、刨光和修补。这些破损主要是导致道路的服务水平下降,与路面结构性能没有直接关系。绝大多数沥青路面的早期破损形式以微裂缝为主,因此为简化模型,采用微裂缝作为沥青路面早期破损的主要评价因素。

目前国内外对于路面破损情况,一般以路面状况指数(PCI)来进行评价,路面状况指数由沥青路面破损率(DR)计算得出,计算公式见式(3-1)、式(3-2)。

沥青路面损坏具体调查项目和权重如表 3-20 所示。

沥青路面损坏类型和权重　　　　　表 3-20

类型 i	损坏名称	损坏程度	权重 w_i	计量单位
1	龟裂	轻	0.6	面积,m^2
2		中	0.8	
3		重	1.0	
4	块状裂缝	轻	0.6	面积,m^2
5		重	0.8	

续上表

类型 i	损坏名称	损坏程度	权重 w_i	计量单位
6	纵向裂缝	轻	0.6	长度,m（影响宽度:0.2m）
7		重	1.0	
8	横向裂缝	轻	0.6	长度,m（影响宽度:0.2m）
9		重	1.0	
10	坑槽	轻	0.8	面积,m²
11		重	1.0	
12	松散	轻	0.6	面积,m²
13		重	1.0	
14	沉陷	轻	0.6	面积,m²
15		重	1.0	
16	车辙	轻	0.6	长度,m（影响宽度:0.4m）
17		重	1.0	
18	波浪拥包	轻	0.6	面积,m²
19		重	1.0	
20	泛油	—	0.2	面积,m²
21	修补	—	0.1	面积,m²

高等级公路早期主要是微裂缝,裂缝对路面的危害程度主要由裂缝宽度决定。本书把宽度在1mm以内的裂缝称为一级裂缝,把宽度为1～3mm的裂缝称为二级裂缝,把宽度为3～5mm的裂缝称为三级裂缝。

一级裂缝的渗水不严重,且裂缝宽度发展比较缓慢,可以不采取任何养护措施。二级及三级裂缝的渗水比较严重,为了防止路表面的水渗入路面引起与水有关的病害,应及时采取预防性养护措施。

3. 车辙状况指数

随着我国高等级公路建设的迅猛发展,交通量、车辆轴载的不断增大和车辆行驶的渠道化,车辙已成为高等级公路沥青路面的一种主要病害,是导致沥青路面破坏的重要原因,必须给予充分的关注。为此,引入车辙深度指数(RDI)这个概念,它是车辙深度(RD)的函数,其表达式见式(3-4)。

$$RDI = \begin{cases} 100 - 2.0 \times RD & (RD \leq RD_a) \\ 60 - 4.0 \times (RD - RD_a) & (RD_a < RD \leq RD_b) \\ 0 & (RD > RD_b) \end{cases} \quad (3-4)$$

式中：RD——车辙深度(mm)；

RD_a——车辙深度参数，采用20mm；

RD_b——车辙深度限值，采用35mm。

从行车舒适性角度考虑，车辙深度如大于15mm，行车就晃动不稳定，由此可见，车辙深度的大小对路面行驶质量起着非常重要的作用。本书选取车辙深度的预防性养护区间为3~15mm，将预防性养护阶段的 RD 分为三个等级，如表3-21所示。

预防性养护车辙深度分级标准　　表3-21

指　标	一　级	二　级	三　级
RD(mm)	<3	3~8	8~15

一级车辙是深度小于3mm 的车辙，满足排水要求，车辙内不会积水，对路面性能不会造成影响，故此时可以不采取任何养护措施。

二级车辙是深度为3~8mm 的车辙，车辙内会有积水，积水向下渗透可能引起水损害，但对行车安全不会造成影响。此时采取的预防性养护措施应考虑防水要求，合适的措施有微表处和碎石封层。

三级车辙是深度为8~15mm 的车辙，车辙内的积水导致路面抗滑能力不足，对行车安全不利。此时采取的预防性养护措施除了要考虑防水要求之外，还应考虑抗滑性能的要求，合适的措施有热再生、薄层罩面。

4.路面行驶质量指数

路面平整度用路面行驶质量指数(RQI)评价，其表达式见式(3-5)。

$$RQI = \frac{100}{1 + a_0 e^{a_1 IRI}} \quad (3-5)$$

式中：IRI——国际平整度指数；

a_0——高速公路和一级公路采用0.026，其他等级公路采用0.0185；

a_1——高速公路和一级公路采用0.65，其他等级公路采用0.58。

将预防性养护阶段的路面平整度分为三个等级：

一级不平整路面的国际平整度指数 IRI 为0~3.42，此时人的主观感受没有不舒适，行车舒适性最好，不需要采取预防性养护措施。

二级不平整路面的国际平整度指数 IRI 为3.42~5.42，此时人的主观感受有一些不舒适，行车舒适性受到一定影响。可以选取微表处、石屑封层、薄层罩面来提高路面平整度，进而改善行车舒适性。

三级不平整路面的国际平整度指数 IRI 为5.42~6.6，此时人的主观感受不舒适，行车舒适性相对较差。可以选取热再生、薄层罩面来提高路面平整度，进而改善行车舒适性。

二、小波模糊神经网络在路面综合性能预测中的应用

1. 小波变换理论

小波变换作为一种较为新颖的变换分析方法,其主要特点在于通过变换能够充分突出问题某些方面的特征。本部分通过小波分析局部扩大和局部压缩的特性,对局部微弱变化进行处理,使神经网络算法更加合理,修正权值提高预测精度。其中 ω 表示频域自变量;尺度函数总写成 $\varphi(t)$(时间域)和 $\varphi(\omega)$(频率域);小波函数总写成 $\psi(t)$(时间域)和 $\psi(\omega)$(频率域)。

小波函数可表示为:

$$\psi_{(a,b)}(t) = \frac{1}{\sqrt{|a|}}\psi\left(\frac{t-b}{a}\right) \tag{3-6}$$

式中:a——尺度参数;
b——平移参数;
t——时间变量。

对于任意的函数或信号 $f(t)$,其小波变换定义为:

$$W_f(a,b) = \int_R f(t)\overline{\psi_{(a,b)}}(t)\mathrm{d}t = \frac{1}{\sqrt{a}}\int_R f(t)\bar{\psi}\left(\frac{t-b}{a}\right)\mathrm{d}t \tag{3-7}$$

小波变换分为离散和连续两种,在重构信号的过程中,常采用离散化处理,满足稳定性条件时,对于任意整数 k,其对应的二进小波公式为:

$$\psi_{(2^{-k},b)}(t) = 2^{\frac{k}{2}}\psi[2^k(t-b)] \tag{3-8}$$

设 J 为要分解的任意尺度,则 $f(x)$ 在分解水平为 J 下的完全重构公式为:

$$f(t) = \sum_{k \in Z} c_{j,k}\psi_{j,k}(t) + \sum_{j=-\infty}^{J}\sum_{k} d_{j,k}\psi_{j,k}(t) \tag{3-9}$$

式中:$c_{j,k}$——尺度展开系数;
$d_{j,k}$——小波展开系数。

式(3-9)中的第一项为概貌序列,第二项为分解重构得到的各细节序列。本书采用 Daubechies 正交小波对沥青路面性能数据序列进行分解。

2. 神经网络及模糊感知器

人工神经网络(Artificial Neutral Network,简称 ANN)是在神经生理学与心理学研究基础上提出的模拟人脑功能的网络,由于其具有大规模并行处理能力、分布式存储能力及自适应、自组织、自学习能力,故得到广泛应用。

感知器(Perceptron)是一个具有单层计算单元的神经网络,由线性阈值元件组成。它提出了自组织、自学习的思想,对能够解决的问题有一个收敛的算法,并从数学上给出了严格的证明。这种算法在解决一些具体问题时,要求有较强的可计算性条件和确定的目标,对那些较为模糊或

是不怎么确定的命题,有其局限性,这样大大限制了感知器的应用范围。为此,将模糊概念引入感知器模型,建立模糊感知器,将二者结合能扬长避短,较好地解决路面性能预测问题。

3. 小波模糊神经网络模型

函数 $x(t)$ ($-\infty < t < \infty$) 若满足狄里希利(Dirichlet)条件,且有 $\int_{-\infty}^{\infty} |f(t)| dt < \infty$,则 $x(t)$ 可表示为:

$$x(t) = \frac{1}{2\pi} \int_{-\infty}^{\infty} e^{i\omega t} F_x(\omega) d\omega \quad (-\infty < t < \infty) \tag{3-10}$$

该定理说明信号 $x(t)$ 可以表示成谐分量 $\frac{1}{2\pi} F_x(\omega) d\omega e^{i\omega t}$ 的无限叠加,其中 ω 称为圆频率,$\frac{1}{2\pi} |F_x(\omega)| d\omega$ 是圆频率为 ω 的谐分量的振幅(无穷小量),利用 $\omega = 2\pi f$(f 为频率),则:

$$\frac{1}{2\pi} |F_x(\omega)| d\omega = \frac{1}{2\pi} |F_x(2\pi f)| d\omega = \left| \int_{-\infty}^{\infty} x(t) e^{-2\pi f t} dt \right| df \tag{3-11}$$

式(3-11)中,df 是无穷小量,因此当对数据列频谱细分时,振幅减小。

通过上面的小波变换公式将路面综合性能数据序列分解,得到多个不同的子序列,然后将子序列输入模糊神经网络进行预测:

(1)对原始数据进行绝对增量处理,得到绝对增量数据序列 $\{x_i = z_i + 1 - z_i\}$。

(2)通过模糊感知器,利用序列 $\{x_i, i = 1, 2, \cdots, m\}$ 对 x_{m+1} 进行预测,记新序列 $\{y_{m+1}\}$ 为 $\{x_i^m, x_{m+1}\}$,其中 x_{m+1} 是未知数据。

(3)将数据划分为两段:n 为感知器中的神经元数目,一般取样本数的一半;$k = m - n$ 为学习样本的个数。

(4)建立模糊感知器的学习目标和相应的不等式方程组:

$$\left| y(t) - \sum_{i=1}^{n} \omega_i y_{t-i} \right| < \varepsilon \quad (t = n+1, n+2, \cdots, k+n) \tag{3-12}$$

(5)适当选取 (ε, δ) 的值,利用模糊感知器算法求出不等式方程组式(3-12)的 δ^- 解 $\omega^n = (\omega_1, \omega_2, \cdots, \omega_n)$。

(6)由 ω^n 与数据 $y_i (i = m - n + 1, m - n = 2, \cdots, m)$ 对 y_{m+1} 进行预测,预测公式为:

$$y_{m+1} = \sum_{i=1}^{n} \omega_i y_{m-n+i} \tag{3-13}$$

式中:ω_i——模糊感知器算法求出的权系数;

y_{m+1}——所要预测的路面性能指标值;

y_{m-n+i}——原始路况数据中的后半段数据序列。

对于各子序列的预测结果,再通过重构得出预测的路面综合性能数据序列。由于原始数据序列频谱大,数据振荡范围也较大,因此通过小波变换将数据分解能够提高预测精度。

三、高速公路沥青路面预防性养护决策分析

预防性养护的效益可采用路面性能曲线下的面积来表征,其产生的两项效益——路面状况的改善和路面使用寿命的延长,均是相对于常规养护方法而言,因此常规养护和预养护两种情况需分别进行分析。

1. 预防性养护时间的费用效益分析

预防性养护的理念即是在合适的时机,采用合适的手段对合适的路段进行预养护处理,可以看出,选择合适的时机对于预防性养护的效益具有不可忽略的作用。

1）确定效益计算基线

效益计算基线是常规养护和预养护效益面积计算的 y 轴下边界,其位置是人为规定的,一般可选择路面中修、大修的触发点或预养护措施的失效点。可以认为当各路况指标达到良的下界时预养护措施已经失效,由此可选择路面损坏状况指数（PCI）、路面抗滑性能指数（SRI）和行驶舒适性指数（RCI）的效益计算基线,如表3-22所示。

高速公路沥青路面各分析指标效益计算基线　　　　表3-22

分析指标	PCI	SRI	RCI
效益计算基线	$y_0(\text{PCI}) = 80.00$	$y_0(\text{SRI}) = 37.00$	$y_0(\text{RCI}) = 8.50$

2）养护效益面积

（1）单指标效益面积计算

对单指标 PCI 而言,其效益面积计算公式如下:

$$A_0(\text{PCI}) = \int_0^{X_0} [g_0(x) - y_0(\text{PCI})] dx \tag{3-14}$$

式中：$A_0(\text{PCI})$——PCI 的常规养护效益面积;

$y = g_0(x)$——常规养护情况下 PCI 的衰变方程（或曲线）;

$y = y_0(\text{PCI})$——PCI 的效益计算基线;

　　X_0——PCI 的衰变曲线达到其效益计算基线的时间,由下式计算:

$$g_0(x) = y_0(\text{PCI}) \tag{3-15}$$

（2）多指标效益面积计算

对多指标的情况,PCI、SRI 和 RDI 的常规养护效益面积计算公式与单指标类似,其中假定 SRI 最先达到失效,并计为 X_0,则以 $x = X_0$ 作为计算 PCI 和 RCI 效益面积的右边界,如图3-21所示。

3）预防性养护措施的费用效益分析

不同的预养护措施对路面状况的改善反映在不同的方面,因此,必须针对具体的预养护措施选择效益分析指标。常用预防性养护措施的经济特征如表3-23所示。

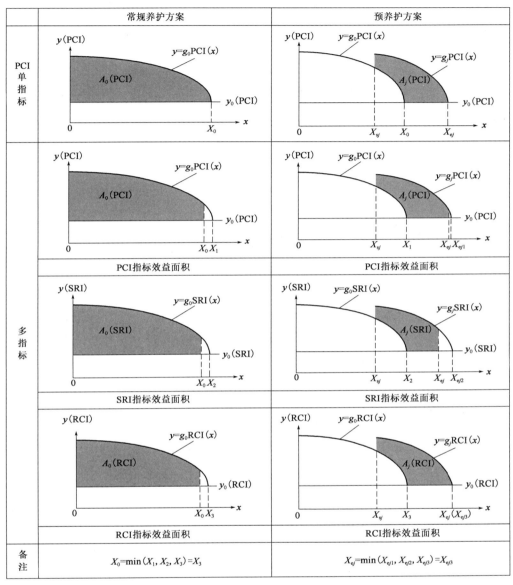

图 3-21 指标效益面积图

常用预防性养护措施的经济特征 表 3-23

预防性养护措施	使用寿命（年）	初期费用（元/m²）	年周期寿命费用（元/m²）
灌缝或封缝	1~2	5~15	6.67
雾封层	1~2	5~10	5.00
单层微表处	2~4	18~25	7.30
薄层罩面	5~7	24~32	10.70
表面整形热再生	5~7	22~25	7.67
碎石封层	2~4	13~20	5.50

预养护措施所产生的性能效益同样可以用类似于时间效益分析中的面积来表示,仅仅是将任意时间方案 j 产生的效益转换成实施任意预养护措施所得到的效益,各公式的意义均如此。

2. 集对分析(SPA)在路面网级决策优化的应用研究

集对分析为非确定性信息的处理提供了一种新的思路,它重视信息处理中的相对性和模糊性,从问题本身分离出相对确定信息和相对不确定性信息,在相对确定的条件下进行决策,然后利用相对不确定信息对决策结果进行稳定性分析。本部分着重研究集对分析联系度的排序和联系度决策矩阵的实现方法,并在此基础上提出了基于集对分析多属性决策问题的实现方法。

1) 集对分析及其联系度的排序

(1) 集对分析概述

集对分析是一种关于确定不确定系统同异反定量分析的系统方法。其核心是把确定不确定视为一个确定不确定系统,用同异反联系度(简称联系度)统一描述系统中的各种不确定性。集对分析的基本概念是集对及其联系度。集对在某一问题背景下的联系度表达式:

$$\mu = a + bi + cj \tag{3-16}$$

式中: a、b、c——两个集合的同一度、差异度和对立度;

i、j——有双重含义,第一种是分别作为差异度和对立度的系数,其中 i 取值为 $[-1,1]$,j 规定取值为 1;第二种仅作为标记,不计较取值情况,本书中取第二种情况。

联系度 μ 的相对确定可能势 $P(\mu)$ 为:

$$P(\mu) = \frac{2a}{b+c} - \frac{c}{a+b} \tag{3-17}$$

(2) 联系度决策矩阵

联系度决策矩阵用来描述各备选方案与理想方案组成的集对在相对接近程度意义下的同一对立趋势。理想方案包括正理想方案和负理想方案,在一些决策中,接近正理想方案的备选方案不一定同时远离负理想方案,而且前面两种方法得到的联系度都是确定的,不能对决策结果进行稳定性分析,综合理想法则系统地考虑了这两方面的因素。

2) 模型计算流程

(1) 确定评价指标及权重

① 成本效益指标:公路管理的一个重要目的就是进行养护资金的规划,在达到养护目的的前提下,尽可能减少养护成本。

② 交通效益指标:路面维修必然会对交通产生一定干扰,从而对附近居民的出行和附近的商业带造成一定不利影响,这里以开放交通时间计。

③ 路面性能效益指标:本书针对高速公路沥青路面早期损坏的特点,着眼于实施预防性养护措施后产生的效果,主要选取 PCI、SRI、RCI 作为性能评价指标,并以综合值预养护效益指数表征预养护措施产生的效益。

④**预养护时机效益指标**:预防性养护的一项重要任务就是要选择合适的预养护时机,与路面性能效益共同保证所采取的措施在中长期内使预养护的效益最大化,这里以当量平均年度费用 EUAC 表征。

根据决策目的,结合专家经验和会议讨论,确定各评价指标的权重分别为:$\boldsymbol{W} = (w_1, w_2, w_3, w_4) = (0.3, 0.1, 0.4, 0.2)$。

(2)收集整理有关数据

由于决策矩阵中的属性值有定量数值、定性评语和二者兼有,需要将定性评语或模糊指标转化为数值矩阵,并对决策矩阵进行标准化,给出决策矩阵 $\boldsymbol{F}$。

$$\boldsymbol{F} = \begin{matrix} & A_1 & A_2 & A_3 & A_4 & A_5 & A_6 & A_7 & A_8 \\ u_1 \\ u_2 \\ u_3 \\ u_4 \end{matrix} \begin{bmatrix} 10 & 7.5 & 17.5 & 22 & 58 & 28 & 24 & 17 \\ 10 & 240 & 60 & 20 & 15 & 30 & 60 & 120 \\ 0.8 & 0.75 & 0.77 & 0.82 & 0.76 & 0.78 & 0.78 & 0.73 \\ 6.67 & 5.00 & 5.83 & 6.00 & 8.21 & 4.00 & 7.67 & 5.50 \end{bmatrix}$$

(3)计算指标优属度矩阵

可以得到与之相对应的指标优属度矩阵为:

$$\boldsymbol{R} = \begin{matrix} & A_1 & A_2 & A_3 & A_4 & A_5 & A_6 & A_7 & A_8 \\ u_1 \\ u_2 \\ u_3 \\ u_4 \end{matrix} \begin{bmatrix} 0.75 & 1.0 & 0.43 & 0.34 & 0.13 & 0.27 & 0.31 & 0.44 \\ 1.0 & 0.04 & 0.17 & 0.5 & 0.67 & 0.33 & 0.17 & 0.08 \\ 0.98 & 0.91 & 0.94 & 1.0 & 0.93 & 0.95 & 0.95 & 0.89 \\ 0.81 & 0.61 & 0.71 & 0.73 & 1.0 & 0.49 & 0.93 & 0.67 \end{bmatrix}$$

得到正负理想方案分别为:

$$\boldsymbol{R}^+ = (1.0, 1.0, 1.0, 1.0)$$
$$\boldsymbol{R}^- = (0.13, 0.04, 0.89, 0.49)$$

基于与正负理想方案相对接近程度法的决策结果如表 3-24 所示。

正负理想方案相对接近程度法的决策结果 表 3-24

备选方案	正理想方案相对接近法			负理想方案相对接近法		
	a	c	$P(\mu)$	a	c	$P(\mu)$
A_1	0.5604	0.4396	1.7652	0.6239	0.3761	2.7149
A_2	0.5354	0.4646	1.4370	0.7015	0.2985	4.2747
A_3	0.6643	0.3357	3.4524	0.5735	0.4265	1.9457
A_4	0.8024	0.1976	7.8752	0.5542	0.4458	1.6819
A_5	0.5909	0.4091	2.1964	0.7481	0.2519	5.6029
A_6	0.5581	0.4419	1.7341	0.6836	0.3164	3.8583
A_7	0.4646	0.5354	0.5831	0.6043	0.3957	2.3995
A_8	0.7625	0.2375	6.1096	0.5592	0.4408	1.7489
结果	$A_4 > A_8 > A_3 > A_5 > A_1 > A_6 > A_2 > A_7$			$A_4 > A_8 > A_3 > A_7 > A_1 > A_6 > A_2 > A_5$		

从表 3-24 可以看出，与正理想方案相对接近的计算中，A_5 比 A_7 更接近正理想方案，但在与负理想方案相对接近的计算中，A_7 比 A_5 更远离负理想方案，说明接近正理想方案的备选方案不一定同时远离负理想方案。

基于综合理想方案法的各备选方案决策联系度排序结果如表 3-25 所示。

综合理想方案法的各备选方案决策联系度排序结果　　表 3-25

备选方案	联系度			$P(\mu)$	$P_0(\mu)$ ($\gamma = 0.6114$)	$P_p(\mu)$ ($\gamma = 1.00$)
	a	b	c			
A_1	0.2749	0.4715	0.2536	0.4185	1.5788	-1.8794
A_2	0.2908	0.3317	0.3775	0.2137	0.9426	-1.6187
A_3	0.3903	0.4173	0.1924	1.0421	2.6829	-0.2818
A_4	0.5012	0.4142	0.0846	1.9172	5.0210	1.0144
A_5	0.2914	0.4632	0.2454	0.4973	1.7105	-1.6092
A_6	0.2275	0.5428	0.2297	0.2908	1.4876	-2.8066
A_7	0.2312	0.4586	0.3102	0.1518	1.0711	-2.7238
A_8	0.4498	0.4269	0.1233	1.4944	3.8726	0.4118

从排序结果可以看出 $A_4 > A_8 > A_3 > A_5 > A_1 > A_6 > A_2 > A_7$。

3. 预养护时机的判断

上文中已对集对分析法在预养护措施选择中的应用进行了论述，在路面预养护时机的选择判断中，本书认为同样可以采用集对分析法进行选择判断。分析步骤如下：

(1) 确定预养护时机判断的指标，为简化计算，故选取时间方案效费比(BCR)作为上述因素的综合指标 u_1；选择地域因素指标(Region Index，简称 RI)记为指标 u_2。其中 ω_1、ω_2 分别为 0.75 和 0.25。

(2) 收集整理有关数据，将各属性转化为数值矩阵，对决策矩阵进行标准化，并转化为指标优属度矩阵。

(3) 分别用正理想方案相对接近法、负理想方案相对接近法和综合理想方案法进行决策联系度排序，得出最佳预养护时机。

第四章
高寒地区高性能SBS改性乳化沥青研究

第一节 研究背景及现状

一、研究背景

近年来,随着我国高速公路建设事业的迅猛发展,交通及气候条件对高速公路路面使用性能的要求也越来越高。目前,我国乳化沥青大多是以SBR改性为主的技术,但是由于SBS改性沥青优良的高低温性能及应用效果,其在越来越多的乳化沥青施工工艺中得到广泛应用。

研究SBS改性乳化沥青的初衷是因其具有良好的高温性能,通常SBR改性剂可以提高沥青软化点7~10℃,而SBS改性剂可以提高20~30℃,但是目前对SBS改性沥青的乳化难度较大,一般只能乳化那种SBS含量较低的改性沥青(SBS含量超过3%后黏度大幅度提高,很难直接乳化),其性能无法大幅度提高,特别是低温性能不如SBR改性乳化沥青。对微表处而言,车辙问题不突出,因此SBS改性乳化沥青在微表处应用较少。

通过近几年的使用发现,采用SBR改性乳化沥青的微表处技术使用寿命较短,一般也就2~3年,原因是SBR乳液虽然改善了乳化沥青的诸多性能,但是其高温性能和对石料的黏附能力仍明显不足,为此国内外又积极开展SBS改性乳化沥青的研发和制备工作,取得一定的成果。推广SBS改性微表处应用的关键就是生产出高SBS含量的改性乳化沥青,以充分提升性能,特别是低温性能。高SBS含量的改性沥青具有高黏度、难乳化的特点,采用常规的乳化剂和生产设备难以达到要求。

近年来,热拌沥青薄层罩面技术在高等级公路养护中逐步得到应用,取得了良好的效果。东部地区交通量大,乳化沥青混凝土强度的生成需要一定的时间,很难满足要求,所以很少将乳化沥青混合料用于罩面层,而西部地区交通量相对较低,对强度的要求也没有东部那么高,因此本书尝试将改性乳化沥青混合料用于薄层罩面。但是根据青海高寒地区病害调查结果,尽管病害以裂缝为主,但车辙拥包等变形类病害也在20%左右,那么乳化沥青混凝土薄层罩面也会面临夏季抗车辙的问题。

同步碎石封层技术作为一种较新的路面预防性养护技术,主要在中低等级公路中应用,需要对其在高等级公路养护中的适应性做进一步研究。该技术对石料和胶结料的黏附性要求比较高,目前主要采用热改性沥青作为胶结料,为了延长施工期,适应高寒地区特色,本书尝试将改性乳化沥青作为黏结剂,以便发挥冷施工的优势。

综上所述,由于 SBS 改性乳化沥青高、低温性能优越,弹性恢复能力强,黏结性强,抗裂性能好,符合我国地域差别、气温差别大的特点,因此具有很好的应用前景。但目前乳化沥青在品种和性能方面存在一些问题,能否适应青海高寒地区气候环境还有待考证,仍需进一步提高乳化沥青品质及其混合料的性能,使其适合高寒地区高等级公路养护。

二、改性乳化沥青国内外研究现状

我国 1935 年开始用乳化沥青铺路,而且使用的多数不是国内生产的产品,乳化沥青的批量成产和应用起步于 20 世纪 70 年代,主要生产的是阴离子慢裂慢凝乳化沥青,应用于贯入式、表处、冷拌沥青碎石。1977 年我国成功研制出阳离子乳化沥青,1978 年由交通部组织成立"阳离子乳化沥青及其路用性能研究"课题协作组,为发展我国的阳离子乳化沥青做了大量工作。1985 年交通部进行了技术鉴定,并且制定了乳化沥青的技术要求,乳化沥青的应用到了黏层、透层以及稀浆封层,并决定"七五"期间在全国范围推广使用。

2003 年我国对乳化沥青的技术要求进行了进一步的修订,这极大地推进了乳化沥青的使用。目前我国乳化沥青的使用量约为 60 万 t/年,其中 75% 用于黏层、透层油,10% 用于表处、贯入式、冷拌沥青混合料,15% 用于稀浆封层及微表处。

改性乳化沥青的改性剂主要以 SBR 和 SBS 为主。但是由于生产与应用技术的限制,我国各大厂家主要生产 SBR 胶乳改性乳化沥青。SBR 胶乳改性乳化沥青的生产工艺简单,可以直接采用普通的乳化设备将基质沥青乳化后加入 SBR 胶乳搅拌均匀即可。陈宪宏等通过采用 SBR 胶乳、三种不同种类的乳化剂以及它们的复配乳化剂制备 SBR 改性乳化沥青,并测试了 SBR 改性乳化沥青的储存稳定性,得到了以下结论:各种不同的乳化剂和复合乳化剂以及储存温度对 SBR 改性乳化沥青的储存稳定性有很大影响,液/非复合乳化剂(7:3)制备的 SBR 改性乳化沥青储存稳定性较好。

目前改性乳化沥青中 SBR 改性占绝大多数,这是因为其生产工艺相对简单,对设备要求不高,通过胶乳、水溶液与基质沥青混合过胶体磨即可制得。但是,随着经济的增长和社会的发展,公路交通量迅猛增长,车辆超载运输情况严重,加之气候恶化,使得夏季温度持续升高,SBR 改性乳化沥青已经难以满足使用要求,经常因为层间黏结问题引起病害,影响道路的使用寿命。

道路出现以上病害的原因,一方面是由于我国改性乳化沥青标准难以满足重交通的需要,另一方面,一些施工单位为了控制成本,生产的改性乳化沥青质量差。从调研数据看出,虽然改性乳化沥青较普通热沥青和普通乳化沥青在性能上有了提升,但是高温性能不甚理想,软化点基本上都在 60℃ 以下,而且弹性恢复一般在 70% 以下。在高温、超载、纵坡等不利情况下无法保障路面层间具有良好的黏结力。因此,为了使沥青路面具有良好的结构承载力和耐久性,提高路面的使用寿命,研发一种高、低温性能良好的乳化沥青黏层材料显得尤为重要。

基质沥青中加入 SBS 后,沥青的黏聚力、黏度、韧性和各指标都有很大程度提升,这大大增加了改性沥青的乳化难度,对生产设备、生产材料、储存条件和生产过程的控制提出了更高的要求。因此 SBS 改性乳化沥青技术现在还处于研制阶段,还未形成规模化生产。目前,市面上的 SBS 改性乳化沥青多采用 SBS 胶乳的形式进行制备。

才洪美等通过正交试验考察了制备 SBS 胶乳的六大要素,根据试验结果确定其制备工艺的最优条件。介绍了 SBS 胶乳作为改性剂制备改性乳化沥青的工艺过程,对制备的 SBS 胶乳改性乳化沥青的性能进行评价分析,评价结果表明其各项指标符合公路施工技术规范的标准。

杜素军等利用液体 SBS 改性剂生产改性乳化沥青进行微表处施工,不仅解决了目前加工 SBS 改性沥青过程中的加工成本昂贵、环境污染严重等弊端,而且施工过程中混合料和易性好,施工后路面封水、抗湿滑、高低温性能明显优于 SBR 改性乳化沥青微表处。

吴旷怀等在 SBS 改性沥青生产过程中加入新型助剂并减少 SBS 用量,降低了 SBS 改性沥青高温黏度,显著降低其乳化难度,采用法国进口的带加压冷却装置的沥青乳化设备经过加压乳化处理后,取得了良好的乳化效果,且该乳化沥青各项性能指标均能达到微表处技术要求。

于翠等从 SBS 改性乳化沥青的制备着手,基于国内外许多学者的研究成果,对试验设备及其制备条件进行改进;进一步探讨 SBS 改性乳化沥青路用性能,对乳化剂类型及 SBS 用量效果进行分析,得到使改性沥青性能最优的合理配比。

才洪美等以胜利 90 号为基质沥青,SBS 胶乳为改性剂,采用二次混合法制备改性乳化沥青,通过考察乳化剂用量及其水溶液的 pH 值、稳定剂种类及其用量对改性乳化沥青储存稳定性的影响,得出乳化剂的最佳用量为 1%。

综上所述,国内外研究 SBS 改性乳化沥青的初衷是 SBR 改性乳化沥青高温性能明显不足,难以满足路用性能。寻求一种合适的工艺,制备出性能特别是低温和黏结性能优越的 SBS 改性乳化沥青,对提高西部高寒地区沥青路面的预养护技术水平有重要意义。

在制备 SBS 改性乳化沥青时,随着 SBS 含量的增加,乳化难度增加,乳化稳定性变差,因此对 SBS 改性沥青的乳化需要 SBS 用量适当。目前,对 SBS 含量在 3% 以下的改性沥青能很好乳化,SBS 含量为 3%~5% 的改性沥青能够乳化,但是效果不太理想,5% 以上 SBS 含量的改性沥青难以乳化。

大量的研究证明,SBS 含量为 7% 时改性沥青各方面性能达到最佳,而低于 3% 的改性沥青难以满足规范要求,含量为 3%~5% 时可以满足规范要求,但低温性能很难满足高寒地区要求。如要在高寒地区使用 SBS 改性乳化沥青,必须要优选乳化剂,并采取其他技术措施,对 SBS 含量在 7% 左右的 SBS 改性沥青进行乳化。

第二节　SBS 改性沥青乳化性能的影响因素

一、沥青的组成

1. 沥青与 SBS 的相容性

沥青的组成影响沥青和 SBS 之间的相容性及热稳定性,而共混体系的相容性及热稳定性则直接影响改性沥青的乳化。相容性好的改性沥青中,SBS 在沥青中的分散比较均匀,而且颗粒较小,适合于乳化。相容性差的改性沥青两相分散不均匀,SBS 在分散相中的颗粒大小不一,难以乳化,即使能够乳化,形成的改性乳化沥青筛上剩余量较多,颗粒之间容易凝聚成大颗粒而造成乳液的分层、絮凝等。

沥青的化学组成对改性后沥青的影响主要取决于沥青中能够溶解或者溶胀聚合物的组分的含量。一般认为,SBS 改性剂与芳香分含量高的沥青相容性好。在聚合物含量很小时,沥青中的芳香分可以溶解聚合物;聚合物含量较大时,芳香分主要溶胀 SBS 的聚丁二烯段。沥青质含量大的沥青与聚合物的相容性差。Brule 提出了沥青的组分在以下范围内时沥青与聚合物的相容性较好,即饱和分8%～12%、芳香分和胶质85%～89%、沥青质1%～5%。还有人认为沥青的芳香度 $F_a > 0.28 + 0.004A$(A 为沥青质的含量)以及 $M_{cp} = (4 \sim 6) \times 10^4$($M_{cp}$ 为沥青中油分的平均分子量)时,沥青与改性剂的相容性好。

2. 沥青对乳化的影响

乳化沥青破乳后性能的好坏主要取决于生产乳化沥青时沥青的性能,目前应用最多的主要是性能优良的石油沥青。石油沥青主要由芳香分、饱和分、沥青质、胶质等组成,其化学组成成分不同,乳化时的难易程度及乳化沥青性能也随之变化。选择时可以从两个方面进行考虑:一是要符合道路工程使用要求;二是要容易乳化,其中易乳化性主要通过试验室内的小试、检测、分析、比较来确定。

影响沥青易乳化性的因素主要有以下几个方面:

(1)沥青的胶体结构:在满足道路工程使用要求的前提下,溶-凝胶型沥青最适合作为乳化沥青原材料。

(2)黏度:黏度越小越容易乳化。

(3)针入度:对于同种工艺生产的沥青,针入度越大越容易乳化。

(4)含蜡量:随含蜡量的升高,沥青变得越来越难以乳化,同时乳化剂用量越大,相同乳化剂产量下,乳液稳定性越差。含蜡量对蒸发残留物的性能也有较大影响,尤其是延度。通常要求沥青中蜡含量应不大于3%。

二、改性剂类型

根据苯乙烯和丁二烯分子结构的差异,SBS 改性剂可以分为线型和星型两种。对于同种构型的改性剂,SBS 嵌段比不同,其性能差异也比较大。常用的 SBS 嵌段比为30/70 和40/60。改性剂不同,制备的改性沥青就会有性能的差异,乳化过程对于改性沥青的影响程度也会有差异。大量研究表明,星型 SBS 改性沥青效果优于线型,但难以乳化,因此目前的 SBS 乳化沥青一般采用线型 SBS 改性剂。

三、乳化剂类型

改性乳化沥青水分蒸发破乳后,改性沥青微珠间相互融合促使其恢复原有状态,乳化剂可能在沥青分子之间起凝结、阻碍作用或者不起任何作用,从而对沥青的性能产生影响,乳化剂的这些作用主要由它所含的成分组成决定,也就是乳化剂的类型决定。

1. 影响乳化剂性能的因素

乳化剂是制作乳化沥青必不可少的材料,通常用量只占乳化沥青的0.3%～2%,但却在很大程度上影响甚至决定了乳化沥青的应用性能,这里主要介绍临界胶束浓度(CMC)、亲水亲油比(HLB)值和电位对其性能的影响。

1)临界胶束浓度(CMC)

临界胶束浓度是在一定温度下,表面活性剂能够形成胶束的最低浓度。当水溶液中乳化剂的含量大于临界胶束浓度时,在此水溶液中加入沥青,沥青与溶液之间形成第三界面,这种新的界面要保持平衡状态,乳化剂的胶束必将很快吸附沥青微粒、包围沥青微粒,乳化剂的亲油基嵌入沥青微粒中定向排列,同时乳化剂的亲水基与水溶液相连,形成以沥青颗粒为核心的乳化剂胶束,进而形成乳化沥青的乳液。其中,乳化剂的主要作用就是降低了溶剂(水相)的表面张力,乳化剂水溶液的浓度与表面张力的关系如图4-1所示。

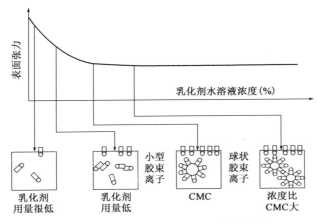

图4-1 乳化剂水溶液的浓度与表面张力的关系

当溶液中乳化剂浓度极低时,空气和水几乎是直接接触,水的表面张力下降不多;如果稍微增加乳化剂的浓度,它就会很快聚集到水面,使水和空气的接触减少,表面张力急剧下降,同时水中的乳化剂分子也聚集在一起形成小型胶束离子;继续增大乳化剂浓度,达到饱和吸附时,水面会形成紧密排列的单分子膜,此时溶液的表面张力降至最低值,乳化剂分子就会形成球状的胶束离子,此时溶液浓度即临界胶束浓度;当乳化剂浓度大于临界胶束浓度后,溶液的表面张力几乎不再下降,只是溶液中的胶团数目增加。因此,在沥青与水的溶液中,必须要有能够达到临界胶束浓度的乳化剂用量使其形成沥青乳液,继续增加乳化剂量来增大界面膜的强度,进而提高乳化沥青的稳定性。

可以说,临界胶束浓度在一定程度上代表了乳化剂的乳化能力,影响临界胶束浓度的因素有:

(1)乳化剂种类。在疏水基相同的情况下,离子型表面活性剂的CMC比非离子型的大,因此在离子型表面活性剂中复配少量的非离子型乳化剂有利于降低乳化剂的CMC。

(2)亲油基链长。同一类型表面活性剂,其亲油基碳链CMC越小时越长。

(3)亲油基链结构。乳化剂亲油端的碳氢链有分支结构,会使CMC增大,降低表面张力的效率。

(4)亲水基。亲水基的极性增大,CMC增大。

除表面活性剂的化学结构外,添加剂、温度等也会对 CMC 产生影响,进而影响乳化剂最终的使用性能,所以在对乳化剂的研究过程中会综合以上因素来确定最佳的乳化剂类型及结构。

2) 亲水亲油比(HLB)值

HLB 值表明了表面活性剂同时对水和油的相对吸引作用,乳化剂的分子结构都含亲水基团和亲油基团,不同乳化剂的分子中亲水基团和亲油基团的数量与强度均不同,HLB 值(亲水亲油平衡值)不同。

HLB 值越低,表明亲油性越大;HLB 值越高,表明亲水性越大。对于微表处用的酰胺多胺型沥青乳化剂,亲油基相同时,分子中亲水基(即氨基)越多,HLB 值越高;亲水基相同时,分子中亲油基(即长链烷基)链越长,HLB 值越低。

表面活性剂的 HLB 值范围在 1~40,但是并不是所有的表面活性剂都能用作沥青乳化剂,要制得稳定的乳液,必须使乳化剂所提供的 HLB 值与油基所需要的 HLB 值相一致。因此,沥青乳化剂的 HLB 值通常在 8~18。HLB 值的范围及其应用见表 4-1。

HLB 值的范围及其应用　　　　　　　　　　　　　　表 4-1

HLB 值	应用领域	HLB 值	应用领域
1.5~3.0	消泡剂	8.0~18.0	O/W 型乳化剂
3.0~6.0	W/O 型乳化剂	13.0~15.0	洗涤剂
7.0~9.0	润湿剂	15.0~18.0	增溶剂

3) 电位——电性强弱的表征

酰胺多胺型阳离子乳化剂皂液,必须在酸化之后才能进行沥青的乳化。酸化后的乳化剂在水中形成带有正电荷的铵离子和带有负电荷的氯离子,在乳化沥青中,沥青微粒周围被带正电荷的乳化剂分子定向包围形成正电层,被带有负电的氯离子定向包围形成负电荷层,从而使沥青微粒形成双重电层的微粒,双电层间的电势差即电位。

不同类型的乳化剂及用量不同,所形成电位也不同,测定了几种常用阳离子乳化沥青的电位值,见表 4-2。

不同类型乳化沥青的电位值　　　　　　　　　　　　表 4-2

乳化剂类型	电位值(mV)	乳化剂类型	电位值(mV)
木质素	100	酰胺多胺	235
十八烷基三甲基氯化铵	195		

乳化剂的浓度决定着沥青微粒吸附乳化剂量的多少,对乳化剂吸附的量多,电位值就大,吸附量少,电位值则小。因此,当提高乳化剂的用量时,微粒表面乳化剂电离产生的双重电层电荷的相互排斥力增强,进而提高乳液的稳定性,并且沥青微粒电位值越高,与集料表面吸附越牢,黏附性越强。

以上因素都会影响乳化剂最终的应用效果,通过对几个主要影响因素的研究与验证,对脂肪酰胺多胺阳离子乳化剂也进行了优化与改进,增强其乳化能力,改善其应用效果。

2. 脂肪酰胺多胺阳离子乳化剂的结构特点

脂肪酰胺多胺阳离子乳化剂的分子特点是多胺形成了含有多个氨基的短链,赋予了它多个离子基,形成多个电荷点,电量大,亲水性强,有助于提高乳化能力,增强沥青乳液稳定性。

在这种结构中,多个氨基为沥青乳液提供一种缓冲作用,可以增进沥青乳液对不同石料的配伍性,拌和时具有良好的和易性。它的特点是拌和性能优良,初凝快,早期强度上升快,破乳后沥青与石料的黏附性增强。

酰胺多胺阳离子乳化剂亲水基团上氨基的数量及性质不同,则应用效果也不同(表4-3)。伯胺本身没有乳化能力,但具有很高的势能,与石料接触有较好的黏附性。铵盐是亲水基,亲水基是易溶于水或易被水所润湿的原子团,在水溶液中亲水基团受到极性强的水分子的吸引,有竭力钻入水中之趋势,能够为与石料接触提供缓冲。季铵盐不受pH值变化的影响,具有很强的乳化能力,电荷强,与石料的结合力强。因此选择不同的氨基最终会体现乳化剂不同的性能。

不同氨基的应用效果　　　　表4-3

氨 基	乳化沥青	拌和情况	与石料结合力
$-NH_2$	-	-	++
$-NH_3^+Cl^-$	+	慢	-
$-N^+(CH_3)_3Cl^-$	++	快	+

通过对影响乳化剂性能的要素分析,结合SBS改性沥青的特点,本书将从提高乳化能力、改善乳液稳定性以及与石料的配伍性方面对乳化剂的结构、配方进行优化,使乳化剂性能得到进一步提高。

第三节　SBS改性沥青的制备与性能试验

一、试验设备及方法

改性沥青的制备工艺条件对其性能的优劣尤为重要,同时改性沥青的优异性能影响着改性乳化沥青(特别是其蒸发残留物)的性质,因此对改性沥青的制备工艺条件进行优化是非常必要的。本试验将SK90基质沥青改性后软化点和5℃延度指标作为衡量指标,对剪切温度、剪切时间、剪切速率和发育时间等工艺条件进行了考察,并最终确定了较好的工艺条件。

剪切设备:胶体磨,也称匀化机、匀油机、混炼磨等,是胶体磨法改性沥青生产设备的关键和核心。胶体磨的工作原理是通过高速剪切,制备得到细密而均匀的改性沥青,改性剂在基质沥青呈细颗粒状分布,细度在10μm以下。本试验采用英国Silveson公司出产的L4RT型胶体磨制备改性沥青,其外观如图4-2所示,工作原理如图4-3所示。

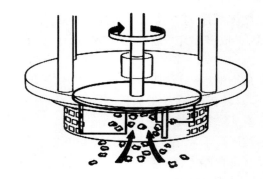

图 4-2　L4RT 型胶体磨外观图　　　　图 4-3　L4RT 型胶体磨工作原理示意图

使用胶体磨制备改性沥青时,首先将沥青烘软后投入改性剂并置于电热炉上,然后使用电热炉及红外温度计控制剪切温度为规范要求的改性沥青拌和温度(170℃),温度高于控制值后可用电扇降温,持续剪切 2h 至改性剂均匀分布于沥青中,保持剪切机转速在 6000r/min 左右。应当注意转速要慢慢提高,以免提速过快烧坏电机。

不难看出,胶体磨法主要是一个物理过程,但其中也伴随着一些化学反应。通过胶体磨法制备得到的改性沥青,其性能主要取决于以下几个方面:改性剂的性能、改性剂的剂量、改性剂与沥青之间的相互作用、生产条件(温度、转速、剪切时间等)。

一般来说,随着改性剂剂量的增加,改性剂的效果也越发明显。改性剂剂量较低时,比较容易溶胀,在沥青中以分散相存在。而随着改性剂剂量的提高,由于表面张力的作用,改性剂颗粒比较容易吸附在一起,形成连续相的网状结构,此时沥青中存在两个连续相结构,这种结构并不稳定,热储存稳定性差,易离析,这种结构的改性效果更多地取决于沥青的性质和形成的网构。因此,存在这样一个临界点,此时改性剂仍以连续相分布于沥青中,且具有较厚的界面吸附层,在这一剂量前后,改性剂性质变化较大,因此从经济性方面来考虑,这一剂量具有较高的成本-效益比。

我们知道,沥青中存在着多种平衡,而改性剂的加入必将打破这些平衡。如果基质沥青原有的各组分间的配伍良好并具有优良的路用技术性能,那么加入改性剂后有可能破坏原有的平衡,使改性效果受到负面影响。又如果基质沥青的饱和分和芳香分含量高而胶质和沥青质含量低,一般来说这类沥青具有较强的感温性,那么,当改性剂吸收了部分油分之后,会使沥青中各组分间的比例关系向有利于提高沥青技术性能的方向移动,从而表现出较好的改性效果。本书主要研究改性剂的改性效果,因此对于沥青的原有平衡对改性效果的影响并未做过多考虑。

聚合物和沥青在高温共混时是一个互相溶胀的过程。一方面,聚合物分子能够溶胀沥青中的一些饱和分、芳香分等小分子;另一方面,聚合物分子也在沥青中实现溶胀,在聚合物和沥青中间形成了一个界面吸附层,从而形成了一个跟沥青胶体结构类似的新的平衡结构。界面吸附层越厚,形成的新的平衡结构稳定性越好,共混过后能够保持较长时间不发生离析;反之,则稳定性不好,容易发生离析。在改性剂种类及剂量已经确定的情况下,改性剂和沥青之间的共混效果事实上决定了改性沥青的最终性能。

在改性剂剂量不变的情况下,影响溶胀效果的因素主要就是共混的温度、时间以及转速。规范要求在温度为170℃左右拌和改性沥青,这是因为在温度较低时,沥青主要呈黏流态,必须到达一定温度才能形成牛顿体,但是过高的温度会导致沥青的老化。共混时间和转速主要影响的是共混的效率,随着共混时间的增加,由于改性剂的充分溶胀,改性沥青的性能得到全方位提高,但是时间增加到一定程度后,性能的涨幅明显变小,而且持续高温条件下共混也可能导致沥青的老化和改性剂的裂解。经研究,本书确定共混时间为2h。胶体磨的转速太低,则共混效果不佳,随着转速的提高,共混的效果越来越好。共混效果的改善幅度随速度增加逐渐减小,且转速太高对电机的伤害较大,因此转速不宜太高。经研究,本书确定共混转速为6000r/min。应当注意的是,不同种类的基质沥青及改性剂对应的合理共混参数是各不相同的,为使本书数据更具有对比性,本书所有改性沥青的制备试验均采用同样的参数。

本试验所用的沥青储存在大桶中,为避免重复加热导致沥青老化,可将大桶放入150℃烘箱中保温,并一次性分装于生产时装载沥青的小铁皮桶内保存,这样最大限度地减小了重复加热带来的沥青老化的负面影响。用于分装沥青的圆柱体小桶底面直径为15cm,高约为25cm。为保证在高速剪切的时候转子完全浸入沥青液面,且放入转子后液面不高于桶口,经过计算和实践,每个小桶内保存的沥青质量约1800g时最为合适。共混前需要把分装有沥青的小桶放入120℃烘箱中保温1h至具有较好的流动性。由于本试验中采用的改性剂很多为大块的硬质材料,如杜仲胶、硫化杜仲胶等,而转子和定子间的缝隙很小,因此不宜直接投入沥青,需要将大块的改性剂置于60℃的烘箱中加热15~20min,待其变软后用剪刀剪至较小颗粒后备用。需要注意的是,如果加热时间太长或者温度太高,会导致杜仲胶黏度变大,从而黏附在容器和剪刀上,不利于操作。在用胶体磨共混之前,为使改性剂充分溶胀,需要人工搅拌约0.5h,并使用红外温度计保证温度低于170℃。

以下各章节如不特别说明,SBS、稳定剂和乳化剂含量均表示占改性沥青或改性乳化沥青总量的百分比。

二、制备工艺条件

1. 剪切温度

剪切时沥青温度对改性沥青性能的影响见表4-4。试验条件为:剪切时间为1h,剪切速率为3000r/min,剪切后在160℃下发育1h,改性剂和稳定剂的加入量分别是3%和0.265%。

剪切温度对改性沥青性能的影响　　　　表4-4

剪切温度(℃)	165	175	185	195
5℃延度(cm)	0	30	25	0
25℃针入度(0.1mm)	42	50	44	40
软化点(℃)	61	60	58	57

由表4-4可知,随剪切温度的升高,改性沥青的软化点先平稳变化然后略微下降。在165℃和195℃温度下制得改性沥青样品,在测定5℃延度指标时发生脆断,其塑性变形性极差。这是因为温度升高不仅可以降低沥青黏度,还能促进SBS嵌段共聚物吸收沥青中的组分发生溶胀,使得SBS聚合物被分散得细小均匀,以聚合物为中心的胶体与沥青胶体之间的作用力增强,提升了改性沥青的性能;但是温度过高(195℃)会造成沥青老化和SBS的降解,从而大大降低了SBS改性沥青的性能;而温度太低时,SBS不能在沥青中充分溶胀,改性沥青也无法达到较好性能。综合以上原因及改性沥青的性能,确定剪切温度为175℃。

2. 剪切时间

剪切时间对改性沥青性能的影响见表4-5。试验条件为:剪切温度为175℃,剪切速率为3000r/min,剪切后在160℃下发育1h,改性剂和稳定剂的加入量分别是3%和0.265%。

剪切时间对改性沥青性能的影响　　　　表4-5

剪切时间(min)	30	60	90	120
5℃延度(cm)	17	30	18	20
25℃针入度(0.1mm)	46	52	50	52
软化点(℃)	70	60	60	58

由表4-5可知,同条件下剪切30min时,改性沥青的5℃延度最小,软化点最高。因为剪切时间过短,SBS改性剂未能较好地溶胀和分散,使得改性沥青较为稠硬,延展性改善幅度有限。60min时,改性沥青的5℃延度最大,软化点略微降低。剪切时间从60min增至90min,改性沥青各指标均呈下降趋势,软化点下降幅度较小,5℃延度下降了12cm。剪切时间增加至120min时,软化点仍呈下降趋势,5℃延度有所增加,但三者的变化不大。产生如上变化规律的原因是SBS于沥青中的溶胀、分散和聚集是一个动态的平衡,剪切时间过长会导致SBS颗粒发生不同程度的聚集。考虑到高寒地区应以低温指标为主,综合以上分析,确定剪切时间为60min。

3. 剪切速率

剪切速率对改性沥青性能的影响见表4-6。试验条件为:剪切温度为175℃,剪切1h后样品放入160℃烘箱中发育1h,改性剂和稳定剂的加入量分别是3%和0.265%。

剪切速率对改性沥青性能的影响　　　　表4-6

剪切速率(min)	1000	3000	5000	7000
5℃延度(cm)	12	28	25	18
25℃针入度(0.1mm)	48	50	78	55
软化点(℃)	55	62	54	51

由表4-6可知,随剪切速率的增加,改性沥青的指标均呈先升高、后降低的趋势。剪切速率为3000r/min时,改性沥青的软化点和5℃延度最大,其高、低温性能较优。

王涛等人的研究可对上述结果做出解释:剪切速率增加有利于聚合物分散得更细,比表面积增大,增强其对沥青组分的吸附作用,改性效果增加;但剪切速率过大会使SBS的链段断裂,使SBS分子伸展提供给材料的延展性降低,感温性变差,改性效果降低。

综合以上分析,确定剪切速率为3000r/min。

4. 发育时间

发育时间对改性沥青性能的影响见表 4-7。试验条件为:剪切温度为 175℃,剪切速率为 3000r/min,剪切 1h 后在 160℃下发育,改性剂和稳定剂的加入量分别是 3% 和 0.265%。

发育时间对改性沥青性能的影响　　　　　表 4-7

发育时间(h)	1	2	3	4
5℃延度(cm)	30	21	21	25
25℃针入度(0.1mm)	53	51	50	52
软化点(℃)	62	60	60	59

由表 4-7 可知,随着发育时间的增加,改性沥青的软化点变化不大。发育时间从 1h 增加至 2h 时,改性沥青 5℃延度稍有降低,此后发育时间延长,延度变化不大。这是因为改性剂微粒对沥青轻组分的吸附过程,以及稳定剂、改性剂与沥青硬组分的键合在 1h 内已经完成,发育时间再增加,作用不大。同时需要注意的是,发育时间不宜太短。发育时间太短不仅不利于界面膜和化学键的形成,还会因为样品中大量气泡(剪切产生)未能消除而影响性能的测定。

结合以上分析,确定发育时间为 1h。

通过上述对改性沥青制备工艺条件的考察,同时借鉴其他研究者提出的沥青改性工艺,确定改性沥青的制备工艺如下:加热基质沥青,并维持其温度在 175℃左右,在剪切机 3000r/min 高速剪切作用下,将固体 SBS 改性剂和稳定剂同时缓慢加入热沥青中,剪切约 1h 后,样品在 16℃烘箱中放置 1h 发育,之后留样测定其性质后取样乳化。

三、主要原料

(1)沥青:青海等高寒地区一般采用克拉玛依 110 号沥青,但该沥青难以乳化和改性。为此本试验还是选用了国内常用于生产乳化沥青的 SK90 号基质沥青,测定其三大指标如表 4-8 所示。

SK90 号基质沥青三大指标　　　　　表 4-8

项　　目	单　　位	指　　标
软化点	℃	46.7
针入度(25℃)	0.1mm	94.7
延度(15℃)	cm	>100.0

(2)SBS:采用的改性剂是岳阳巴陵石化公司生产的 YH-792 线型 SBS,其各项性能指标如表 4-9 所示。

YH-792 线型 SBS 性能指标　　　　　表 4-9

性　　质	YH-792 型	性　　质	YH-792 型
结构	线型	拉伸强度(MPa)	>18
分子质量	100000	伸长率(%)	>600
嵌段比	40/60	永久变形(%)	<65
充油率(%)	0	硬度(邵氏)	>800

四、试验结果

试验结果如表 4-10 所示。

SBS 改性沥青试验指标　　　　　　　　　　　　表 4-10

SBS 含量(%)	软化点(℃)	5℃延度(cm)	10℃延度(cm)
0.0	47.8	—	57.5
3.0	62.3	21.4	40.0
5.0	75.4	35.0	76.0
7.0	80.6	49.7	>100.0

第四节　SBS 改性乳化沥青的制备与性能试验

一、主要原料

1. 沥青

上面制备的 SBS 改性沥青。

2. 乳化剂

通过调研,采用乳化剂供应商维实维克推荐的进口液体阳离子乳化剂 Peral417 和 Peral600。前者是通用改性沥青乳化剂与水混合形成皂液。后者是专门针对 SBS 改性沥青研发的乳化剂,事先与改性沥青混合。它的原理是激发沥青分子的活性,使其容易乳化。Peral600 乳化剂指标见表 4-11。

Peral600 乳化剂指标　　　　　　　　　　　　表 4-11

指　　标	Peral600 乳化剂	指　　标	Peral600 乳化剂
沸点(℃)	>260.0	黏度(mPa·s)	150.0
相对密度	1.0		

3. 稳定剂

乳化沥青的储存稳定性决定其放置时间的长短,是实际施工控制的重要指标。为了提高乳液的储存稳定性,除了要在乳化过程中严格控制乳化工艺外,还可通过添加稳定剂加以改善。常用的稳定剂主要有无机稳定剂和有机稳定剂两种。

无机稳定剂:无机微粒在水/油界面上积累,形成一保护层。当增加水溶液的离子强度时,带电的沥青颗粒运动就会受到更大的限制,所以添加可电离的无机助剂可以提高乳液的稳定性。常用的无机稳定剂有氯化铵、氯化钙等。

有机稳定剂:沥青相与水相的黏度差越小,稳定性越好,所以提高水的黏度对提高乳化沥青的储存稳定性有利。通过增加有机稳定剂可以达到提高储存稳定性的目的。需要说明的是,这些稳定剂与不同类型的乳化剂复配有选择性,如为阳离子乳化剂,可选择在水中呈中性的增稠剂。常用的有机稳定剂有聚乙烯醇、羧甲基纤维素钠和淀粉等。

试验选用国外进口无机稳定剂和有机稳定剂复配的 PC1698 和甲基素来增加乳液的稳定性。

4. pH 调节剂

pH 调节剂是生产乳化沥青时最常见的助剂,对于阳离子乳化剂来说,需把溶液调成酸性,因为这类乳化剂与溶液中的氢离子反应生成带电基团,使乳化剂的亲水性增强,从而发挥作用。常用的酸性调节剂有浓盐酸、浓硫酸。

本书选用浓度为 35% 的浓盐酸作为 pH 调节剂。

5. SBS 胶乳

SBS 胶乳指标见表 4-12。

SBS 胶乳指标 表 4-12

指　　标	SBS 胶 乳	指　　标	SBS 胶 乳
粒子电荷	阳离子(+)	黏度(mPa·s)	41.0000
粒径(μm)	1.9700	机械稳定性(%)	0.3800
固含量(%)	40.5000	凝固物(%)	0.0090
pH	2.7200	密度(20℃,g/cm³)	0.9901

二、乳化剂配比用量的确定

乳化剂是乳化沥青的关键和核心,它占乳液总量的比例非常小,但直接关系到乳化效果和产品的储存稳定性,同时对乳液蒸发残留物的性质有很大的影响。用量偏少,筛上剩余量增加,沥青微粒容易凝聚而分层;用量偏多,增加了原沥青的性能损失,而且还增加了成本。因此,应在综合考虑乳化效果以及与改性沥青的配伍性的基础上,根据多种试验确定合适的乳化剂用量。

选择乳化剂时需要考虑:能降低沥青与水之间的界面张力,使沥青微粒均匀地分布于水溶液中;能缩小油水两者之间的绝对密度差及黏度差;能增加沥青微粒的电荷,形成双电层,增加颗粒之间的相互排斥力,阻止沥青微粒的聚合。应该采用多种乳化剂制备乳化沥青,以满足沥青乳化所需 HLB 值、拌和工艺、渗透能力、储存稳定性和使用稳定性的要求。

表 4-13 是乳化剂厂家维实维克提供的乳化配方。在它的基础上,取基本乳化剂 Peral417 量为其最大值 1.8% 不变,改变复配乳化剂 Peral600 用量,油水比、皂液温度、沥青、乳化时间等相同且不变,且没有其他助剂干扰的前提下考察不同乳化剂配比对不同 SBS 含量改性沥青的乳化效果。复配乳化体系配方见表 4-14。具体试验结果见表 4-15。

厂家提供的乳化配方 表 4-13

沥青(%)	62.0
Peral417(%)	1.2~1.8
Peral600(%)	0.5~1.0(加入沥青中)
SBR 胶乳(%)	3.0~3.5
水	加到 100%
pH 值	1.5~2.5

复配乳化体系配方   表4-14

SBS 含量	3% SBS			7% SBS			5% SBS	
工艺条件	0 号	1 号	2 号	3 号	4 号	5 号	6 号	7 号
改性沥青(%)	—	—	—	60	60	60	60	60
水(%)	38.0	38.0	38.0	36.0	38.0	38.0	38.0	38.0
Peral417(%)	1.8	1.8	1.8	1.8	1.8	1.8	1.8	2.0
Peral600(%)	1.2	0.8	1.0	1.2	0.8	1.0	1.2	1.0
皂液温度(℃)	60.0~65.0							
改性沥青温度(℃)	160.0~165.0							

复合乳化剂配比对乳化效果的影响   表4-15

工艺条件	0 号	1 号	2 号	3 号	4 号	5 号	6 号	7 号	技术要求
乳化效果	良好	不能乳化	可乳化,有结皮	可乳化,有结皮	可乳化	可乳化	可乳化	可乳化	—
粒子电荷	阳离子(+)	—	阳离子(+)	阳离子(+)	阳离子(+)	阳离子(+)	阳离子(+)	阳离子(+)	阳离子(+)
筛上剩余量(%)	0.02	—	4.00	3.80	0.09	0.05	0.08	0.07	<0.10
恩格拉黏度(25℃)	8	—	12	11	11	11	12	—	3~20
储存稳定性(1d,%)	0.8	—	2.8	2.9	1.9	1.5	1.2	1.4	<1.0
储存稳定性(5d,%)	4.4	—	12.7	11.5	7.8	4.9	5.1	4.9	<5.0
低温储存稳定性(-5℃)	合格	—	不合格	不合格	有块状物	合格	有粗颗粒	合格	—
与水泥混合性	良好	—	一般	一般	一般	良好	较好	良好	—
蒸发残留物性质									
含量	—	—	49.3	52.4	62.7	64.2	62.3	—	>60
软化点(℃)	—	—	78.2	79.7	70.1	71.0	69.5	—	>53
5℃延度(cm)	—	—	—	—	29	30	30	—	>20

当 Peral600 用量为总乳化剂用量的 1.0% 时,就可以很好地将 SBS 改性沥青乳化,且其他性能指标也能满足要求;继续增加 Peral600 的用量时,乳化效果反而变差,说明多种乳化剂复配时,存在一个最佳比例,这也与厂家提供的比例相符。

在乳化剂用量为 1.8% 时,5% SBS 含量的改性沥青乳化效果仅勉强合格,再增加乳化剂用量的增加,效果不明显,而且从经济效益考虑,乳化剂用量最佳值为 1.8%。

与表 4-10 的改性沥青相比,乳化沥青蒸发残留物的软化点和延度都有少许下降,特别是延度,说明乳化剂对延度影响较大。

三、SBS 胶乳改性乳化沥青

为了进一步比较 SBS 改性乳化沥青制备方法,采用市场上常用的一种 SBS 胶乳与 SK90 号基质沥青制备 SBS 改性乳化沥青。试验中胶乳加入量为 3%、4%、5% 和 6%,制备的改性乳化沥青的指标如表 4-16 所示。

SBS 改性乳化沥青性能指标　　　　　　表 4-16

试验项目		JTG 标准	1 号(3%)	2 号(4%)	3 号(5%)	4 号(6%)	5% SBS
粒子电荷		阳离子(+)	阳离子(+)	阳离子(+)	阳离子(+)	阳离子(+)	阳离子(+)
筛上剩余量(%)		≤0.1	0.02	0.01	0.01	0.02	0.05
恩格拉黏度(25℃)		3~30	9.40	8.30	7.20	5.20	11.00
储存稳定性(1d,%)		≤1	0.55	0.79	0.93	1.10	1.50
蒸发残留物	固含量(%)	≥60	71.80	71.10	70.80	70.20	64.20
	软化点(℃)	≥53(60)	57.10	62.40	64.80	67.90	71.00
	溶解度(%)	≥97.1	98.40	98.30	98.50	98.90	99.10
	5℃延度(cm)	≥20(40)	25.50	32.20	36.50	40.70	30.00

注:括号内的数值是高寒地区建议值。

从表 4-16 可以看出,用胶乳来改性后,生成的乳化沥青总体质量较好,延度表现不错。4% SBS 胶乳即可让乳化沥青达到规范要求,但只有 6% SBS 胶乳才能获得更好的路用性能。而后加入 SBS 胶乳改性的方式也会带来稳定性变差的问题。并且由于 SBS 胶乳是后加入,SBS 分子与沥青分子之间没有形成热改性那种网络结构,软化点仍较低,但用于高寒地区已经足够。

因此考虑到西部高寒地区乳化沥青生产条件的落后以及高含量 SBS 稳定性的不足等问题,还是采用 SBS 胶乳较好,所需要做的工作是如何进一步提高其综合性能。

第五节　SBS 与纳米二氧化硅复合改性乳化沥青的制备与性能试验

纳米物质可表现出特别的性质和效应,作为改性剂用于有机复合材料可增加其强度和稳定性,还可使材料功能化,因此纳米技术应用广泛。设计和制造纳米复合材料的关键是纳米材料的粒度和分散程度。但从热力学上,纳米粒子的分散体系具有巨大的比表面积,表面能很大,系统会自动朝着表面积减小的方向变化,导致纳米粒子发生团聚。

粉末的团聚分为软团聚和硬团聚。软团聚主要是由于颗粒之间的范德华力和库仑力所致，该团聚可通过施加机械能消除；而硬团聚体内除了颗粒之间的范德华力和库仑力之外，还存在化学键作用。纳米级的粉体在环境介质比如吸附水的作用下，可能在相互接触的表面发生溶解和重结晶，导致逐渐转化为硬团聚。

一、纳米 SiO_2 简介

1. 纳米 SiO_2 的基本特性

纳米 SiO_2 为无定型白色粉末，是一种无毒、无味、无污染的无机非金属材料，经透射电子显微镜测试分析，这种材料明显呈现出絮状和网状的准颗粒结构，颗粒尺寸为 3~15nm，比表面积大，表面存在大量不饱和残键及不同键合状态的羟基，这使得纳米 SiO_2 具有很高的活性。其表面因缺氧而偏离了稳态的硅氧结构，故分子式为 SiO_x，其中 x 在 1.2~1.6 之间，纳米 SiO_2 的结构如图 4-4 所示。

纳米 SiO_2 因其尺寸小而表现出奇异的小尺寸效应和表面界面效应，使其具有独特的光学特性。它具有紫外线光吸收、红外线光反射的特性，对波长在 400nm 以内的紫外线光吸收率可以达到 70% 以上，对波长在 800nm 以上的红外线光反射率也达到了 70% 以上。

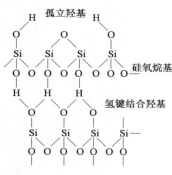

图 4-4 纳米 SiO_2 的三维链状结构

纳米 SiO_2 小尺寸效应和宏观量子隧道效应使其产生渗透作用，通过一定的分散手段，可以使其深入高分子化合物 π 键附近，与其电子云发生重叠，形成空间网状结构，从而大幅度提高高分子材料的力学强度、韧性、耐老化性和耐磨性等。纳米 SiO_2 的这些性能使它成为一种优秀的改性剂。

2. 纳米 SiO_2 的分散方法

1）物理分散

纳米 SiO_2 的物理分散方法可分为机械力分散和超声波分散。机械力分散是借助外界剪切力或撞击力使纳米 SiO_2 在介质中充分分散的一种形式，主要方式为高速搅拌、高速球磨等。超声波分散主要利用超声空化时产生的局部高温、高压或强冲击波和微射流等，弱化纳米 SiO_2 颗粒间的作用能，有效防止纳米 SiO_2 的团聚而使之分散。

2）化学分散

化学分散主要采用偶联剂来改性纳米 SiO_2，使其表面羟基与偶联剂发生化学作用，降低其表面的亲水性，以达到减少团聚的目的。

常用的处理纳米 SiO_2 的偶联剂为硅烷偶联剂，通式为 Y—R—SiX_3。其中 Y 是可以和有机化合物反应的基团，如乙烯基、氨基、环氧基等；R 是烷基链段；X 是可以发生水解反应并生成 Si—OH 的基团，如环氧基。由于硅烷偶联剂分子中同时具有亲有机和亲无机的两种功能团，因而可以将无机材料和有机材料这两种性质差异很大的材料界面偶联起来。

由于物理分散及化学分散有各自的特点，研究者常采用两者结合的方法，即将偶联剂处理

过的纳米 SiO_2 以物理分散的方式在单体中分散,并取得了较好的效果。

3. 纳米 SiO_2 在聚合物基复合材料方面的应用

人们对于使用纳米 SiO_2 改性聚合物制备复合材料的研究始于 20 世纪 80 年代末期,这种材料既具有纳米 SiO_2 粒子的机械强度、模量、热稳定性等特性,又具有聚合物极易加工的特点,因而成为现今材料学中极具发展前景的一种新型材料。纳米 SiO_2 具有的纳米效应,如小尺寸效应、表面效应、量子效应、宏观量子隧道效应等,使其在与聚合物复合后对聚合物性能有显著的改进。许多研究成果表明,加入了纳米 SiO_2 的聚合物材料在机械性能、热性能等方面有较大的提高,增强与增韧同时进行。

现代工业对高分子材料的要求越来越苛刻,研究报告表明,利用传统的微米级填料填充的复合材料往往只能提高某一方面性能,而纳米 SiO_2 具有纳米效应以及与基体材料间强的界面作用,能够全面提升高分子材料的综合性能。

1) 改善聚合物的强度和韧性

纳米 SiO_2 改性的聚合物具有质轻、强度大、韧性高等特点。纳米 SiO_2 表面羟值高,具有极强的反应活性,巨大的比表面配位不足导致它很容易与表面改性剂或者聚合物分子发生键合作用,提高分子间的键力。纳米 SiO_2 对大多数聚合物力学性能都有一定的改善作用。已经有报道表明,纳米 SiO_2 增强增韧环氧树脂(EP)、尼龙(PA)、聚氨酯(PU)、聚甲基丙烯酸甲酯(PMMA)、橡胶以及聚烯烃类等均取得了良好效果。纳米 SiO_2 的分散效果直接影响改性后的复合材料的性能。有研究表明,采用普通的共混分散方法制备复合材料时纳米 SiO_2 不能达到有效分散,抗拉强度、抗弯强度和冲击强度反而下降。

2) 提高聚合物的耐热、耐老化性能

从聚合物热稳定性机理来讲,聚合物的耐热性主要取决于内部分子的结构,因而聚合物中填充表面高反应活性的纳米 SiO_2 能够提高聚合物耐热性能。朱子康等在对可溶性聚酰亚胺(PI)/纳米 SiO_2 复合材料的研究中发现纳米 SiO_2 的质量分数为 42% 时,分解温度提高了近60℃。有人通过四种不同的掺杂方法制备 SiO_2 含量1%的纳米聚氨酯复合材料,结果显示,低温(软段)和高温(硬段)玻璃化转变温度都比纯聚氨酯树脂有不同程度的提高,改善了聚氨酯的热稳定性能。

3) 提高聚合物的耐磨性能

聚合物是摩擦学领域中广泛应用的材料,为进一步改善其摩擦学性能,近年来,纳米无机粒子逐渐作为耐磨剂应用到聚合物中。

二、纳米 SiO_2 的表面改性

1. 原料

(1) 纳米 SiO_2:含量≥99.94%,粒径 1~30nm,比表面积 $238m^2/g$,江苏河海纳米科技股份有限公司。

(2) 硅烷偶联剂:自制。

(3) 无水乙醇:分析纯,含量 >99.5%,湖南师大化学试剂厂。

(4)蒸馏水。

2. 试验设备及仪器

1) TEM 观察

日立 JEOL-3010 型 Ultra-TEM。分别将改性前后的纳米 SiO_2 以乙醇为分散剂配置成质量浓度0.1%的悬浊液,用胶头滴管吸取少许液体滴在铜网上,干燥后观察纳米 SiO_2 的颗粒形貌、大小及分散状况。

2) FT-IR 测试

美国 Nicolet 5SXC 型傅立叶变换红外光谱仪。采用 KBr 压片,扫描范围为 $400 \sim 4000 cm^{-1}$。

3) TG 测试

德国耐驰 NETZSCH STA-409PC/PG 型综合同步热分析仪。试样 $10 \sim 200 mg$,N_2气氛,升温速率 $10℃/min$。

4) X 射线衍射(XRD)分析

德国 SIEMENS D500 型 X 射线衍射仪。石墨单色器,管电压 35kV,管电流 30mA,步长 $0.02°$,扫描角度 2θ 为 $5°\sim 80°$。

5) 紫外线-可见吸收光谱分析

TU190 型紫外线-可见分光光度计,北京普析通用仪器公司,试样浓度 $4 \sim 10 mol/L$,扫描范围 $190 \sim 900 nm$。

3. 试验步骤

移取若干毫升偶联剂置于烧杯中,加入蒸馏水和几滴草酸溶液,调节 pH 值至 $3.5 \sim 4$ 之间,并放入超声波分散机中分散 3min,使其溶解;移取偶联剂水溶液至三口烧瓶中与纳米 SiO_2 和乙醇混合,在 25℃下剪切搅拌并同时超声波分散 45min,转速控制在 1500r/min 左右;然后将烧瓶放入 60℃水浴中继续维持转速剪切搅拌反应 5h,制得改性纳米 SiO_2 乙醇悬浮液;将悬浮液倒入蒸发皿在 75℃下真空干燥 48h,制得改性 SiO_2 固体,用碾钵将其碾成粉末待用。

4. 结果与讨论

1) 微观结构表征

偶联剂改性前后纳米 SiO_2 在有机溶剂乙醇中分散情况的透射电子显微镜(TEM)照片如图 4-5 所示。

对比观察图 4-5 可知,改性后的纳米 SiO_2 在有机介质中的分散性有一定的改善,由一个个颗粒联结成的网络结构变为由聚合物分子间作用力联结的松散团聚体。随着偶联剂用量的增大,纳米 SiO_2 表面被偶联剂接枝包覆完全后,未参加反应的多余的偶联剂就会物理吸附在颗粒表面,偶联剂用量越大,被颗粒表面吸附的越多,更多的颗粒就会被偶联剂粘在一起。

2) 红外线吸收光谱

硅烷偶联剂改性前后纳米 SiO_2 的红外线光谱如图 4-6 所示。

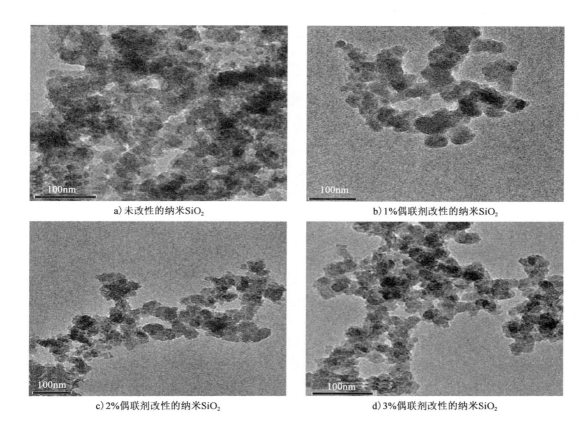

图 4-5 偶联剂改性前后纳米 SiO_2 在乙醇中分散情况的 TEM 照片

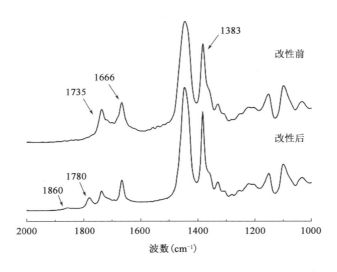

图 4-6 硅烷偶联剂改性前后纳米 SiO_2 的红外线光谱

不同基团的红外线吸收光谱的波数如表4-17所示。

不同基团的红外线吸收光谱的波数　　　　　表4-17

波数(cm^{-1})	基团	波数(cm^{-1})	基团
3500	OH	950	OC_2H_5
3300~3500	NH	800~820	O—Si—O
2900	CH_3,CH_2	790	Si—C
1700~1750	C=O	460	Si—O—Si
1590~1650	NH	940	Si—O
1000~1200	Si—O		

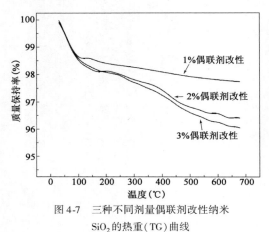

图4-7　三种不同剂量偶联剂改性纳米SiO_2的热重(TG)曲线

由图4-6可知,加入硅烷偶联剂后SiO_2的物理吸附水量和Si—OH基减少,1735cm^{-1}左右的吸收峰减弱,原偶联剂中NH基团的吸收峰(1590~1650cm^{-1})减弱,但二氧化硅的特征吸收峰(1383cm^{-1})没有明显变化。说明硅烷偶联剂的加入并未改变纳米SiO_2的物质组成和晶体结构,只是其表面的部分羟基与硅烷偶联剂发生作用,有机成分增多。

3) 热重

试样的热重曲线如图4-7所示,并将从图上得到的信息汇总到表4-18中。

三种不同剂量偶联剂改性纳米SiO_2的热失重　　　　　表4-18

样品	温区(℃)	失重(%)
1%偶联剂改性	30~113	1.39
2%偶联剂改性	30~171	1.91
3%偶联剂改性	30~220	1.92

由表4-18可知,几种经过不同含量硅烷偶联剂改性的纳米SiO_2热失重基本都分在两个温区内发生。前一个温区内的失重可以认为是水、有机溶剂及表面物理吸附的偶联剂挥发,后一个温区内的失重则是分子内部的脱水和表面接枝偶联剂的分解与碳化。

4) 紫外线-可见吸收光谱

改性前后纳米SiO_2紫外线-可见吸收光谱如图4-8所示,以水为空白测定。

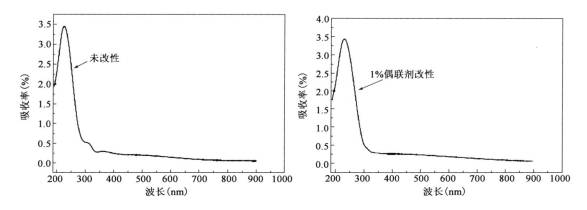

图 4-8 改性前后纳米 SiO_2 紫外线-可见吸收光谱

由图 4-8 可知,纳米 SiO_2 水溶液在 220nm 处对紫外线有一吸收峰;几种硅烷偶联剂改性的纳米 SiO_2 的水溶液在 220nm 处对紫外线同样有一个吸收峰且强度几乎相同(紫外线吸收图谱曲线也非常近似,仅列出 1%偶联剂改性纳米 SiO_2 的图谱);在可见光部分,几种纳米液的最大透过率都接近 100%。由此可知,偶联剂表面改性前后纳米 SiO_2 在整个紫外线-可见光区域的吸收光谱变化不大。

5)表面改性机理

硅烷偶联剂水解后会和纳米 SiO_2 表面的硅羟基作用,偶联剂的一端与纳米 SiO_2 表面相连,另一端与有机基体相连,如图 4-9 所示。

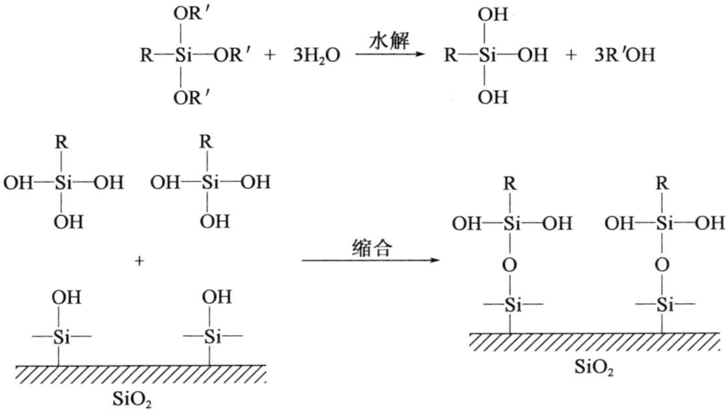

图 4-9 纳米 SiO_2 与硅烷偶联剂的反应机理

试验结果表明:

(1)TEM 的结果表明,经过偶联剂表面改性的纳米 SiO_2 在有机介质中分散性得到改善。在偶联剂用量为其质量的 1%时,分散效果最好。

(2)用硅烷偶联剂对纳米 SiO_2 进行表面改性是有效的、可行的。红外线吸收光谱和热重分析的测定结果表明偶联剂已经与纳米 SiO_2 表面的羟基发生了化学反应,并接枝在其表面。

(3)紫外线-可见吸收光谱分析的结果说明纳米 SiO_2 改性前后在紫外线-可见光范围内的

吸收变化也不大。

三、纳米 SiO_2 与 SBS 复合改性乳化沥青制备

1. 乳化沥青制备

1）主要原料

原材料增加了用硅烷偶联剂表面处理的纳米 SiO_2。根据改性乳化沥青情况，综合高寒地区乳化沥青技术要求，选择6% SBS 胶乳来改性乳化沥青。

2）复合改性乳化沥青制备工艺流程

由于在纳米 SiO_2 未改性时无法成功制备复合改性乳化沥青，本章所用 SiO_2 均进行表面改性处理。复合改性乳化沥青的油水比为 6:4，其制备工艺流程如图4-10所示。

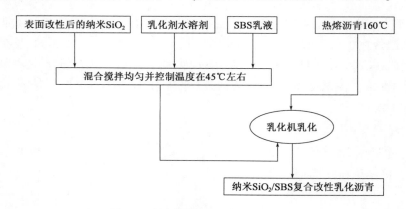

图 4-10 复合改性乳化沥青制备工艺流程

2. 复合改性乳化沥青蒸发残留物制备

复合改性乳化沥青蒸发残留物制备方法为：将盛有改性乳化沥青的容器置于放有石棉垫的电炉上缓缓加热，边加热边搅拌，保持加热温度不致使乳液溢溅，直至确认试样中水分已基本蒸发（通常需要20~30min），然后在160℃±3℃温度下加热1min，得到复合改性乳化沥青蒸发残留物，储存待用。

3. 旋转薄膜烘箱（RTFOT）试验

先将烘箱预热24h，将约50g沥青试样盛于特制玻璃器皿中，置入烘箱旋转托盘的固定圆孔中。玻璃器皿在垂直于地面的平面内随托盘旋转，使沥青在玻璃器皿内形成较薄的沥青膜。同时连续鼓入热空气，使沥青薄膜在163℃±0.5℃的标准烘箱中加热75min。以加热前后的质量损失、25℃针入度比、4℃延度值及软化点作为沥青耐老化性能的评价指标。

四、研究结果探讨

1. 复合改性对稳定性的影响

1）改性剂含量

从表4-19可以看出，随着纳米 SiO_2 的加入，改性乳化沥青的储存稳定性大大改善，并且

含量越大稳定性越好,验证了纳米 SiO_2 经偶联剂改性后能形成坚固的胶束,通过胶束与 SBS 乳粒及沥青粒子缔合形成网状结构,并且相互连接缠绕使体系黏度增加,减小沥青微粒的沉降速度,提高沥青乳液稳定性。并且它的负电荷能够增强乳液颗粒周围的双电层效应,增大电位,增加颗粒之间的相互排斥力,减缓颗粒之间的凝聚速度。

改性剂含量对复合改性乳化沥青储存稳定性的影响　　　　表 4-19

SiO_2 含量(‰)	0	0.5	1.0	1.5	2.0	技术要求
1d 储存稳定性(%)	1.1	0.9	0.85	0.7	0.7	<1.0
5d 储存稳定性(%)	9.3	6.0	5.0	4.6	4.2	<5.0

2) pH 值对复合改性乳化沥青储存稳定性的影响

皂液的 pH 值是影响乳化效果的主要因素之一,乳化剂只有在一定 pH 值下,才有最大的溶解度。各种乳化剂对 pH 值的要求不尽相同,在酸性、中性、碱性范围内都是可能的。合适的皂液 pH 值能增加乳化剂的活性,提高乳化能力,从而提高乳化效果和储存稳定性,降低乳化剂用量。不同的乳化剂,其合适的 pH 值也不同。

由表 4-20 可知,皂液 pH 值在 2~3 时,乳液稳定性最好;当 pH 值大于 3 时,稳定性急剧变差。根据界面电荷理论,乳液中的沥青微粒为双电层结构,因此乳液 pH 值减小时,一方面增加了沥青微粒的电动电位,增大了微粒间的斥力,使其不容易发生碰撞聚结,从而使得乳液趋于稳定;另一方面,较小的 pH 值有助于提高乳化剂的乳化能力,使乳液中未充分乳化的沥青颗粒减少,从而也利于乳液的稳定。

pH 值对复合改性乳化沥青储存稳定性的影响　　　　表 4-20

pH 值	2.0	3.0	4.0	5.0	6.0
5d 储存稳定性(%)	3.5	3.9	6.1	7.6	8.6

3) 储存温度对复合改性乳化沥青储存稳定性的影响

对制备好的复合改性乳化沥青试样在不同的储存温度下考察其稳定性,试验结果见表 4-21。

储存温度对复合改性乳化沥青储存稳定性的影响　　　　表 4-21

储存温度(℃)	15.0	25.0	30.0	50.0	60.0
5d 储存稳定性(%)	4.1	3.5	3.0	结皮严重	结块

由表 4-21 可以看出,随着储存温度的升高,复合乳液的稳定性变差甚至会结团(块),这可能是因为乳液的水分不断蒸发,温度越高,蒸发得越快,尤以表层水分散失严重,明显改变油水比,使得表层破乳,从而分层结团。内部乳液在较高温度下也会有少部分破乳,致使油水分离,从而影响产品稳定性。

2. 复合改性对蒸发残留物延度的影响

对复合改性乳化沥青蒸发残留物的 5℃ 延度进行检测,结果见表 4-22。

改性剂含量对蒸发残留物延度的影响　　　　表 4-22

SiO_2 含量(‰)	0	0.25	0.50	1.00	2.00
5℃ 延度(cm)	40.7	40.9	41.6	42.1	42.7

由表4-22可知,在所研究的配比范围内,使用纳米SiO_2改性沥青时,随着纳米SiO_2含量的增加,残留物的延度呈增大趋势,但并不显著。

3. 复合改性对蒸发残留物软化点的影响

对复合改性乳化沥青蒸发残留物的软化点进行测定,结果见表4-23。

改性剂含量对蒸发残留物软化点的影响　　表4-23

SiO_2含量(‰)	0	0.25	0.50	1.00	2.00
软化点(℃)	64.3	67.1	68.2	69.0	68.5

由表4-23可知,使用纳米SiO_2进行改性沥青时,其软化点比纯沥青要高1~4℃,在所研究的配比范围内与纳米SiO_2含量没有线性关系,其中纳米SiO_2含量为0.5‰与2‰时对沥青软化点的提高是最显著的,再增加含量软化点反而降低,但整体变化并不明显。

4. 复合改性乳化沥青蒸发残留物耐老化性能研究

沥青路面建成后,长期裸露在现代工业环境中,经受日照、降水、气温变化等自然因素的作用。影响沥青耐久性的因素主要有大气(氧)、日照(光)、温度(热)、雨雪(水)、环境(氧化剂)以及交通(应力)等。沥青在上述因素的综合作用下产生化学变化,导致路用性能的逐渐劣化,这种变化过程称为"老化"。

高寒地区紫外线照射强烈,比中东部地区更容易遭受沥青老化问题。本书采用RTFOT试验模拟自然环境下沥青的老化过程,选取一组复合改性乳化沥青的蒸发残留物样品进行测定,结果如表4-24所示。

复合改性乳化沥青蒸发残留物RTFOT试验结果　　表4-24

指标	基体沥青	6% SBS胶乳	6% SBS胶乳+1‰SiO_2	6% SBS胶乳+2‰SiO_2
25℃针入度(0.1mm)	93.10	73.30	71.00	72.10
5℃延度(cm)	—	40.70	42.10	42.70
软化点(℃)	45.30	60.50	62.50	62.30
老化后残留物				
质量损失(%)	0.30	0.24	0.22	0.20
针入度比(%)	79.70	81.40	84.50	85.90
5℃延度(cm)	—	87.00	96.00	107.00
软化点(℃)	50.20	53.90	54.40	53.80

五、复合改性机理分析

将改性乳化沥青的蒸发残留物热熔后滴少许到干净的铝箔上成膜,用四氢呋喃对其进行刻蚀,待四氢呋喃挥发后进行扫描电子显微镜(SEM)观察,得到其微观结构的照片,如图4-11所示。

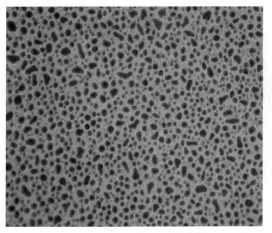
a) 6%SBS胶乳改性乳化沥青蒸发残留物的SEM照片

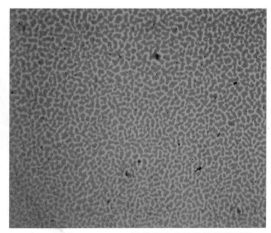
b) 2‰纳米SiO₂+6%SBS胶乳复合改性乳化沥青蒸发残留物的SEM照片

图4-11　改性乳化沥青蒸发残留物的 SEM 照片

图4-11a) 为6% SBS 胶乳改性乳化沥青蒸发残留物的 SEM 照片，图中深色部分为存在于沥青中的分散相 SBS。图4-11b) 为2‰纳米 SiO_2 +6% SBS 胶乳复合改性乳化沥青蒸发残留物的 SEM 照片，SBS 在粒径更小的纳米 SiO_2 作用下发生团聚，增强了稳定性。

改性剂 SBS 和纳米 SiO_2 的加入对体系主要产生如下影响：

(1) SBS 粒子吸附沥青中结构相似的组分产生溶胀，同时其表面卷曲的高分子链部分或全部扩散到沥青中，被沥青中起到溶剂作用的组分所饱和，形成一种界面层，使 SBS 粒子稳定地分布在沥青中。韧性较好的 SBS 通过上述机理使体系在所研究的配比范围内体现出随 SBS 含量增加而延度增大、针入度减小的规律；再者，加入 SBS 使体系内大分子的数量增加，使沥青软化点升高。

(2) 经自制的偶联剂处理后的纳米 SiO_2 表面包覆有机层，可较好地与 SBS 和沥青相容。纳米 SiO_2 粒子与 SBS 和沥青分子之间既有物理作用，也有化学作用。物理作用是指因为纳米粒子尺寸与大分子链的尺寸属同一数量级，粒子与大分子链之间呈分子水平分散，它们之间存在的范德华力可以改变高分子物质之间的作用力。同时，纳米 SiO_2 具有很好的黏附能力，可以将沥青紧密地吸附在颗粒表面，并且沥青中的油分可以进入纳米颗粒表面的微孔内，形成一种机械锁结力的作用。化学作用是由于当粒子尺寸在 1~100nm 时，不但粒子表面原子数增多，而且通过量子隧道效应等在粒子表面形成活性很大的活性点（即粒子表面有的原子处于不饱和状态，而有孤对电子存在），经分散后，纳米效应使其渗透到有机物的不饱和键附近，通过表面的活性点与 SBS 和沥青中的部分组分产生的化学键合作用，结合为网状结构。纳米 SiO_2 粒子与有机物质界面同时存在物理作用和化学作用，使界面结合良好，且纳米粒子的比表面积大，其与 SBS 和沥青的相界面面积也非常大，因此对复合改性体系具有良好的增强增韧效果。纳米 SiO_2 在体系中的这些物理和化学作用，是其加入后使沥青低温延度增大、针入度降低、软化点升高以及温度稳定性进一步提高的重要原因。据报道，拉伸时纳米 SiO_2 粒子引发 SBS 产生银纹吸收形变功，再加之纳米粒子自身对银纹扩展的阻止钝化作用，也可能是沥青低温4℃延度明显改善的原因。另外,利用纳米SiO_2本身具有的较强的紫外线光吸收和红外线光反射特性,复合改性后使沥青耐老化能力提高,从而可延长沥青的使用寿命。

总之,纳米SiO_2在体系中充当物理交联点,通过化学作用与SBS形成网状结构后具有增强增韧效果,SBS在体系中吸附油分后的溶胀等对升温过程中沥青组分由固相向液相转变起到阻碍作用,提高了沥青的性能。

第五章
高寒地区SBS改性乳化沥青微表处预养护技术

第一节　研究背景及现状

改革开放以来,我国的高速公路建设事业飞速发展,为了保持公路良好的使用性能,延长其使用寿命,有必要加快养护速度、提高养护质量、降低养护成本,而进行预防性养护则是近年来养护工作的重点。

碎石封层、纤维封层、微表处、薄层罩面等各种预养护手段纷纷在应用中发挥自己的作用,而在众多的预养护手段中,微表处不仅可以迅速改善原沥青路面的磨损、老化、松散、坑槽等,提高沥青路面的可靠性和耐久性,还可以提高原路面的承载力和防病害能力。微表处技术凭借其优良的使用性能和显著的社会经济效益,在公路养护中拥有广泛的应用前景。

微表处是一种由聚合物改性乳化沥青、集料、填料、水和添加剂按合理配比拌和并通过专门施工设备摊铺到原路面上,达到迅速开放交通要求的薄层结构。微表处在原材料选择、混合料技术要求上都要比稀浆封层严格,其使用性能和寿命都要比稀浆封层有很大的提高,现阶段作为预防性养护技术使用较为广泛。

微表处具有良好的防水、抗滑、耐磨和填充作用,具有修复车辙的作用,可显著改善路面的使用性能,延长路面使用寿命,很适合于处理路面早期出现的抗滑能力不足、轻微网裂、松散、麻面和车辙病害,避免病害进一步发展,起到预防性养护作用。微表处在我国中东部地区公路的预养护中占有举足轻重的地位。青海也曾经做过少量SBR改性乳化沥青微表处,但效果不佳,出现了诸如混合料可拌和时间太短、表观效果差、表面泛油、脱落松散等问题,如图5-1所示。

为此,在进行新型乳化沥青研究的同时,结合微表处技术特性开展室内性能研究,对微表处在高寒地区的应用提供技术支撑。

图 5-1　高寒地区微表处常见病害

第二节　微表处技术原材料要求

一、改性乳化沥青

为保证公路路面的力学性能及微表处的质量,施工中宜采用壳牌或 SK 基质沥青,其沥青用量应大于 60%。改性乳化沥青必须选用阳离子型聚合物改性乳化沥青,改性剂剂量(改性剂有效成分占纯沥青的质量百分比)不宜小于 3%。

胶乳改性剂的选择:微表处混合料大多选用胶乳改性剂,其中最为常用的是 SBR 胶乳。胶乳改性剂的加入,一方面改善了沥青本身的高温稳定性和低温延伸性,同时又可以增进沥青与石料之间的裹覆性能,改善混合料的耐磨耗能力,沥青改性专用 SBR 胶乳(用量 3%)可以使乳化沥青蒸发残留物的针入度降低 20%~30%,软化点增高 5~7℃,5℃延度增至 80cm 以上,混合料的湿轮磨耗值减少 20% 以上,对乳化沥青和微表处混合料均表现出好的改性效果。

本章试验使用的乳化沥青为维实维克提供的含 3.5% 的 SBR 改性胶乳的慢裂快凝型阳离子乳化沥青,其各项性能如表 5-1 所示,均符合我国《公路沥青路面施工技术规范》(JTG

F40—2004)中改性乳化沥青的技术要求。

SBR 改性乳化沥青性能 表 5-1

试验项目		单位	实测值	技术要求	试验方法
蒸发残留物	含量	%	62	≥60	T 0651
	25℃针入度	0.1mm	72	40~100	T 0604
	软化点	℃	59.5	≥53	T 0606
	5℃延度	cm	>100	≥20	T 0605
	溶解度(三氯乙烯)	%	99.0	≥97.5	T 0607
与矿料的黏附性		—	>2/3	>2/3	T 0654
粒子电荷		—	阳离子	阳离子	T 0653
破乳速度		—	慢裂	慢裂	T 0658
筛上剩余量(1.18mm)		%	0.01	<0.1	T 0652
恩格拉黏度		—	5.3	2~30	T 0622
储存稳定性(1d)		%	0.8	≤1	T 0655
低温储存稳定性		—	满足	无粗颗粒或结块	T 0656

SBR 乳液虽改善了乳化沥青的诸多性能,但其高温性能和对石料的黏附能力仍显不足,软化点基本上都在 60℃以下,而且弹性恢复一般在 70%以下。SBS 改性乳化沥青有着优异的高、低温性能和黏附性能。其各项性能如表 5-2 所示。

SBS 改性乳化沥青性能 表 5-2

试验项目		单位	自制	壳牌	技术要求
蒸发残留物	含量	%	65	62	≥60
	25℃针入度	0.1mm	74.0	71.0	40~100
	软化点	℃	67.5	62.0	≥53
	5℃延度	cm	40.7	23.6	≥20
	溶解度(三氯乙烯)	%	99.0	99.2	≥97.5
与矿料的黏附性		—	>2/3	>2/3	>2/3
粒子电荷		—	阳离子(+)	阳离子(+)	阳离子(+)
破乳速度		—	慢裂	慢裂	慢裂
筛上剩余量(1.18mm)		%	0.03	0.01	<0.10
恩格拉黏度		—	3.1	5.3	2~30
储存稳定性(1d)		%	0.7	0.5	≤1.0
储存稳定性(5d)		%	4.2	3.8	≤5.0
低温储存稳定性		—	满足	满足	无粗颗粒或结块

二、集料

微表处中的矿料采用的规格是 MS-3 型,由档次为 0~3mm、3~5mm、5~10mm 的粗、细集料及填料掺配而成,矿料的级配和质量与微表处的耐久性、耐磨性、抗滑性等使用性能有密切关系,其各项技术指标如表 5-3 所示,且所用粗集料应表面洁净、质地坚硬、耐磨,扁平细长颗粒含量小于 15%。所用细集料应不含泥土和有机杂质,砂当量不小于 65%。对不同砂当量值的集料进行湿轮磨耗试验,结果表明砂当量值越低,混合料的湿轮磨耗值就越大,而磨耗能力就越差,砂当量低还可使改性剂无法发挥改性效果。因此,在实际应用中,砂当量尽量取偏高值。

集料主要技术指标　　　　　　　　　表 5-3

材　料	项　　目	标　　准	试验方法	备　注
粗集料	石料压碎值(%)	≤26	T 0316	—
	洛杉矶磨耗损失(%)	≤28	T 0317	—
	石料磨光值(BPN)	≥42	T 0321	—
	坚固性(%)	≤12	T 0314	—
	针片状颗粒含量(%)	≤15	T 0312	—
细集料	坚固性(%)	≤12	T 0340	>0.3mm 部分
合成矿料	砂当量(%)	≥65	T 0334	合成矿料中 <4.75mm 部分

三、填料

填料的主要作用有三种:一是填充集料之间的间隙,调节混合料的级配和减轻集料的离析;二是改善混合料的施工性能,调节破乳和凝固时间;三是提高封层强度。微表处矿料中可以掺加矿粉、水泥、消石灰等填料。填料应干燥、疏松、无结团,并应符合《公路沥青路面施工技术规范》(JTG F40—2004)中的相关要求。矿粉的主要作用是改善矿料级配,对施工性能影响不大;水泥、消石灰等具有化学活性的填料的主要作用是调节稀浆混合料的可拌和时间、成浆状态和成型速度等施工性能,填充作用是次要的,其用量一般在 3% 以内(占矿料的质量百分比)。

四、添加剂

微表处混合料中的添加剂按需求而定。添加剂可分为促凝剂和缓凝剂,其作用主要是加快或减缓乳化沥青在稀浆混合料中的破乳速度,满足拌和摊铺与开放交通的需求。添加剂的类型应由室内试验确定,或由乳化剂生产厂配套指定。它可以是有机酸、碱、无机盐,也可以是其他高分子聚合物、表面活性剂等,如盐酸、氨水、硫酸铵、氯化铵、氯化钙等或其他乳化剂以及一些水乳性的高分子乳胶。另外,如抗剥落剂、改性剂等也可以通过添加剂的方式添加到稀浆混合料中。

五、水

微表处用水主要是为了调整稀浆混合料的稠度,使其具有良好的拌和及摊铺条件,满足牲畜饮用水标准即可。

第三节 微表处混合料配合比设计

一、混合料级配范围

微表处一般采用连续级配。考虑到微表处适用于填补车辙,摊铺难度大、承受重交通等,故 ISSA 的 AI43 中微表处的级配只有 Ⅱ 型和 Ⅲ 型,舍弃了稀浆封层中最细的 Ⅰ 型级配。此外,ISSA 还提出了 Ⅳ 型级配,最大的粒径达到 12.5mm,见表 5-4。

ISSA 推荐的微表处三种级配组成　　　表 5-4

筛孔直径(mm)	通过百分比(%)		
	Ⅱ 型	Ⅲ 型	Ⅳ 型
12.5	—	—	100
9.5	100	100	85~100
4.75	90~100	70~90	60~87
2.36	65~90	45~70	40~60
1.18	45~70	28~50	28~45
0.6	30~50	19~34	19~34
0.3	18~30	12~25	14~25
0.15	10~21	7~18	8~17
0.075	5~15	5~15	4~8

本书使用的试验矿料类型为 ISSA 推荐的 Ⅲ 型混合料。矿料的合成级配组成见图 5-2。

所用矿料的砂当量为 73.17%,大于规范要求的最小值 65%,满足规范要求。

二、最佳配合比设计

微表处混合料的配合比设计流程见图 5-3。

此次研究中采用 SBR 乳化沥青、壳牌 SBS 乳化沥青和自制 SBS 乳化沥青三种不同的改性乳化沥青进行最佳配合比的确定,通过控制沥青

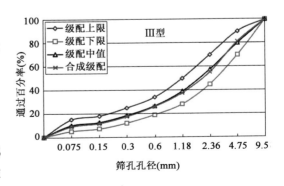

图 5-2 本书研究微表处级配组成

的用量进行系列试验，以确定不同乳化沥青对微表处产生的影响。

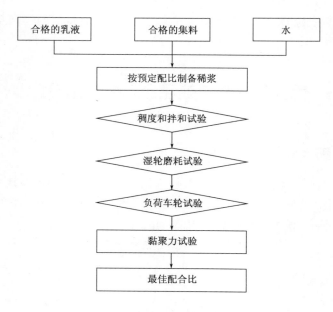

图 5-3　微表处混合料的配合比设计流程

1. 拌和试验

通过拌和试验确定外加水量和水泥量。拌和试验测得的指标为可拌和时间和初凝时间。微表处的可拌和时间和初凝时间必须适中，初凝时间过长会导致开放交通时间的延长，而可拌和时间太短则会给搅拌和摊铺带来困难，难以保证质量。规范要求微表处在 25℃ 下的拌和时间不小于 1min，初凝时间不大于 15min。

为了在后续试验中把水泥量及外加水量固定好，本书按规范要求进行拌和试验。为了达到规范要求，所需要的外加水量和水泥量如表 5-5 所示。

使用不同乳化沥青微表处外加水量和水泥量　　　　表 5-5

乳化沥青用量(%)	8.5		10		11.5		13	
	外加水量(%)	水泥量(%)	外加水量(%)	水泥量(%)	外加水量(%)	水泥量(%)	外加水量(%)	水泥量(%)
SBR 乳化沥青	6	2	5.5	2	5	2	4.5	2
壳牌 SBS 乳化沥青								
自制 SBS 乳化沥青								

2. 湿轮磨耗试验

湿轮磨耗试验(WTAT)模拟行车轮胎与路面的磨耗作用，检验设计的混合料配合比能否满足行车磨耗需要和抗水损害能力要求，其重点是验证稀浆封层中沥青含量是否充足。湿轮磨耗试验是按规定的成型方法成型试件，将成型后的微表处试件放在湿轮磨耗仪上(图 5-4)，用橡胶磨耗头磨耗 5min,测定磨耗的损失。试验结果以每平方米磨耗的质量来表示。

浸水 1h 的湿轮磨耗试验主要用来控制混合料的最小沥青用量。可与负荷车轮试验一起确定混合料的最佳沥青含量,并评价稀浆罩面层的耐磨性以及沥青与集料的裹覆性。磨耗值越大,混合料耐磨耗能力越差;磨耗值越小,耐磨耗能力越好。ISSA TB-100 要求浸水 1h 的 WTAT 值不大于 $538g/m^2$,交通运输部公路科学研究院通过研究发现基本适合我国使用,因此对其取整为 $540g/m^2$ 作为我国的技术要求。

使用不同乳化沥青微表处湿轮磨耗试验结果如图 5-5 所示。

由图 5-5 可知,微表处的磨耗值随着乳化沥青用量的增加而减小,在三种乳化沥青中,自制 SBS 乳化沥青变化

图 5-4　湿轮磨耗仪

最为明显。在乳化沥青用量超过 9% 时,自制 SBS 乳化沥青的磨耗值均低于其余两种,足以说明自制 SBS 乳化沥青耐磨能力较其余两种更好。

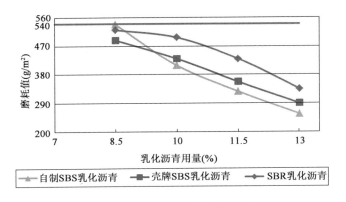

图 5-5　乳化沥青用量对磨耗值的影响

3. 负荷车轮试验

在沥青路面中,沥青用量过多容易引起路面泛油,因此在微表处配合比设计中需要控制沥青用量的上限。负荷车轮试验用来检测微表处中是否有多余的沥青,与湿轮磨耗试验一起用于确定乳化沥青的最佳用量。

负荷车轮试验是按规定的成型方法成型试件,模拟车辆行驶碾压,将成型后的微表处试件放在 56.7kg 负荷轮粘砂仪下(图 5-6),碾压 1000 次,然后在试件上撒定量的热砂,再碾压 100 次,测定微表处表面每平方米对热砂的黏附量,以 g/m^2 表示。一般情况下,乳化沥青用量越多,则黏附量越大。

我国通过长期研究发现,ISSA 规定的黏附砂量不超过 $538g/m^2$ 的要求值过大,对确定混合料的最大乳化沥青用量没有指导意义,因此研究后调整为不超过 $450g/m^2$。

不同乳化沥青用量下负荷车轮试验的结果曲线如图 5-7 所示。

图 5-6　负荷轮粘砂仪

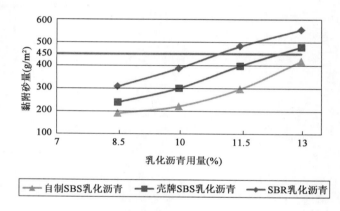

图 5-7　乳化沥青用量对负荷车轮试验的影响

由图 5-7 可知,随着乳化沥青用量的增加,微表处试件的黏附砂量增大。这是因为当乳化沥青用量增大之后,路面的"油"增大,则黏附的砂量也随之增多。并且黏附砂量自制 SBS 乳化沥青 < 壳牌 SBS 乳化沥青 < SBR 乳化沥青,自制 SBS 乳化沥青在沥青用量为 8.5% ~ 13% 时的黏附砂量均满足要求。

4. 黏聚力试验

黏聚力试验是按规定的方法成型试件,把试件放在黏聚力试验仪上,测出在 0.193MPa 压力下不同时段的最大扭矩,以此来确定稀浆封层的固化时间。黏聚力试验的试验指标反映微表处混合料的固化成型速度和开放交通时间。在相同时间内,微表处的黏聚力越大,则说明成型速度越快,早期强度越高。我国目前的黏聚力试验指标要求参照 ISSA 的规定,即要求微表处 30min 黏聚力不小于 1.2N·m,60min 黏聚力不小于 2.0N·m。

黏聚力试验的结果受温度的影响很大,ISSA 规范要求试验在 25℃下进行。

不同乳化沥青用量下黏聚力试验的结果曲线如图 5-8 所示。

由图 5-8 可知,微表处黏聚力随着乳化沥青用量的增加而逐渐增大。这就意味着乳化沥青用量在一定范围内,随着其用量的增加,微表处的固化成型速度加快,即能更快地开放交通。当乳化沥青用量为 8.5% 时,使用壳牌 SBS 乳化沥青与 SBR 乳化沥青的微表处试件的 30min

黏聚力不满足规范要求;使用 SBR 乳化沥青的微表处试件的 60min 黏聚力为 1.8N·m,小于规范要求最小值 2.0N·m,因此也不满足要求。自制 SBS 乳化沥青由于加入了纳米二氧化硅,固化成型速度加快,更适合高寒地区使用。

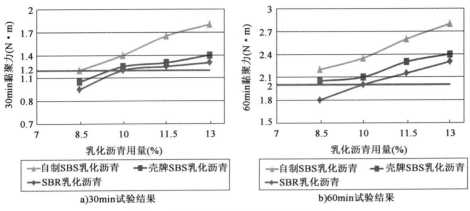

图 5-8　乳化沥青用量对黏聚力试验的影响

5. 最佳配合比

1）乳化沥青用量范围

通过湿轮磨耗试验和负荷车轮试验初步确定每种乳化沥青用量的范围,如图 5-9 所示。

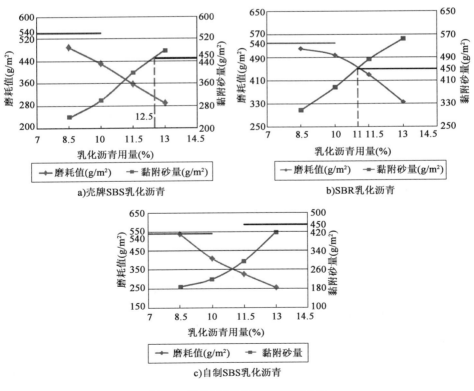

图 5-9　微表处乳化沥青用量范围曲线

由图 5-9 可知,使用 SBR 乳化沥青、壳牌 SBS 乳化沥青和自制 SBS 乳化沥青的微表处试件的乳化沥青用量范围分别为 8.5%~11.0%、8.5%~12.5% 和 8.5%~13.0%。因此在接下来确定最佳配合比的过程中,乳化沥青最佳用量在以上范围中寻找。

2) 确定最佳配合比

通过黏聚力试验发现,30min 和 60min 的黏聚力值随着乳化沥青用量增加而增大。试验结果表明,使用自制 SBS 乳化沥青用量为 13.0% 的微表处试件的固化成型速度和开放交通时的效果最好,而在 30min 的黏聚力试验中,发现使用 SBR 乳化沥青与壳牌 SBS 乳化沥青的微表处试件在乳化沥青用量小于 10% 时不能满足要求。

综合以上,通过本次试验,建议三种乳化沥青用量均为 10%,也便于性能比较。

第四节　微表处混合料路用性能

在得到使用不同乳化沥青微表处的最佳配合比的基础上,采用低温劈裂试验、湿轮磨耗试验对使用不同种类乳化沥青的微表处的低温抗裂性能、抗水损害性能进行研究。

一、低温抗裂性能

裂缝是路面常见病害之一,微表处作为薄层罩面,抗裂性能是其应具备的性能之一,尤其是低温抗裂性能。

目前国内外评价混合料低温抗裂性能的试验有低温弯曲试验和低温劈裂试验等,比较常用的是低温弯曲试验,但是低温弯曲试验需要切割制作成棱柱体试件,考虑到在成型试件过程中纤维搅拌不均匀,无法保证切割成型后的试件里的纤维掺量,导致试验数据分散性大,因此本书采用沥青混合料劈裂试验来检测微表处混合料的低温抗裂性能。通常来说,劈裂强度越大,则低温抗裂性能越好。

试验温度一般规定为 -10℃,考虑到西部高寒地区平均低温在 -15℃ 左右,因此试验条件为试验温度 -15℃,加载速率 1mm/min。

1. 试样准备

(1) 玄武岩纤维微表处各材料按一定的比例搅拌成型,倒入马歇尔试模中,放入 60℃ 烘箱中 16h。

(2) 从烘箱中拿出试件,脱模,把试件放入搪瓷盆中,然后放到 175℃ 烘箱中 2h。

(3) 取出混合料,搅拌均匀,倒入马歇尔试模中,双面击实各 50 次。

(4) 放到室温下养生 24h,然后脱模,量取试件高度 h。

试件如图 5-10 所示。

2. 试验步骤

(1) 把试件放在 -15℃ 的低温箱中 6h。

(2) 从低温箱取出试件,迅速置于试验台的夹具中,安装好试验仪器,测出试验荷载的最大值 P_T。

(3)通过公式 P_T/h 可算出低温劈裂强度 R_T。

3. 试验结果

(1)自制 SBS 乳化沥青用量对微表处低温抗裂性能的影响

图 5-11 为在使用自制 SBS 乳化沥青时，-15℃下微表处的劈裂强度随着乳化沥青用量改变而变化的曲线图。

由图 5-11 可知，微表处的-15℃劈裂强度随着乳化沥青用量的增多先增大后减小，并在乳化沥青用量为 11.5% 时达到最大值，为 1.826MPa。

(2)壳牌 SBS 乳化沥青用量对微表处低温抗裂性能的影响

图 5-10　低温劈裂试验试件

图 5-12 为在使用壳牌 SBS 乳化沥青时，-15℃下微表处的劈裂强度随着乳化沥青用量改变而变化的曲线图。

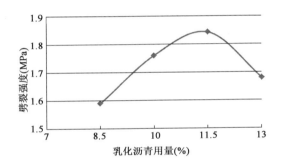

图 5-11　自制 SBS 乳化沥青用量对低温抗裂性能的影响

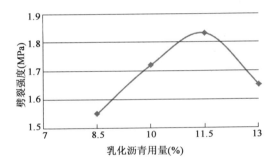

图 5-12　壳牌 SBS 乳化沥青用量对低温抗裂性能的影响

由图 5-12 可知，微表处的-15℃劈裂强度随着乳化沥青用量的增多先增大后减小，并在乳化沥青用量为 11.5% 时达到最大值，为 1.832MPa。

(3)SBR 乳化沥青用量对微表处低温抗裂性能的影响

图 5-13 为使用 SBR 乳化沥青时，-15℃下微表处的劈裂强度随着乳化沥青用量改变而变化的曲线图。

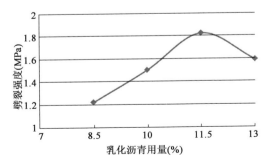

图 5-13　SBR 乳化沥青用量对低温抗裂性能的影响

由图 5-13 可以看出，微表处的-15℃劈裂强度随着乳化沥青用量的增多先增大后减小，并在乳化沥青用量为 11.5% 时达到最大值，为 1.838MPa。

图 5-14 和图 5-15 分别是三种乳化沥青最大劈裂强度对比图和最佳油石比时的劈裂强度对比图。

在图 5-14、图 5-15 中，使用不同种类乳化沥青低温最大劈裂强度相差无几，都在 1.82MPa 左右；但在最佳油石比情况下，使用 SBR 乳化沥青的微表处试件明显不如使用壳牌 SBS 乳化沥青与自制 SBS 乳化沥青的微表处试件,而壳牌 SBS 乳化沥青与自制 SBS 乳化沥青相差不大,说明 SBS 乳化沥青微表处的低温抗裂性能优于 SBR 乳化沥青微表处。

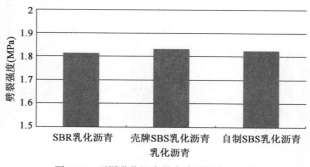

图 5-14　不同乳化沥青最大劈裂强度对比图

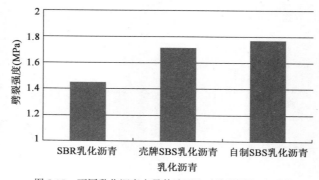

图 5-15　不同乳化沥青在最佳油石比时劈裂强度对比图

二、抗水损害性能

水损害是沥青路面早期破坏的一种最常见的破坏模式。在雨季或初春冻融期间,水经沥青路面孔隙、裂缝进入沥青路面内部,在车轮轮胎动态荷载产生的动水压力或真空抽吸冲刷的反复作用下,水分逐渐渗入沥青与矿料的界面,使沥青与矿料之间的黏附性降低并逐渐丧失黏结能力,从而使沥青膜逐渐从矿料表面剥离,沥青混合料掉粒、松散。微表处作为薄层罩面,与降雨、车轮直接接触,因此微表处需要具备抗水损害性能。

湿轮磨耗试验除了能用来控制微表处的最小乳化沥青用量之外,还能表征微表处的抗水损害性能,因此本书采用湿轮磨耗试验来检测微表处的水稳定性,试验指标为浸水 1h 的湿轮磨耗值,单位为 g/m^2。

1. 自制 SBS 乳化沥青用量对微表处抗水损害性能的影响

图 5-16 为自制 SBS 乳化沥青微表处浸水 1h 的湿轮磨耗值随着乳化沥青用量改变而变化的曲线图。

由图 5-16 可知,随着乳化沥青用量的增加,微表处浸水 1h 的湿轮磨耗值逐渐减小,即抗水损坏性能增强。在最佳油石比(10%)处,磨耗值为 408.72g/m^2,远小于规定的 540g/m^2 的磨耗值。

2. 壳牌 SBS 乳化沥青用量对微表处抗水损害性能的影响

图 5-17 为壳牌 SBS 乳化沥青微表处浸水 1h 的湿轮磨耗值随着乳化沥青用量改变而变化的曲线图。

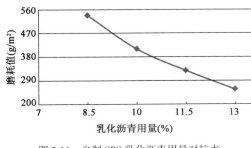

图 5-16 自制 SBS 乳化沥青用量对抗水损害性能的影响

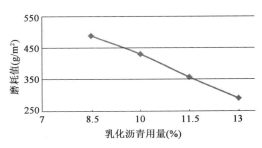

图 5-17 壳牌 SBS 乳化沥青用量对抗水损害性能的影响

由图 5-17 可知,磨耗值随着乳化沥青用量的增加而减小,在最佳油石比(10%)处,磨耗值为 430.28g/m²,远小于规定值。

3. SBR 乳化沥青用量对微表处抗水损害性能的影响

图 5-18 为 SBR 乳化沥青微表处浸水 1h 的湿轮磨耗值随着乳化沥青用量改变而变化的曲线图。

由图 5-18 可知,磨耗值随着乳化沥青用量的增加而减小,但不如使用自制 SBS 乳化沥青与壳牌 SBS 乳化沥青效果明显,在最佳油石比(10%)处磨耗值为 497.14g/m²。

图 5-19 是三种乳化沥青最佳油石比时的磨耗值对比图。

由图 5-19 可知,在最佳油石比(10%)情况下,使用 SBR 乳化沥青的微表处试件的磨耗值大于使用其余两种乳化沥青的微表处试件的磨耗值,也就是说使用 SBR 乳化沥青的微表处的抗磨性较差。

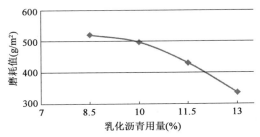

图 5-18 SBR 乳化沥青用量对抗水损害性能的影响

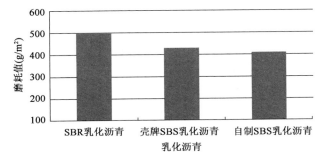

图 5-19 不同乳化沥青在最佳油石比时磨耗值对比图

第五节 微表处施工技术

微表处施工不仅对原路面有要求,而且对矿料、设备施工环境也有诸多限制。

一、施工要求

1. 自然环境

微表处施工前的准备工作完成之后,必须视天气条件确定能否施工,具体为:气温未达到10℃且持续下降时不得施工;养护成型期内可能会出现降雨或霜冻时不得施工。

2. 原路面性能

1)原路面检测方法

病害调查是微表处施工前的一项重要工作,在确定病害处理方案时,必须充分考虑机械化施工的可行性。能够满足铣刨机、摊铺机、压路机等大型设备的施工要求,确保维修质量,路面病害调查主要从以下几个方面进行。

(1)路面弯沉检测

路面弯沉是反映路面承载能力的最直观的指标,它通过测定路面总垂直变形值来评价路面的承载力。目前主要有贝克曼梁测定法、自动弯沉仪测定法、落锤式弯沉仪测定法等几种方法。测试方法简单易行,数据采集影响因素较少,准确率高。

①贝克曼梁测定法

贝克曼梁法测定路面弯沉,主要是用后轴10t的标准轴载BZZ-100的汽车作为反力荷载,通过路面弯沉仪测得弯沉值。

测试前首先对标准车进行参数检查,看是否满足表5-6所列要求。

标准车辆参数 表5-6

标准轴载等级	BZZ-100
后轮标准轴载 P(kN)	100±1
一侧双轮轴载(kN)	50±0.5
轮胎充气压力(MPa)	0.70±0.05
单轮传压面当量圆直径(cm)	21.30±0.5
轮隙宽度	应满足弯沉仪器探头能自由插入

其次,在测试路面沿轮迹带画好标线,标出测点,指挥人员指挥反力车就位,测试者安装贝克曼梁、百分表,读取初读数,再次指挥反力车以5km/h的速度进入下一个测点,并同时读取终读数,一个测试循环完成。

②自动弯沉仪测定法

自动弯沉仪(图5-20)测定法主要用于新建或者改建路面的质量验收中,要求路面没有严重的坑槽、车辙等病害;采集方式是连续的,采集较贝克曼梁更为快捷;数据输入与输出智能化,工作效率较贝克曼梁法有很大程度的提高。测试过程中,测试车辆的速度必须控制在 3.5km/h±0.5km/h 范围内。

③落锤式弯沉仪测定法

该方法是利用标准质量(200kg±10kg)的重锤,在规定高度落下,对测点有一冲击荷载(50kN±2.5kN),在该力作用下路面产生瞬时变形,通过落锤式弯沉仪(图 5-21)测得该变形值,换算成回弹弯沉值,用来评定路面的承载能力。

图 5-20　自动弯沉仪

(2)钻芯取样

对待检路段进行芯样取样,是最直观的质量检查方式,可以通过取芯机(图 5-22)取样,对结构层厚度、结构层内部质量缺陷进行评定。

图 5-21　落锤式弯沉仪

图 5-22　路面取芯机

(3)路面抗滑性能检测

路面抗滑性能检测主要测试构造深度、路面摩擦系数。构造深度测试方法有电动铺砂法、手工铺砂法、车载式激光构造深度测试法;路面摩擦系数测定法有摆式摩擦仪测定、单轮横向系数测定、双轮横向系数测定、动态旋转式摩擦系数测定等几种。所用仪器如图 5-23、图 5-24 所示。

(4)路面渗水测试

破损路面的渗水状况直接影响基层及路基的使用状况,合理准确地测定路面渗水系数,可以为客观评定路面的耐久性提供可靠的技术指标。路面渗水系数也是间接反映沥青混合料级配组成优劣的参数,是老路面调查不可缺少的项目之一。操作中渗水仪与路面的密封工作必须做好,否则采集的数据偏大,不能客观反映路面渗水的实际情况。沥青路面渗水系数测定现场如图 5-25 所示。

2)微表处施工前对局部病害的处理

在微表处施工前,提前处理路面病害是一个非常重要的环节,处理病害的主要目的是保持或提高路面原有的功能,并为新铺筑的结构层提供一个稳定而平整的下承层。

铣刨应按原路面结构层的厚度分层进行,在铣刨完上一层后,如果发现下一层仍存在问题,必须及时估测出该层的损坏程度,包含深度、面积等。铣刨现场的路面应确保底板平整,坑槽四壁平直,无松散颗粒。

铣刨完毕后产生的与新工作面相结合的层面,应立即使用机械或人工清理,并彻底清除剩余废渣,然后进行下一道工序。

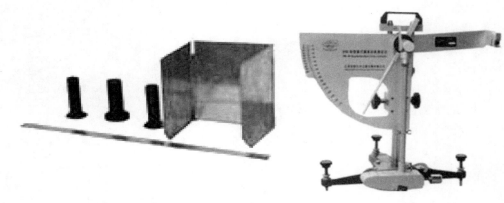

图 5-23　手工铺砂法构造深度测试仪　　　　图 5-24　摆式摩擦仪

图 5-25　沥青路面渗水系数测定现场

3. 备料与设备标定

施工的矿料必须把超大粒径的石料筛掉,以免大粒径石料给拌和施工带来不利影响。拌好的矿料应尽量堆在经过铺装且洁净的地面上,以免混入泥土。填料的质量要求主要是细度、含水率等。水泥、石灰、硫酸铵、粉煤灰均不得含泥土杂质,并应干燥、疏松、没有聚团和结块,且小于 0.075mm 的颗粒含量不小于 80%。施工用水应采用饮用水,当 pH 值在 7 左右且无咸味时,都可以采用。

微表处设备的计量控制系统,施工之前需进行严格的计量标定工作,应根据室内试验确定的混合料设计配合比,对矿料、填料、乳化沥青、水、添加剂等各种材料的用量进行单位输出量的标定。通常在以下几种情况下,应进行计量标定工作:①机器第一次使用;②机器的每一年使用;③原材料或配合比发生较大变化。

二、施工工序

微表处作为一项重要的预养护技术得到了广泛应用,施工较为成熟,一般施工流程如图 5-26 所示。

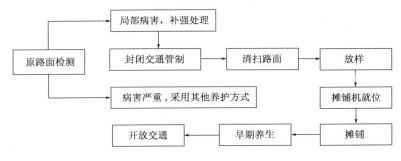

图 5-26　施工流程图

根据路幅全宽,调整摊铺箱宽度,使施工车程次数为整数。据此宽度从路缘开始放样,一般第一车均从左边开始,画出走向控制线。将符合要求的矿料、乳化沥青、填料、水、添加剂等分别装入摊铺机的相应料箱。

1. 摊铺

摊铺是施工中最关键的环节,机械摊铺过程如下:

(1) 将装好料的摊铺机开至施工起点,对准走向控制线,并调整摊铺箱厚度与拱度,使摊铺箱周边与原路面贴紧。

(2) 确认各料门的高度或开度后开动机器,接合拌和缸离合器,使搅拌轴正常运转,并开启摊铺箱螺旋分料器。

(3) 打开各料门控制开关,使矿料、填料、水几乎同时进入拌和缸,将预湿的混合料推移至乳液喷口处,乳液喷出。

(4) 调节稀浆混合料在分向器上的流向,使稀浆能均匀流向摊铺箱左右。

(5) 调节水量,使稀浆稠度适中,刚开始流出的稀浆混合料应用铁铲接住并丢弃。

(6) 当稀浆混合料均匀分布在摊铺箱的全宽范围内时,启动底盘,并缓慢前行,一般前进速度为 1.5~3.0km/h,应保持稀浆摊铺量与生产量一致,保持摊铺箱中的混合料搅拌均匀并送入摊铺箱摊铺完后,即停止。

(7) 混合料摊铺后,应立即进行人工找平,找平的重点是起点、终点、纵向接缝、过厚、过薄或不平处,尤其对超大粒径矿料产生的刮痕,应尽快清除并填平。

(8) 当摊铺机上任何一种材料用完时应立即关闭所有的开关,搅拌缸中的混合料搅拌均匀并送入摊铺箱摊铺完后,即停止前进。

(9) 将摊铺箱提起,然后将摊铺机开至路外,清洁搅拌缸和摊铺箱。

(10) 查对材料剩余量。

2. 碾压

微表处混合料在破乳成型后,都会有若干空隙。这些空隙在自然交通的反复作用下,可以提供足够的压实,将空隙自动弥合,因此也就无须采用压实机械碾压。但交通量不足的地方,如停车场、机场、广场及不开放交通的下封层,则必须碾压。碾压的时机非常重要,一般认为,刚破乳的沥青微粒,其成膜后的性质接近液态而非固态,因此在此时碾压,压实效果最好。

3. 养生与开放交通

微表处施工完后需要一个养生成型的过程。养生的时间视稀浆混合料中水的蒸发及黏聚力的大小而变化,通常认为,当黏聚力达到 1.2N·m 时,稀浆混合料已经初凝,当黏聚力达到 2.0N·m 时,稀浆混合料已经凝固到可以开放交通的状态。影响稀浆混合料成型的因素有很多,包括气候、材料、机械设备、配比等多方面。

刚摊铺的稀浆混合料,在养生成型期内,严禁任何车辆和行人进入,否则影响外观。必须立即开放交通时,需采取一些措施,尽可能减少对封层的破坏。

三、施工质量控制

在交工验收时需要对工程进行质量验收,一般工程在完工后 1~2 个月时,将施工全线以 1~3km 作为一个评价路段进行质量检查和验收。交工验收检测项目包括表观质量、抗滑性能、防水性能和厚度。检测要求见表 5-7。

微表处交工验收检测要求　　　　表 5-7

项　目		质量要求	检测频率	方　法
表观质量	外观	表面平整,密实,均匀,无松散,无花白料,无车轮,无划痕	全线连续	目测
	横向接缝	对接,平顺	每条	目测
	纵向接缝	宽度<80mm; 不平整度<6mm	全线连续	目测或用尺量 3m 直尺
	边线	任一 30mm 长度范围内的水平波动不得超过 ±50mm	全线连续	目测或用尺量 3m 直尺
抗滑性能	摆值(BPN)	≥45	5 个点/km	T 0964
	横向力系数	≥54	全线连续	T 0965
	构造深度(mm)	≥0.60	5 个点/km	T 0961
渗水系数		≤10mL/min	5 个点/km	T 0971
厚度		设计厚度 ±10%	5 个点/km	钻孔

1. 厚度检测

微表处的厚度是确保其路用性能的一个重要指标。微表处的成型厚度的检测一般采用目测法和钻孔法,检测标准是成型厚度在设计厚度 ±10% 的范围内,检测频率是 5 个点/km。

2. 抗滑性能检测

微表处作为路面磨耗层时,竣工后微表处表面应恢复或提高原路面的抗滑性。抗滑性能检测按车道进行,以 1km 为 1 个检测段,每个检测段测 5 个点,即每公里随机选择 5 段 30m 车道宽的区域为抽样检测段。在检测段内用摆式摩擦系数测定仪测定摆值并记录结果,用铺砂法测定表面构造深度。

3. 防水性能检测

微表处的一个主要功能是对路面的防水作用。防水性能检测按车道进行,以 1km 为 1 个检测段,每个检测段用路面渗水仪测 5 个点并记录测量结果。

第六节 现场试验工程

一、试验工程概况

1. 马平高速公路试验工程

1) 马平高速公路基本情况

马(场垣)平(安)高速公路位于青海省东部地区,是连接省会西宁和兰州的主要出省通道,也是国家高速公路网 G6(北京—拉萨)的重要组成部分。马平高速公路建成于 2003 年,近几年来随着运营年限的增加,交通量的迅速增长和极端高温天气的频发,特别是大型重载车辆的剧增,部分路段路面产生车辙、网裂、拥包、松散等多种病害,严重影响了公路的使用性能,大大降低了行车安全性和舒适度。

2) 马平高速公路原路面检测

2014 年 4 月 12 日、4 月 25 日先后两次由青海省交通科学研究院和青海正平公路养护工程有限公司的技术人员组成专项调研组,对马平高速公路进行了现场调查,结果如下:

马平高速公路 K1745 + 000 ~ K1747 + 300 段(右幅),网裂、车辙、纵横向裂缝、松散等病害十分严重(图 5-27),且横向裂缝分布均匀,间距多为 3 ~ 5m。重载车辆、温缩应力与雨雪水的下渗会进一步加速路面的破坏,影响公路的安全运营。

图 5-27

图 5-27　马平高速公路 K1745+000～K1747+300（右幅）微表处预养护前路面状况

2. 平阿高速公路试验工程

1）平阿高速公路基本情况

平（安）至阿（岱）高速公路起自青海省海东市平安区，终点位于化隆回族自治县扎巴乡阿岱镇。此路段路面采用了多种工艺进行养护，整条路平整度虽然不错，但各类接缝、灌缝很多，容易在雨季渗水。修补坑槽的补丁也很多，严重影响了路面的美观，而且不同修补工艺采用的混合料也不相同，使得路面抗滑性能不同，存在交通隐患。

2）平阿高速公路原路面检测

平阿高速公路 K13+000～K14+300（左幅）各类纵横缝较多，表观灌缝较多，雨季渗水使路面产生拥包、松散等较大病害，如图 5-28 所示。

图 5-28　平阿高速公路 K13+000～K14+300（左幅）微表处预养护前路面状况

二、试验工程所用材料设备与配合比

1. 设备

此次马平高速公路与平阿高速公路微表处试验段所用设备相同,具体所需仪器见表5-8。

所需仪器一览表　　　　表5-8

序　号	名　　称	数　量	用　途	生产能力
1	改性稀封机	2	摊铺	20000m²
2	金杯	1	安全	—
3	解放	1	工具	—
4	桑塔纳	2	指挥生活	—
5	发电机组	1	生产	30kW
6	石料筛分机	1	生产	50t/d
7	罐	4	储存	80t
8	吹风机	2	清扫	满足需要
9	18m³泵	2	输送	满足需要
10	本田泵	1	抽水	满足需要
11	水泵	2	抽水	满足需要
12	磅秤	1	标定	—

2. 材料

本次在青海高速公路进行微表处预养护所需要的施工材料主要有改性乳化沥青、石料、填料、添加剂和水。

1) 乳化沥青

在马平与平阿试验段分别采用不同的改性沥青,在平阿试验段采用SBR乳化沥青,由西安明岳公路养护工程有限公司供应,并经检测合格。主要检测指标见表5-9。马平试验段采用的SBS乳化沥青检测指标如表5-10所示。

平阿试验段所用SBR乳化沥青技术指标及抽样检测结果　　　　表5-9

检测项目		技术指标	检测结果	试验方法
筛上剩余量(1.18mm,%)		≤0.1	0	T 0652
破乳速度		慢裂	慢裂	T 0658
粒子电荷		阳离子(+)	阳离子(+)	T 0653
蒸发残留物含量(%)		≥60	62.90	T 0651
蒸发残留物性能	延度(5℃,cm)	≥20	>100	T 0605
	软化点(℃)	≥53	58.0	T 0606
	溶解度	≥97.5	98.1	T 0607
常温储存稳定性(%)	1d	≤1	0.55	T 0665

马平试验段所用 SBS 乳化沥青技术指标及抽样检测结果　　　　表 5-10

检测项目		技术指标	检测结果	试验方法
筛上剩余量(1.18mm,%)		≤0.1	0.03	T 0652
破乳速度		慢裂	慢裂	T 0658
粒子电荷		阳离子(+)	阳离子(+)	T 0653
蒸发残留物含量(%)		≥60	67.7	T 0651
蒸发残留物性能	延度(5℃,cm)	≥20	42.7	T 0605
	软化点(℃)	≥53	67.0	T 0606
	溶解度	≥97.5	98.8	T 0607
常温储存稳定性(%)	1d	≤1	0.61	T 0665

2) 集料的选用

集料的选用直接影响沥青混合料的路用性能,选用的集料应干燥、清洁、无杂质、无风化,并具有足够的耐磨性和强度。

试验段采用由正平路桥公司提供的石灰岩石料,该料场所提供的数据如表 5-11 所示。

粗、细集料技术指标及抽样检测结果　　　　表 5-11

样品	检测项目	技术指标	检测结果	试验方法
粗集料	石料压碎值(%)	≤26	15.4	T 0316
	洛杉矶磨耗损失(%)	≤28	15	T 0317
	坚固性(%)	≤12	2.8	T 0314
	针片状颗粒含量(%)	≤15	6.5	T 0312
细集料	坚固性(%)	≤12	2.8	T 0314
	砂当量(%)	≥60	75	T 0334

3. 配合比设计

此次试验段采用 MS-3 型结构,粗集料在级配中起到骨架支撑作用,过粗的混合料级配会造成较大的混合料孔隙率,从而导致拌合料分散离析,反之粗集料太少会导致封层高温稳定性和强度降低,与细集料之间的嵌挤力下降,并直接影响稀浆混合料的黏结性、耐久性、密实性、和易性。正平路桥公司提供的混合料级配见表 5-12,级配曲线如图 5-29 所示。

MS-3 型混合料合成级配表　　　　表 5-12

筛孔尺寸(mm)		9.5	4.75	2.36	1.18	0.6	0.3	0.15	0.075
通过百分率(%)	合成级配	100	82.31	52.39	40.64	29.59	19.92	12.25	8.29
	级配上限	100	90	70	50	34	25	18	15
	级配下限	100	70	45	28	19	12	7	5

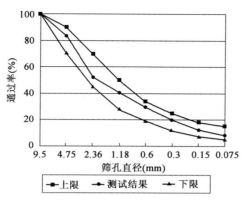

图 5-29 MS-3 型混合料合成级配曲线图

通过试验确定出微表处的配合比结果为：集料：水：水泥：改性乳化沥青 = 100:3:1:10。

在试验过程中，施工员在实际操作时还根据实际的环境气温、天气状况适当调整所用水量。混合料的试验室检测结果如表5-13、表5-14所示。

SBR 乳化沥青微表处试件试验室检测结果 表 5-13

测试项目		ISSA TB A143 要求	试验结果
拌和时间(25℃,s)		≥120	180
黏聚力*(N·m)	30min	≥1.2	1.3
	60min	≥2.0	2.0
湿轮磨耗损失(浸水1h,g/m²)		≤540	505

注：* 黏聚力测试结果大于 2.0N·m 时可开放交通。

SBS 乳化沥青微表处试件试验室检测结果 表 5-14

测试项目		ISSA TB A143 要求	试验结果
拌和时间(25℃,s)		≥120	153
黏聚力*(N·m)	30min	≥1.2	1.3
	60min	≥2.0	2.1
湿轮磨耗损失(浸水1h,g/m²)		≤540	437

注：* 黏聚力测试结果大于 2.0N·m 时可开放交通。

三、微表处试验工程施工技术

1. 施工前准备

1) 原路面的病害调查及处理

(1) 在施工之前首要要对原有路面状况进行调查，如坑槽、裂缝、拥包、唧浆、网裂等病害的调查，并在微表处施工之前对病害进行处理。

摊铺时要使用专用摊铺机施工，摊铺前需彻底清除表层原路面的杂物、灰尘、泥土，处理光滑路面要进行拉毛。沉陷大于15mm时必须分层摊铺，沉陷小于15mm时可采用单层处理。沉陷严重的要采用铣刨回铺的方式，或者采用微表处进行多层摊铺处理。

（2）进行设备标定时主要依照车辙深度、配合比设计设定的出料率和各种物料的比例。

（3）原材料进料进行掺配，根据试验段的情况确定施工的最佳方案，按配合比设计进行试验段的试铺。

2）封闭交通管制

（1）保证施工后有足够的养护成型时间。

（2）采取相应措施，尽可能减少施工对交通的影响。

（3）交通标志醒目。施工时采用反光标志，施工人员穿反光背心，确保安全。

（4）在施工段上游1600m、800m、500m处设置警示牌、限速60km/h标志、施工标志及锥形标，给予行驶车辆"前方施工"警示，并有专人手持红旗给予驾驶员行车提示。

（5）在距施工地点上游300m处，设置"前方施工"标志及限速60km/h标志。

（6）在施工起点设置导向标志、锥形标，顺着行车方向将施工区域封闭隔离起来，锥形标间隔距离为5～10m，封闭区域以600～1000m为一区段。施工机械及人员不能随便在封闭区域外活动。撤收所有施工标志、警示标志及锥形标时，逆着行车方向从施工段标尾向施工起点撤收。

3）施工路段路面清扫

组织清扫人员对封闭的需要施工的路段进行清扫，清扫路面上所有的杂物、泥土。对原路面上受油脂污染的部位，要清洗干净。清扫后的路面严格封闭交通，禁止行人及车辆通行，确保施工质量。

2. 试验工程施工

1）微表处摊铺（图5-30）

摊铺过程前文已有介绍，此处不再赘述。

图 5-30

图 5-30　微表处摊铺

2）修补修边（图 5-31）

混合料摊铺后，立即人工修补局部施工缺陷，修补的重点是起点、终点、纵向接缝、过厚、过薄或不平处，尤其对超大粒径矿料产生的纵向刮痕，应尽快清除并填平。修补后应达到表面平整，边沿顺直，接缝平顺。

图 5-31　修补修边

3）初期养生

初期养生阶段不得有人员和车辆在微表处上行走，直至微表处已凝结成型。凝结时间约为 4h，满足开放交通的条件，如图 5-32 所示。

4）施工质量检验

微表处外观质量的要求：施工完成后路面表面平整、密实、无松散、无轮迹、无划痕；路面外观色泽均匀一致；纵、横缝衔接平顺；与其他构造物衔接平顺，无污染；摊铺范围以外无流出的稀浆混合料；表面粗糙，无光滑现象。外观质量如图 5-33

图 5-32　4h 后路面状况

所示。

图 5-33 微表处外观质量

四、试验工程检测及评价

1. 施工中出现的质量问题及分析

此次对试验段进行的微表处预养护虽然有效地解决了早期病害,使路面状况有很大改善,但是在施工过程中及以后观察中依然存在诸多问题。

1) 光板路问题

在 1 个月内对路面进行检查,发现路面光板明显,尤其马平路段,如图 5-34、图 5-35 所示。光板路是指通车后路面经过一段时间的碾压,在迎着阳光时会有亮光反射,造成这种问题的原因是粗集料磨耗值小、级配料偏细、泛油等。从图 5-34 中发现马平路段光板严重,已经影响交通。在图 5-35 中,平阿路段情况较好,无明显光板现象。

2) 路面表观不均匀

从图 5-34 和图 5-35 可以发现,路面出现许多"白斑"和表观不均匀。此次集料所用的是石灰岩,由于石灰岩耐磨性较差,经过行车碾压,导致路面沥青损耗,白斑出现。

而表观不均匀这种现象一般出现在车辙较为严重的路段,厚度小的地方因粗集料裸露在表面而表观偏粗,厚度大的地方因粗集料下沉而表观偏细。随着车辙深度加大,这种现象会比较明显,其他因素还包括机械本身,比如在使用偏粗的配料时,摊铺箱螺旋分料器向两边分料,粗集料容易被分到两边,中间细集料偏多。

图 5-34 马平路段 30d 后效果

图 5-35 平阿路段 30d 后效果

这种情况的出现一般是由于摊铺时两边厚度不均匀,造成粗集料一边过厚,或者是由于细集料一边过厚,并造成了粗集料的滑动,形成了不正常的粗糙面。解决此类问题的方法是根据不同的路面情况,适度调整摊铺车中间和两边的摊铺厚度。

在微表处摊铺车进行摊铺时,一车料摊铺完毕后要重新填料进行摊铺,经常会出现接缝两侧表观不同的问题,问题的产生主要是由于两车料级配变化并产生差别,也有可能是由于装载机司机经验不足。解决办法是尽可能均匀地生产级配料,避免配料不均匀导致级配发生变化,装车时要从料堆的不同部位取料,避免因石料堆积发生离析而导致取料不均。此外,水量过大或过小也会影响表面的粗细程度,因此需要根据气温情况适时地调整水量。

3)表面出现划痕

此次铺筑过程中表面出现诸多划痕,出现划痕的原因是:超出粒径的料卡在摊铺箱后部出不来,并在摊铺箱的拖动下形成了划痕。为避免出现划痕,在摊铺车内要求尽可能不混入超粒径颗粒,并在集料时严把质量关,在摊铺完成后要及时清理干净搅拌缸内结团的混合料。

4)摊铺后纵缝不齐

造成摊铺后纵缝不齐的原因有两个:一是混合料稠度过稀,二是摊铺车司机操作水平低。混合料稠度过稀容易造成跑浆并导致纵缝不齐,司机操作水平低,行驶不顺直,导致摊铺箱移位。解决的办法是在混合料添加水时严格按规范进行,另外,要选用操作经验丰富的摊铺车司机。

为确保施工时接缝顺平,ISSA 微表处技术指南规定对于需要搭接的两幅以上路面做微表处,接缝处搭接宽度越小越好,纵向接缝之间要平滑顺接。实际施工操作时,施工人员要及时使用工具将搭接部分抹薄、抹平。另外,适当调低摊铺箱搭接一侧的高度,可降低搭接处混合料的摊铺厚度。

在摊铺时要合理确定摊铺宽度,尽量控制接缝处的搭接宽度,另外接缝时尽量与车道线保持 3~5cm 距离。另外,标线施工应尽量在微表处施工完毕开放交通后一段时间进行,这样经过车辆碾压可以降低接缝处厚度。

2.试验段施工后的三项指标检测

2014 年 10 月 10 日至 15 日对试验段进行了三项指标的检测,检测结果如下:

1)马平线试验检测

所选试验点基本无明显病害,表面平整。

(1)行车道

①构造深度试验

此次构造深度试验采用手工铺砂法,数据见表 5-15,试验点如图 5-36 所示。

马平高速公路 K1745+000~K1745+400 上行线行车道微表处段构造深度数据　　表 5-15

桩　号	部位距右边(m)	铺砂直径(mm)(平均值)	构造深度(mm)	
			单值	平均值
K1745+000	4.20	267.50	0.44	0.43
		290.00	0.38	
		260.00	0.47	
K1745+200	4.50	232.50	0.59	0.56
		250.00	0.51	
		235.00	0.58	
K1745+400	4.20	225.00	0.63	0.60
		225.00	0.63	
		245.00	0.53	

②摩擦系数试验

此次摩擦系数试验采用摆式仪法,数据见表 5-16,试验点如图 5-37 所示。

第五章 高寒地区SBS改性乳化沥青微表处预养护技术

图 5-36 构造深度试验点

马平高速公路 K1745+050~K1745+250 上行线行车道微表处段摩擦系数数据　　表 5-16

桩　号	部位距右边（m）	摆值（BPN）（平均值）	路面温度（℃）	温度修正后摆值（BPN）	摆值评定值（BPN）
K1745+050	1.6	49.0	20.0	49.0	51.0
		47.0	20.0	47.0	
		57.0	20.0	57.0	
K1745+150	2.2	51.0	19.0	50.8	52.0
		52.0	19.0	51.8	
		54.0	19.0	53.8	
K1745+250	1.4	58.0	19.0	57.8	57.0
		57.0	19.0	56.8	
		58.0	19.0	57.8	

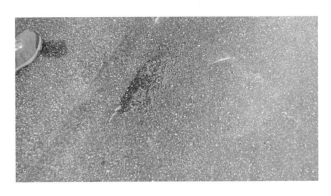

图 5-37 摩擦系数试验点

③渗水系数试验

此次渗水试验在 3min 内水的渗透量维持在 10mL，按规范得知路面基本不渗水，渗水系数为 0。路面渗水试验如图 5-38 所示。

图 5-38　路面渗水试验

（2）超车道

①构造深度试验

此次构造深度试验采用手工铺砂法，数据见表 5-17，试验点如图 5-39 所示。

马平高速公路 K1745+000～K1745+400 上行线超车道微表处段构造深度数据　表 5-17

桩　号	部位距左边（m）	铺砂直径（mm）（平均值）	构造深度（mm） 单值	构造深度（mm） 平均值
K1745+000	0.80	192.50	0.86	0.86
		192.50	0.86	
		192.50	0.86	
K1745+200	1.00	185.00	0.93	0.94
		185.00	0.93	
		182.50	0.96	
K1745+400	1.60	175.00	1.04	1.06
		175.00	1.04	
		170.00	1.10	

图 5-39　构造深度试验点

②摩擦系数试验

此次摩擦系数试验采用摆式仪法,数据见表 5-18,试验点如图 5-40 所示。

马平高速公路 K1745+000~K1745+200 上行线超车道微表处段摩擦系数数据　　表 5-18

桩　号	部位距左边 (m)	摆值(BPN) (平均值)	路面温度 (℃)	温度修正后摆值 (BPN)	摆值评定值 (BPN)
K1745+000	1.0	77.0	19.0	78.8	79.0
		80.0	19.0	79.8	
		81.0	19.0	80.8	
K1745+100	1.2	71.0	19.0	70.8	76.0
		79.0	19.0	78.8	
		78.0	19.0	77.8	
K1745+200	1.4	80.0	19.0	79.8	80.0
		81.0	19.0	80.8	
		79.0	19.0	78.8	

图 5-40　摩擦系数试验点

③渗水系数试验

此次渗水试验与行车道情况类似,按规范可知路面基本不渗水,渗水系数为 0。

(3)原路面(应急车道)

①构造深度试验

此次构造深度试验采用手工铺砂法,数据见表 5-19,试验点如图 5-41 所示。

马平高速公路 K1745+800~K1745+900 上行线应急车道微表处段构造深度数据　　表 5-19

桩　号	部位距右边 (m)	铺砂直径(mm) (平均值)	构造深度(mm)	
			单值	平均值
K1745+800	5.50	275.00	0.42	0.45
		255.00	0.49	
		265.00	0.45	

续上表

桩 号	部位距右边 (m)	铺砂直径(mm) (平均值)	构造深度(mm)	
			单值	平均值
K1745+900	5.60	245.00	0.53	0.47
		265.00	0.45	
		275.00	0.42	

图 5-41 构造深度试验点

②摩擦系数试验

此次摩擦系数试验采用摆式仪法,数据见表 5-20,试验点如图 5-42 所示。

马平高速公路 K1745+800~K1745+900 上行线应急车道微表处段摩擦系数数据　表 5-20

桩 号	部位距右边 (m)	摆值(BPN) (平均值)	路面温度 (℃)	温度修正后摆值 (BPN)	摆值评定值 (BPN)
K1745+800	4.2	75.0	19.0	74.8	73.0
		73.0	19.0	72.8	
		71.0	19.0	70.8	
K1745+900	4.0	67.0	19.0	66.8	69.0
		70.0	19.0	69.8	
		70.0	19.0	69.8	

③渗水系数试验

此次渗水试验与行车道情况类似,按规范可知路面基本不渗水,渗水系数为 0。路面渗水试验如图 5-43 所示。

2)平阿线试验检测

此次调查将试验段分为 3 个断面,所选测试点表面平整,无明显病害(图 5-44)。

(1)行车道

①构造深度试验

此次构造深度试验采用手工铺砂法,数据见表 5-21,试验点如图 5-45 所示。

图 5-42　摩擦系数试验点

图 5-43　路面渗水试验

图 5-44　微表处试验点表观

平阿高速公路 K14+300～K14+500 微表处段构造深度数据　　表 5-21

桩　号	部位距右边(m)	铺砂直径(mm)(平均值)	构造深度(mm) 单值	构造深度(mm) 平均值
K14+300	5.00	235.00	0.58	0.66
		215.00	0.69	
		210.00	0.72	

续上表

桩　号	部位距右边（m）	铺砂直径(mm)（平均值）	构造深度(mm) 单值	平均值
K14+400	5.60	237.50	0.56	0.55
		235.00	0.58	
		250.00	0.51	
K14+500	4.20	220.00	0.66	0.72
		215.00	0.69	
		200.00	0.80	

图 5-45　构造深度试验点

②摩擦系数试验

此次摩擦系数试验采用摆式仪法，数据见表 5-22，试验点如图 5-46 所示。

平阿高速公路 K14+300~K14+500 微表处段摩擦系数数据　　表 5-22

桩　号	部位距右边（m）	摆值(BPN)（平均值）	路面温度（℃）	温度修正后摆值（BPN）	摆值评定值（BPN）
K14+300	4.5	71.0	13.0	69.2	64.0
		65.0	14.0	63.6	
		60.0	14.0	59.6	
K14+400	4.0	65.0	14.0	63.6	65.0
		71.0	14.0	69.6	
		65.0	13.0	63.2	
K14+500	4.2	66.0	13.0	64.2	64.0
		66.0	13.0	64.2	
		65.0	13.0	63.2	

图 5-46　摩擦系数试验点

③渗水系数试验

由于路面温度低,橡皮泥的黏结性下降,渗水试验测试效果不佳,成功率低。但所做成功试验,经计算渗水系数为0。路面渗水试验如图 5-47 所示。

图 5-47　路面渗水试验

④芯样钻取

本次调查在行车道位置进行了两次钻芯取样:一处在行车带有坑槽病害附近,一处在另一行车带无病害处。所取芯样如图 5-48、图 5-49 所示。

图 5-48　病害附近芯样

图 5-49　无病害附近芯样

⑤病害调查

此段路无明显病害,在 K14+050、K14+150 处有两条轻度横向通缝(图 5-50),在 K13+

050 处有轻微坑槽(图 5-51)。

图 5-50　横向裂缝

图 5-51　坑槽

(2)原路面

①构造深度试验

此次构造深度试验采用手工铺砂法,数据见表 5-23,试验点如图 5-52 所示。

平阿高速公路 K15 + 300 ~ K15 + 400 原路面构造深度数据　　　　表 5-23

桩　号	部位距右边(m)	铺砂直径(mm)(平均值)	构造深度(mm)	
			单值	平均值
K15 + 300	4.80	255.00	0.49	0.46
		265.00	0.45	
		270.00	0.44	
K15 + 400	4.70	267.50	0.44	0.47
		250.00	0.51	
		260.00	0.47	

②摩擦系数试验

此次摩擦系数试验采用摆式仪法,数据见表 5-24,试验点如图 5-53 所示。

图 5-52　构造深度试验点

平阿高速公路 K15+300～K15+400 原路面摩擦系数数据　　　　表 5-24

桩　号	部位距右边 （m）	摆值（BPN） （平均值）	路面温度 （℃）	温度修正后摆值 （BPN）	摆值评定值 （BPN）
K15+300	4.0	78.0	13.0	76.2	75.0
		77.0	13.0	75.2	
		76.0	13.0	74.2	
K15+400	4.2	74.0	13.0	72.2	73.0
		75.0	13.0	73.2	
		76.0	13.0	74.2	

图 5-53　摩擦系数试验点

③渗水系数试验

渗水系数为 0，路面不渗水。

3）数据分析与评价

从检测数据可以看出：

①两个试验段经过微表处施工后,路面的抗滑能力得到提高。

②两个试验段均不透水,说明配合比设计良好,没有大面积离析。

第六章 超薄冷拌改性乳化沥青混凝土预养护技术

第一节 研究背景及现状

一、超薄冷拌沥青混凝土介绍

随着时代的进步,人们所关心的公路品质,除了耐久性和舒适性之外,最为重要的就是安全性。我国干线公路沥青路面的抗滑能力普遍达不到要求,降雨后,抗滑能力更低,雨天的交通事故较多,造成的人员伤亡和经济损失也较大。降雨过程中和降雨后,由于路表的积水不能及时排出,易使路表面形成水膜,产生水漂,同时产生溅水和喷雾,影响跟随车辆的能见度,增大了发生事故的可能性。

此外,近几年我国高速公路快速发展的同时也暴露了大量的问题,早期破坏现象严重,未来几年我国早期建设的沥青混凝土高速公路都将临近大修期。如何根据旧路面的破坏状况采用经济合理的修复方式是当前我国公路界十分关注的问题。

超薄沥青混凝土面层的研究可以有效地解决这些问题。超薄沥青混凝土主要用于老路路面抗滑性能的恢复,作为路面的预防性养护或轻微、中等病害的表面处理时,可以延长道路使用寿命8~10年,具有提高路面摩擦系数,不影响原有路面结构设计,减少在原有路面添加的负荷,改善路面平整度,施工速度快,开放交通时间短的特点;也可用于新建公路,具有行车安全舒适、路面迅速排水、减少雨天行车水雾、噪声水平低、节约养护和建设成本的优势。

此外,目前建设中的道路路面基本上都采用传统的热拌沥青混合料HMA(Hot Mixture Asphalt)。对于普通热拌沥青混合料来说,沥青混合料的生产、摊铺及压实都是在比较高的温度下进行的。通常将沥青从常温加热到150~180℃,矿料从常温加热到170~190℃,然后再将沥青和矿料于160℃的高温下进行拌和,拌和后的HMA温度不低于150℃,摊铺和碾压时的温度不低于120℃。将沥青和矿料加热到如此高的温度,不仅要消耗大量的能源,而且在生产和施工的过程中还会排放出大量的废气和粉尘,严重影响周围的环境质量和施工人员的身体健康。

同时,热拌沥青混合料摊铺压实需要如此高的环境温度,势必带来施工周期短的问题,如青海地区热拌沥青混合料施工到了10月初基本就无法实施。因此,十分有必要研究一种绿色环保的沥青混合料来逐步取代HMA,使其既能保持和HMA一样的使用品质,又能充分节约能源和保护环境,同时延长施工期。冷拌沥青混合料的研发和应用正是基于上述考虑。

1. 超薄沥青混凝土路面简介

法国的薄表面层分为三类,分别是:薄 30~50mm;很薄(BBTM),法国标准规范 NF P 98-137 将其厚度规定为 20~25mm;超薄(BBUM)10~20mm。英国与法国相似,其分界厚度分别为:25~40mm、18~25mm、小于 18mm。在南非超薄定义为铺筑厚度小于 30mm 的各种级配沥青混凝土表面层,其中包括:传统沥青混合料(连续级配、断级配、完全断级配)≤30mm、SMA≤25mm、薄磨耗层≤20mm、沥青砂≤30mm 四种。在美国,薄热拌沥青混凝土面层厚度为 12.5~37.5mm,而 HMA Pavement Mix Type Selection Guide 要求用于中等与重交通的 SMA-10 铺装厚度为 25~37.5mm、OGFC-10 铺装厚度为 19~25mm。

铺装厚度减薄,最大公称粒径也需要减小。密级配可使用的最大公称粒径为 6mm 或 7mm、9.5mm 以及 12.5mm,开级配可使用 7~19mm。然而,采用传统细粒径连续型级配(如 AC-10、沥青砂)的超薄混合料仅适用于轻交通道路。十多年来,随着超薄沥青混凝土在世界范围内的广泛研究与应用,形成了许多专利产品。总体来说,这些产品都是不同类型的断级配混合料,为了满足高等级公路的需要,增加了粗集料含量,其级配曲线与 SMA 类似,但其结合料与矿粉含量低。另一方面,与开级配混合料相比,其含有更多的细集料,从而有更大的力学稳定性与抗剪能力。

同时,由于铺装厚度较薄,超薄沥青面层对路面整体承载力提高较小,适用于旧路罩面、各种新建道路的功能层以及轻交通低造价道路的表面层。常见的超薄沥青混凝土路面结构如图 6-1 所示。

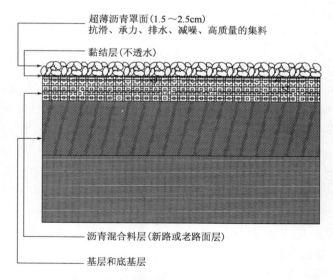

图 6-1　典型的超薄沥青混凝土路面结构形式

可以认为超薄面层是"薄磨耗层"与"厚表面处治"之间的一种交叉,其代表厚度是 15~25mm,并在局部面积上可以铺得较厚。它可以调整原路面的不平整,但必须将它铺在结构强度足够的下承层上。根据国际上近些年的发展趋势,超薄沥青混凝土面层可定义为:采用细粒径的粗集料断级配沥青混合料,用摊铺机摊铺和用压路机碾压的厚度低于 30mm 的具有良好抗滑性能的沥青混合料。

2. 冷拌沥青混凝土简介

为了解决热拌沥青混凝土在施工过程中污染大、难于压实等技术难题,工程界出现了用一种环保型的冷拌冷铺沥青混合料来替代传统的热拌沥青混合料的研究思路。所谓冷拌冷铺就是在沥青混合料中使用一种改性乳化沥青,这种改性乳化沥青具有合适的黏度,从而能在相对较低的温度下进行拌和及施工。就目前的技术水平而言,冷拌冷铺混合料的拌和温度一般为常温(15~25℃)即可,摊铺和压实路面的温度也只需要 15~25℃,局部高寒地区可能需要加热混合料(60℃左右)以满足施工要求。冷拌沥青混合料具有以下几个特点:

(1)节约能源:能够减少燃料的消耗,与 HMA 相比能节约相当可观的能源。

(2)常温下拌和混合料有利于减少混合料施工过程中沥青的老化。

(3)能够简化混合料的生产程序,延长设备使用寿命,降低设备维修成本,而且其生产和摊铺压实的设备采用常温拌混合料的设备即可(可能需要做些很小的调整),减少成本。

(4)减少环境污染,改善施工环境。热拌沥青混凝土在施工过程中散发出的气味特别呛人,甚至会使人出现头晕、眼胀、恶心等症状。特别是在浇注式沥青混凝土的施工中,工人必须手中拿着铁锹和平板在火炉中烧烤,以保证浇注式沥青混凝土施工时的便利性和密实性。在这种施工条件下,加重了工人的劳动强度,危害了工人的健康。改性乳化沥青则可在常温条件下使用,无须加热,减少了沥青加热过程中对环境的污染和在施工过程中对工人身体的危害。

(5)当进行储存性生产时,能更稳定地储存更长的时间,有更好的灵活性和更长的工作寿命。

二、国内外研究现状及发展趋势

1. 超薄沥青混凝土路面在欧洲国家的发展

从 20 世纪 60 年代开始,随着交通量的增加,沥青路面的上面层在逐渐减薄。为了保护非结合料基层和减少车辙,法国在 1969 年提出了又厚又硬的表面层混合料(BBSG),这种混合料采用 100% 轧制碎石、硬沥青、连续级配,厚度为 50~90mm。随着交通量的增长,为了提供更好的密水性、表面构造、抗噪和抗车辙性能,法国于 1979 年发展了 3~5cm 厚的薄面层(BBM),采用了两种断级配,油石比为 5.7~6.0。随后,为解决薄面层出现的车辙以及表面功能衰减问题,1983 年法国提出了 20~30mm 厚的很薄面层(BBTM)。超薄面层(BBUM)提出于 1987 年,它采取减少砂含量、使用改性沥青以及厚黏结层等技术措施,具有延长路面寿命、改善行驶质量、校正表面缺陷、提高安全特性等优点。

另一方面,法国于 19 世纪 80 年代开始选用高模量混凝土作为 BBTM 的下承层,这种下承层选用硬沥青、高沥青含量和低孔隙率的设计方法。

英国交通研究实验室(TRL)铺筑了 8 条薄层试验路,每条试验路采用了多种薄层形式,包括单层微表处、多层微表处、UTAC 及 SMA。试验路多属于重交通道路。

20 世纪 90 年代后,Novachip 被广泛使用。它采用专用设备将混合料摊铺于高洒布量改性乳化沥青黏层油上,这与同步碎石封层有些类似。黏层油洒铺管设置在摊铺机的后部,设备在同一时间洒（撒）铺结合料和混合料，在摊铺混合料的高温作用下改性乳化沥青破乳，同时碾压形成的表面迅速降温，所以其摊铺后 10~20min 即可开放交通。混合料采用断级配，分为 A、B、C 三种类型，最大公称粒径分别为 4.76mm、9.51mm、12.7mm，沥青含量分别采用 5.0%~5.8%、4.8%~5.6%、4.6%~5.6%，摊铺厚度为 10~20mm。该技术施工速度较快，摊铺速度约为 1.5km/h。根据欧洲经验，在重交通条件下 Novachip 可使用 8 年，轻交通情况下使用寿命可达到 12 年以上。

2. 超薄沥青混凝土路面在美国的发展

美国从 20 世纪 80 年代开始修筑薄沥青混合料面层作为路面的功能层，先后使用了多种不同的级配和混合料类型，修筑了大量试验路和实体工程。橡胶改性沥青的应用为美国超薄沥青混凝土路面的发展注入了强劲有力的生命。

亚利桑那州于 20 世纪 80 年代末使用橡胶沥青混凝土铺筑超薄面层。所谓橡胶沥青，是废旧轮胎橡胶粉粒在充分拌和的高温条件下（180℃以上）与基质沥青充分溶胀反应形成的改性沥青结合料。橡胶沥青中橡胶粉的含量在 18% 以上，溶胀反应后，橡胶颗粒的体积比重为 30%~40%，胶结料和混合料都能显著表现橡胶的物理、力学、化学性能。研究中所用级配为开级配和间断级配，开级配的厚度为 12.5~25mm，间断级配的厚度为 25~37.5mm。在经过 9~12 年的使用后，亚利桑那交通部门与橡胶沥青协会于 2000 年对其中的 14 个工程进行了观测分析。分析认为：薄层橡胶沥青混凝土罩面表现出相当好的使用性能，尤其是低裂缝率和低养护费用最为明显。

在俄亥俄州应用较为广泛的是一种称为 Smoothseal 的薄层混凝土，它分为 A 型、B 型两种。A 型为沥青砂，采用表面处治的设计方法，主要用于城市道路以及中等交通公路，铺筑厚度为 16~28mm；B 型可用于高速公路、重交通道路，混合料采用马歇尔方法设计，铺筑厚度为 19~38mm。两种混凝土的结合料均采用改性沥青。

佛罗里达州使用的薄层罩面采用 FC-5 与 FC-6 两种混凝土。前者为开级配，最大公称粒径为 12.5mm，结合料为含 12% 胶粉的橡胶沥青，掺加纤维，摊铺厚度为 20mm；后者为密级配，最大公称粒径为 9.5mm 或 12.5mm，结合料为含 5% 胶粉的橡胶沥青，摊铺厚度为 25~38mm。

从 1991 年开始，美国修筑了大量 SMA 路面，至 1997 年修筑的 144 条 SMA 路面中有 6 条使用了最大公称粒径 9.5mm 的薄层混合料，这些薄层路面在使用中均表现出良好的抗车辙能力。

1992 年 Novachip 技术由美国科氏公司引入美国的得克萨斯州和亚拉巴马州，至 2002 年，其使用面积已超过 23000000m^2，尤其在近两年，工程量更是以每年 6000000m^2 的速度增长。而且绝大部分工程集中在超大交通负荷的高等级道路上。Novachip 技术用于高等级沥青或水泥路面的预防性养护有着突出的经济性和应用性能。

随着超薄面层的应用和发展，美国国家沥青技术中心（NCAT）开展了大量关于小粒径混合料的研究。针对 Superpave 和 SMA 在超薄面层中大量使用的情况，NCAT 在 2002 年到 2003 年开展了大量 Superpave 5mm 混合料的性能研究，研究探讨了不同石料（花岗岩、石灰岩），不同级配（粗级配、中等级配、细级配），不同矿粉含量（6%、9%、12%）和不同空隙率（4%、6%）的 Superpave 混合料性能，研究了结合料、集料、级配和体积参数对薄层混合料路用性能的影响，并提出了 Superpave 5mm 薄层混合料的设计规范。研究认为，不是所有集料都可用作超薄沥青混合料,应选择合适的级配和石料类型。轻交通道路应采用 4% 的设计空隙率,以增强其耐久性;重交通道路应采用大于 4% 的设计空隙率,以提高其抗车辙性能,但需要良好的下承层为条件。

3. 我国超薄面层的发展状况

在我国,超薄面层结构最初是用在轻交通以及材料缺乏地区,目的是解决经济和交通的双重问题。近些年,超薄面层结构也在重交通的高等级公路中进行了尝试。我国薄表面层的种类很多,稀浆封层、微表处和传统贯入式的研究都为超薄沥青面层的发展奠定了基础。

我国于 2004 年 12 月完成了《超薄沥青混凝土面层技术研究报告》,报告中以 SAC-10 为代表,深入、系统地研究了细粒式粗集料间断级配密实型超薄沥青混凝土的级配及混合料性能,通过大量试验分析得出了超薄沥青混凝土比较大粒径的混凝土具有更好的水稳定性的结论。

4. 冷拌沥青混合料的发展和应用

1) 国内研究现状

我国对冷铺混合料的研究起步较晚。自从国外材料供应商进入中国市场、大力推销冷铺沥青混合料,我国也开始进行广泛研究。鉴于冷拌冷铺路面的优越性,冷拌冷铺沥青混合料已逐渐成为国内沥青混合料加工的研究热点。

在气候寒冷的吉林、黑龙江都进行了室内试验和研究,并把该技术在路线上进行了推广试用。1996 年 12 月(气温 -25℃),吉林省公路管理局应用该技术对国道 102 线破损路面进行了修复。1 年多的应用证明低温沥青混合料用于冬季沥青路面的养护是完全可行的。自 1997 年起,该技术作为吉林省公路养护行业重点新技术在全省推广应用。目前,利用该技术已累计修补沥青路面超过 5000m^2,极大地提高了沥青路面的路况水平,取得了较大的经济效益和社会效益。

东北林业大学的张海涛在溶剂型常温沥青混合料的理论及室内试验研究的基础上,对室外试验路进行了进一步的研究,并同时与乳剂型常温沥青混合料进行了对比分析。铺筑试验路的结果表明,乳剂型沥青混合料的力学性能与使用性能良好,基本未见脱落和松散现象,也没有裂缝出现,但因含油量大或有部分混合料拌和不均匀,有轻微拥包及泛油现象,经过一段时间通车后,泛油现象基本消失。研究结果表明,乳剂型常温沥青混合料是一种良好的筑路及养护新材料。

长沙理工大学刘大梁等用 SBS、混合溶剂、增黏剂、增塑剂、防水剂和补强剂等配制出冷铺沥青混合料用冷铺沥青添加剂,再用冷铺沥青添加剂与沥青、稀释剂及砂石材料配制出预拌式冷铺沥青混合料,其各项技术性能优良。

2) 国外研究现状

国外在 20 世纪二三十年代开始研究冷拌及冷补沥青混合料,最具代表性的是苏联和美国,其研究成功的储存式混合料既可用于道路基层,又可用于路面修补。日本、英国、芬兰、加拿大等国家也不遗余力地对冷拌冷铺沥青混合料进行了研究。沥青结合料既有采用乳化沥青,也有采用稀释沥青。

苏联在 20 世纪 50 年代就开始对冷补沥青混合料进行大量研究,所用的结合料主要是稀释沥青,工艺过程为热拌冷补。他们的研究认为,冷补混合料的性质与沥青结合料的黏度、矿质集料的比面、结合料用量等因素有关。其最大的特点是,为保证混合料的疏松性,矿粉用量高达15%~30%,而结合料用量仅为5%~6.5%。他们认为增加矿粉用量、减少沥青用量,可以使混合料中形成很薄的沥青膜,以获得较大的黏聚力,从而提高储存式沥青混合料的强度,这就是他们的矿粉用量很高的原因。研究提出,可以采用快凝或慢凝液体沥青或者将黏稠沥青稀释后作为生产冷拌冷铺沥青混合料的结合料。可以使用煤油、粗汽油、汽油煤油馏分及其他液体石油加工产品作为稀释剂。苏联所配制的冷补沥青混合料,由于矿料特多,压实性较好,压实后不容易松散,但是缺点也是显然的,这就是所铺路面表面比较光滑,不能达到应有的粗糙度。同时,由于矿粉用量大,混合料的成本较高。

英国在1996年10月召开了冷拌冷铺沥青混合料工艺讨论会,会中提出的论文主要涉及混合料组成、刨槽修复以及欧洲有关沥青混合料经验的概述。他们对冷拌冷铺沥青混合料采用的结合料主要是乳化沥青,也就是侧重于乳剂型冷拌冷铺沥青混合料的研究。

英国Heriot-Watt大学用了6年时间对乳化沥青混合料进行了系统的研究,并对其性能有了一定的认识。截至目前已经得出下列结论:开式粗级配沥青混合料可以使乳化沥青混合料完全裂解,但它具有很低的劲度模量和很低的抗疲劳特性。乳化沥青混合料的力学性能是由集料结构控制的,该混合料需要很高的压实能量。另一方面,细的密级配混合料可能不会导致结合料乳剂的完全裂解,但这种混合料可能具有相对很高的劲度模量。该混合料的力学性质是由构成材料的基本结构的沥青砂胶控制的。用这种混合料可以获得等值的热铺混合料性能。

第二节 薄层罩面特点、适用条件及适用范围

一、薄层罩面特点

沥青混凝土薄层罩面是将断级配的沥青混合料与聚合物改性乳化沥青相结合的一项技术,具有构造深度大、抗滑性能好的特点,适用于平整且车辙和坑槽深度均小于10mm的非结构性破坏的路面,它不仅适用于旧路养护,也可用于新建公路。在施工工艺上采用专用的大型摊铺设备洒布乳化沥青,同时摊铺沥青混合料,这样施工质量容易得到保证。铺筑薄层罩面前洒布改性乳化沥青,不仅能够增加上面层与下承层的黏结作用,而且部分乳化沥青渗入下承层中起到封闭表面空隙、防止水分浸入的作用。

摊铺沥青混合料后,压路机紧跟摊铺机后快速碾压成型,碾压成型合格后可立即开放交通。薄层罩面的特征如表6-1所示。

薄层罩面的特征　　　　　　　　　表6-1

项目	特征
处理时机	在满足行车安全之前,采用热拌沥青混合料薄层罩面
目的	对路面进行功能性恢复,适用于要求具有较长使用寿命且路面噪声较低的城市重交通路

续上表

项　目	特　征
原路面状况	路面稳定,基础较好,横向和纵向支撑条件较好;可见的路面损坏包括中等至严重松散问题,伴有较轻微的纵向和横向裂缝;需要进行中等程度修复工作;路面出现严重病害,建议在罩面之前对路面进行铣刨
养护方法	当需要对道路平整度进行改善时,需对原路面进行铣刨或调平;施工前需要对所有裂缝进行封闭处理;需要使用黏油层以增强层间结合
环境限制	施工时气温至少为10℃,碾压应紧跟摊铺施工
交通管制	热拌沥青薄层罩面施工时的交通管制不是很严格
性能及寿命	在不同地区,热拌沥青薄层罩面的预期使用寿命有很大的差异
适用条件	对于出现严重结构性损害的道路,除非先修复路面病害,否则不能在原有路面上直接铺筑热拌沥青混合料薄层罩面; 原路面行车舒适性、安全性已衰减,不能满足行车要求,但原路面结构承载满足设计要求,或原路面局部出现存在泛油、松散、车辙小于10mm时; 原路面结构承载能力好,沥青面层中下层强度良好,只是上面层有裂缝或水损害造成的坑洞补丁或车辙磨损重、行驶质量较差时
注意事项	与其他薄层罩面技术类似,施工时应特别注意的问题包括:分层、反射裂缝、抗滑性能衰减、耐久性降低、渗水性增加以及养护问题
成本	根据不同的材料及施工工艺,成本不同

与其他养护方法相比,沥青混凝土薄层罩面具有以下优点:

(1)施工周期短,施工时间比较灵活,可以及时开放交通,施工对交通的影响较小。沥青混凝土薄层罩面的设计不会对原有路面产生影响,施工时不需要铣刨原有路面,能够一次性碾压成型,摊铺30min后就可开放交通,并且可以夜间施工,大大缩短了施工周期。

(2)保护路基。在薄层罩面沥青混凝土摊铺以前,洒布一层改性乳化沥青或热沥青可以有效地封闭空隙,增加两层之间的黏结力,防止水分浸入基层。

(3)路面安全性能好。沥青混凝土薄层罩面的混合料采用间断级配,路面比较粗糙,具有较高的抗摩擦力和排水能力,可以减少行车水雾,确保行车安全。

(4)使用寿命长,经济效益好。根据其他国家的使用经验,沥青混凝土薄层罩面的使用寿命可达10年。采用沥青混凝土薄层罩面不需要铣刨,可直接在原有路面铺筑,与传统路面先铣刨再罩面相比成本可降低30%(铣刨和罩面同为4cm)。

二、适用条件

各种道路中均可以使用沥青混凝土薄层罩面对路面进行功能性恢复。功能性恢复包括改善路面行车的抗滑能力、平整度,降低噪声,通过增加少量或不额外增加路面承载力恢复行车舒适性和安全性。使用沥青混凝土薄层罩面应满足如下条件:

(1)原路面要具有良好的稳定性基础,原路面结构具有足够的强度和刚度。

(2)原路面损坏包括中等裂缝及轻度表层的松散问题、轻微的纵横向裂缝。在必要情况下,需要进行中等程度的修复工作。

(3)如果出现严重病害,建议在罩面施工之前对原路面进行铣刨。

三、适用范围

沥青混凝土薄层罩面适用于高等级路面养护、轻微或中等病害的矫正性养护,同时也适用于新建道路路面磨耗层、需要快速开放交通的施工项目。沥青混凝土薄层罩面具有优良的路用性能,通常用于下列路面的维修工作:

(1)出现龟裂、网裂、脱皮、露骨、渗水的高等级路面;
(2)路基强度满足要求、路面变形不大的路面;
(3)路面抗滑性能不好、抗摩擦力不强或路面纹理不好等其他需要改善路面使用性能而非结构性破坏的路面;
(4)路基完好的超期服役的高等级沥青路面;
(5)行车过程中,轮胎与路面产生的噪声过大的路面;
(6)路面横向排水不畅,需要改善表面排水的路面。

第三节 原路面病害处治措施

一、裂缝处治

1. 病理分析

沥青混凝土路面的裂缝形式主要有块状裂缝、横向裂缝、龟裂和纵向裂缝。开裂原因可以大致分三种:一是路基或基层产生沉降;二是行车荷载的反复作用使路面产生结构性的破坏;三是沥青面层温度的变化。

2. 处治方法

(1)选用优质道路密封胶材料或橡胶改性沥青,先清缝,再采用灌缝设备进行沥青路面灌缝。采用橡胶改性沥青材料或优质道路密封胶时,首先将缝内与周围杂物清理干净,将灌缝材料加热到适宜的温度,在灌入时灌封材料要略高于缝3mm,撒砂或石粉以不粘轮为准,待稍冷却后开放交通。道路密封胶灌缝适用于路面温度为10℃左右,施工时刻槽的宽度及深度应均匀一致。

(2)压缝带封缝施工。若缝宽不大于5mm,且没有唧浆、唧泥的裂缝(非网裂),可采用魁道封缝带进行封缝处理。

二、沉陷、网裂、车辙、坑槽麻面处治

1. 病理分析

在路堤施工过程中选择填料不当,施工方法不合理及压实度不足;路面的强度不足,行车荷载及温度的反复作用;路面结构层结构强度不足,路面材料失稳,车轮磨耗或压实度不足;级配组成设计不合理,面层空隙过大,离析严重等。

2. 处治方法

(1)按照先短边后长边的顺序进行切割,切割深度为5cm。切割时产生的泥浆(坑槽以外部分)要用海绵或抹布擦净。

(2)按车道挖除路面,挖除断面采用台阶式。检查土基状况,若压实度达到96%,铺筑路面底基层;若压实度不足96%,采用石灰糁和碎石土处理并进行补夯,直至压实度达到96%。为了加快施工进度,底基层与基层可采用沥青碎石ATB-30进行铺筑,然后铺筑9cm厚的AC-20C中粒式沥青混凝土,最后铺筑AC-16C中粒式沥青混凝土恢复至原路面高程。原路面基层在施工过程中,应在底基层侧壁刷一层乳化沥青或热沥青,面层侧壁刷一层乳化沥青或喷洒改性沥青聚合物密封材料(厚3~5cm);施工接缝顶面粘贴20cm宽的高分子抗裂贴,起到防水和防止裂缝向罩面层反射的作用。

三、路面拥包处治

1. 病理分析

沥青面层混合料级配组成设计不合理(石油比过大,集料中细料偏多,沥青黏度和软化点低等),局部基层强度不足,含水率过大,使得沥青面层本身抗剪强度不能满足行车荷载的要求,从而产生拥包。

2. 处治方法

由于沥青面层本身抗剪强度不足产生的拥包,选择在气温较高时采用施工设备加热发软将其铲除,清扫干净,洒布乳化沥青,然后铺筑沥青混凝土找平并压实;由于基层强度不足而产生的拥包,将其面层与基层挖除干净,重新铺筑基层找平压实,最后铺筑等厚的面层。

四、局部挖补处治

对于局部拥包、小坑槽、沉陷等面积小且比较分散的病害,易进行局部挖补处理。其施工工艺为:确定修补范围→路面切缝→凿除沥青路面→清理坑槽→喷洒沥青→第一层沥青混合料回填碾压→第二层沥青混合料回填碾压→喷洒改性乳化沥青雾封层→清理现场→开放交通。

五、较大面积挖补处治

原则上采取铣刨后重铺的措施,具体为:确定处治范围→铣刨→切边→清理坑槽→洒布沥青→混合料摊铺→混合料碾压。

薄层沥青混合料碾压应满足试验段的工艺要求,施工质量应满足施工规范和设计要求。

六、承载力不足路段处治

强度评定在中级以下路段采用层压浆的方法对原路面进行补强操作简单、效果显著。在对原路面病害进行彻底维修处理后,方可进行沥青混凝土薄层罩面的铺筑。压浆施工工艺为:选定大致位置→放线钻孔→安装止浆设备→制配浆液→首次压浆→再次压浆→封孔、养生。

第四节　原材料要求

一、粗集料

沥青混凝土薄层罩面的厚度决定其集料的最大公称粒径不宜过大,一般为 9.5mm 或 13.2mm。由于薄层罩面沥青混合料采用间断型级配且作为磨耗层,所以配合比设计时粗集料宜偏大一些,且选择品质较好的粗集料,最好选择玄武岩,若无玄武岩也可使用辉绿岩。

粗集料的性能指标应满足现行《公路沥青路面施工技术规范》(JTG F40)的有关规定,应无风化、洁净无杂质、均匀一致、干燥无水,并具有足够的强度、耐磨耗性、抗冻性、耐磨光性、耐腐蚀性、抗冲击性、抗破碎性以及与沥青的良好的黏附性,且必须严格控制粗集料的扁平颗粒含量。需选用反击式或锤式破碎机加工的碎石,不得采用颚式破碎机加工的碎石,且不允许使用破碎砾石。

沥青混凝土薄层罩面作为磨耗层,直接承受行车荷载,这就要求沥青混凝土薄层罩面具有较高的耐磨性。对路用性能影响最大的是粗集料的品质,目前主要采用微型狄法尔法、洛杉矶法评价集料抵抗磨耗损失的能力。集料的磨耗损失越小,集料也就越坚硬,其耐久性、耐磨性也就越好;集料的磨耗损失越大,意味着集料抵抗磨耗损失的能力越弱,其软弱风化也就越严重。

此外,沥青混凝土薄层罩面采用间断级配,这就要求粗集料的嵌挤能力要比其他级配类型的高,磨耗损失指标也应有所提高,必须在满足洛杉矶磨耗试验技术指标要求后,再按照 ASTM TP58-00 进行微型狄法尔磨耗试验。根据美国的试验经验,有些集料能够满足洛杉矶磨耗试验技术指标,但是达不到微型狄法尔磨耗试验的技术指标,故微型狄法尔磨耗试验更为严格。

二、细集料

沥青混凝土薄层罩面用的细集料必须采用机制砂,可以是石灰岩或玄武岩,不允许采用天然砂。细集料性能指标应满足现行《公路沥青路面施工技术规范》(JTG F40)的有关规定。

三、矿粉

矿粉性能指标应满足现行《公路沥青路面施工技术规范》(JTG F40)的有关规定。矿粉容易受潮吸水,所以应放在室内干燥的地方保持干燥。

粉胶比过大,沥青混合料的和易性不好,且对路用性能产生不利影响。因此,在薄层罩面的沥青混合料的配合比设计中,要求矿粉的用量小于有效沥青含量的1.2倍。

四、沥青结合料

根据薄层罩面混合料使用环境和技术要求,在选择沥青品种时应注意以下几个方面:

(1) 黏附性大(高韧性、高抗拉强度)。为保证沥青混合料的路用性能,沥青应具有较高的包裹力及黏附性。

(2) 耐候性强。由于沥青混合料空隙率大,易受水、日光、空气等因素的影响,为防止沥青混合料的快速老化,沥青膜要有足够的厚度来抵抗各种损害,因此需要使用能形成厚沥青膜的高黏度沥青。

(3) 软化点较高。在重交通道路上应用时,混合料要具有较高的抗车辙能力,因此需要使用软化点较高的沥青。

沥青混凝土薄层罩面是一种新型的路面养护技术,国内对其组成材料的选择还没有一个规范性的标准。国内南雪峰等经过试验研究提出了沥青混凝土薄层罩面组成材料的参考技术指标,如表 6-2 所示。

沥青混凝土薄层罩面乳化沥青技术要求(建议)　　　　表 6-2

项　目		技　术　要　求		试 验 方 法
		同步施工	分步施工	
黏度(赛波特)(25℃,s)		200~100	10~80	—
储存稳定性(24h,%)		<1	<1	
筛上剩余量(%)		<0.05	<0.05	
蒸发残留物含量(%)		>63	>60	AASHTO T59
蒸发残留物油分含量(%)		<2	<2	
蒸发残留物	针入度(25℃,0.1mm)	60~150	30~100	AASHTO T49
	溶解度(%)	>97.5	>97.5	AASHTO T44
	弹性恢复(%)	>60	>60	AASHTO T301

第五节　冷拌乳化沥青的生产与技术指标

本次试验研究采用维实维克公司开发的 PC1606 乳化剂对普通沥青进行乳化,生产出固体残留物在 70% 左右,可在 80℃ 条件下存放的冷拌乳化沥青(Evotherm)。PC1606 乳化剂含有抗氧化和抗剥落成分,可以有效地延长沥青在高寒地区的使用寿命,提高混合料施工和易性和抗水损害能力。

一、改性材料

1. 热塑性弹性体类

苯乙烯-丁二烯-苯乙烯嵌段共聚物(SBS)胶乳作为改性材料的聚合物效果较好。选择 SBS 的品种时,应注意下列事项:

①首先判断是属于星型还是线型,一般星型 SBS 改性效果明显优于线型。

②检查嵌段比,它是塑性段与橡胶段的比例。

③SBS 自身的拉伸性能对 SBS 改性材料提高抗裂性能的效果影响较大,可以从 300% 定

伸应力、拉伸强度、扯断伸长率等指标来判断 SBS 的拉伸性能。

④熔体流动速率是决定加工难易程度的主要指标,它与分子量有关。流动速率越小,加工越容易,但性能往往差一点。

2. 合成橡胶类

早期曾用橡胶树产生的天然橡胶胶乳作为改性材料,后来用合成橡胶的胶乳代替,其中以丁苯橡胶(SBR)胶乳和氯丁橡胶(CR)胶乳居多。SBR 是乳液改性中的一种主要材料,它可以明显提高黏附性、抗开裂性及低温延度,但高温稳定性改善不明显。CR 的性能与 SBR 相近,但稳定性较差。

3. 热塑性树脂类

乙烯-醋酸乙烯共聚物(EVA)胶乳是一种树脂类改性剂,可提高软化点及抗流动性,但对低温性能改善不明显。根据乙烯含量的不同,胶乳的黏度与分子量是不同的,物性差异很大。一般随着 EVA 掺量的增加,沥青的针入度降低,软化点增高。

本次试验研究所用的改性材料为国外某公司生产的 SBR 胶乳。该改性材料的物理性质如表 6-3 所示。

SBR 胶乳改性材料的物理性质　　　　表 6-3

品名	SBR 胶乳
类型	阳离子丁苯合成胶乳
物理形态	乳白色液体
相对密度(25℃)	0.94
闪点(℃)	149
固含量(%)	65～67
pH(25℃)	4.3

二、配合比设计

配合比如表 6-4 所示。

冷拌乳化沥青配合比　　　　表 6-4

材　料	类　　型	用量与方法
沥青	A-90 号沥青	65%
乳化剂	PC1606 乳化剂	0.5%
改性剂	SBR 胶乳	3.5%、4.5%、5.5%
水	可饮用淡水	加至 100%

注:沥青温度加热至 130℃,乳化剂水溶液加热至 60℃。

三、冷拌乳化沥青的生产

选择好改性剂材料后,尚不能保证生产出合适的聚合物乳液,还应注意聚合物的离子特性。如果胶乳呈现阴离子特性,而乳化剂采用阳离子表面活性剂,则在乳化过程中存在阴阳离子复配问题。大量试验表明:任何比例的两性复配体系均形成非理想混合胶团,但两体系在形成胶团能力方面均出现增效作用。实际乳化生产时,若不注意添加方式和顺序,将会出现改性乳液破乳现象。目前,内掺法是较好的改性乳化沥青生产工艺。

本次试验研究采用内掺法生产改性乳化沥青,即将改性剂掺入乳化剂水溶液中,然后与沥青进入胶体磨进行乳化的方法。生产过程如图6-2所示。

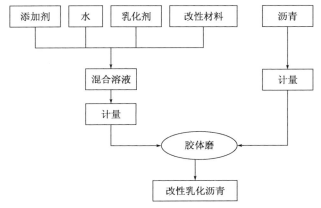

图6-2 改性乳化沥青生产工艺图

此工艺具有生产效率高、生产易控制、操作方便的优点,生产出的改性乳化沥青具有黏度大、固含量高(固含量为62%~70%)、储存稳定性好的特点。

沥青乳化试验采用进口的胶体磨(图6-3)。它的工作原理是通过定子、转子之间由于高速运转所产生的剪切力而起到研磨、分散沥青的作用。在制备乳化沥青时,先将乳化剂水溶液加热到53℃左右,沥青加热到130℃,乳化剂水溶液配制两份,其中一份用于预热胶体磨,在胶体磨中循环30s后即可放出,用烧杯接住,留待洗胶体磨用。然后将计算好的乳化剂溶液加入胶体磨,在胶体磨高速运转的过程中均匀地加入沥青,沥青在30s内加完,然后再循环30s后,在胶体磨运转的情况下放出沥青接入广口瓶中,快要放完时关闭胶体磨。在制备乳液过程中,应注意上循环管流出的乳液

图6-3 试验室制备乳化沥青用小胶体磨

是否顺畅,如发现流出不顺畅,则应减缓加入沥青的速度,并用玻璃棒搅拌加入漏斗中的沥青。如果不能流出,说明乳化失败,应停止加入沥青,及时清洗胶体磨。

四、冷拌乳化沥青质量检测

冷拌乳化沥青必须经过质量检测并满足相应的检验标准后方可投入生产使用。冷拌沥青技术指标如表6-5所示。

冷拌沥青技术指标　　　　　　　　　表6-5

试 验 项 目		90号基质沥青	冷+0.0% SBR胶乳	冷+3.5% SBR胶乳	冷+4.5% SBR胶乳	冷+5.5% SBR胶乳
针入度(25℃,100g,5s,0.1mm)		93.8	74	76	77	77
软化点(℃)		48.1	51	57	60	62
延度 (5cm/min,cm)	15℃	50	—	—	—	—
	5℃	—	22	87	110	>110
黏度(135℃,mPa·s)		322.4	270	983	1611	2351
弹性恢复(25℃,%)		17.0	30.3	64.0	73.1	80.4

从试验结果看出,SBR胶乳的掺入可以有效改善固体残留物的低温延度、黏度、弹性恢复。普通冷拌沥青的固体残留物性能指标与普通沥青的指标较为接近,不适用于高速公路面层铺筑,而过量增加SBR胶乳则会降低施工和易性,增加施工成本,因此在混合料满足规范要求的前提下应合理确定SBR胶乳用量。

五、冷拌沥青混合料强度形成

1.沥青混合料强度构成

沥青混合料是由适当比例的粗集料、细集料及填料组成的矿料,与沥青结合料在一定温度下拌和而成的一种混合料。作为沥青路面的修补材料,沥青混合料必须经过拌和、摊铺、压实三个施工环节才能形成一种结构,具有一定的强度。尤其是第三个环节——压实,对混合料强度的形成起着至关重要的作用。在相同条件下,压实程度高的混合料具有更高的强度。

一般采用摩尔-库仑理论来分析沥青混合料的强度。沥青混合料的抗剪强度τ可表示为:

$$\tau = c + \sigma\tan\varphi \tag{6-1}$$

式中:τ——沥青混合料的抗剪强度;

c——沥青混合料的黏聚力;

σ——剪损时的法向压应力;

φ——沥青混合料的内摩阻角。

由式(6-1)可知,沥青混合料的强度构成起源于内摩阻力$\sigma\tan\varphi$和黏聚力c。故沥青混合料的强度可由两部分组成,即矿料之间的嵌挤力与内摩阻力,以及沥青与矿料之间的黏聚力。沥青混合料中嵌挤力和内摩阻力的大小主要取决于矿质集料的尺寸均匀度、颗粒形状及微观粗糙度,用较大的均匀的矿料较用较小而不均匀的矿料所组成的混合料具有更大的嵌挤力和内摩阻力,有棱角且表面纹理粗糙的矿料较圆球形而表面光滑的矿料所组成的混合料具有更大的嵌挤力和内摩阻力。而沥青混合料的黏聚力主要取决于下列两个因素:一是沥青与矿料之间的黏附力;二是沥青结合料自身的黏结力。因此,沥青混合料的黏聚力与矿质集料的性质、沥青结合料的性质以及沥青含量有关。对于组成沥青混合料的两种材料——沥青和集料,通过试验研究和强度理论分析,可以认为:纯沥青材料$c\neq 0,\varphi=0$;干燥集料$c=0,\varphi\neq 0$。

沥青混合料的强度大小还与其强度构成原则有很大关系。一种强度构成原则是嵌挤原理,即要求采用较粗的、颗粒尺寸较均匀的集料,沥青结合料在混合料中起填隙作用,并把集料黏结成一个整体。按嵌挤原理构成的沥青混合料强度主要依赖集料颗粒之间相互嵌挤所产生的内摩阻力,而对沥青的黏结作用依赖不大。另一种强度构成原则是密级配原理,即集料和沥青结合料按最大密度原则进行配合。按此原理构成的混合料强度是以沥青与集料之间的黏聚力为主,而以集料颗粒间的嵌挤力和内摩阻力为辅。按混合料网络结构中"嵌挤成分"和"密实成分"所占比例不同,沥青混合料的结构形态可分为三种典型类型(图6-4)。

 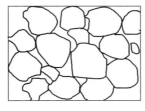 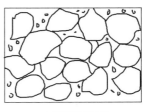

a)悬浮密实结构　　　　b)骨架空隙结构　　　　c)骨架密实结构

图6-4　沥青混合料典型结构形态

(1)悬浮密实结构:采用连续型密级配,矿料从大到小连续存在,并各有一定数量,较粗颗粒被较细颗粒挤开而不能形成骨架,粗颗粒状"悬浮"在细颗粒之中。由于这种结构按密实级配原理构成,故其密实度与强度较高,水稳定性、低温抗裂性、耐久性等较好。但由于受沥青结合料性能影响较大,其高温稳定性稍差。我国规范规定的Ⅰ型密级配沥青混合料是典型的悬浮密实结构。

(2)骨架空隙结构:采用连续型开级配,粗集料较多,细集料较少,粗颗粒集料彼此紧密相接,从而形成互相嵌挤的骨架。由于这种结构是按嵌挤原理构成,粗集料之间的嵌挤力和内摩阻力起着决定性作用,其结构强度受沥青结合料性能影响较小,故其高温稳定性较好。但由于其细集料用量较少,不足以充分填充骨架空隙,造成混合料空隙率较大,使其耐水性、抗老化性和低温抗裂性下降。我国规范中的半开式沥青碎石混合料是典型的骨架空隙结构。

(3)骨架密实结构:采用非连续的间断级配,既有足够数量的粗集料形成骨架,又根据粗集料骨架的空隙多少加入足够的细集料,从而形成较大的密实度和较小的残余空隙率。故这种结构兼备上述两种结构的优点,是一种较为理想的结构类型。

2. 冷拌沥青混合料的强度形成机理

冷拌沥青混合料强度构成因素与热拌沥青混合料一致,同样是材料的黏聚力和内摩阻力。不同的是,黏聚力和内摩阻力有一个变化过程,在初期和后期对混合料强度的贡献不同。冷拌沥青混合料中含有改性乳剂,随着乳剂的挥发,混合料强度也不断形成。而热拌沥青混合料在摊铺碾压成型后,随着温度的急剧冷却,强度完全形成。所以,和热拌沥青混合料强度形成的瞬时性相比,冷拌沥青混合料的强度形成具有时间性和过程性。可以把冷拌沥青混合料的强度形成分成三个阶段:

第一阶段:由于冷拌沥青混合料在储存时温度不高,也未承受外力作用,集料之间并未相互嵌挤构成骨架,而且混合料中用油量恰当,沥青膜厚度适中,裹覆在矿料表面的沥青大多能与矿料相互作用而形成黏度很大的结构沥青,而剩余的自由沥青黏度低,分子间的相互作用力较小,可以起到良好的润滑作用,即 c 值较小。综合这两方面,混合料在储存时并未形成强度,颗粒间彼此分离,呈疏松状态。

第二阶段:混合料在路面上摊铺时,在压实机械和车辆荷载的作用下,矿料颗粒开始相互推移形成嵌挤结构,颗粒之间产生的嵌挤力和内摩阻力提供了初始强度的主要来源。而此时沥青间的黏聚力仍较小,所以对初始强度的形成贡献也较小。冷拌沥青混合料的初始强度主要是由级配以及集料的性质决定。

第三阶段:使用阶段。开放交通后,在环境温度、车辆荷载的不断作用下,混合料中的有机溶剂不断挥发,强度快速增长,经过一段时间,当有机溶剂全部挥发后,强度才最终形成。此外,中长期强度还与基质沥青黏滞性以及沥青与集料的黏附性等有关。

第六节　改性乳化沥青混合料配合比设计

一、骨架型级配设计理论

1. 传统级配设计理论及其不足

传统的级配设计理论源于对最大密实度的追求,并基于两个假定:①假定基本的颗粒为规则的球体;②假定各分级颗粒粒径都相等。最大密度曲线是通过大量试验提出一种理想曲线,如富勒曲线(曲线指数为 0.5 的抛物线);粒子干涉理论则认为要达到最大密度,前一级颗粒之间的空隙应该由次一级的颗粒所填充,其所余下的空隙又被再次一级的颗粒所填充,填充的颗粒粒径不得大于其间隙的距离,否则大小颗粒间会发生干涉现象,因此该理论提出理想的状态为前一级颗粒的间隙与次一级颗粒粒径相等。

众所周知,传统级配设计理论多是建立在简单几何模型的基础上,大多采用了自相似型几何模型。而在混合料设计中发现细颗粒含量越高,其分形维数越高,并非简单的几何模型所能解决的。从相关的填充试验中可以发现,矿料在堆积时不同粒径颗粒的空隙填充率明显不同,而并非自相似型模型中假设的空隙填充率相同。实际上,道路工程中所用石料常为碎石,其颗粒近似于正方体且每一档料由不同粒径组成,而且在一定粒径范围内连续。同时,次级粒料也不会规律地填充于上级颗粒形成的空隙中,即堆积理论较难适用。从颗粒间的内摩阻力来讲,粒径的增加将使颗粒间的内摩阻力增加。但当不同粒径的颗粒相互填充时,内摩阻力并不随粗颗粒的增加而线性增加。

2. CAVF 法级配设计理论

沥青混合料的路用性能和力学性能依赖于集料的内摩阻力。可以把矿质混合料的内摩阻力分成三个等级:粗集料间的内摩阻力、粗集料与细集料间的内摩阻力、细集料间的内摩阻力。改善集料的颗粒形状,提高集料的棱角度有利于提高内摩阻力,而增加粗集料之间的嵌挤是更为重要的技术手段。

主集料空隙填充法(Course Aggregate Void Filling Method,简称 CAVF 法)基于两个基本假定:①假定细集料的颗粒不对粗集料的嵌挤结构形成干涉;②细集料与沥青混合的胶浆也不对粗集料的嵌挤结构形成干涉。根据实际使用的沥青混合料最大粒径情况和施工需要,可以预先选择连续的 1~3 档粗集料作为主骨架,主骨架粒径越单一均匀,得到的沥青层表面越均匀,构造深度越大。为了避免细集料对主骨架的干涉,最好采用间断级配。

二、原材料技术指标

1. 沥青

对 SBR 改性乳化沥青进行超薄沥青混合料的级配研究以及配合比设计与性能试验研究,试验指标见表 6-6。

SBR 改性沥青的试验指标 表 6-6

指标		单位	试验结果	技术要求	试验方法
粒子电荷		—	阳离子(+)	阳离子(+)	T 0653—1993
破乳速度		—	慢裂	慢裂	T 0658—1993
筛上剩余量(1.18mm 筛)		%	≤0.1	≤0.1	T 0652—1993
恩格拉黏度		—	15	3~30	T 0622—1993
储存稳定性(1d)		%	0.3	≤1	T 0655—1993
与矿料的黏附性,裹覆面积		—	≥2/3	≥2/3	T 0654—2011
蒸发残留物	含量	%	63.1	≥62	T 0651—1993
	针入度(100g,25℃,5s)	0.1mm	74	40~100	T 0604—2011
	软化点	℃	61.5	≥53	T 0606—2011
	延度(5℃)	cm	>100	≥20	T 0605—2011
	溶解度(三氯乙烯)	%	≥98.5	≥97.5	T 0607—2011

2. 集料

集料试验指标见表 6-7、表 6-8。

细集料试验指标 表 6-7

指标	试验结果	技术要求	试验方法
表观相对密度	2.898	≥2.50	T 0330—2000
砂当量(%)	89	≥60	T 0334—1994

粗集料试验指标 表 6-8

指标	试验结果	技术要求	试验方法
压碎值(%)	11.2	≤28	T 0316—2000
洛杉矶磨耗损失(%)	8.9	≤30	T 0317—2000
表观相对密度	2.958	≥2.50	T 0308—2000
吸水率(%)	1.0	≤2.0	
对沥青的黏附性(级)	4	≥4	T 0616—1993
针片状颗粒含量(%)	2.8	≤15	T 0312—2000
磨光值(%)	51	≥42	T 0321—1994
抗压强度(MPa)	141	实测	—

3. 矿粉

矿粉试验指标见表6-9。

矿 粉 试 验 指 标 表6-9

指　　标		试验结果	技术要求	试验方法
表观相对密度		2.705	≥2.50	T 0352—2000
亲水系数		0.65	<1	T 0353—2000
含水率(%)		0.27	≤1	T 0332—1994
塑性指数		3.2	—	T 0118—1993
外观		无团粒结块	无团粒结块	—
粒度范围 (%)	<0.6mm	100	100	T 0351—2000
	<0.15mm	99.8	90~100	
	<0.075mm	80	75~100	

三、UTA-10 超薄沥青混合料级配设计

1. 超薄沥青混合料级配特点

受摊铺厚度的限制,超薄沥青混凝土一般采用细粒式沥青混凝土,最大公称粒径一般不超过13mm,国外实体工程中较为常用的是0/10型和0/6型级配,我国没有最大公称粒径为6mm的混合料级配,因此为便于施工,国内采用0/10型混合料。

(1)间断区为4.75~2.36mm的间断级配

超薄沥青混凝土用作高速公路的抗滑表面处治层时,应具有良好的构造深度,传统的连续密实型级配抗滑性能达不到要求,因此不适用于超薄沥青混凝土的级配设计。相反,间断级配型混合料可以形成良好的骨架嵌挤结构,有较好的高温性能,其构造深度明显大于传统连续级配混合料,用于抗滑表面层备受青睐。因此,在超薄沥青混凝土研究中采用间断级配是较为合理的。

根据CAVF法级配设计理论,主骨架粒径越单一均匀,其摊铺后的表面构造越美观,构造深度越大,因此在设计表面层沥青混合料时最好能选择单一粒径的主骨架。根据我国目前表面层沥青混合料所用石料的生产规格情况,将完全断级配的间断区间放在了4.75~2.36mm。间断这档料的另一个原因是它们比较圆,在密级配中影响表面构造深度和抗滑性以及表面的均匀美观,在开级配中容易飞散,影响耐久性。

(2)采用4.75mm作为粗细集料分界点

对于细粒式沥青混合料,粗细集料的分界点一直是学术界讨论的一个问题。例如,美国Superpave提出以混合料级配最大公称粒径的1/4倍作为粗细集料的分界点;而贝雷法级配设计中则以最大公称尺寸的0.22倍作为分界点。按照上述观点,对于10型级配粗细集料的分界点本应定为2.36mm。但根据我国实际工程状况和超薄沥青混凝土最大公称粒径为9.5mm的级配特点,仍建议采用4.75mm作为粗细集料的分界点。相关研究表明:就评价粗集料矿料间隙率而言,以2.36mm或4.75mm作为10型级配的粗细集料分界点并没有本质的

区别,从工程角度来看,采用 4.75mm 分界更利于施工控制。

(3) 增加 6.7mm 筛孔

此外,应在 4.75~9.5mm 之间增加控制筛孔。我国目前矿料筛分的筛网控制中在 4.75~9.5mm 之间并没有设置控制筛网,而在超薄沥青混合料的级配设计中 4.75mm 以上的粗集料含量一般达到 60%~70%,这样在实体工程中易产生大量的粗集料级配失控现象。对于玄武岩,在保证 4.75mm 以上粗集料含量不变和 4.75mm 以下细集料的含量、级配不变的条件下,分别按 4.75~6.7mm 和 6.7~9.5mm 不同的比例分别进行试验,试验结果见表 6-10。

混合料的体积参数和车辙试验结果 表 6-10

6.7~9.5mm： 4.75~6.7mm	油石比 (%)	空隙率 (%)	集料间隙率 (%)	矿料间隙率 (%)	5h 车辙变形量 (mm)
100∶0	9.0	5.46	43.97	17.11	1.821
80∶20	8.5	4.83	41.83	16.80	1.746
60∶40	9.2	4.95	42.20	17.32	1.989
40∶60	9.5	5.10	42.28	17.77	2.185
20∶80	10.0	5.22	42.39	18.21	2.975
0∶100	10.3	5.33	42.85	18.70	3.985

当 4.75~9.5mm 碎石中 4.75~6.7mm 含量为 100% 时,混合料有较大的空隙率,随着 6.7~9.5mm 碎石含量的增加,混合料的空隙率和矿料间隙率逐渐减小,当 6.7~9.5mm 与 4.75~6.7mm 的比例为 80∶20 时空隙率最小。

6 种不同碎石含量的混合料分别在最佳油石比条件下成型 5cm 厚车辙板试件于 60℃ 进行 5h 车辙试验,试验结果如表 6-10 和图 6-5 所示。研究发现混合料 5h 车辙变形量与矿料间隙率 (VMA) 有较好的相关性,随着混合料 VMA 的增加,车辙深度呈幂函数关系不断增大。分析试验数据,不难发现当 6.7mm 的碎石含量大于或小于 80% 时混合料的集料间隙率以及空隙率逐渐增加,这一变化趋势有可能造成两个结果:①最佳油石比的增大;②由于 4.75mm 以下的细集料含量不变,因此矿料间隙率增大。沥青用量的增大虽然填塞了混合料的空隙,有助于减小空隙率,却有可能破坏级配的骨架结构,降低混合料抗剪能力,增加车辙变形量。可见粗集料中 6.7~9.5mm 碎石的最佳含量为 80%。

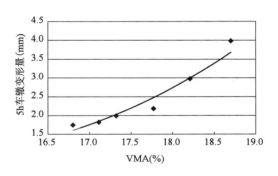

图 6-5 5h 车辙试验总变形量与 VMA 关系图

为了充分发挥超薄沥青混合料粗集料的石-石结构的嵌挤作用,在压实状态下沥青混合料中的粗集料骨架间隙率 VCA_{mix} 必须小于或等于没有细集料、结合料存在时的粗集料集合体在捣实状态下的间隙率 VCA_{DRC}。如果做不到这一点,粗集料的嵌挤作用就不能形成,因为这是一个鉴别粗集料能否实现嵌挤的基本条件。

在压实的沥青混合料中,4.75mm 以上的粗集料颗粒形成一个骨架,骨架以外的间隙率占整个试件的体积百分数称为粗集料骨架间隙率 VCA_{mix}。把小于 4.75mm 的集料筛除,将大于 4.75mm 的粗集料部分装入容量筒中,捣实后测定出粗集料间隙率为 VCA_{DRC}。在压实的混合料中,4.75mm 以上的粗集料因为经过了 50 次或 75 次击实,其粗集料骨架间隙率必然比捣实所形成的 VCA_{DRC} 要小一些;但是结果一旦相反,VCA_{mix} 比 VCA_{DRC} 还要大的话,那就说明粗集料一定是被填充的细集料、矿粉撑开了,粗集料也就不能形成嵌挤。所以,VCA_{mix} 是否小于 VCA_{DRC} 是检验粗集料能否形成骨架嵌挤的关键指标。

2. 级配对构造深度的影响

沥青混合料的级配一般分为连续级配和间断级配,间断级配又分为粗集料间断级配和细集料间断级配。粗集料间断级配混合料由于提高粗集料用量,其构造深度大于连续级配混合料。当前,国际上从提高行车安全、减少行车噪声的角度出发,高等级公路沥青路面的表面层一般采用粗集料间断级配混合料,因此我国高等级公路抗滑表面层特别是超薄沥青混凝土表面层也采用粗集料间断级配混合料。

对于相同级配类型的沥青混合料,其构造深度一般随碎石含量的增加而增大。研究中选用了四种混合料级配(A、B、C、D)旋转压实成型试件,对其构造深度进行分析。四种混合料的级配曲线如图 6-6 所示,最大公称粒径均为 9.5mm,4.75mm 以上的碎石含量分别为 50%、60%、70%、75%,2.36mm 以上的碎石含量分别为 60%、65%、73%、77%,矿粉含量均为 6%。分别按照 7.5%、8.5%、9.5%、10.5% 的最佳油石比进行旋转压实(旋转压实 100 次),然后用铺砂法测量试件上下两个面的构造深度。测量结果见表 6-11。

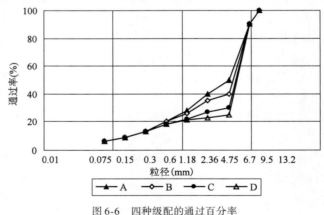

图 6-6 四种级配的通过百分率

四种混合料的平均构造深度 表 6-11

混合料	A	B	C	D
构造深度(mm)	0.296	0.396	0.629	0.855

数据表明:随着混合料中碎石含量的增加,其混合料的构造深度显著增大,从构造深度与碎石含量的关系曲线(图 6-7)可以清楚地看出,当混合料中碎石含量达到 60% 以上时(采用 4.75mm 为标准),其构造深度增加很快,当碎石含量达到 75% 以上时,构造深度增加比较缓慢并且混合料在成型的时候易发生松散现象,因此可以判定粗集料含量为 60%~75% 是影响沥青混合料构造深度的敏感区。碎石含量低于 60% 的沥青混合料的构造深度较小,而碎石含量

高于75%时对提高沥青混合料构造深度的帮助不大且不易满足其他设计指标(空隙率等)要求。可以认为,对于10型级配,在满足其他路用性能的前提下,在60%~75%之间适当调整粗集料含量对增大沥青混合料的构造深度将十分有利。

3. 几种超薄级配的研究

在标准马歇尔击实试验的基础上,为了更好地选择合适的UTA-10矿料级配,拟定了4条间断级配曲线。间断级配类型分为完全断级配和中断级配两种,同时又分为60%和70%两种碎石含量,对比试验的级配见表6-12。

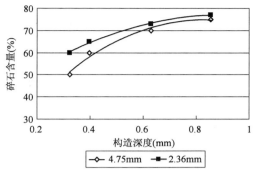

图6-7 构造深度-碎石含量关系曲线

超薄沥青混凝土 UTA-10 矿料级配(%)　　　　表6-12

级配	筛孔尺寸(mm)								
	13.2	9.5	4.75	2.36	1.18	0.6	0.3	0.15	0.075
级配1 中断	100	90	30	27	22	18	13	9	6
级配2 中断	100	90	40	35	22	18	13	9	6
级配3 完全断	100	90	40	40	26	20	15	11	8
级配4 中断	100	90	30	27	25	20	15	11	8

1) 级配1时沥青混合料马歇尔试验结果(表6-13)

分析表6-13可知:

(1) 试件的毛体积密度比较稳定,为2.471~2.525g/cm³,平均密度为2.506g/cm³;试件的空隙率随着油石比的增加逐渐减小,这是因为随着油石比的增加,缝隙中游离的沥青增加。

(2) 成型方法造成试件空隙率、密度有所不同,但其矿料间隙率均在17%~18%范围内。

(3) 试验中油石比为6.5%~10.5%的混合料的稳定度都符合规范要求(≥3kN)。这表明在较大油石比范围内混合料是稳定的,施工包容性较强,有利于施工控制。

级配1时SBR改性沥青混合料马歇尔试验结果　　　　表6-13

油石比 (%)	毛体积密度 (g/cm³)	空隙率 (%)	矿料间隙率 (%)	饱和度 (%)	稳定度 (kN)	流值 (0.1mm)
6.5	2.471	9.2	17.7	58.2	3.4	35
7.5	2.495	8.7	17.3	66.5	3.2	41
8.5	2.510	7.9	17.1	73.8	4.4	43
9.5	2.527	7.6	17.0	80.9	3.3	45
10.5	2.525	6.8	17.2	86.7	3.7	50

2) 级配 2 时沥青混合料马歇尔试验结果(表 6-14)

对比表 6-13、表 6-14 可知,在相同油石比时,级配 1 改性沥青混合料的空隙率和矿料间隙率均略大于级配 2 改性沥青混合料的值,级配 1 的稳定度均略小于级配 2 的稳定度,这说明级配 2 的马歇尔试验结果一定程度上优于级配 1。

级配 2 时 SBR 改性沥青混合料马歇尔试验结果 表 6-14

油石比(%)	毛体积密度(g/cm³)	空隙率(%)	矿料间隙率(%)	饱和度(%)	稳定度(kN)	流值(0.1mm)
6.5	2.483	9.0	17.1	60.3	3.6	30
7.5	2.503	8.6	16.8	68.3	4.1	39
8.5	2.515	7.8	16.8	75.3	5.0	41
9.5	2.528	7.2	16.8	82.4	3.9	44
10.5	2.526	6.5	17.2	86.2	3.8	49

3) 级配 3 时沥青混合料马歇尔试验结果(表 6-15)

对比级配 3 和级配 2 可知,完全断级配 3 与中断级配 2 相比,细集料含量相对增加,粗集料含量相对减少,这使得该种沥青混合料空隙率、矿料间隙率相对减小,通过对比表 6-14 与表 6-15 也可以得出相同的结论。该种沥青混合料马歇尔试验结果表明油石比在 8.5% ~ 9.5% 之间时混合料的稳定度可以满足规范要求,说明该种料的稳定性差一些,不利于施工。

级配 3 时 SBR 改性沥青混合料马歇尔试验结果 表 6-15

油石比(%)	毛体积密度(g/cm³)	空隙率(%)	矿料间隙率(%)	饱和度(%)	稳定度(kN)	流值(0.1mm)
6.5	2.483	8.1	15.9	58.7	2.5	35
7.5	2.497	7.2	15.8	66.3	2.9	41
8.5	2.511	6.0	15.7	74.1	4.5	42
9.5	2.524	5.4	15.7	81.8	3.6	46

4) 级配 4 时沥青混合料马歇尔试验结果(表 6-16)

级配 4 与级配 1 相比粗集料含量不变,这意味着形成混合料嵌挤密实的主骨架没有改变,增加矿粉含量,形成充分的沥青胶浆填塞于主骨架之间,形成更好的密实性。

级配 4 时 SBR 改性沥青混合料马歇尔试验结果 表 6-16

油石比(%)	毛体积密度(g/cm³)	空隙率(%)	矿料间隙率(%)	饱和度(%)	稳定度(kN)	流值(0.1mm)
6.5	2.420	9.3	18.0	50.3	3.1	29
7.5	2.456	8.5	17.4	59.9	3.8	31
8.0	2.503	7.9	16.3	71.3	4.2	35
8.5	2.513	7.4	16.5	77.0	4.8	37
10.0	2.525	6.8	15.9	82.0	3.2	44

4. CAVF 法设计超薄沥青混合料级配

以玄武岩为例,细集料按泰波指数 $n=0.5$ 设计,粗集料比例按照 $6.7\sim9.5mm$ 占 80% 设计。经测定,粗集料的表观密度为 $2.898g/cm^3$,石屑的表观密度为 $2.968g/cm^3$,矿粉的表观密度为 $2.705g/cm^3$,粗集料的紧装密度 $\rho_{sc}=1.629g/cm^3$,$VCA_{DCR}=41.8\%$。根据国外超薄沥青混合料研究经验,其沥青用量范围一般在 $5.0\%\sim5.8\%$ 之间,根据相关工程经验初步确定沥青用量为 5.4%,矿粉用量为 6%,目标空隙率为 4.0%。

根据确定的已知量和 CAVF 法设计思路,即可求出粗集料与细集料的用量。经计算,求得粗集料用量为 68%,细集料用量为 26%。CAVF 法计算求得的粗集料用量与构造深度-碎石含量曲线判定的粗集料用量范围结果一致,因此将超薄沥青混合料的粗集料用量定为 70%。

参照澳大利亚和美国的设计经验,确定 UTA-10 的级配如表 6-17 所示。

UTA-10 级配表(%) 表 6-17

筛孔尺寸(mm)	13.2	9.5	6.7	4.75	2.36	1.18	0.6	0.3	0.15	0.075
级配上限	100	100	50	40	36	30	25	20	12	8
级配中限	100	90	40	30	27	22	18	13	9	6
级配下限	100	80	30	20	18	14	10	7	6	4

第七节 冷拌改性乳化沥青混凝土配合比设计

一、最佳油石比确定

生产出的 SBR 冷拌乳化沥青产品可以在 25℃ 环境条件下进行存放,也可直接进行混合料的生产。从节约能源的角度来考虑,应对沥青的生产和混合料的拌和一体化施工,避免长时间的存放。拌和时乳化沥青与石料的温度为常温 $(15\sim25℃)$,试件的拌和用水量是总用水量减去乳化沥青中的水和矿料中的水,试验中矿料已经烘干,采用预估改性乳化沥青用量,通过拌和试验,根据拌和过程中的难易程度、再生混合料的裹覆程度确定外加水量。

由于冷拌改性乳化沥青混合料只是改变沥青在一定时间内的强度,对沥青混合料的最终使用性能基本没有影响,因此仍可以采用原有体系对混合料配合比进行设计。

研究中对 UTA-10 超薄冷拌沥青混凝土采用马歇尔方法进行配合比设计,UTA-10 改性冷拌沥青混合料的预估油石比采用热拌沥青混合料最佳油石比与固含量的比值。

以预估的油石比 9% 为中值,取 7%、8%、9%、10% 和 11% 这 5 个不同的油石比分别成型马歇尔试件。试验结果见表 6-18。

粗级配冷拌沥青混合料 UTA-10 马歇尔试验指标　　表 6-18

油石比（%）	理论密度（g/cm³）	毛体积密度（g/cm³）	空隙率（%）	矿料间隙率 VMA(%)	沥青饱和度 VFA(%)	稳定度（kN）	流值（0.1mm）
7	2.613	2.424	7.2	18.3	60.7	3.29	43
8	2.601	2.450	5.8	17.7	67.3	3.85	45
9	2.590	2.467	5.1	17.0	71.7	4.23	48
10	2.579	2.479	3.9	17.2	77.5	5.07	49
11	2.568	2.474	3.6	17.6	80.0	3.28	51

以油石比为横坐标,以马歇尔试验的各项指标为纵坐标,将试验结果点入图中,连成圆滑的曲线。各条曲线汇总为图 6-8。

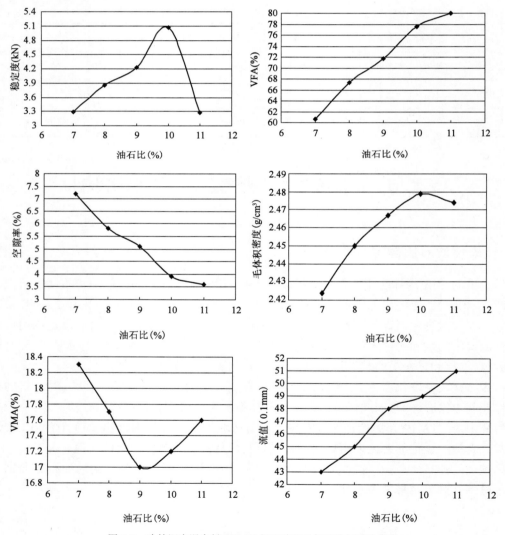

图 6-8　冷拌沥青混合料 UTA-10 级配油石比与马歇尔试验曲线

经过计算得出冷拌沥青混合料 UTA-10 级配的最佳油石比为 9.5%。这一结果是否适用于其他级配有待进一步研究。

二、路用性能验证

1. 水稳性试验

由于改性冷拌沥青混合料的设计空隙率比热拌沥青混合料的设计空隙率高,过高的空隙率将有可能不利于沥青混合料的抗水损害能力,因此有必要对沥青混合料的水稳性进行研究。在最佳油石比下,选用双面各击实 75 次的马歇尔试件对改性冷拌沥青混合料进行冻融劈裂试验,试验结果如表 6-19 所示。

冻融劈裂试验结果　　表 6-19

混合料种类	SBR 用量(%)	油石比(%)	空隙率(%)	R_{T1}(MPa)	R_{T2}(MPa)	冻融劈裂强度比 TSR(%)
改性冷拌 A	3.5	9.5	7.8	0.84	0.78	92.5
改性冷拌 B	4.5	9.5	7.2	0.84	0.80	94.9
改性冷拌 C	5.5	9.5	7.7	0.88	0.82	93.6

从试验结果可以看出,改性冷拌乳化沥青混合料的设计空隙率均在 7.2%~7.8% 之间,大于一般热拌改性沥青混合料的设计空隙率(4%~6%),但改性冷拌乳化沥青混合料仍表现出优异的抗水损害性能,因此以混合料抗水损害性能作为设计指标的话,对于 UTA-10 级配,改性冷拌乳化沥青混合料的设计空隙率可以适当放宽。

2. 高温稳定性试验

研究的侧重点主要放在考察改性冷拌乳化沥青混合料的高温稳定性能,试验结果如表 6-20 所示。

60℃高温车辙试验结果　　表 6-20

混合料种类	45min 位移(mm)	60min 位移(mm)	动稳定度(次/mm)
改性冷拌 A	3.044	3.353	2038
改性冷拌 B	3.059	3.384	1938
改性冷拌 C	3.091	3.359	2354
技术要求	—	—	>1800

试验表明混合料的高温稳定性能随 SBR 胶乳用量增大而得以提高。

3. 低温劈裂强度试验

在最佳油石比下成型马歇尔试件,在 -10℃ 温度条件下进行低温劈裂试验,结果如表 6-21 所示。

−10℃劈裂试验结果　　　　　　　　　　表 6-21

混合料种类	破坏荷载(kN)	劈裂破坏强度(MPa)
改性冷拌 A	12.41	1.13
改性冷拌 B	12.70	1.26
改性冷拌 C	12.21	1.21

从试验结果来看,冷拌沥青混合料 −10℃劈裂破坏强度非常接近,沥青种类的变化对 −10℃劈裂破坏强度的影响不是很大,UTA-10 级配是骨架嵌挤密实型级配,劈裂抗拉强度的相似性说明对于 UTA-10 级配都已经形成了很好的骨架嵌挤密实。

第八节　冷拌改性乳化沥青混凝土路用性能

研究表明,超薄沥青混合料面层剪切破坏较为明显,应把如何减轻沥青面层水损害,提高沥青混合料高温稳定性、低温稳定性以及抗剪强度作为研究的重点。

一、水稳性能

沥青混合料的水稳定性是指抵抗受水侵蚀后逐渐产生的沥青膜剥落、掉粒和坑槽等破坏的能力。评价水稳定性试验的方法主要是测定沥青混合料在浸水前后力学性能的变化,以浸水后的力学性质和原性质的对比作为对剥落的间接度量,沥青混合料在饱水的情况下强度降低越小,说明水稳定性越好。影响沥青混合料水稳性能的因素有多种,主要包括空隙率、沥青与集料的黏附性、石料种类、级配曲线、集料最大公称粒径、外掺剂的使用等。本书对超薄沥青混合料的空隙率与渗水性能之间的关系进行研究,并采用冻融劈裂以及浸水车辙试验来评价超薄沥青混合料的水稳定性。

1. 浸水马歇尔试验与冻融劈裂试验

进行浸水马歇尔试验时,沥青混合料分别以最佳油石比成型试件。试件分为 2 组,每组 4 个平行试件,一组在 60℃恒温水槽中保温 48h 后测定其浸水稳定度;另一组以标准马歇尔试验方法测定其标准马歇尔稳定度,然后计算残留稳定度。

冻融劈裂试验采用马歇尔击实法成型圆柱体试件,击实次数为正反两面各 50 次。试验时将试件随机分为 2 组,每组 4 个,将第二组试件以标准的饱水试验方法真空饱水,再放入塑料袋中,加入约 10mL 水,扎紧袋口,将试件放入 −18℃的冰箱中保持 16h,取出试件立即放入已保持为 60℃的恒温水槽中,撤去塑料袋,保持 24h。然后,将两组试件全部浸入 25℃的恒温水槽中至少 2h。取出试件立即进行劈裂试验,求得最大荷载。冻融劈裂强度比按下式计算:

$$TSR = \frac{R_{T2}}{R_{T1}} \times 100 \tag{6-2}$$

式中:TSR——冻融劈裂强度比(%);

R_{T2}——冻融循环后第二组试件的劈裂抗拉强度(MPa);

R_{T1}——未冻融循环的第一组试件的劈裂抗拉强度(MPa)。

试验结果见表6-22,由试验结果分析可知：

(1)超薄沥青混合料的浸水马歇尔残留稳定度大部分能达到规范要求(≥85%),不宜单独作为评价超薄沥青混合料水稳定性优劣的依据。

(2)综合浸水马歇尔试验和冻融劈裂试验结果,UTA-10级配混合料的稳定度和劈裂强度都较高,其水稳性能满足规范的要求。

浸水马歇尔试验和冻融劈裂试验结果　　　　表6-22

混合料种类	浸水马歇尔试验			冻融劈裂试验		
	稳定度(kN)	浸水后稳定度(kN)	残留稳定度(%)	R_{T1}(MPa)	R_{T2}(MPa)	TSR(%)
UTA-10(SBR)	12.6	12.2	96.4	1.08	0.87	80.1

2. 浸水车辙试验

由于水的侵蚀而导致沥青混合料出现软化和剥落,并由此引起的破坏通称为水损害。在进行沥青路面水稳性试验(如浸水马歇尔试验)时都是建立在路面交通对剥落无影响的基础上,但实际上交通对剥落同样起重要作用。路面在水及荷载综合作用下会产生孔隙水压力和动水压力,由此产生的动水压力和孔隙水压力引起的压力差可以软化和剥落沥青混合料,高的动水压力可以加速对混合料的软化和剥落,压力差引起的高速水流对沥青混合料产生直接的冲刷和剪切作用,正是泵吸作用导致了沥青路面水损害的产生。在车轮荷载的碾压下,沥青混合料因抗剪强度不足,产生侧向流动变形和严重的车辙,所以车辙的产生及其深度均与沥青混合料的水敏感性有关,可以说水损害是产生严重车辙的原因之一。

为了将交通荷载影响考虑其中,可以采用浸水车辙试验作为探索超薄沥青混合料水稳性的试验方法,通常以混合料出现破坏所需时间作为衡量剥落的指标。

试件室温浸泡12~16h,60℃保温4~6h,在60℃±1℃、0.7MPa±0.05MPa条件下进行浸水车辙试验,碾压20000循环,综合评价高温、浸水对超薄沥青混合料的影响。

浸水车辙试验通常可以得到两个数据来评价混合料水稳性能:剥落点N_s,它指的是荷载反复作用条件下永久变形的斜率开始显著增加的碾压次数(即拐点);破坏点N_s@12.5mm,指车辙深度达到12.5mm深度时的循环碾压次数,该指标被美国部分机构采用,其中包括得克萨斯州交通署。试验共碾压20000循环,因此如果20000循环结束后还未出现N_s或N_s@12.5mm,则将在试验记录上记作20000。试验结果见表6-23。

浸水车辙试验结果　　　　表6-23

混合料种类	油石比(%)	N_s(循环)	N_s@12.5mm(循环)	总变形量(mm)
UTA-10(SBR)	9	20000	20000	7.11

分析表6-23可得出如下结论：

(1)UTA-10级配沥青混合料在车辙发展后期的变形差较小,浸水车辙深度较小,并且在20000次循环结束后并未出现剥落点。

(2)浸水车辙试验考察了高温和水损害两因素的交互作用对超薄沥青混合料的影响,从试验结果看,UTA-10混合料的水稳定性较好,可用于路面表层。

二、高温性能

车辙试验是评价沥青混合料抗车辙能力的较简单和有效的试验方法,并考虑到混合料均为中粒式沥青混合料,将沥青混合料成型为300mm×300mm×60mm的板式试件,在同一轨道上60℃温度下,以轮压为0.7MPa的实心橡胶轮做一定时间的反复碾压,形成辙槽,以辙槽深度(总变形量)和动稳定度(每产生1mm辙槽所需的碾压次数)作为沥青混合料抗车辙能力的评价指标。

沥青混合料试件的动稳定度按下式计算:

$$DS = \frac{(t_2 - t_1) \cdot N}{d_2 - d_1} \cdot C_1 \cdot C_2 \tag{6-3}$$

式中:DS——沥青混合料的动稳定度(次/mm);
d_1——对应时间t_1的变形量(mm);
d_2——对应时间t_2的变形量(mm);
C_1——试验机类型修正系数;
C_2——试件系数;
N——试验轮往返碾压速度,通常为42次/min。

车辙试验结果见表6-24。从表中所列试验结果可以看出,超薄SBR乳化沥青混合料具有良好的高温稳定性能,满足高寒地区使用要求,主要归功于以下几方面原因:

(1)级配

超薄沥青混合料之所以具有较好的高温稳定性能主要是因为采用了骨架嵌挤密实的级配设计。

(2)粉胶比

粉胶比对沥青混合料的高温稳定性有较大影响,粉胶比的差异造成高温稳定性截然不同,因此对于UTA-10级配可适当增加矿粉含量,以提高其高温稳定性能。

试验结果分析表明:超薄沥青混合料形成的嵌挤密实型骨架结构可以有效保证混合料的高温稳定性,以弥补SBR高温性能不佳的短板。

车 辙 试 验 结 果 表6-24

混合料种类	油石比(%)	45min位移(mm)	60min位移(mm)	动稳定度(次/mm)
UTA-10(SBR)	9.5	1.054	1.183	2025

三、低温性能

为了评价高强度沥青混合料的低温抗裂性能,进行了低温弯曲试验,试验结果见表6-25。试验温度为-10℃,加载速率为50mm/min,在轮碾成型的板块状试件上用切割法制作棱柱体试件,试件尺寸符合长250mm±2mm、宽30mm±2mm、高35mm±2mm的要求,用弯拉强度、破坏应变和弯曲劲度模量作为沥青混合料低温抗裂性能评价指标。

在对低温弯曲试验结果进行分析时,常采用抗弯拉强度或者破坏应变来评价沥青混合料的低温抗裂性能,而具有优良低温抗裂性能的沥青混合料,不仅要有大的抗弯拉强度,而且要有较大的破坏应变。无论抗弯拉强度还是破坏应变都不能全面评价沥青混合料的低温抗裂性能,采用弯曲劲度模量来评价沥青混合料的低温抗裂性能更是不科学的。低温下沥青混合料可看作弹性材料,其破坏过程是一个能量耗散的过程,外力对材料所做的功可以转化成如下形式的能量:作为弹性应变能被储存;裂纹发生、发展产生新表面时转化为表面能。一般情况下,沥青混合料储存的弹性应变能越多,低温抗裂性能就越好。在分析试验结果的过程中基于材料损伤原理,用应变能密度来评价沥青混合料的低温抗裂性能。沥青混合料在低温开裂时,经过裂缝的引发、亚临界状态增大和裂缝最后终止三个阶段,假设在上述开裂破坏过程中,沥青混合料单位体积内应变能也遵循这一变化规律,那么开裂破坏就可以用应变能密度函数来表示:

$$d_w/d_v = \int_0^{\varepsilon_{ij}} \sigma_{ij} d\varepsilon_{ij} \tag{6-4}$$

式中:d_w/d_v——应变能密度函数;

σ_{ij}、ε_{ij}——应力、应变分量。

d_w/d_v 的临界值是沥青混合料断裂时实际应力-应变关系曲线下的面积(图6-9)。根据材料的损伤准则,材料临界应变能密度越大,材料发生破坏所需能量也就越大,材料性能就越好。

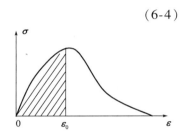

图6-9 应力-应变关系曲线示意图

小梁低温弯曲试验结果 表6-25

混合料种类	抗弯拉强度 (MPa)	破坏应变 ($\times 10^3 \mu\varepsilon$)	弯曲劲度模量 (MPa)	应变能密度 ($kJ \cdot m^{-3}$)
UTA-10(SBR)	10.970	3.024	3692	20.613

超薄沥青混合料的低温性能主要受级配、沥青种类、沥青用量三种因素影响。UTA-10混合料的破坏应变较大,因此其应变能密度也较大,表现出非常好的低温抗裂性能。

四、抗滑性能

超薄沥青混凝土主要用于路面抗滑性能的功能层,其抗滑性能及耐久性是超薄沥青混凝土设计中主要考虑的问题。路面的抗滑性能指标主要有路面的表面纹理深度及横向摩擦系数。由于路面的构造深度测试方法简单、应用广泛,因此本书以该指标作为超薄沥青混合料设计时的主要抗滑指标。

借鉴法国超薄沥青构造深度指标测试方法,测试结果见表6-26。

构造深度测试值 表6-26

混合料种类	构造深度(mm)		构造深度残留率(%)
	车辙前	车辙后	
UTA-10(SBR)	1.38	0.87	0.63

从表中所列试验结果可以看出,UTA-10超薄沥青混合料的构造深度均满足指标要求。

第九节 施工工艺

一、生产

1. 拌和机的标定和调整

在沥青混合料施工前需对拌和楼设备的计量系统进行标定,保证计量准确;对除尘设备进行检查,并对需要的配件进行备件;根据沥青混合料级配对热料仓上的筛网进行调整及更换,要保证有3.0mm、6mm、10mm各2片。

2. 施工级配的调整

先在各个冷料仓和矿粉仓里取料进行筛分试验,根据各个单档料筛分结果,用目标配合比的比例来调整冷料仓的比例,根据冷料仓的比例来调整冷料上料器的振幅、料门角度、转速;分别从热料仓取料,进行筛分试验,以筛分结果为依据调整目标配合比,采用旋转压实100次来确定施工配合比的体积参数和最佳沥青用量。

3. 混合料的拌和时间及生产温度控制

矿料的加热温度为18~90℃;沥青加热温度为165~175℃;沥青混合料拌和温度为170~180℃;混合料拌和时间比普通沥青混合料要长一些,湿拌42~53s,干拌8~12s。

二、运输

沥青混合料的运输宜采用不小于20t的自卸汽车,车厢底板与侧面必须涂隔离剂,而且车厢顶部必须遮盖棉被和毡布,防止温度下降过快。当气温低于10℃或当天气导致沥青混合料降温过快时,不应继续施工。为保证连续均匀摊铺,在摊铺机前至少应保证有4辆以上的运料车等候卸料,控制沥青混合料的储存时间为4h左右。卸料时在摊铺机前20~40cm处挂空挡停车,不能碰撞摊铺机。摊铺过程中由摊铺机顶推运料车同步前行。

三、洒布与摊铺

沥青混凝土薄层罩面摊铺采用同步施工的方法,乳化沥青黏结料在65~85℃下洒布。洒布量符合试验要求,对于Ⅰ-10型沥青混合料为0.7~1.0L/m²,对于Ⅱ-16型沥青混合料为0.8~1.5L/m²。铣刨路面应适当增大洒布量,并结合现场具体路面情况进行适当调整。

薄层罩面沥青混合料摊铺温度不低于160℃,沥青混合料摊铺松铺系数控制在1.1左右(根据试验确定),摊铺机应均匀、缓慢、不间断地前进,确保摊铺的均匀性和连续性,并用加热的熨平板熨平,摊铺速度在15m/min左右,输出量应与混合料的运送量、成型能力相匹配。车辆卸完料后马上离开,不准停留,等待卸料车辆迅速退到摊铺机前,保证摊铺机摊铺过程中料斗内有充足的沥青混合料。摊铺作业的各项参数均由试验段试铺来确定,在施工过程中,不得随意调整参数,摊铺前一定注意天气变化,遇到下雨时停止施工,清除未碾压成型的沥青混合料,并废弃遭受雨淋的沥青混合料。摊铺过程中,有局部掉粒现象要及时进行人工处理,摊铺机死角处应由人工摊铺整平。

四、碾压

沥青混凝土薄层路面碾压必须在路面温度降至120℃之前完成,压路机不能停留在刚摊铺好的热沥青混合料表面上,碾压必须在摊铺后立即进行,一般用9~12t的双钢轮压路机静压2~3遍即可压实,静压时轮迹一般重叠1/2碾压宽度。施工完成后,压路机或其他车辆不得停放在刚施工的沥青混凝土薄层罩面上。压路机要性能可靠,装有皂液水添加系统和刮板装置,防止新摊铺热沥青混合料粘在轮上。碾压完成的路面在温度冷却至50℃以下后方可开放通道。

五、接缝处理

纵缝采用冷接缝。为保证摊铺的顺直,摊铺机操作人员使路面在边缘处形成斜面,并适当喷洒乳化沥青,以保证两幅的衔接。两幅搭接时,需要用摊铺机找平,然后再用压路机进行碾压。

横向接缝处理时要求摊铺机在接近端部前约0.7m处将熨平板抬起后立即驶离现场,人工将端部沥青混合料铲平后再碾压,做到新铺面与原路面连接平整顺直,用3m直尺检测。

六、施工注意事项

(1)乳化沥青车的喷洒控制系统要运行优良,摊铺和喷洒要同时进行,不准渗漏沥青在路面上。

(2)根据国内外的施工经验,车道的轮迹带处容易产生泛油,所以乳化沥青在车道上的喷洒量可适当减少。

(3)沥青混合料薄层罩面铺筑的路面要承受过往车辆的行驶作用,会使路面产生车辙和反射裂缝,所以要及时对路面进行养护。

(4)沥青混合料薄层罩面铺筑的路面颜色较深,吸收太阳热量较多,路面温度较高会加速沥青的老化,所以在施工中要注意选择颜色较淡的矿料,以减少对太阳热量的吸收。

第十节 施工质量控制

沥青混凝土薄层罩面在施工过程中,应随时对所有材料进行原材料试验和进场检验,并且在施工后对路面表观质量、抗滑性能及渗水系数、厚度等进行检测。

1. 施工监控

1)沥青结合料

沥青混凝土薄层罩面对沥青结合料的技术要求相对较高。

对于改性乳化沥青,每批按照规范所列检验项目,依据现行《公路工程沥青及沥青混合料试验规程》(JTG E20)检测其技术指标。每次取样试验后,应及时分析试验结果,及时提交项目监理工程师审查。

如果是现场自制的改性沥青,取样后应立即拿回试验室进行试验,不得在冷却后或者重新加热后再做试验。每次试验后,要及时分析数据,及时提交项目监理工程师审查。

2) 矿料

每批集料或填料进场应按照现行《公路沥青路面施工技术规范》(JTG F40)所要求的技术指标进行取样检验。每次取样试验后,应及时分析试验结果,及时提交项目监理工程师审查。

3) 施工温度控制

沥青混凝土薄层罩面的温度控制在施工过程中是关键点和难点。由于矿料粒料较多,拌和温度较难掌握,施工时应保证喷油器的燃料供应量,可采用使细集料产生溢仓的做法来控制矿料的加热温度。矿料的温度应在热料仓出口和沥青混合料出厂时进行检查。

薄层罩面沥青混合料各个阶段的施工温度应比普通沥青混合料高 10~20℃。具体在施工中各个阶段的温度控制如下:集料加热温度 180~190℃;混合料出厂温度 175~185℃;改性沥青加热温度 160~165℃;混合料温度不高于 195℃(超过此温度应废弃);混合料储存运输过程中在夏季温度损失不超过 10℃,冬季不超过 15℃;初始摊铺温度不低于 165℃;初压温度不低于 155℃;复压温度不低于 140℃;终压温度不低于 100℃;开放交通温度不高于 55℃。

4) 沥青混合料级配和沥青含量控制

每天混合料生产稳定后,应分别从运料车的摊铺现场取样,按照现行《公路工程沥青及沥青混合料试验规程》(JTG E20)中的方法分别进行抽提试验和混合料抽提后筛分试验。测得的沥青用量与目标沥青用量应满足规范要求;试验测得的混合料级配中关键筛孔(4.75mm、2.36mm 和 0.075mm)实际通过率与生产配合比的级配应满足现行规范规定的误差范围;实测的混合料体积指标也应满足现行规范规定的误差范围。

5) 施工过程控制

沥青混凝土薄层罩面施工时要有专业人员随时对新铺路面外观进行目测,表面应密实平整,不得有轮迹、油斑、裂缝等现象。纵横向接缝必须紧密平顺,不跳车。具体的质量控制标准见表 6-27。

沥青混凝土薄层罩面施工过程中质量控制标准　　表 6-27

项　目		检查频度及单点检验评价方法	质量要求或允许偏差	试　验　方　法
混合料外观		随时	观察集料粗细、均匀性、色泽,有无花白料、离析、冒烟等现象	目测
拌和温度	沥青、集料的加热温度	逐盘检测评定	符合规定	传感器自动检测、显示并打印
	混合料的出厂温度	逐车检测评定	符合规定	传感器自动检测、显示并打印

续上表

项　目		检查频度及单点检验评价方法	质量要求或允许偏差	试 验 方 法
矿料级配（筛孔）	0.075mm	逐盘在线检测	±2%	计算机采集数据计算
	≤2.36mm		±5%	
	≥4.75mm		±6%	
	0.075mm	逐盘检查，每天汇总1次取平均值评定	±1%	总量检验
	≤2.36mm		±2%	
	≥4.75mm		±2%	
	0.075mm	每台拌和机每天1~2次，以2个试样的平均值评定	±2%	拌和厂取样，用抽提后的矿料筛分
	≤2.36mm		±4%	
	≥4.75mm		±5%	
沥青用量（油石比）		逐盘在线监测	±0.3%	计算机采集数据计算
		逐盘检查，每天汇总1次，以2个试样的平均值评定	±0.1%	总量检验
		每台拌和机每天1~2次，以2个试样的平均值评定	±0.3%	拌和厂取样，离心法抽提
空隙率、稳定度、流值		每天2次，以4个试件的平均值评定	符合规定	拌和厂取样，室内成型试验
浸水马歇尔试验		每天成型1次	符合规定	拌和厂取样，室内成型试验
车辙试验		各种原材有变化时（取平均值）	符合规定	拌和厂取样，室内成型试验
压实度		个/200m/车道	不小于98%	现场钻孔试验
渗水系数试验		每1km不少于5个点，每点3处取平均值	—	改进型渗水仪
沥青黏结料含量		随时	±0.3%	—
厚度控制		随时	±5%	—

2. 质量检测

（1）压实度、厚度检测

沥青混凝土薄层罩面施工后，对路面进行压实度和厚度检测。

（2）摩擦系数检测

摩擦系数检测是沥青混凝土薄层罩面的一项重要的行车安全性能检测，摩擦系数的大小主要取决于集料自身的强度、抗磨能力、表面纹理结构和沥青混合料的级配。

（3）渗水系数检测

由于沥青混凝土薄层罩面的厚度薄且空隙大，渗水效果较好，均能满足要求，因此不做要求。

(4)平整度检测

驾驶员及乘客的行车舒适性能直观反映沥青混凝土薄层罩面路面的服务功能,因此在施工完成后需进行路面平整度检测。

在实体工程铺筑的基础上,结合国内外相关研究资料,建议使用的质量评定标准如表6-28所示。

施工质量评定指标　　　　　　　表6-28

项　　目		规定值或允许偏差	检查方法和频率
压实度(%)		98	每200m 每车道1处(钻孔法)
平整度(mm)		0.8	每车道连续每100m(平整度仪)
抗滑系数		≥4	每200m 每车道1处(摆式仪)
弯沉(0.01mm)		≤完工验收弯沉值	每1000m 每车道50处(弯沉仪)
厚度	代表值(mm)	-4	每200m 每车道1处(钻孔)
	极值(mm)	-8	
纵断高程(mm)		±10	每200m 4个断面(水准仪)
空隙率(%)		±1	每200m 每车道1处(钻孔法)
连续空隙率(%)		±1	每200m 每车道1处(钻孔法)
宽度(mm)		±20	每200m 4处(水准仪)
横坡(%)		±0.3	每200m 4个断面(尺量)

第七章 橡胶沥青应力吸收层预养护技术工程应用

第一节 试验工程概况

现场试验工程位于青海省民和回族土族自治县与循化撒拉族自治县之间的川亭公路(川口至官亭公路)。根据养护要求,川亭公路上 K73+000~K81+700 段采用橡胶沥青应力吸收层进行预防性养护,养护长度约 8km。其余路段将采用普通沥青封层技术进行养护。

第二节 橡胶沥青应力吸收层设计

一、原材料准备

1. 橡胶粉

本次施工采用的橡胶粉细度为 30 目,检测密度为 $1.146g/cm^3$,含水率为 0.18%。现场筛分结果见表 7-1,满足生产橡胶沥青的技术要求。

橡胶粉筛分规格　　　　　　表 7-1

筛孔尺寸(mm)	现场通过率(%)	技术要求(%)
1.18	100	100
0.83	95.1	—
0.6	88.8	50~100
0.42	45	—
0.25	32	—
0.18	15.8	—
0.15	9.1	—
0.075	4.3	0~5

2. 基质沥青

生产橡胶沥青所用的基质沥青采用 SK 石油沥青,标号 AH-70,其技术指标要求及检测结果见表 7-2。

AH-70 基质沥青检测结果 表 7-2

检测项目		技术要求	检测结果
针入度(25℃,100g,5s,0.1mm)		60~80	73
延度(5cm/mim,15℃,cm),不小于		100	>166
延度(5cm/mim,10℃,cm),不小于		20	—
软化点(环球法,℃),不小于		46	48.1
溶解度(三氯乙烯,%),不小于		99.5	—
针入度指数		-1.3~1.0	—
薄膜加热试验(163℃,5h)	质量损失(%),不大于	0.6	—
	针入度比(%),不小于	65	—
	延度(15℃,cm),不小于	100	—
	延度(10℃,cm),不小于	6	—
闪点(COC,℃),不小于		260	—
含蜡量(蒸馏法,%),不大于		2	—
密度(15℃,g/cm³),不小于		1.01	—
动力黏度(绝对黏度,60℃,Pa·s),不小于		180	—
PG 等级		64~22	—

3. 集料

应力吸收层采用的集料为当地产玄武岩,清洁,不含风化颗粒,集料黏附性均不小于 4 级。集料筛分结果见表 7-3。集料各项技术指标的检测值见表 7-4,集料抽检频率应满足规范要求。

集料筛分试验结果 表 7-3

方筛孔尺寸(mm)	试样 A(%)	试样 B(%)	技术要求(%)
13.2	100	100	100
9.5	100	100	100
6.3	22.7	13.0	0~15
2.36	3.8	3.1	0~5
0.075	0.2	0.2	0~0.5

橡胶沥青应力吸收层集料检测结果 表 7-4

检测项目	技术要求	检测结果
石料压碎值(%),不大于	24	12.5
洛杉矶磨耗损失(%),不大于	30	—
吸水率(%),不大于	2.0	1.0
对沥青的黏附性,不小于	4 级	5 级
坚固性(%),不大于	12	—
细长扁平颗粒含量(%),不大于	15	4.4
水洗法<0.075mm 颗粒含量(%),不大于	1	—
软石含量(%),不大于	5	—

二、橡胶沥青与集料用量

橡胶沥青洒布温度控制在170℃以上。洒布设备采用BISPRAYER同步碎石封层车。橡胶沥青洒布量采用1.6~1.8kg/m²。喷洒橡胶沥青后同步撒布碎石,碎石撒布量采用12kg/m²±2kg/m²,以满铺、不散失为度。对于局部碎石撒布量不足的地方,应人工补足;撒布量偏多的地方,应人工扫除。

采用25t以上的轮胎压路机进行压实。碎石撒铺后立即进行碾压作业,碾压3遍以上。BISPRAYER同步碎石封层车和轮胎压路机之间的跟随距离不大于5m,并随时检测和控制好碎石撒布量和碾压温度。BISPRAYER同步碎石封层车及施工过程见图7-1,碾压作业完成后的橡胶沥青封层见图7-2。

图7-1 橡胶沥青封层施工过程

图7-2 橡胶沥青封层

第三节 橡胶沥青应力吸收层施工

一、橡胶沥青生产

橡胶沥青175℃的表观黏度宜控制在1.5~4.0Pa·s。废橡胶粉与沥青比例选用15%、18%、20%三组。橡胶粉加入沥青的温度为175~200℃,拌和1h后进行试验。试验分为四项内容,即175℃黏度、针入度、软化点和弹性恢复。最终选用15%胶粉含量的橡胶沥青,其试验结果见表7-5。胶粉含量确定以后,用以指导橡胶沥青的生产。

15%胶粉含量橡胶沥青试验结果 表7-5

试验名称	黏度(Pa·s)	针入度(0.1mm)	软化点(℃)	弹性恢复(%)
1	1.70	—	58.1	55
2	1.68	—	58.3	52
3	1.74	—	57.6	50
平均值	1.70	—	58.0	52.3

橡胶沥青生产采用济南一家公司生产的橡胶沥青生产设备。生产设备安置在川亭公路旁靠近摊铺路段的一处工地中。生产设备见图7-3。生产时,将橡胶粉及基质沥青(160℃)输送

到专用生产设备的高速剪切搅拌器拌和,同时快速升温至190℃。在175℃的环境下剪切完成后,输送至反应罐进行至少45min的反应,并升温到200℃,完成橡胶沥青生产过程。橡胶沥青生产流程见图7-4。

图7-3　橡胶沥青生产设备

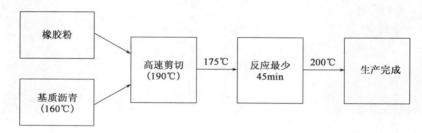

图7-4　橡胶沥青生产流程

二、橡胶沥青应力吸收层施工过程检测

为控制橡胶沥青应力吸收层的施工质量,在施工过程中,主要对下面四个指标进行检测:橡胶沥青性质、橡胶沥青洒布量、集料撒布量、外观。

1. 橡胶沥青性质

每生产一罐橡胶沥青,均进行针入度、软化点和弹性恢复试验,以控制橡胶沥青质量。检测结果见表7-6。从检测结果来看,每一罐橡胶沥青均满足技术要求。

橡胶沥青施工检测结果　表7-6

项　目	25℃弹性恢复(%)	针入度(0.1mm)	软化点(℃)
试样A	58	40	60
试样B	57	42	59
试样C	51	41	58

2. 橡胶沥青洒布量

橡胶沥青洒布量主要通过测量单位面积上的橡胶沥青质量来评定。单位面积主要通过一张50cm×50cm铁皮衡定。在橡胶沥青洒布车经过的路面上预先放好铁皮,沥青洒布后称量铁皮质量。计算铁皮质量差及其面积,获得橡胶沥青洒布量。结果见表7-7。

橡胶沥青洒布量检测结果　　　　　　　　表7-7

检测时间	7月8日	7月9日	7月10日	7月11日
橡胶沥青洒布量(kg/m^2)	1.6	1.5	1.0	1.6

3. 集料撒布量

集料撒布量主要通过测量单位面积上的集料质量来评定,单位面积通过一张50cm×50cm铁皮衡定。

在本次集料撒布过程中,由于橡胶沥青与碎石同步洒(撒)布,不能单独测量碎石的质量。所以需要先测量出橡胶沥青洒布量,然后再测量出碎石撒布量。

第四节　试验工程性能检测与评价

为分析评价预防性养护的效果,进行了多种形式的检测,主要包括摩擦系数试验、渗水试验和钻芯取样剪切试验,以评价应力吸收层的使用性能。

一、摩擦系数试验

为研究橡胶沥青应力吸收层的使用性能,施工7d以后,对橡胶沥青封层进行了摩擦系数试验,测量结果见表7-8。测量结果表明,试验路的抗滑性能良好。

摩 擦 系 数 结 果　　　　　　　　表7-8

地点桩号	摩擦系数(BPN)	
	左幅	右幅
K73+500	93	95
K73+610	89	88
K73+725	95	96
K73+830	94	99
K73+935	90	94

二、渗水试验

2015年7月11日,对已施工完成7d后路段进行渗水试验,结果见表7-9。试验结果表明,橡胶沥青封层防水效果良好。

渗 水 试 验　　　　　　　　表7-9

桩　号	左　幅	右　幅	桩　号	左　幅	右　幅
K73+030	不渗水	不渗水	K74+270	不渗水	不渗水
K73+070	不渗水	不渗水	K74+470	不渗水	不渗水
K73+270	不渗水	不渗水			

三、钻芯取样剪切试验

2015年7月,对该路段左半幅橡胶沥青封层进行了取芯调查(图7-5)。将芯样切割成 5cm×5cm×6cm 的立方体试件,在试验设备上进行剪切试验,试验温度为30℃。试验结果见表7-10。

图7-5 橡胶沥青应力吸收层芯样

剪 切 试 验 结 果　　　　表7-10

路 段 桩 号	剪切变形(mm)	抗剪切力(kN)	抗剪强度(MPa)
K74+562	2.26	1.66	0.660
K74+315	1.89	2.82	1.103
K74+900	3.29	2.15	0.843

由表7-10可以看出,现场取芯橡胶沥青应力吸收层抗剪强度平均值为0.869MPa,剪切变形平均值为2.48mm。橡胶沥青应力吸收层的这种高变形特性对于其能够抵抗剪切变形非常有利。

第八章
高寒地区沥青路面材料就地热再生技术及推广应用研究

第一节 研究背景及现状

一、研究背景及意义

1. 研究背景

沥青路面以其良好的路用性和行车舒适性被广泛用于我国公路建设,在我国已建成的高速公路和一级公路中,80%以上的路面为沥青路面。然而,沥青路面在使用的过程中,由于受到紫外线照射、雨水冲刷等自然因素以及行车荷载的综合作用,容易产生裂缝、松散、坑槽和车辙等各种病害,使沥青路面的路用性能恶化,严重缩短了沥青路面的使用寿命,使其未到设计的使用年限就需要进行大面积的养护和维修。通常沥青路面的设计使用年限是 12~15 年,但是实际上大部分沥青路面建成通车后短则 2~3 年、长则 6~8 年就由于受到上述病害导致其路用性能恶化而需要进行大修。当前,我国对沥青路面的大修普遍采用的方法是先将需要维修的旧沥青路面铣刨,然后再加铺新的沥青混合料路面,这种维修方法将会产生大量的废旧沥青混合料。我国在 20 世纪 90 年代和 21 世纪初建成的沥青路面在自然因素和巨大的交通荷载作用下早已不堪重负,按照这些路面的设计使用年限和实际使用情况来看,这些早期修建的高等级公路绝大部分都已进入或者即将进入大修期。据估算,从现在起我国每年大约有 12%的沥青路面需要进行大面积的养护和维修,其间产生的废旧沥青混合料的数量已超过 2000 万 t,并且这一数量还以每年 15%的速率增长。如果这些废旧沥青混合料得不到合理的处置而采用丢弃的方式处理,不仅污染环境,更是一种极大的资源浪费。因此,如何有效处理和利用这些废旧沥青混合料已成为我国公路部门面临的一大难题。

废旧沥青混合料再生利用是指将铣刨的旧沥青路面破碎后与新集料、新沥青、再生剂等重新拌和成满足沥青路面路用性能要求的再生沥青混合料,并重新铺筑成沥青路面。废旧沥青混合料的再生利用不仅能有效处置旧料,解决废旧沥青混合料随意丢弃对环境造成的污染问题,并且由于旧沥青和旧石料的重复使用,减少了新沥青和新集料的开采量,有利于环境保护,同时还节约了大量的新材料,降低了工程造价。

有研究表明,再生沥青路面的温度敏感性不高,回收的旧路面材料可大大提高路面的抗变形能力,改善道路结构性能。因此,可根据项目所在地的气候状况、交通特性、荷载等条件,充分利用旧路面材料特性(如旧沥青较好的高温稳定性能、温度敏感性能等),改善沥青路面材料某方面的性能,使其更加适应特定地区的使用需求。试验研究证明,不同老化程度的沥青路面旧料掺加合适的再生剂和集料后,既可作为再生基层材料,也可作为再生沥青面层材料,还可铺筑邻近中低级道路面层和基层,有利于充分利用资源,节省资金,改善相邻路网中低等级公路路面的路况,提高公路网络整体服务质量。因此,沥青路面再生技术被称为"绿色"施工技术,应该大力推广应用。

2. 研究意义

实践证明,沥青路面再生技术是我国公路建设可持续发展战略的重要组成部分,在现阶段具有重大经济、社会和环境意义。

(1)沥青路面再生有利于可持续发展。国外经验证明,当沥青路面进行厂拌热再生利用时,节约费用约30%;进行现场热再生利用时,节约费用约50%;进行就地冷再生利用时,节约费用约60%。我国经验证明,与铺筑新沥青路面比较,铺筑再生沥青路面,其材料费平均节约50%;考虑翻挖路面、破碎、过筛、添加再生剂等增加的费用时,工程造价降低25%左右。由此可知,对旧沥青路面进行再生利用具有巨大的经济效益,有利于解决公路建设资金不足的问题,有利于交通行业可持续发展。

(2)沥青再生技术能最大限度地利用废旧沥青混合料,可直接节约大量的砂石料和沥青,有效节约因开采砂石和废弃旧料而占用的大量土地资源。一方面,我国石油沥青人均产量低,沥青质量差,很难满足重交通石油沥青的路用性能技术要求。因此,需大量进口价格昂贵的沥青和适宜炼制沥青的原油。另一方面,我国许多地区质量好的玄武岩、辉绿岩、安山岩等石料稀缺,再加上经济发达地区沥青混凝土路面翻修频率高,产生废料多,因此迫切需要利用沥青再生技术重复利用旧沥青混合料。

(3)沥青路面再生技术重复利用旧沥青混合料,既减少了废弃沥青混凝土对弃置场所及其周边环境的污染,又减少了石料的开采对周边环境的破坏,有效保护了生态环境。

(4)沥青路面再生技术能有效改善旧路面使用性能。

二、国内外研究现状

1. 国外废旧沥青混合料再生利用现状

国外对于废旧沥青混合料再生的研究起步较早,废旧沥青混合料的再生利用已比较成熟和普及。美国对沥青路面再生利用的研究可追溯到1915年。其再生技术的发展与石油工程的发展息息相关。1956年原油价格的上涨和1973年石油危机的爆发引起美国对这项技术的重视,并且迅速在全国范围内进行了广泛的研究。沥青路面的再生利用在美国的工程实践中也逐渐趋于常规,再生沥青混合料被认为可替代部分新拌沥青混合料使用。20世纪80年代末,美国再生沥青混合料的用量几乎为全部路用沥青混合料的一半。90年代后期,美国认为新拌沥青路面中掺加40%~50%的再生沥青混合料后仍然可以满足要求。但由于旧沥青混合料中细料含量过多,在新拌混合料设计时应重新进行级配设计。

美国交通运输研究委员会编制出版了《路面废料再生指南》,美国沥青协会出版了《沥青路面热拌再生技术手册》《沥青路面冷拌再生技术手册》,形成了较完备的技术规范体系。

2000年9月美国道路协会出版了《热拌沥青混合料再生利用现状》,介绍了美国在废旧沥青混合料再生利用和废物在道路工程中再生利用的情况。2000年的废旧沥青混合料再生利用率为80%,居各类废物的再生利用率之首。美国高速公路和一般道路中有92%为沥青路面,再生沥青混合料被广泛应用于新建路面、路基、路肩以及高填土路堤中。据统计,目前每年再生利用的沥青混合料约为3亿t,可直接节省材料费15亿~20亿美元,材料重复利用率高达80%。

西欧国家十分重视沥青路面再生利用技术。20世纪70年代中期,芬兰、荷兰等国家相继进行小型试验,并迅速推广应用。在芬兰,几乎全国都进行旧沥青路面材料的收集和储存,原来再生沥青路面材料主要用于轻交通道路的面层和基层,近年开始也用于重交通道路。欧洲沥青路面协会(EAPA)在互联网上宣布,其所有成员国100%再生利用旧沥青路面材料。

日本从1976年就开始研究沥青路面再生技术。1984年7月,日本道路协会出版了《路面废料再生利用技术指南》;1992年又出版了《厂拌再生沥青铺装技术指针》,其中指出将再生热拌沥青混合料应用于重交通道路路面,使用结果表明,如果适当地对再生热拌沥青混合料进行质量控制管理,其铺装后与新铺装路面性能相当。1993年日本的旧料再生利用率达到78%;2000年旧料再生利用率为90%;2002年旧料再生利用率达到100%。

从发达国家的废旧沥青混合料再生利用技术研究发展状况来看,这些国家都很重视再生实用性的研究,通过大量工程实践形成了比较完整的再生技术,达到了规范化和标准化的程度。表8-1给出了发达国家在废旧沥青混合料再生利用方面的一些技术规范。

发达国家在废旧沥青混合料再生方面的技术规范　　　　表8-1

出版时间(年)	出版国家	规范名称
1981	美国	《路面废料再生指南》
1981	美国	《沥青路面热拌再生技术手册》
1981	德国	《热拌再生沥青混凝土施工规范》
1983	德国	《沥青路面冷拌再生技术手册》
1983	英国	《热拌沥青混凝土基本规范》
1984	日本	《路面废料再生利用技术指南》
1994	德国	《再生沥青混凝土施工指南》
1997	澳大利亚	《沥青混凝土路面再生指南》
1997	美国	《州和地方政府路面再生指南》

综上所述,目前发达国家在再生沥青混合料生产工艺及配套机具的研制与开发方面均取得了显著的成就,并形成了系统的成套沥青路面再生技术。总之,国外沥青路面再生技术已日趋成熟,对于不同的再生工艺有相应的再生机械设备,实现了全套机械化作业,并通过不断创新机械设备而提高再生路面的使用性能。

2. 国内废旧沥青混合料再生利用现状

20世纪50年代,我国就开始进行沥青混合料再生利用技术研究,一般用于轻交通道路、人行道或道路垫层;70年代初期,湖北、山西等省公路养护部门将开挖的旧沥青面层材料用于基层，湖南省公路部门将乳化沥青加入旧渣油表处面层材料中，通过修筑试验路，证明了旧沥青路面材料再生利用的技术、经济可行性。1982年，交通部设立了沥青渣油路面再生利用课题，研究其再生机理、再生设计方法与工艺等。1983年，城乡建设环境保护部下达了"废旧沥青混合料再生利用"研究项目，并铺筑了30000 m^2 以上的试验路段，但当时没有成熟的生产工艺、合适的再生机械和足够的资金，造成沥青路面再生利用投资大、收益慢、再生质量无保证，因此此项技术并未推广。

20世纪90年代，我国国内没有大规模修建高速公路，很少有关于废旧沥青混合料路面的研究，但是1991年我国发布了《热拌再生沥青混合料路面施工验收规程》，这项规程中就规定了拌和再生沥青混合料所用的矿料、沥青的品质以及混合料的技术要求，表明了我国学者并没有完全放弃废旧沥青混合料路面的再生利用。到了90年代末期，随着我国前期修建的高速公路面临着大修大补，某些路段甚至需要改建的局面的到来，再生沥青混凝土路面的研究又被重新提上日程。1999年，在邯郸线大修工程中，河北邯郸市交通局公路管理处引进了一台德国维特根公司生产的路面冷再生拌和机，在大量试验的基础上，采用以水泥为添加剂的旧路面冷再生施工方法，取得了良好的使用效果和经济效益。2002年3月，华北高速公路股份有限公司从德国维特根公司引进了一套沥青路面就地热再生设备，随后该设备在京津塘高速公路上进行了就地热再生施工，最终的再生路面性能可以满足使用要求。

2001年华北高速公路股份有限公司率先对京津塘高速公路和北京市城市道路实施沥青再生养护作业；2003年在沪宁高速公路上海段大修工程采用了沥青路面现场热再生技术，维修后路段的旧料利用率达到100%；2004年广东冠粤路桥有限公司引进美国ASTEC的再生设备，将其应用于广佛高速公路14km路段的大修工程；2005年安徽省滁州市对G104线K1041~K1043段进行了沥青路面热再生试验工程，经初步检测，各项技术指标均符合规范要求，节约造价50%，且施工期短；2006年吉林省嘉鹏公路建设有限责任公司对吉林省长双公路部分路段进行现场热再生施工，再生效果较好。鞍山森远集团自行设计生产的国内首台大型现场热再生机组"森远时代列车"在连霍高速公路路面养护中得到应用。

马登成的研究表明，沥青路面就地热再生时，级配变异会导致混合料出现离析、压实困难、层间连接不良等许多问题，这直接影响再生后沥青路面的路用性能。试验验证表明，通过对就地热再生混合料各组成材料的严格控制与优化设计，可以获得各项技术指标符合要求的就地热再生混合料，能够恢复沥青路面原有的路用性能。

范勇军结合西部交通建设科技项目"沥青路面再生利用关键技术研究"，重点进行了厂拌热再生的技术研究。在借鉴新拌沥青混合料配合比设计的基础上，依托浙江22省道诸暨段加铺的工程实践，全面给出了再生沥青混合料的配合比设计方法。

张新波结合沪杭甬高速公路维修工程，对热再生现场施工工艺流程及现场施工关键点的控制措施进行了研究，并对再生后的路面状况进行了跟踪检测。结果表明，再生后的沥青路面能够满足现行规范的相关技术指标要求。

梁尤彦首先从产品技术、生产运作流程和生产运作计划三个层面对生产参数和运作管理进行优化，最后对经过优化的再生沥青混合料生产运作进行路面实际运用试验，并对比优化管理前后的评价，对再生沥青混合料工程的经济、社会效益进行了分析。

三、废旧沥青混合料再生利用方式

根据废旧沥青混合料再生工艺的不同,可将废旧沥青混合料再生技术分为热再生和冷再生。其中,热再生又可分为厂拌热再生和就地热再生;冷再生又可分为厂拌冷再生和就地冷再生。

厂拌热再生是指将铣刨下来的废旧沥青混合料运输至沥青混合料拌和站,经破碎分级后,在拌和楼中按照一定的比例与新集料、新沥青和再生剂等重新进行热拌和得到再生沥青混合料并用于铺筑路面的再生技术。厂拌热再生可对不同等级公路路面的废旧沥青混合料进行再生,根据再生后的沥青混合料的性能,可将其用于不同等级公路的沥青面层和柔性基层,再生工艺容易控制,使用范围广。

就地热再生是指选用专门的就地热再生设备,先对沥青路面进行加热、铣刨,然后现场加入一定量的新沥青、新沥青混合料和再生剂等,通过热拌、摊铺和碾压等工序实现对旧沥青混凝土路面表层进行再生的技术。

就地冷再生是指采用专门的就地冷再生设备,在现场对需要维修的沥青路面完成铣刨、破碎和筛分等工序,然后按照一定的比例加入新集料、活性填料(常用的如水泥、石灰等)、水以及再生结合料(常用的如乳化沥青、泡沫沥青等),采用常温拌和的方式得到再生沥青混合料,然后通过摊铺和碾压实现对旧沥青路面再生的技术。

厂拌冷再生是指将铣刨下来的废旧沥青混合料运输至沥青混合料拌和站,经过破碎筛分后与新集料、沥青类再生结合料、水和活性填料等在常温下进行拌和,然后在常温下进行铺筑形成沥青路面结构层的再生方法。

上述四种再生方法均能使废旧沥青混合料的性能得到较好的改善,不同的再生方法有不同的适用范围,表8-2给出了上述四种不同再生方法各自的适用范围和限制情况。

不同再生方法的适用范围 表8-2

再生方法	适 用 范 围	限 制 条 件
厂拌热再生	(1)可修复原有沥青路面的诸多病害; (2)再生沥青混合料性能优良,可用于沥青路面表层; (3)可弥补原有沥青路面设计的不足,使其性能优化; (4)可在不改变原有沥青路面厚度的情况下,使其结构优化; (5)可保持原有路面的线形和高程	(1)旧料的掺量对再生沥青混合料的掺量和拌和楼的生产效率有一定的影响; (2)再生沥青混合料施工时对正常交通的干扰较大; (3)旧料和再生沥青混合料的运输成本较高
就地热再生	(1)主要可修复非结构承载力不足而产生的表面破坏; (2)可修复沥青路面基层的表面破坏; (3)不会使原有道路的路缘、下水道路肩及其他结构物发生改变; (4)对交通控制的要求较低,能保证城市地区路面的高程和桥梁的净空	(1)路面原有结构破坏时无法使用该方法进行再生; (2)只能对原有路面表面25~50mm的部位进行再生,结构不足的公路无法运用此方法进行再生; (3)原有沥青路面基层明显破坏或者需要对排水进行改进时,该方法不适用; (4)无法改善原有沥青路面的基层或底基层的性能

续上表

再生方法	适 用 范 围	限 制 条 件
厂拌冷再生	(1)可修复原路面基层和面层的诸多病害； (2)能有效修复绝大部分裂缝； (3)能有效改善路面的几何线形	(1)对施工条件要求较高,需要相对干燥和温暖的气候； (2)适用的路面等级较低,旧料运输成本高； (3)再生路面的水稳定性较差,需要的养生时间较长
就地冷再生	(1)能对大部分路面破坏进行结构性修复； (2)可恢复原有路面的线形、断面和高程； (3)可修复原路面的车辙、不平整和不规则的区域； (4)可修复绝大部分裂缝,对交通影响较小	(1)对施工条件要求较高,需要相对温暖、干燥的气候； (2)再生路面的水稳定性较差,在水作用下已受侵蚀、剥离； (3)再生路面需要两周的养生时间

1997 年,国际经合组织对 12 个国家的路面材料再生利用情况进行了调查(表 8-3),发表了《道路工程再生利用战略》白皮书。

国际经合组织对 12 个国家路面再生利用情况的调查表　　　　　　表 8-3

项目	澳大利亚	奥地利	比利时	加拿大	丹麦	芬兰	法国	日本	荷兰	瑞典	英国	美国
利用率(%)	80	80	100	90	90	95	—	80	100	75	90	80
厂拌热再生	G	G	G	G	G	G	G	G	G	—	G	G
就地热再生	L	L		L	G	G	G		G	G	L	L
厂拌冷再生	—	L		L		G			G	L	L	L
就地冷再生	L		L	G	G			L		L		
基层(沥青)	G	G							L	L		
基层(水泥)	—	G							L			
基层(水泥和沥青)			G	L	L	G			G		L	G
底基层		G		G	L	L					L	G
填料	G										G	L
其他			G								G	—

注:G 表示普遍采用,L 表示有限采用。

　　上述调查结果表明,发达国家旧沥青混合料的再生利用率均很高,但在所有再生技术中厂拌热再生技术应用最为普遍,现场再生技术虽然得到较多国家采用,但只在少数国家推广程度较高。根据美国公路部门的统计,美国每年因旧沥青路面维修产生的 4500 万 t 废旧沥青混合料中,采用厂拌热再生方式再生利用的废旧沥青混合料达到 33%,而采用其他三种再生方式进行再生利用的废旧沥青混合料总量大约为 47%,因此厂拌热再生是目前沥青路面再生利用最普遍的手段。

四、沥青老化机理研究进展

1.基质沥青老化的理论与试验研究

　　再生的目的是尽量降低老化对材料乃至结构产生的不利影响,在一定程度上,可以说再生是老化的逆过程。再生能否成功,取决于再生过程是否能有效逆转老化过程的不利影响,恢复沥青混合料的性质。

沥青的老化可以分为两个阶段——修建阶段和使用阶段。修建阶段沥青暴露在135～165℃高温空气中,一般采用短期老化试验进行模拟;使用阶段沥青逐渐老化变硬,一般采用长期老化试验进行模拟。早期国内外对老化效应的研究主要是从物理性能方面研究沥青材料老化前后的变化规律。随着研究手段的进步,更多从组分、分子结构、官能团等更加基础的角度对沥青的老化机理和性能进行了深入的研究。老化的首要原因是氧化作用,具体可分为热氧老化与光氧老化。Yen 分析了沥青的化学组分、氧化反应、氧化的促进及抑制条件,总结了已有研究中的沥青老化机理,认为高温以及强烈光照条件促进了氧化反应的发生。Karlsson 总结了老化过程的四个作用:第一个是氧化作用,氧化导致了化学组分的改变与沥青极性官能团的增加,从而增强了分子间的相互作用,导致了黏度的增大;第二个是蒸发,蒸发主要发生在较薄沥青膜的轻质组分中;第三个是集料吸附作用,指油分从结合料中向集料孔隙中的转移;第四个是长期分子结构变化导致材料的物理硬化。金鸣林等采用红外光谱、电子能谱、核磁共振等分析方法研究了不同种类沥青在不同温度下老化时的特征官能团以及组分变化规律,得到了如下结论:道路沥青经高温老化后胶质含量减少,沥青质含量增加。高温老化与低温老化时芳香分、沥青质、胶质含量的变化规律并不相同。高温老化时沥青的质量减少,沥青中胶质向沥青质转化,平均分子量与分散度显著增加;低温短期老化时与原样相比沥青质含量变化不大,而胶质含量表现出增加趋势,这与高温老化时的规律不同。从官能团角度看,老化使沥青中碳基官能团的含量增加,不饱和碳碳双键消失;从分子量上看,老化的最终结果表现为沥青分子中高分子量组分增多。

老化是一个缓慢的自氧化过程,在较高温度或光能的作用下沥青中的活性基团裂解产生自由基,该活性自由基与氧进一步反应,转化成氢过氧化物中间体。一方面,氢过氧化物中间体不稳定分解转化成含碳基官能团的分子;另一方面,它本身又作为氧化剂,促进氧化反应,双键在氢过氧化物的作用下与硫醇官能团反应生成硫醚官能团,而硫醚官能团又可以被氧化成亚砜官能团。丰晓得到了相似的结论,认为沥青中的碳基既是沥青氧化的催化剂,又是沥青氧化后的产物,可通过碳基的测定定量分析沥青的老化程度。田晓从沥青内粒子的电荷转移作用、偶极相互作用和氢键作用三个方面分析老化对胶质、沥青质的影响。研究认为对于短期老化而言,沥青的变化主要以断链、取代反应为主,随着老化程度的增加,主要发生脱氢缩合、芳构化、环化和脱烷基反应,老化的最终结果导致沥青分子的极性以及芳香度增加,整体上分子间的缔合作用增强。

综合以上研究成果,对普通沥青的老化而言,从组分变化的角度,沥青老化时芳香分大幅度减少,沥青质大幅度增加,但胶质含量的增加或减少取决于反应的类型和能量的多少。从沥青分子结构的角度看,老化过程中极性作用增强,分子间缔合作用增强,沥青中的低分子聚合为更大的分子,分散度增加。从物理性能的角度看,老化表现为针入度减小、延度降低、软化点升高,沥青变硬变脆,延性变差,耐久性和低温抗裂性等性能减弱。从沥青老化机理的角度看,沥青中发生链式反应,分子发生断链,在一定条件下又重新聚合,老化过程的反应物中出现亚砜官能团。从沥青老化敏感性角度看,影响沥青老化性能的因素既包括沥青来源、分子结构、组分含量、组分的连续性等沥青材料自身的特征,也包括温度条件、光照强度、有无水分影响等外在环境条件,还有沥青膜厚度、材料的空隙率等因素。

2. 改性沥青老化的理论与试验研究

沥青内部的结构和组成与其老化性能有着密切的联系,由于共聚物的混溶,沥青性质受到了影响。SBS 在沥青中溶胀、分散是一个动态平衡过程,改性沥青的性质易于受到各种因素如改性剂掺量的性质、改性沥青的混合时间和温度等的影响而发生变化,且改性沥青的性质与沥青和共聚物的共溶状态密切相关,因此改性沥青的老化比基质沥青的老化更为复杂。

Airey 通过透射电子显微镜(TEM)对改性沥青结构组成进行研究,观察到 SBS 改性沥青的结构按照掺量的不同可分为三种:第一种是以沥青相为连续相而 SBS 相为分散相的单相连续结构;第二种是以 SBS 相为连续相而沥青相为分散相的单相连续结构;第三种为两相连续结构或两相互锁结构。由于交联的网状结构的影响,沥青的流动受到阻碍,造成了针入度的下降及软化点的上升,SBS 改性沥青的物理性质改善,显示出更优良的流变性。相位角曲线具有明显区别于普通沥青的"平台"特征,相位角不随温度单调上升,而是出现前后两个峰值,表明其具有了类似于橡胶的性质。

SBS 改性沥青也基本服从普通沥青的老化规律。从物理性能上看,老化沥青变硬变脆,黏度增大,延性降低;从分子结构上看,沥青氧化后生成碳基和亚砜官能团,老化沥青平均分子量增大。SBS 改性沥青老化后,SBS 的特征峰消失,表明 SBS 自身在氧化过程中分解。从组分上看,改性沥青也存在芳香分向胶质、胶质向沥青质的转化。与普通沥青的主要区别是改性沥青具有更强的抗老化性能,产生这种区别的一种解释是 SBS 与沥青相互包裹形成的保护机制,另一种解释是 SBS 首先发生断链分解,通过自身反应抑制了沥青的老化。

五、老化沥青再生机理进展

在沥青存在形态上主要有两种理论:一种从组分角度将沥青视为胶体结构,另一种将沥青视为高分子浓溶液。第一种观点认为沥青中存在着三种成分:第一种为憎液的沥青质颗粒;第二种亲液的胶质颗粒,胶质包围着憎液颗粒,避免其发生聚合,胶质包围着沥青质形成胶团;第三种是悬浮胶团的油相。这三种成分以相对分子量大的沥青质为中心,吸附胶团组成分散相,油分作为分散介质。沥青质与胶体间的强结合力是沥青胶体结构的基础,没有憎液的沥青质,就不能形成胶团的核心,而没有与之匹配的胶质形成中间相,沥青质则会分离出来。当相对含量和性质相配伍时,则形成了相对稳定的溶-凝胶结构胶体溶液。第二种观点认为沥青是一种成分复杂的高分子浓溶液,是由成千上万的化合物组成的混合物。为了使用上的简便,可视为以沥青质为溶质、以软沥青为溶剂的浓溶液。

从以上两种观点出发,再生机理主要分为相容性理论和组分调节理论,两种理论互为补充。

组分调节理论认为,氧化等作用能够导致沥青质的增加以及芳香族组分的减少,使在高温下具有低感温性、低温下具有强变形能力的溶-凝胶状态的沥青逐步向黏度更高的凝胶型沥青转化,非牛顿流动特征趋向显著。再生的原理是从老化对沥青组成影响的角度,将老化沥青和原沥青的组分进行比较,向老化沥青中加入所缺少的组分,从而实现再生。

相容性理论认为,沥青的老化是由于沥青中化学反应的发生,高分子溶液中沥青质与软组分溶解度参数变化幅度不同,相容性降低,沥青质与软组分之间溶解度参数差增大。沥青再生就是使沥青中的沥青质与软组分溶解度参数差值减少至一定限值之下,从而再次形成稳定溶液的过程。

SHRP计划的研究者发现上述理论在解释沥青性质上存在不足,提出了另外一种基于沥青微观结构的理论,以此建立沥青化学组分-物理性质-流变属性-路用性能之间的关系。该理论基于沥青的微观结构,认为沥青三维分子结构之间的相互作用较弱,在受热或外力作用下,不断发生断裂和修复。研究者通过离子交换色谱(IEC),将沥青按照官能团类型进行组分分离,得到碱性分、酸性分、中性分、两性分,并分析酸性分、碱性分、中性分和两性分对沥青性质的影响。结果认为,两性分、碱性分的加入大大提高了沥青的黏度,中性分的加入则导致混合物的黏度较母体沥青的黏度有所降低。在此理论上,沥青的氧化则直接解释为活性官能团与氧气接触产生的反应,氧化的结果是极性官能团的增加。

基于微观结构理论的沥青再生,则是再生剂的加入对长链的大分子结构产生作用。芳香族油料对老化沥青具有优良的溶解性和贯入性,可将大分子链间的许多连接点隔断,使网状结构中的连接点大大减少,老化沥青的刚度降低,增加了柔顺性。再生剂、老化沥青和再生沥青相混合的过程也可采用复合材料理论进行解释。采用复合材料理论对这种调和沥青的指标参数进行设计,通过常规物理指标和感温指标分析新沥青、再生剂对老化沥青的复合再生规律,并推导了再生沥青的复合性能模型。

除上述主要的再生机理之外,还有关于再生剂的遮蔽理论、蜡晶分散理论等。这些假设理论应用于采用再生剂对老化沥青的再生过程中,目前还无直接证据加以证实。一些常见的假设理论有:

(1)自由体积理论

自由体积理论的基本原理认为沥青的体积包括由分子固有占据的部分和由热运动产生的自由体积,这部分未占有体积以孔穴形式分散在物质中,由于自由体积的存在,分子链可以发生转动和位移。沥青老化很重要的原因就是沥青中的自由体积变小,长链结构热运动减弱,黏度增大。在沥青旧料中引入再生剂,增加了非极性或低极性的芳香分含量,有助于自由体积的增大,从而对沥青的流变性能产生影响。

(2)遮蔽作用理论

沥青老化的一个结果是分子间作用的增强。再生剂中富含低分子极性的芳香分,将芳香分组分引入沥青质分子之间,其非极性基团遮蔽了沥青质这种极性基团,使相邻的沥青质间不发生作用,从而削弱了分子间的作用力。由此,遮蔽效应不仅能改善沥青的流动性,也能改善沥青的低温性能。

(3)增溶分散理论

增溶分散理论以胶体稳定理论为基础。增溶分散是指通过表面活性剂的加入,增强沥青胶体空间稳定性,从而防止沥青凝聚。将表面活性剂添加到老化沥青中,产生氢键、酸碱等作用并吸附在沥青质颗粒表面。表面活性剂的亲油基团能增强沥青的空间稳定作用,且与油性组分互溶形成较好的溶剂化层,提高了胶体结构的稳定性。

(4)蜡晶分散理论

蜡晶分散理论是从蜡对沥青老化后性能的影响出发。蜡对温度的敏感性极强,随着沥青的老化,生成蜡晶,蜡含量随之提高,从而导致沥青性能的劣化。对于石蜡基的老化沥青,蜡晶分散机理是将蜡晶分散成细小的颗粒,从而对沥青可塑性和抗变形的能力进行改善。

(5)稀释调和理论

稀释调和理论是采用调和的方法增加溶剂组分的含量,通过溶剂组分的增加,更好地稀释老化过程中生成的溶质组分。

六、废旧沥青混合料再生剂研究现状

1. 再生剂的定义

沥青路面路用性能恶化的主要原因是沥青材料在储存、拌和、摊铺和使用的过程中由于受到热、氧作用及紫外线照射引起的老化,具体表现为芳香分含量降低,沥青质含量增加,化学组分之间的配伍性发生变化,使沥青的胶体结构发生变化,从而使沥青路面的路用性能恶化,难以满足使用要求。因此废旧沥青混合料再生利用的关键就是老化沥青性能的恢复。老化沥青性能的恢复主要依靠再生剂对其化学组分和胶体结构进行调整,从而达到改善其性能的目的。

再生剂是指能够使老化沥青的物理性能和化学性质恢复至规范要求的有机材料,也可称为软化剂、调和剂和延展剂等,其主要作用有如下三个方面:

(1)还原老化沥青的性能,使其达到施工和路用性能指标要求。

(2)改善再生沥青混合料的耐久性。

(3)保证有足够的沥青胶结料裹覆在外加新集料的表面。

为确保再生剂的正常使用和较好地改善再生沥青混合料的性能,再生剂的性质应满足如下四点要求:

(1)再生剂在混合料中必须具有良好的分散性,不能出现局部过于集中的现象,否则容易造成混合料发生离析。

(2)能够有效调节废旧沥青混合料中老化沥青的黏度,使其达到规范要求。

(3)与废旧沥青混合料中的老化沥青具有良好的相容性,不会使沥青中的某些组分被析出、破坏沥青的结构,能有效促使老化沥青中的沥青质重新分布。

(4)具有良好的高温稳定性,闪点高,确保在较高温度下使用时不会出现浓烟,符合环保和安全的要求。

在国外采用厂拌热再生的方法对废旧沥青混合料进行再生利用已经是一种成熟的常规实践,在再生剂的性能要求和选用方面都已形成相应的技术标准,表8-4和表8-5给出了美国和日本关于热拌沥青混合料再生剂的要求。

美国热拌沥青混合料再生剂技术规范要求 表8-4

项 目	RA-1	RA-2	RA-3	RA-4	RA-5
黏度(60℃,mm²/s)	50~175	176~900	901~4500	4501~12500	12501~37500
闪点(℃)	≥220	≥220	≥220	≥220	≥220
饱和分含量(%)	<30	<30	<30	<30	<30
芳香分含量(%)	>60	>60	>60	>60	>60
薄膜烘箱试验前后黏度比	≤3	≤3	≤3	≤3	≤3
薄膜烘箱试验后质量变化(%)	≤4,≥-4	≤4,≥-4	≤4,≥-4	≤4,≥-4	≤4,≥-4

日本热拌沥青混合料再生剂标准 表8-5

项　　目	试 验 方 法	性 能 要 求
动力黏度(Pa·s)	JIS K 2283	80~1000
闪点(℃)	JIS K 2265	>230
相对密度	JIS K 2249	—
薄膜烘箱试验前后黏度比	JIS K 2283	<2.0
薄膜烘箱试验后质量变化(%)	JIS K 2207	≤3,≥-3

2. 再生剂对老化沥青及废旧沥青混合料性能的影响

Shen 和 Serji 等采用 Superpave 配合比设计方法,分别选用再生剂和高标号沥青作为老化沥青再生组分制备了再生沥青混合料,通过测试再生沥青混合料的体积性能、间接拉伸强度和高温抗车辙性能研究了再生剂和高标号沥青对再生沥青混合料性能的影响。研究结果表明,再生剂对废旧沥青混合料性能的改善效果明显优于高标号沥青;当再生沥青混合料中的废旧沥青混合料掺量超过 10% 时,只能选用再生剂作为再生组分;可以通过测试含有再生剂的再生沥青的性能是否满足规范的要求确定再生剂的最佳掺量。Kandhal 和 Vadles 通过测试再生沥青混合料的劲度模量、间接拉伸强度、疲劳性能和低温抗开裂性能,研究了再生剂掺量及废旧沥青混合料掺量对再生沥青混合料性能的影响。研究结果表明,当再生沥青混合料中废旧沥青混合料的掺量不超过 30% 时,加入 10% 的再生剂可使再生沥青混合料的性能接近新沥青混合料的性能。Shen 和 Serji 等分别采用动态剪切流变仪和弯曲梁流变仪测试沥青短期老化和长期老化前后的流变性能,研究了再生剂对老化后胶粉改性沥青和老化后基质沥青的影响。研究结果表明,再生剂能使老化沥青的性能得到较好的恢复,并且再生剂对老化后胶粉改性沥青的再生效果更为显著,通过添加适量的再生剂,可以使老化后胶粉改性沥青达到目标等级。Shu 等分别采用间接拉伸强度试验和小梁疲劳试验两种不同的试验方法研究了再生沥青混合料的疲劳性能。研究结果表明,两种不同的试验方法得出的试验结果具有良好的一致性。

侯月军等通过测试旧沥青路面中的常规物理指标和化学组分对旧沥青的老化程度进行了评价,然后选择不同种类的再生剂与旧沥青混合制备了再生沥青,通过测试再生沥青的常规物理性能和化学组分,研究了再生剂对旧沥青性能的改善效果。研究结果表明,随着再生剂掺量的增加,旧沥青的针入度和延度增加,而软化点和黏度降低;再生剂的加入显著提高了再生沥青的芳香分含量,在旧沥青中掺入 10%~30% 的再生剂可以使老化沥青的性能得到显著的改善。马涛等以老化沥青、新沥青和再生剂作为基质组分,通过设计复合再生试验制备了再生沥青,通过测试再生沥青的物理性能、SHRP 指标和感温性能研究了再生剂及新沥青对老化沥青性能的影响。研究结果表明,再生沥青的针入度、软化点、车辙因子和低温劲度模量与新沥青的掺量具有良好的对数线性关系,老化沥青与再生剂复合之后的针入度符合 Grunberg 方程,再生剂对老化沥青性能的改善明显优于新沥青。王为民等将两种高芳香分含量的物质进行共混,制备了复合再生剂,通过测试含有不同掺量复合再生剂的再生沥青的针入度、延度和软化点等常规物理性能指标,得到复合再生剂掺量和再生沥青使用性能之间的关系方程,从而确定了复合再生剂的最佳掺量。张金喜等采用正交试验设计方法,通过再生沥青混合料的高温抗车辙性和水稳定性测试,研究了废旧沥青混合料中旧沥青的针入度、沥青含量和矿料级配对再生沥青混合料路用性能的影响。研究结果表明,废旧沥青混合料中旧沥青的老化程度对再生沥青混合料路用性能的影响最大。张志祥等通过含有不同废旧沥青混合料掺量的再生沥青混合料的疲劳性能测试,研究了废旧沥青混合料用量对再生沥青混合料疲劳性能的影响。研究结果表明,当再生沥青混合料中的废旧沥青混合料掺量不超过20%时,对再生沥青混合料的疲劳性能的影响较小;但是当废旧沥青混合料掺量超过30%之后,再生沥青混合料的疲劳性能显著下降。李进等选用三种不同种类的再生剂制备了再生沥青,采用针入度指数和黏温指数研究了再生剂对再生沥青感温性能的影响。研究结果表明,三种再生剂对再生沥青中温区的感温性能的影响较弱,但是对再生沥青在低温区和高温区的感温性能的影响较为明显,结合再生剂化学成分分析,发现饱和分降低了再生沥青的高温区感温性,而芳香分则增强了再生沥青在高温区的感温性。

余国贤等依据现在胶体化学经典理论,从增溶分散、稀释调和及蜡晶分散三方面着手对再生剂进行了设计,研究了单组分再生剂以及复合再生剂对老化沥青性能的影响。研究结果表明,复合再生剂的各组分之间具有良好的协同效应,增溶分散组分能在沥青溶液中形成胶团,稳定地吸附在沥青质颗粒周围,并且通过空间稳定组分和稀释调和组分的协同作用形成良好的溶剂化层,增强了沥青胶态体系的稳定性;复合再生剂对老化沥青高温性能和感温性能的改善效果明显优于单组分再生剂,加入老化沥青用量5%的复合再生剂能使老化沥青的性能得到较好的恢复。刘崇理结合沥青的老化机理和沥青胶体结构理论,对渗透型再生剂的性能指标提出了要求并制备了RT-A型渗透型再生剂,将制备的再生剂用于老化沥青的再生,通过测试再生沥青的针入度、软化点和延度等物理性能指标研究了RT-A型再生剂对老化沥青性能的影响。刘军等采用四组分分析方法对不同种类的再生剂的化学组分进行了测定,然后采用正交试验将不同种类的再生剂进行了复配,并采用数学线性回归模型对各个再生剂的掺量进行优化,制备得到复合再生剂,将复合再生剂用于老化沥青的再生,通过测试再生沥青的常规物理性能,研究了复合再生剂对老化沥青再生性能的影响。试验结果表明,当复合再生剂的掺量为老化沥青用量的8%时,老化沥青的性能可以得到显著改善,可满足道路沥青技术要求。

3. 再生剂研究现状

我国20世纪80年代初开始研制渗透型再生剂,目前主要有以下几种:

(1)抽出油、废油类

随着沥青老化深度的增加,沥青黏度逐渐增大。从单纯降低旧沥青黏度方面讲,较为有效的方法是向其中加入低黏度的油分,也就是将脱蜡抽出油等炼油厂废料以及废机油、废润滑油等直接作为再生剂。我国在20世纪80年代使用的渗透型再生剂通常是废旧轻质油如润滑油、柴油、机油或它们的混合物。

(2)树脂油分合成类

从轻质油分与旧沥青组分具有互补性,以及轻质油分挥发性大、与旧沥青相容性差的特点出发,将轻质油分用共聚树脂进行混溶、增黏后作为再生剂,是一个必然的考虑。通过对轻质油分的增黏、共聚,能够较为有效地解决强挥发性以及再生中轻重质组分相容差的问题。国外采用的再生剂大多也是树脂与石油工业生产低黏度油分的混合物。实践证明,此类再生剂再生效果比较理想,再生沥青混合料性能比较稳定。显然,增黏树脂与轻质油分的合成需要专门的设备与工艺,成本相对要高一些。

4. 再生剂扩散规律

美国公路合作研究组织(NCHRP)的研究表明,旧沥青在热再生过程中起到了一定的胶结作用,但新旧沥青胶结料未达到充分混溶的理想状态。从实际工程需要的角度来看,只有旧沥青与再生剂充分混溶才能达到最佳再生效果。但是,目前对沥青热再生过程中再生剂、新旧胶结料的混溶机理还未能完全了解。旧沥青通常老化严重,黏度大,流动性很差,在短暂的拌和过程中(60~90s)能否均匀分布在所有的新旧集料表面还不能确定。侯睿等研究了旧沥青在新旧料拌和过程中的转移情况,认为即使热拌情况下掺加再生剂,转移的旧沥青量也仅为11.4%,可推测实际工程中旧沥青大部分仍然黏附在旧集料表面。由此可以认为,旧沥青与再生剂混溶程度取决于再生剂在旧沥青表面的扩散效果。所以,分析再生剂在沥青中的扩散规律,研究影响扩散效果的因素以及如何保证充分扩散等问题对沥青热再生技术非常重要。

描述扩散问题的数学模型通常有两种:第一种使用扩散系数,简称扩散模型;第二种使用传质系数,简称传质模型。两种模型各有优劣:扩散模型易于分析浓度与位置及时间的关系;传质模型易于分析试验现象和结果。扩散模型发展得较为成熟,描述扩散的理论有Fick第一定律和第二定律、Brochard模型(慢速理论)、Kramer模型(快速理论)、蠕变理论、双重蠕变理论等。

再生沥青混合料中再生剂和旧沥青相互之间存在浓度梯度,在一定温度条件下会发生分子扩散,两相浓度沿沥青膜的垂直方向随时间的推移会逐渐均匀。

与小分子物质的扩散相比,沥青之间的扩散更类似于聚合物,两者扩散速度非常慢。总结国外对再生剂在沥青中扩散问题的研究经验,可发现试验所采用的方法主要分为两种:一种是通过示踪原子标记其中一种材料来进行观测,另一种是通过两种材料之间的可识别差异来进行研究。

第一类测量界面扩散的方法较多,如动态光散射、小角中子散射、脉冲场梯度核磁共振等。不同的方法得到的空间精度和扩散系数的范围不同,不过都要求用氘代物或用重元素做标记,即通过观测示踪分子来实现。但是,这种测量方法是否可以真实反映扩散的实际状况仍是存在争议的。因为示踪分子很可能对标定物质的扩散产生影响,研究发现这些示踪分子能减缓质量迁移过程,从而影响扩散机理。

第二类方法不会影响界面扩散的机理,因此准确性较高。如采用流变学方法测量材料的黏弹性,从而得到扩散信息或是利用两种不同材料对红外线的吸收差异来分析扩散规律。Robert Karlsson、Ulf Isacsson等采用傅立叶红外电镜衰减全反射方法研究了再生剂在不同沥青中的扩散规律,通过分析不同基团的含量,得出试验温度、沥青膜厚度和沥青组分等因素会影响扩散速率;沥青中极性基团羰基的变化对再生剂扩散规律的研究有重要意义;再生剂的扩散过程可用Fick定律模型进行表征。

Robert Karlsson采用简化的扩散界面模型来模拟沥青再生过程中再生剂的扩散规律(图8-1),分析了扩散时对应的初始条件和边界条件公式。假定沥青膜的厚度为αL,再生剂的厚度为$(1-\alpha)L$,指定两者的总厚度为L,再生剂在沥青层上的起始浓度是0,在其本身内部初始浓度为c_0。

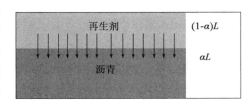

图8-1 再生剂扩散模型

近年来,我国对废旧沥青混合料再生利用展开了大量的研究工作,虽然取得了一定的研究成果和实践经验,但仍然存在一些不足之处,主要表现为:

(1)废旧沥青混合料渗透型再生剂研发水平落后。目前我国国内专门从事开发和生产废旧沥青混合料再生剂的厂家较少,以致我国的再生剂品种较少,并且渗透性能较差,对废旧沥青混合料性能的改善效果有限。

(2)对再生剂向老化沥青内部渗透的改进方法缺乏系统的研究。目前已有的关于再生剂向老化沥青内部渗透性能的研究工作集中在研究再生剂向老化沥青渗透的外在影响因素,而并未采取有效的措施来增强再生剂自身的渗透能力。

(3)对再生剂的渗透性能缺乏有效的评价方法。目前已有的再生剂渗透性能的评价方法,如分层抽提法和动态剪切流变试验,在试验过程中由于溶剂或机械剪切搅拌的影响,无法有效地模拟再生剂在实际使用过程的渗透行为;而傅立叶红外全反射光谱法则需要特殊仪器才能进行,一般试验室难以做到。因此上述试验方法对废旧沥青混合料再生时选择再生剂所提供的指导作用有限,无法满足工程实际应用需求。

(4)针对老化沥青再生过程中的性能、化学组成和结构的变化规律的研究尚不够深入,对老化沥青再生过程中性能变化与化学组成及胶体结构之间的相互关系缺乏系统的研究,尚未采取有效的手段对再生沥青的微观形貌进行表征。

七、就地热再生技术

1.就地热再生原理

沥青混凝土路面就地热再生技术是适合于沥青路面面层连续修复的一种环保高效的沥青路面维修技术。就地热再生是指通过加热软化现有的旧路面,并以机械方式翻松、铣刨25~60mm深度,对其进行搅拌并向其内添加新沥青、再生剂、新混合料等,将形成的再生沥青混合料就地摊铺、压实,以达到消除路面病害和恢复路面性能的维修技术。

2.就地热再生技术优势

(1)改善路面结构。就地热再生可以阻止并填充裂缝、车辙和坑洞,整平推挤和拥包,可以重新设立排水措施和路拱,能够通过增加路面摩擦,提高行驶的安全性。

(2)加强沥青路面层间连接。采用沥青路面就地热再生技术时,再生层与老路面的连接是热连接,它们几乎成为一体,杜绝了层间连接不良的问题。

(3)改善路面级配,延长路面寿命。沥青路面就地热再生可以针对旧路面的级配来设计,可以变动集料的级配和沥青的含量,使再生后的路面级配得以改善,延长路面的使用寿命。

(4)恢复沥青性能和沥青路面的柔韧性。沥青路面经过多年的使用,在荷载、光照、热、雨水等各种因素的作用下,沥青老化,延度大大降低,沥青混凝土的柔韧性越来越差,变得脆硬,抗变形能力下降,容易开裂。就地热再生技术可恢复或大部分恢复沥青的路用性能,使沥青路面重新变得柔韧,从而延长路面的使用寿命。

(5)有利于沥青混凝土路面深层裂纹的治愈。沥青混凝土路面就地热再生时,在路表以下5cm处的温度约有100℃,经路面碾压后,再生路面以下的原有的细小裂纹可以愈合,从而延长路面的使用寿命。

(6) 消除沥青上浮带来的病害。旧沥青路面经过多年行车碾压后，有沥青上浮现象，即沥青面层上部沥青较多，下部沥青较少，这样上部由于沥青含量大而容易产生车辙，下部又由于沥青膜破坏导致黏聚力降低，会产生松散现象。采用就地热再生技术使维修后的整个路面沥青含量均匀，使用寿命延长。

(7) 可以避免接缝漏水的问题。传统的冷铣刨方式，如果是只铣刨摊铺一个车道，就存在接缝问题。冷铣刨时，接缝处原有路面粒料往往会被铣松，新旧路面结合不好，极容易漏水，使路面接缝处过早破坏。采用就地热再生技术时，纵向接缝是热接缝，杜绝了接缝漏水产生的病害，同时还可以避免车道接缝所产生的纵向裂缝。

(8) 可以保留原有路面的几何形状。由于就地热再生只是把原有路面铣刨、重铺，所以采用就地热再生可以最大限度地保留原有路面的几何形状。

(9) 交通干扰小。沥青混凝土路面的就地热再生，再生机组一次性作业，只需封闭一个车道，其余车道可以开放交通，不必封路或中断交通，故对公共交通的影响非常小，最大限度地减少了路面维修给交通带来的干扰和影响，特别是对收费的高速公路，其优越性更加显著。

(10) 就地热再生施工工艺与传统常温修补工艺相比，程序大大简化，不需要传统施工时使用的空气压缩机、挖切机具、装运废旧混合料车辆等配套设备。

3. 经济效益

就地热再生技术是将旧沥青路面再生处理后，恢复其原有性能。再生的过程中，原路面旧料全部得到利用。就地热再生节约了沥青和砂石材料，减少了对材料的需求量，降低了工程造价，具有良好的经济效益，并且有助于自然资源的保护，使得在一些缺乏石料的地区进行公路的大修或改建更加方便。

4. 环保优势

沥青路面就地热再生充分利用了旧沥青路面，防止了沥青混凝土废料对弃置场所及其周边环境的污染，同时减少了石料的开采，能够有效保护林地，维护自然景观和生态环境。

八、沥青路面施工控制研究

1957 年，首次提出的香蕉曲线理论要求对施工进度进行控制。在 20 世纪 60—70 年代，日本学者佐用泰司系统研究了机械化施工的合理化，为机械化施工研究打下了良好的理论基础。1987 年，美国 SHRP 对沥青材料特性、新型沥青混合料、沥青路面施工工艺和设备进行研究，取得了重要研究成果，特别是开发了热沥青混合料的转运车和多重二次复拌装置。近年来，美国国家沥青混凝土技术中心以及 Steve Read、Herb Jakbo 等研究发现，沥青路面建成后的使用寿命和维修成本在很大程度上受到沥青混合料施工中存在的集料离析和温度离析的影响。在机群协同作业方面，法国、芬兰等国家进行了"计算机集成道路建设计划"研究。该项目运用高精度定位技术和激光引导技术，对压路机、摊铺机机群进行精确定位引导。

国内很多学者在沥青路面的原材料、设计、施工和设备等方面也进行了大量研究，许多工程机械生产厂家也对沥青路面施工机械设备进行了研发。这些设备在技术和性能上都比较先进、可靠，完全可满足国内市场的需要。中联重科股份有限公司等国内几家公司还开始生产成套再生机组设备,在质量上与国外设备相差无几,并且具有售后服务方便优质的优势,这为我国再生设备国产化奠定了坚实的基础。

要确保工程质量、生产安全、工程进度,提高经济效益和降低工程成本,施工机械是最重要的技术装备。公路路面施工机械设备要发挥最大效益,关键在于沥青混凝土搅拌、运输、摊铺和碾压四个工艺环节的相互配合。公路路面施工机械的选用受作业内容、土质条件、运距远近、气象环境等各个方面的影响和制约,要根据工程实际情况具体分析。长安大学江燕青建立了就地热再生施工线性规划数学模型,以最小成本为目标函数,以燃油、加热燃料、技术工和辅助工四种资源为设计变量,通过维特根4500型现场热再生机组初步验证了上述数学模型的可行性。目前,如何结合再生实体工程开展有针对性的再生施工工艺及质量控制研究,为具体工程提供技术保障更为重要。

目前,在采用现场热再生技术时,国内施工单位大多参照再生机组设备厂商提供的施工操作指南及质量管理手册进行沥青路面维修,但各地区气候环境的差异、再生材料的不同要求进行沥青路面现场热再生施工质量方法和技术研究。

第二节　RAP性能评价及回收方法分析

沥青混合料回收料(RAP)是指采用铣刨、开挖等方式从沥青路面上获得的旧沥青混合料。RAP性质的测定和分析是整个热再生沥青混合料配合比设计的基础,对热再生沥青混合料的研究意义重大。RAP性质测定和分析包括但不限于对旧沥青混合料性质、RAP中集料和沥青性质以及RAP中的沥青含量等的分析,这些分析的结果是热再生沥青混合料配合比设计研究、热再生沥青混合料使用性能研究等的重要依据。然而,在进行RAP性质测定和分析之前,首先应该明确合适的RAP回收方法,如RAP的取样和备料方式、RAP中集料和沥青分离方法等。

本书的依托工程为青海省平阿高速公路,旧沥青混合料均是取自平阿高速公路就地热再生工程现场。旧沥青混合料类型为密级配AC-13,沥青为克拉玛依90号基质沥青。

一、RAP中沥青和集料回收方法分析

1. 旧料的预处理

从现场运回试验室的旧料用劣质装料袋盛装,用旧料进行室内试验时,需要从装料袋内提取。由于袋子残破,导致旧料中掺杂有大量的装料袋残渣,为了确保试验的准确性,需要将旧料中的杂物拾取干净。同时,旧料呈块状,做试验时需要松散的旧料,所以需要对旧料进行破碎处理。对旧料进行预处理时需要注意:

(1)必须避免RAP样品的二次老化。对大块RAP样品进行破碎处理时,需要将样品放入烘箱内进行软化处理,处理过程中需要注意烘箱温度与软化时间,切忌温度过高以及软化时间过长,以避免RAP样品中的旧沥青产生二次老化,使后面分析RAP中的旧沥青性质时产生错误。建议大块RAP样品在烘箱中加热软化的温度不高于75℃,加热时间不超过40min。

(2)应避免RAP样品中的集料破碎。对大块RAP进行破碎处理时,最好在旧料软化状态

下用手揉搓,切忌用重物进行强制敲击,因为这样会导致旧料中的集料破碎,从而使得旧料级配发生变化。

经过上述处理过后的松散旧料平铺至一平板上(图8-2),拾取其中掺杂的装料袋残留物,晾干后装袋备用。

2. RAP 中沥青回收方法

RAP 中沥青回收大致可分为三个步骤:沥青抽提、清除矿粉和溶液蒸馏。

1)沥青抽提

沥青抽提需注意两个关键点:方法的选择和溶剂的选择。

沥青混合料抽提的方法有脂肪抽提器法、回流抽提仪法及离心分离法三种,本书采用离心分离法,并对试验过程进行严格控制,以减少抽提液等的损失。

图 8-2 松散的 RAP

对于沥青抽提过程中使用的溶剂,ASTM D2172 规定用三氯乙烯、三氯甲烷、苯等,日本比较了溶剂的毒性、沸点等后选定了三氯乙烯。然而,依据日本的研究以及我国苏举等人的研究,化学纯的三氯乙烯接触空气时容易被氧化,遇热见光后氧化更为加剧。因此本书选用加有稳定剂的工业用三氯乙烯作为沥青抽提过程中使用的溶剂。

2)清除矿粉

清除抽提液中的矿粉是 RAP 回收过程中很重要的一个环节。有研究表明,回收沥青中矿粉的残留会对回收沥青的性质产生影响,特别是对回收沥青的延度产生比较大的影响。为了消除这种影响,通常采用高速离心分离法,在离心力下使抽提液中的矿粉沉淀,以清除抽提液中的矿粉。试验过程中,将抽提液分次倒入离心管,并将离心管等量对称置于高速离心机中,设置转速为 3000r/min,离心分离时间为 30min。

离心分离过程中需注意以下几点:

第一,倒入离心管的抽提液不宜太满,宜为离心管容量的一半左右,且每个离心管中的抽提液需等量,避免离心机运行过程中离心管倾斜导致抽提液洒出或产生偏心现象,影响试验结果。

第二,从离心管中倒出经离心分离后的抽提液时应保留离心管底部的部分抽提液,防止带入已沉淀在离心管底部的矿粉。

3)溶液蒸馏

从沥青混合料中回收沥青的方法有两种:旋转蒸发器法和阿布森法。它们的主要区别在于经离心分离后的抽提液蒸馏回收沥青的过程。旋转蒸发器法在回收效果上较阿布森法要好,原因在于:第一,旋转蒸发器法的蒸馏过程是在绝对负压下进行的,而阿布森法采用的是常压蒸馏;第二,旋转蒸发器的旋转烧瓶在蒸馏过程中能充分受热,加快了抽提液中三氯乙烯的挥发,而采用阿布森法可能出现三氯乙烯溶剂残留的问题。

但是,从实际情况来看,阿布森法较旋转蒸发器法更为可取,原因在于:第一,阿布森法中采用的蒸馏烧瓶为三口烧瓶,蒸馏过程中可重复向烧瓶中添加抽提液,这样大大提高了沥青回收的效率。蒸馏后得到的旧沥青往往过于黏稠,容易粘在烧瓶内表面,因此希望蒸馏一次能得到尽可能多的旧沥青,以减少不必要的浪费,并增加试验的准确性。向烧瓶中重复添加抽提液相当于对蒸馏后得到的旧沥青的稀释,增加了一次蒸馏能得到的旧沥青。旋转蒸发器法中采用的旋转烧瓶则不是三口烧瓶,且旋转烧瓶的容量也不是很大(2L),一次蒸馏得到的旧沥青非常少。第二,阿布森法试验装置及操作方法较为简便,与旋转蒸发器法相比,对于蒸馏过程中的试验条件能更好地控制。蒸馏过程中的一个关键点是避免烧瓶中的抽提液沸腾而冲入冷凝管中。旋转蒸发器中的旋转烧瓶是倾斜放置的,并且试验室现有的旋转蒸发器装置对于温度和 CO_2 气体流量的变化十分敏感,操作不慎极易造成抽提液冲入冷凝管的现象,导致试验结果作废。阿布森法采用的蒸馏烧瓶立于油浴或电热保温套中,且对于温度和 CO_2 气体流量的变化能实现较好的控制。

因此,本书采用阿布森法对经离心分离后的抽提液进行蒸馏,但仍需注意对温度和 CO_2 气体流量的控制,原因在于:第一,温度太高容易引起抽提液中旧沥青的二次老化,并可能造成烧瓶内抽提液的沸腾,温度太低则不能保证三氯乙烯溶剂的挥发。第二,通入的 CO_2 气体能有效避免旧沥青的二次老化以及抽提液的沸腾。依据《公路工程沥青及沥青混合料试验规程》(JTG E20—2011)中的方法 T 0726—2011,蒸馏过程中不断增加加热温度并最终控制烧瓶内温度为160℃左右,不断增加 CO_2 气体流量并最终控制在1400mL/min。许多研究成果表明,少量的三氯乙烯也会对回收的旧沥青的性质产生很大的影响。因此,为了保证回收的旧沥青中的三氯乙烯溶剂尽可能地被充分清除,操作上一定要做到严格控制温度、时间等。

3. RAP 中集料回收方法

RAP 中集料的回收主要参考《公路工程沥青及沥青混合料试验规程》(JTG E20—2011)中的方法 T 0722—1993,采用离心抽提仪抽提过沥青溶液后,容器中的集料在通风橱或室内空气中蒸发后放入105℃±5℃烘箱中烘干。但此时不宜直接冷却并称取集料质量,因为经三氯乙烯浸泡过的 RAP 中的沥青无法充分溶解于三氯乙烯溶剂中,少量沥青仍会被吸附于集料的细小孔隙中,至少会有如下两点影响:第一,RAP 中的集料仍被沥青黏结,使最终测得的 RAP 中的集料级配比实际级配偏粗;第二,集料细小孔隙中吸附的沥青影响集料密度和吸水率的测试结果。因此,本书对《公路工程沥青及沥青混合料试验规程》(JTG E20—2011)中的方法 T 0722—1993 做出了修正:经抽提得到的 RAP 中的集料经500℃高温燃烧炉燃烧后方完成回收过程。

4. RAP 性能评价

RAP 的性能评价包含诸多方面,主要包括:

(1) RAP 中回收旧集料的性质分析,包括旧集料的物理性能以及旧集料的级配变异性。

(2) RAP 中回收旧沥青的性能评价,包含回收旧沥青的含量及其性能指标。

二、RAP 中集料性质分析

1. 旧集料物理力学性质

旧集料在再生混合料中贡献的依然是级配和强度,所以应了解车辆荷载、环境气候作用多年后旧集料性状的变化情况,判断其再生适用性,对旧集料各项常规性能指标进行检测,见

表 8-6~表 8-8。

RAP 中粗集料物理性质　　　　　　　　　　　　　　　表 8-6

测试项目	技术要求	试验结果			试验方法
		10~20mm	5~10mm	3~5mm	
集料压碎值(%)	≤26	16.7	—	—	T 0316—2005
洛杉矶磨耗损失(%)	≤28	17.6			T 0317—2005
表观相对密度	≥2.60	2.731	2.711	2.698	T 0304—2005
毛体积相对密度	实测值	2.652	2.647	2.631	
吸水率(%)	≤2.0	0.7	0.5	0.6	
对沥青的黏附性(级)	≥4	4	—	—	T 0616—1993
针片状颗粒含量(%)	≤10	9.1			T 0312—2005
其中粒径大于9.5mm(%)	≤12	7.0			
其中粒径小于9.5mm(%)	≤18	8.1			
水洗法<0.075mm颗粒含量(%)	≤1	0.3	0.5	0.7	T 0310—2005
软石含量(%)	≤3	0.2	0	—	T 0320—2000

RAP 中细集料物理性质　　　　　　　　　　　　　　　表 8-7

测试项目	技术要求	试验结果	试验方法
表观相对密度	≥2.50	2.591	T 0328—2005
含泥量(<0.075mm,%)	≤3	2.6	T 0333—2000
砂当量(%)	≥60	75	T 0334—2005

RAP 中矿粉物理性质　　　　　　　　　　　　　　　　表 8-8

测试项目		技术要求	试验结果	试验方法
表观相对密度		≥2.50	2.73	T 0352—2000
含水率(%)		≤1	0.54	T 0103 烘干法
粒度范围	<0.6mm(%)	100	100	T 0351—2000
	<0.15mm(%)	90~100	96.65	
	<0.075mm(%)	75~100	86.77	
亲水系数		<1	0.6	T 0353—2000

以上试验结果表明回收沥青路面材料中的旧沥青经过再生后可以达到旧沥青老化前的技术标准,旧矿料的强度满足要求,适用于再生技术。

2. 集料的级配储存变异性

分别采用离心分离法和燃烧法分离出废旧沥青混合料中的旧集料,然后按照《公路工程沥青及沥青混合料试验规程》(JTG E20—2011)中的方法 T 0725—2000 对废旧沥青混合料的矿料级配进行分析。废旧沥青混合料的矿料级配如表 8-9 和表 8-10 所示。

废旧沥青混合料的矿料级配（离心法） 表 8-9

旧料试样总质量(g)	7483.80			
筛孔尺寸(mm)	分计筛余(g)	分计筛余百分率(%)	累计筛余(%)	通过率(%)
25	0.00	0.00	0.00	100.00
19	0.00	0.00	0.00	100.00
16	0.00	0.00	0.00	100.00
13.2	417.20	5.57	5.57	94.43
9.5	1289.20	17.23	22.80	77.20
4.75	2497.70	33.37	56.18	43.82
2.36	1143.50	15.28	71.46	28.54
1.18	550.60	7.36	78.81	21.19
0.6	410.90	5.49	84.30	15.70
0.3	311.40	4.16	88.46	11.54
0.15	271.10	3.62	92.09	7.91
0.08	247.20	3.30	95.39	4.61

废旧沥青混合料的矿料级配（燃烧法） 表 8-10

干燥试样总质量(g)	5101.00			
筛孔尺寸(mm)	分计筛余(g)	分计筛余百分率(%)	累计筛余(%)	通过率(%)
25	0.00	0.00	0.00	100.00
19	0.00	0.00	0.00	100.00
16	48.80	0.96	0.96	99.04
13.2	360.00	7.06	8.02	91.98
9.5	957.50	18.77	26.79	73.21
4.75	1626.80	31.89	58.68	41.32
2.36	677.20	13.28	71.96	28.04
1.18	293.70	5.76	77.72	22.28
0.6	241.80	4.74	82.46	17.54
0.3	195.40	3.83	86.29	13.71
0.15	287.40	5.63	91.92	8.08
0.08	323.70	6.35	98.27	1.73

由表 8-9 和表 8-10 可以看出，无论使用哪种方法分离废旧沥青混合料中的旧集料，旧集料中粗集料通过率较大，约占 60%，说明沥青混凝土路面在使用一段时间后，原内部集料会在行车荷载的作用下发生破碎，致使混合料整体再次铣刨分离筛分后集料偏细。集料在混合料中主要起骨架支撑作用和抗剪切作用，沥青混凝土路面在服役一段时间后整体性能会有所下降，应在回收的废旧沥青混合料中增加部分粗集料，改善整体的承载能力、稳定性和耐久性。

本书以离心法所得旧集料级配为基准，另外选取 10 组样本，经过筛分试验后得到各样本的级配曲线，见表 8-11。

各筛孔分计筛余变异性分析

表 8-11

样本编号	筛孔尺寸(mm)										
	16	13.2	9.5	4.75	2.36	1.18	0.6	0.3	0.15	0.075	筛底
1	1.80	4.00	9.00	22.30	15.30	10.50	9.60	7.60	5.10	3.70	1.80
2	1.50	3.00	7.60	24.90	18.30	10.30	8.40	6.20	4.80	3.50	1.50
3	0.70	2.10	7.30	20.60	18.20	11.50	9.90	7.70	5.20	4.40	0.70
4	0.80	1.00	7.10	21.50	20.80	12.30	8.70	8.30	4.50	3.00	0.80
5	0.40	1.60	6.40	19.80	18.60	12.40	11.00	8.30	4.30	4.30	0.40
6	1.50	2.60	7.10	22.40	20.10	12.50	11.70	7.10	4.10	3.20	1.50
7	0.80	2.60	10.10	24.90	20.20	11.50	8.30	5.90	3.60	2.80	0.80
8	0.50	2.20	9.90	25.70	18.90	11.50	9.00	7.50	3.50	3.20	0.50
9	0.20	2.10	7.10	21.90	20.40	12.70	8.80	5.80	4.10	2.90	0.20
10	1.10	2.30	7.10	19.70	18.60	10.90	10.00	7.10	4.90	3.30	1.10
最大值	1.80	4.00	10.10	25.70	20.80	12.70	11.70	8.30	5.20	4.40	1.80
最小值	0.20	1.00	6.40	19.70	15.30	10.30	8.30	5.80	3.50	2.80	0.20
平均值	0.93	2.35	7.94	22.37	18.94	11.60	9.54	7.15	4.41	3.43	0.93
标准差	0.53	0.80	1.28	2.15	1.60	0.86	1.13	0.92	0.60	0.55	0.53
变异系数	56.91	34.18	16.08	9.63	8.43	7.45	11.86	12.82	13.50	16.15	56.91
95%置信区间	1.48	2.25	3.58	6.04	4.48	2.42	3.17	2.57	1.67	1.55	1.48

根据表 8-11 进行集料分计筛余分析,见图 8-3 及表 8-12。

本书研究的旧沥青混合料集料较细,粒径集中于 0.15~13.2mm 范围内,特别是 2.36~9.5mm 之间,达到 40% 左右,在图 8-3 中表现出明显的驼峰,而在表 8-12 中则表现为排在前列。

对旧沥青混合料所含旧集料进行变异系数分析,得到旧集料分计筛余百分率变异系数排序(表 8-13)、旧集料分计筛余均值与变异系数比较(图 8-4)及旧集料分计筛余均值与 95% 置信度置信区间比较(图 8-5)。

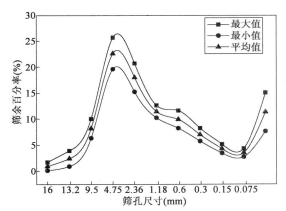

图 8-3 集料分计筛余图

旧集料分计筛余百分率排序

表 8-12

筛孔尺寸(mm)	4.75	2.36	1.18	0.6	9.5	0.3	0.15	0.075	13.2	16
筛余百分率(%)	22.37	18.94	11.6	9.54	7.94	7.15	4.41	3.43	2.35	0.93

旧集料分计筛余百分率变异系数排序

表 8-13

筛孔尺寸(mm)	16	13.2	0.075	9.5	0.15	0.3	0.6	4.75	2.36	1.18
变异系数	56.91	34.18	16.15	16.08	13.5	12.82	11.86	9.63	8.43	7.45

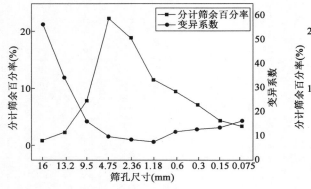
图8-4 旧集料分计筛余均值与变异系数比较图

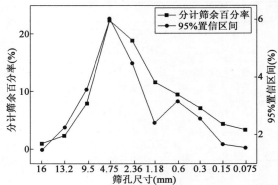
图8-5 旧集料分计筛余均值与95%置信度置信区间比较图

将表8-12与表8-13对比研究可以得出:在旧料的变异系数排序中,变异系数从大到小时的集料粒径顺序同旧沥青混合料中集料分计筛余百分率从小到大的顺序十分相似。

从图8-4及图8-5对比分析可以看出:16mm筛孔的分计筛余变异系数达到56.91,13.2mm达到34.18,两个筛孔均属该旧沥青混合料较大的筛孔,变异系数均超过30,可见旧沥青混合料中大于13.2mm的粗粒径集料变异性最大。在旧沥青混合料集料粒径集中的0.15～9.5mm范围中,分计筛余的变异系数均小于20,可见旧沥青混合料中集料粒径集中的0.15～9.5mm范围的集料变异性较小。从图8-5可以看出,置信区间的大小随分计筛余的大小有规律地变化,即随分计筛余的增大而变大,其中4.75mm的置信区间为6.04%,是最大的。

总结以上分析,可以得出结论:旧沥青混合料变异系数除少数粒径较大超过30以外,在集料粒径集中的范围里集料变异性均小于20,由此可知该旧沥青混合料级配的储存变异性不是很大。

三、RAP中沥青含量和沥青性质分析

1. RAP中沥青含量

准确测定RAP中沥青含量是热再生沥青混合料目标配合比设计的基础,它直接关系到热再生沥青混合料中新沥青掺量的确定。依据《公路工程沥青及沥青混合料试验规程》(JTG E20—2011)中的方法T 0722—1993,测定了RAP中沥青含量,结果如表8-14所示。试验过程中应对各个环节的操作严格把关,至少要注意两个关键点:第一,要尽可能地将RAP上的旧沥青抽提干净,严格按照规范要求进行数次重复抽提,以免抽提后的旧集料上有旧沥青残存而影响RAP中沥青含量测定的准确性。第二,要准确测定抽提液中矿粉的含量。抽提液中矿粉含量的测定方法有两种:压力过滤器过滤法和燃烧法。因试验室缺乏压力过滤器,故采用燃烧法取小样本测定。燃烧法对坩埚内矿粉质量测定精度的要求很高,因此在试验过程中需严格控制,否则此方法便失去了意义。特别注意经高温燃烧炉燃烧后的坩埚内残渣应加入适量碳酸铵饱和溶液进行稳定处理,以防残渣在烘箱中损失而导致测定结果不准确。

RAP 中沥青含量试验数据及结果　　　　表 8-14

RAP 料中沥青含量试验		第一组	第二组
试验数据	滤纸质量(离心前)(g)	1.21	1.26
	滤纸质量(离心后)(g)	1.42	1.39
	RAP 料烘干后质量(g)	1425.70	1386.90
	离心后集料烘干质量(g)	1358.90	1319.40
	坩埚质量(g)	143.62	157.38
	燃烧后坩埚+矿粉质量(g)	143.69	157.42
	抽提液总容量(mL)	820.00	980.00
	燃烧法样品容量(mL)	10.00	10.00
试验结果	RAP 中油石比(%)	5.16	5.10
		平均值	
		5.13	

2. RAP 中沥青性质

在热再生沥青混合料目标配合比设计中,为了能够正确选择合适的沥青再生方法,选择合理标号的新沥青,必须首先准确测定 RAP 中沥青必要的技术指标。依据《公路工程沥青及沥青混合料试验规程》(JTG E20—2011)中的方法 T 0604—2011、T 0605—2011、T 0606—2011 和 T 0603—2011,分别测定 RAP 中沥青的 25℃针入度、软化点、15℃延度和 15℃密度,并在假定该沥青非多蜡沥青的基础上,根据 25℃针入度和软化点的测定值计算针入度指数 PI,结果如表 8-15 所示。

RAP 回收沥青基本物理指标　　　　表 8-15

项　目	25℃针入度(0.1mm)	软化点(℃)	15℃延度(cm)	针入度指数 PI	15℃密度(g/cm³)
试验值	66.6	54.4	24	0.04	1.028
规范要求	80~100	≥46	≥100	-1.5~1.0	实测记录

由 RAP 中沥青的针入度指数 PI 可以看出,沥青的温度敏感性能够达到规范要求,故不认为 RAP 中沥青的感温性发生了大的变化。然而,RAP 中沥青的 25℃针入度和 15℃延度均不能满足规范要求,其中 15℃延度大幅度降低,25℃针入度略有降低,软化点升高,而回收沥青延度偏低的原因是由于抽提过程中的矿粉未能排除干净。

第三节　再生沥青制备与性能研究

本节主要研究沥青的再生机理并确定旧沥青的最佳再生方式。在平阿高速公路现场收集 RAP,抽提旧沥青后在试验室进行人工模拟老化,主要通过针入度指标来确定与旧料老化程度相当的新沥青老化工艺。再生方式分别选择新沥青和再生剂再生,比较两种方式的再生效果并确定最佳再生方式,然后对再生沥青进行性能评价,最终确定最佳再生剂掺量。

一、老化沥青再生机理

沥青再生是沥青老化的逆过程。为了研究沥青再生的机理,首先应从沥青的老化机理开始入手。沥青的老化是指沥青从炼油厂被炼制出来后,在储存、运输、施工和使用过程中,由于长时间暴露在空气中,在环境因素如热、氧、光和水的作用下,发生一系列的挥发、氧化、聚合,乃至沥青内部结构发生变化,同时发生性质变化,导致路用性能劣化的过程。沥青的老化机理目前主要有三种,即相容性理论、组分迁移理论和黑石理论。

1. 相容性理论

相容性理论认为,沥青是由数千种乃至上万种化合物组成的混合物,它是一种高分子浓溶液,其中沥青质作为溶质,而胶质和油分统称为软沥青质作为溶剂。要形成稳定的溶液,作为溶质的沥青质的溶解度参数与作为溶剂的软沥青质的溶解度参数的差值必须小于某一定值,如式(8-1)所示。

$$\Delta\delta = \delta_{At} - \delta_{M} < K \tag{8-1}$$

式中:$\Delta\delta$——沥青质与软沥青质溶解度参数差值$(cal/cm^3)^{1/2}$;

δ_{At}——沥青质的溶解度参数$(cal/cm^3)^{1/2}$;

δ_{M}——软沥青质的溶解度参数$(cal/cm^3)^{1/2}$;

K——要求的溶解度参数差值的限值$(cal/cm^3)^{1/2}$。

有关资料显示,沥青质溶解度参数与软沥青质溶解度参数差值的极限值为 0.76,当二者的差值小于 0.76 时,沥青中的沥青质和软沥青质的相容性好,两者结合起来能形成稳定的浓溶液。溶解度参数的测定方法十分复杂,现在一般采用的是间接测定方法。对沥青来说是将沥青加入稀释剂,测定沥青质在软沥青质和稀释剂中的沉降速率,换算得到一个当量直径指标,以此来间接了解沥青质与软沥青质的溶解度参数差,近而了解两者的相容性。随着沥青的老化,各种化合物产生脱氢、聚合和氧化等化学变化,由于化学结构变化的总趋势是分子量变得越来越大,而各组分的溶解度参数一般是随着分子量的增大而增大,故沥青质和软沥青质的溶解度参数都会逐渐变大。但是通常沥青质的溶解度参数较软沥青质的提高得更快,这样两者的溶解度参数差值不断增大,破坏了两者之间的相容性。当溶解度参数差达到某一限值时,宏观上沥青就表现为老化、硬化。

从相容性理论出发,可以认为沥青再生就是使沥青中的沥青质与软沥青质溶解度参数差值减少的过程。因此,沥青再生的途径通常是采用掺加再生剂。掺加再生剂后,一方面可使沥青质的相对含量降低,从而提高沥青质在软沥青质中的溶解度;另一方面,掺加再生剂后又可提高软沥青质对沥青质的溶解能力,使软沥青质与沥青质的溶解度参数差值降低,从而改善沥青的相容性。

相容性理论的沥青的宏观物理性能(如流变参数指标等)与溶解度参数指标相关性较好,前者从沥青力学行为的角度来描述再生的机理,后者从沥青化学结构的角度来阐述再生的机理,两者相辅相成。因此,该理论作为老化沥青再生的指导理论具有很高的研究和应用价值。

2. 组分迁移理论

沥青是由多种化学结构及其复杂的化合物组成的一种混合物,对于沥青化学组成的研究,人们主要采用组分分析法,即将沥青分离为几个化学性质相近、与路面性质有一定联系的组,进而分析它们之间的比例关系。通常有以下分类方法:三组分法,将沥青分离为油分、树脂和沥青质;四组分法,将沥青分为饱和分、芳香分、胶质及沥青质;五组分法,将沥青分离为沥青质、氮基、第一酸性分、第二酸性分和链烷分。

组分迁移理论认为,沥青老化主要是出于组分上逐渐发生变化,总的趋势是小分子量的化合物向大分子量的化合物转化,高活性、高能级的组分向低活性、低能级的组分转移。常用的组分分析方法是四组分法,四组分分子结构如图8-6所示。以四组分为例,沥青中的油分主要包括芳香族和饱和族,其中芳香族的分子量最小,也最不稳定,它在自然条件下极易挥发,同时芳香烃的分子结构由于存在不饱和键,很多是以单体的形式存在,所以在光、热、氧等自然因素的长期作用下芳香烃分子间发生了极其复杂的氧化、缩合、共聚等反应,组分上看就是向胶质的转化。而油分中的饱和族分子结构上以饱和键占优势,自然条件下一般不参加反应,所以其结构不会发生变化。胶质相对于沥青质来讲,其能级和活性要高,自然状态下胶质也会向沥青质转化,而沥青质分子则会向更大分子量转化。沥青老化的整个过程就是芳香分、胶质向沥青质转化的过程,此化学反应过程是不可逆的。于是随着时间的推移,沥青中沥青质越来越多,而沥青质含量对沥青的流变性质主要是黏弹性有很大影响,随着沥青质含量的增加,沥青便会出现黏度增大、针入度下降等特征。同时,理论和试验均显示沥青的延度主要取决于芳香分的含量,随着其含量的减少而降低,故老化沥青的延度较低。另外,软化点对沥青流变性质存在很大的依赖性,即沥青黏度越大,软化点越高,故老化沥青的软化点也偏高。

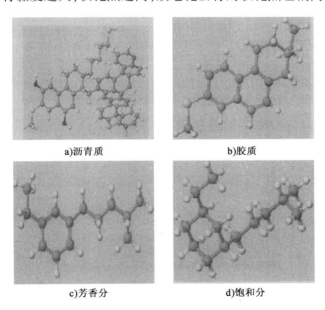

图8-6 沥青四组分结构

相应于沥青老化过程中的组分迁移理论,人们对旧沥青的再生提出根据生产调和沥青的原理。在旧沥青中,或者加入某种组分的低黏度油料即再生剂,或者加入适当稠度的沥青材料进行调配,使调配后的再生沥青具有适合的黏度和所需要的路用性质,以满足筑路要求。从这个角度上讲,再生沥青也是一种调和沥青。但是,能否像石油工业上生产调和沥青一样,根据油料的化学组分配伍条件来获得具有良好路用性能的再生沥青呢？出于以下几个原因，这种做法较难实现：一是从现有的再生沥青混合料生产工艺来看，补充一定量的油分是可能的，然而针对我国沥青中沥青质含量少的情况，补充沥青质是十分困难的。由于沥青的组分和化学结构极其复杂，即使是相同的化学组分，因为它们的油源基属和加工工艺不同，其性质会有很大差别。到目前为止，人们还不可能找出一种适合各种沥青的最佳组分。二是从理论上讲，调节沥青组分是沥青再生的基本途径，而且实际应用中也可按这一原则进行再生剂的选择和开发，但不可能以组分作为沥青再生的控制条件，而必须通过合适的控制指标，达到在本质上调节组分使旧油获得再生，又能够在实际操作中便于测试和计量。分析沥青材料在老化过程中的流变行为规律，可以得到启示：若能使旧沥青材料的流变行为反面逆转，使之恢复到适当的流变状态，旧沥青将获得再生。所以旧沥青的再生从流变学的观点可以归结如下：

(1)将旧沥青的黏度调节到所需要的黏度范围内。

(2)将旧沥青的流变指数适当提高，使旧沥青重新获得良好的流变性质。

也就是说，沥青整个老化、再生、再老化的过程中，其主要性征是流变行为的变化，如图8-7所示。

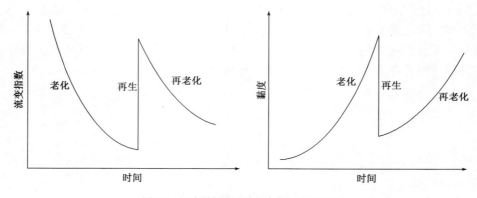

图8-7 沥青材料流变特性变化过程示意图

3. 黑石理论

再生沥青混合料中的 RAP 主要包括旧集料和旧沥青两个部分。老化后的旧沥青结合料紧紧裹覆在旧集料上面，构成了一种形貌上类似黑色石料的"黑石"。进行热再生时，这些 RAP 需要与一定比例的新沥青结合料、新集料和再生剂等进行拌和，需要研究的问题是，在这短短的拌和过程中，RAP 中裹覆在旧集料上的旧沥青是否能与新沥青结合料融合，如果能够融合，是部分融合还是完全融合。实际拌和过程中可能会出现下述两种情况：首先，如果旧沥青能够与新沥青结合料融合，不论是完全融合或部分融合，那么旧沥青的含量以及旧沥青对新沥青结合料的影响必须加以考虑，所存在的问题仅仅是旧沥青能够融合多少；其次，如果旧沥青完全不与新沥青结合料融合，或者其融合情况可以忽略不计，则旧沥青对新沥青的影响可以忽略，并且 RAP 可以作为集料来考虑，即不认为 RAP 中含有旧沥青。在再生混合料的配合比设计中往往容易出现三类错误假定：第一，如果预先假定旧沥青与新沥青完全融合但实际上只发生了部分融合或者没有发生融合，则计算得到的新沥青掺量会不足；第二，如果预先假定旧沥青与新沥青发生了不可忽略的融合，但实际上 RAP 如同黑石，则计算得到的新沥青掺量也会不足;第三,如果预先假定 RAP 可看作黑石处理,但实际拌和过程中旧沥青与新沥青发生了不可忽略的融合,则计算得到的新沥青掺量会过多。黑石研究(Black Rock Study)的提出主要基于美国对新旧沥青融合情况的探索。美国 SHRP 颁布的研究文件中对试件模拟了黑石(Black Rock)、完全融合(Total Blending)和实际案例(Actual Practice)三种情形,并对大量试验数据进行分析后得到如下结论:

(1)三种情形下的矿料级配和总沥青含量没有显著差异。

(2)旧沥青和新沥青结合料发生了融合,虽然三种情形下再生混合料性能在较低的 RAP 掺量(10%~15%)下没有显著差异,但在 RAP 掺量较高时却发生了明显的变化。基于此,他们认为"实际案例(Actual Practice)"的性能更接近于"完全融合(Total Blending)",而非"黑石(Black Rock)"。

因此,依据上述黑石研究,本书亦假定在拌和过程中,RAP 中的旧沥青与新沥青完全融合。

二、再生剂的作用及类型

1. 再生剂的作用

(1)调节老化沥青的组分,使各组分匹配。

(2)调节老化沥青的黏度,使其达到所需再生沥青的黏度,软化后便于和新沥青、新集料混合均匀。

(3)与老化沥青充分融合,调节沥青的胶体结构,改善沥青的流变性质。

2. 再生剂的类型

再生剂可以定义为一种碳氢化合物,其物理性质可以将老化沥青胶结料恢复至现有沥青规范的要求。根据这一定义,软沥青和特定的石油产品衍生物都可以归为再生剂。目前常用的再生剂可以归纳为以下三种类型:

(1)软沥青;

(2)低黏度的油分;

(3)专用渗透型再生剂。

3. 渗透型再生剂的技术要求

通过对沥青再生机理的分析与安全、耐久性和环保等方面的综合考虑,渗透型再生剂必须具备以下技术要求:

(1)亲和与渗透能力;

(2)良好的流变性质;

(3)一定的溶解能力;

(4)再生剂的表面张力;

(5)耐老化能力;

(6)不含有损沥青路面其他路用性能的有害物质;

(7)施工安全性。

国内有关专家推荐的再生剂技术指标和《公路沥青路面再生技术规范》(JTG/T 5521—

2019)对再生剂的要求,分别如表 8-16、表 8-17 所示。

再生剂的技术指标建议值　　　　　　　　　　　　　　表 8-16

技术指标	25℃黏度(Pa·s)	流变指数(25℃)	芳香分含量(%)	薄膜烘箱试验黏度比($\eta_{后}/\eta_{前}$)
建议值	0.01~20	≥0.09	≥30	≤3

热拌沥青混合料再生剂技术要求　　　　　　　　　　　表 8-17

检测项目	60℃黏度(mm²/s)	闪点(℃)	饱和分含量(%)	芳香分含量(%)	薄膜烘箱试验前后黏度比	薄膜烘箱试验后质量变化(%)	15℃密度(g/cm³)
技术要求	176~900	≥220	≤30	实测记录	≤3	≤4,≥-4	实测记录

4. 再生剂的选择

经过国内外大量研究表明,就地热再生由于旧料利用率高,普通再生剂对旧沥青混合料的再生效果达不到预期要求,且再生剂用量较高,不易节省生产成本,所以本书采用试验室合成的渗透型再生剂,其性能指标与普通再生剂的对比见表 8-18。

自制再生剂与普通再生剂的性能指标对比　　　　　　　表 8-18

	物理性能和化学组分	自制再生剂	普通再生剂
物理性能	黏度(60℃,Pa·s)	0.83	3.6
	闪点(℃)	>220	>220
	薄膜烘箱试验前后黏度比	1.9	1.9
	薄膜烘箱试验后质量变化(%)	-1.9	-1.2
化学组分	饱和分含量(%)	16.3	13.2
	芳香分含量(%)	62.1	60.2
	胶质含量(%)	13.8	18.3
	沥青质含量(%)	7.7	10.2

三、人工老化沥青及再生沥青的制备

1. 人工老化沥青的制备

废旧沥青混合料再生利用的关键是旧料中老化沥青性能的再生。老化沥青的再生是指通过添加再生剂对老化沥青的物理性能和化学性质进行调整,使其性能指标满足规范要求。在做老化沥青的再生时,需要相当一部分的老化沥青,如果通过抽提方法从 RAP 旧料中提取老化沥青,不仅成本昂贵,抽提过程严重危害操作人员身体健康,而且抽提所得沥青中含有一定量的矿粉和三氯乙烯,不能准确测定沥青的各项性能。综合各方面考虑,选用人工老化的方法制备老化沥青,主要以针入度指标来评价人工老化沥青的性能。由于旋转薄膜烘箱试验(RTFOT)以及压力老化试验(PAV)操作复杂,所以选用薄膜烘箱试验对新沥青进行人工老化,下面简单介绍一下薄膜烘箱试验。

薄膜烘箱试验主要模拟沥青的短期老化,沥青短期老化是指混合料在拌和和铺筑过程中,空气中的氧与沥青发生的氧化作用导致的材料性能的变化。现在通行的评价沥青在拌和过程中热老化程度的试验方法是沥青薄膜加热试验及沥青旋转薄膜加热试验。沥青薄膜加热试验是将50g沥青试样放入直径140mm、深9.5mm的不锈钢盛样皿中,沥青膜的厚度为3.2mm,在163℃通风烘箱的条件下以5.5r/min的速度旋转,测试经过5h后的质量损失及针入度等各项指标的变化。沥青旋转薄膜加热试验是将沥青试样装入开口玻璃瓶中,盛样瓶插入旋转烘箱中,一边接受吹入的热空气,一边在163℃的高温下以1.5r/min的速度旋转,经过老化后,测定沥青的质量损失及针入度、软化点等各项指标的变化。

向内径为140mm的平底圆盘中注入50g±0.5g沥青,然后将其置于163℃薄膜烘箱中进行老化,老化时间分别为4h、5h和6h,回收沥青性能指标见表8-19,老化沥青的物理性能和化学组分见表8-20。

回收沥青的性能指标　　　　　　　　　　　　　　　　　表8-19

项目	25℃针入度 (0.1mm)	软化点 (℃)	15℃延度 (cm)	针入度指数 PI	15℃密度 (g/cm³)
试验值	66.6	54.4	24	0.04	1.028
规范要求	80~100	≥46	≥100	-1.5~+1.0	实测记录

老化沥青的物理性能和化学组分　　　　　　　　　　　　表8-20

物理性能与化学组分		老化时间(h)		
		4	5	6
物理性能	软化点(℃)	47.1	48.5	50.2
	延度(15℃,cm)	>100	>100	>100
	针入度(25℃,0.1mm)	64.2	58.3	51.7
化学组分	饱和分含量(%)	29.5	30.2	30.6
	芳香分含量(%)	31.9	30.5	30
	胶质含量(%)	17.3	16.8	16.2
	沥青质含量(%)	21.3	22.5	23.2

2. 再生沥青的制备

再生沥青指的是向RAP中的旧沥青中掺加一定量的新沥青或者再生剂或者同时加入再生剂与新沥青,经调配混合形成的一种沥青材料。简单来说,再生沥青的制备方式有如下三种:

(1)RAP中的旧沥青+新沥青;

(2)RAP中的旧沥青+再生剂;

(3)RAP中的旧沥青+新沥青+再生剂。

先采用方法(1)进行再生,新沥青掺加比例分别为20%与40%,测试各项性能指标,如果再生效果不理想则采取另外两种方式。

3. 再生沥青的性能测试

1)常规物理性能

再生沥青的常规物理性能包括针入度、延度、软化点和黏度,比较老化沥青再生前后物理性能的变化,可据此评价再生剂对老化沥青再生性能的影响。

沥青的针入度采用 SD-0604 型沥青针入度试验仪,按照《公路工程沥青及沥青混合料试验规程》(JTG E20—2011) 中的方法 T 0604—2011 进行测试。测试温度为 25℃ ±0.1℃,标准针的贯入时间为 5s。

沥青的延度按照《公路工程沥青及沥青混合料试验规程》(JTG E20—2011) 中的方法 T 0605—2011 在 SD-0605A 型数控低温沥青延度仪中进行测试。测试温度为 15℃,拉伸速度为 5cm/min。

沥青的软化点采用 SD-0606T 型自动沥青软化点试验器,按照《公路工程沥青及沥青混合料试验规程》(JTG E20—2011) 中的方法 T 0606—2011 进行测试。起始加热温度为 5℃ ±1℃,升温速率恒定为 5℃/min。

采用 DV-Ⅱ+Pro 型布氏旋转黏度计测试老化前后沥青的黏度,按照《公路工程沥青及沥青混合料试验规程》(JTG E20—2011) 中的方法 T 0625—2011 进行测试。测试温度为 135℃。

人工老化沥青主要以针入度为对比指标,选用薄膜烘箱试验 4h 后的老化沥青来模拟旧沥青做后续的再生试验。先将老化沥青预热至熔融状态,然后再加入一定比例的新沥青,搅拌 10min 后即制得再生沥青。表 8-21 显示了不同新沥青掺量下再生沥青的常规物理性能指标。

不同新沥青掺量下再生沥青试验结果　　　　表 8-21

新旧沥青比例	25℃针入度(0.1mm)	软化点(℃)	15℃延度(cm)	135℃黏度(Pa·s)
0:10	64.200	47.100	>100	0.473
2:8	69.500	46.600	>100	0.459
4:6	74.600	46.000	>100	0.441

比较图 8-8 ~ 图 8-10 可以看出,随着新沥青掺量的增加,再生沥青的针入度升高,但是提高幅度不大,且针入度依旧偏低;软化点与黏度降低,但是变化不显著。因为评价旧沥青的再生效果主要以针入度为评断指标,所以本书认为仅用新沥青对老化沥青进行再生效果不佳,需要掺入再生剂来改善再生效果。

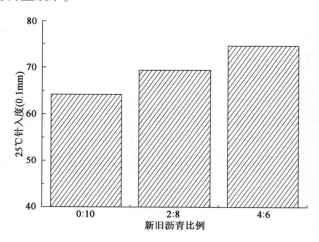

图 8-8　不同新旧沥青比例针入度比较

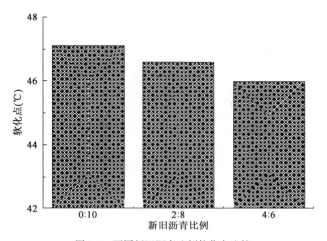

图 8-9　不同新旧沥青比例软化点比较

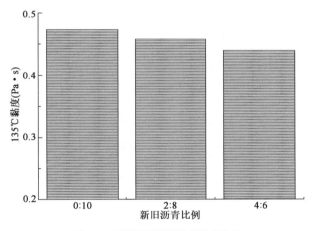

图 8-10　不同新旧沥青比例黏度比较

旧沥青黏度与再生沥青黏度关系如图 8-11 所示。

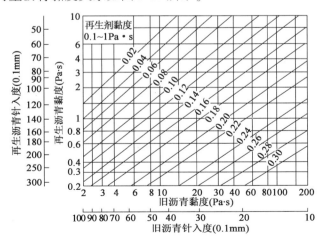

图 8-11　新旧沥青黏度关系图（斜线表示再生剂掺量）

根据旧沥青针入度及再生沥青目标针入度可以预估出再生剂掺量为旧沥青的 4% 左右，以 1% 为间隔，取 5 个再生剂掺量进行再生沥青的制备，测试再生沥青的性能指标，从而确定最佳再生剂掺量。

向老化沥青中加入不同掺量的再生剂，熔融状态下搅拌均匀后，测试所制再生沥青的各项性能指标，测试结果见表 8-22。

不同再生剂掺量下再生沥青的性能指标　　表 8-22

再生剂掺量(%)	25℃针入度(0.1mm)	软化点(℃)	15℃延度(cm)	135℃黏度(Pa·s)
0	64.2	47.1	>100	0.473
2	76.0	45.9	>100	0.415
3	83.5	45.1	>100	0.392
4	92.1	44.2	>100	0.362
5	99.1	43.0	>100	0.335
6	109.0	41.6	>100	0.310

从图 8-12 可以看出，随着再生剂掺量的增加，老化沥青的针入度得到显著提高，掺量在 2.5%~5% 时，达到 90 号道路沥青的针入度要求。这是因为再生剂不仅能有效溶解分散沥青质，而且还可通过与老化沥青中的沥青质发生化学反应降低沥青质分子之间的相互吸引力，使沥青质更加均匀地分散在沥青胶体溶液中，对老化沥青胶体结构的恢复作用更加明显。

从图 8-13 可以看出，再生剂能有效降低老化沥青的软化点，当再生剂的用量范围在 5% 左右时，再生沥青的软化点基本接近新沥青的软化点。这是因为再生剂不仅能有效溶解分散沥青质，而且其含有的环氧基团还可通过与老化沥青中的沥青质发生化学反应降低沥青质分子之间的相互吸引力，使沥青质更加均匀地分散在沥青胶体溶液中，削弱沥青质空间网络结构对沥青分子运动的阻碍，增强老化沥青的流动性。

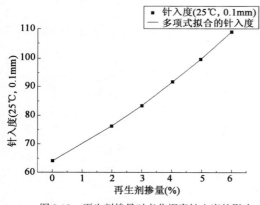 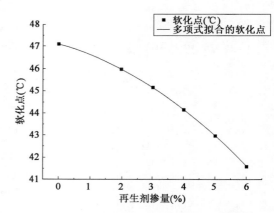

图 8-12　再生剂掺量对老化沥青针入度的影响　　图 8-13　再生剂掺量对老化沥青软化点的影响

从图 8-14 可以看出，随着再生剂掺量的增加，再生沥青的黏度不断减小，说明再生剂能减小沥青流动受到的阻力，增强老化沥青的流动性。原因在于再生剂与老化沥青中的沥青质发生化学反应，降低沥青质分子之间的相互吸引力，使沥青质更加均匀地分散在沥青胶体溶液中，更有助于老化沥青胶体结构的恢复。

而对于延度来说,未掺加再生剂的老化沥青15℃延度已经大于100cm,所以没有对数据进行细致的统计。但随着再生剂掺量的增加,再生沥青15℃延度呈现逐渐增加的趋势,因为再生剂不仅能有效溶解分散沥青质,而且其含有的环氧基团还可通过与老化沥青中的沥青质发生化学反应降低沥青质分子之间的相互吸引力,使沥青质更加均匀地分散在沥青胶体溶液中,削弱沥青质团聚形成的空间网络结构对沥青分子运动的阻碍。

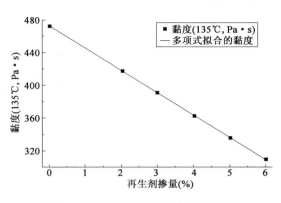

图 8-14 再生剂掺量对老化沥青黏度的影响

上述试验研究表明,再生剂的引入能够较新沥青更为有效地对旧沥青进行再生,而且老化沥青各项性能指标与再生剂掺量呈现明显的相关性,综合考虑再生沥青的各项性能,最终确定再生剂的最佳掺量为4.5%。

2) 动态剪切流变性能

沥青是一种黏弹性材料,兼具黏性流动和弹性变形的特征,其流变行为随温度和荷载的变化比较明显,与沥青路面的路用性能具有密切的关系。然而,采用常规的软化点、针入度、延度和黏度等性能指标难以有效评价沥青材料的流变行为。为此,SHRP经过多年研究建立了沥青流变性能与路用性能之间的关系,从流变性能角度对沥青的路用性能进行了评价。在SHRP沥青性能的评价体系中,动态流变性能是评价沥青路用性能的主要指标。沥青的动态流变性能通过动态剪切流变试验进行测定,通过测定沥青的复数模量 G^* 和相位角 δ 来表征沥青胶结料的黏性和弹性。采用 $G^*/\sin\delta$(通常称为车辙因子)来表征沥青路面的高温抗车辙能力,$G^*/\sin\delta$ 越大,表明沥青的高温稳定性能越好,沥青路面的抗车辙能力越强;采用 $G^* \cdot \sin\delta$(通常称为疲劳因子)来表征沥青路面的低温抗开裂能力,$G^* \cdot \sin\delta$ 越小,表明沥青的低温弹性越大,沥青路面的低温抗开裂能力越强。

本书采用MCR-101型动态剪切流变仪(DSR)测试沥青再生前后的动态剪切流变性能,温度扫描试验在应变控制模式下进行,扫描的温度范围为0~70℃,频率控制在10rad/s,升温速率为2℃/min。20℃以下时,圆盘直径为8mm,两个圆盘的间距为2mm;20℃以上时,圆盘直径为25mm,两个圆盘的间距为1mm。

图8-15是新沥青、老化沥青以及不同再生剂掺量下的再生沥青的复数模量 G^* 和相位角 δ 随温度变化的曲线。从图中可以看出,老化沥青的复数模量随再生剂的加入而减小,相位角增大,表明再生剂减少了老化沥青的弹性成分,增加了老化沥青的黏性成分。这是因为向老化沥青中加入再生剂之后,再生剂能使老化沥青中聚集的沥青质重新溶解分散在沥青溶液中,更有利于老化沥青胶体结构的恢复。

图8-16是新沥青、老化沥青以及不同再生剂掺量下的再生沥青的车辙因子随温度变化的曲线。从图中可以看出,老化沥青的车辙因子随着再生剂的加入而减小,表明再生剂降低了再生沥青混合料的高温抗变形能力,对再生沥青路面高温抗车辙性能具有一定的负面影响。从图中可发现,无论是含有多少掺量(本试验再生剂掺量控制范围内)再生剂的再生沥青,其车辙因子都要比新沥青的车辙因子高,表明再生沥青混合料比普通沥青混合料具备更强的抗车辙能力。

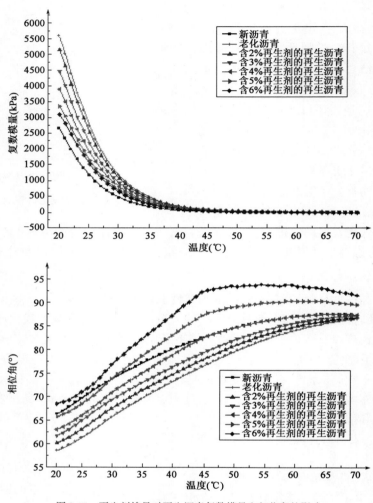

图 8-15 再生剂掺量对再生沥青复数模量和相位角的影响

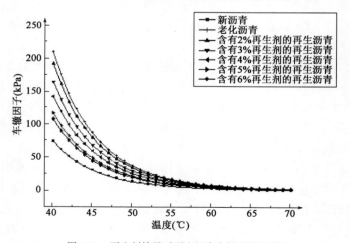

图 8-16 再生剂掺量对再生沥青车辙因子的影响

3) 低温弯曲流变性能

SHRP 研究认为,常规的物理性能指标,如针入度、低温延度等,难以有效评价沥青的低温性能,对于沥青的低温性能,应该采用力学性能指标评价。SHRP 通过多种试验方法比较,认为沥青的弯曲蠕变试验(BBR)能准确评价低温下沥青的劲度(S)和蠕变速率(m)。其中,S 代表沥青低温抵抗永久变形的能力,S 越大,表示沥青的脆性越大,低温下沥青路面越容易开裂,SHRP 规范规定沥青的蠕变劲度不得超过 300MPa。m 表示沥青材料在荷载作用下劲度的变化率,m 值越大,沥青的低温抗裂性越好,SHRP 规范规定沥青的 m 值不得小于 0.3。

再生沥青中含有老化沥青,其低温性能会大幅度下降,因此对再生沥青的低温抗裂性能进行研究是非常有必要的。对新沥青、老化沥青和再生沥青的劲度和蠕变速率采用弯曲梁流变仪,按照 ASTM D 6373 中规定的试验方法进行测定,试验温度分别为 −12℃ 和 −18℃。试验结果见表 8-23。

再生沥青的蠕变劲度和蠕变速率　　　　表 8-23

再生剂掺量(%)	−12℃		−18℃	
	S(MPa)	m	S(MPa)	m
0	340	0.295	371	0.253
2	316	0.308	356	0.258
3	307	0.317	342	0.267
4	293	0.328	326	0.299
5	279	0.341	308	0.315
6	261	0.357	286	0.323

从图 8-17 可看出,随着再生剂掺量的增加,再生沥青的蠕变劲度减小、蠕变速率增加,而且蠕变劲度在 −12℃ 情况下下降趋势比较平缓,而在 −18℃ 时,下降趋势随着再生剂掺量的增加而逐渐变陡;对于蠕变速率而言,−12℃ 时,其变化趋势随着再生剂掺量的增加而逐渐变陡,但是在 −18℃ 的情况下,蠕变速率在再生剂掺量为 3%~5% 区间内突然变陡。

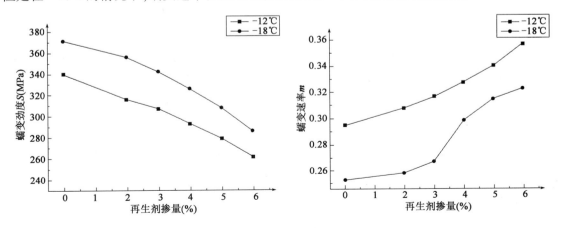

图 8-17　再生剂掺量对蠕变劲度和蠕变速率的影响

上述规律一方面表明再生沥青的低温抗裂性能随着再生剂的加入而增强,这是因为加入再生剂之后,再生沥青胶结料的胶体结构得到恢复;另一方面,再生沥青的蠕变劲度在更低的温度下对再生剂掺量的增加更敏感,而蠕变速率却是在一定再生剂掺量范围内更加敏感。

四、再生剂对沥青组成和结构的影响

沥青材料是以相对分子量较大的沥青质为中心,外围依次为胶质、芳香分和饱和分的胶体材料,处于不同胶体结构状态的沥青具有不同的性能,因此胶体体系的性质对沥青的物理化学性质和使用性能具有显著的影响。沥青形成稳定胶体结构的基础是沥青质对胶质的强吸附力,胶质和芳香分被紧密地吸附在沥青质的四周,形成胶体结构的中间相,防止沥青质从沥青胶体溶液中沉淀分离。因此,只有当沥青胶体溶液中的沥青质与可溶质的相对含量以及极性性质相匹配时,沥青的胶体结构才能处于稳定的状态。按照胶体状态的不同,沥青的胶体结构主要分为以下三类:

(1)溶胶型

当沥青胶体溶液中的沥青质相对含量较低,相对分子量与胶质的相对分子量比较接近时,这样的沥青可认为是溶胶型沥青。它具有牛顿液体的性质,黏度与应力成比例,对温度的变化很敏感。此时沥青体系中没有相对分子量很大或者很小的分子存在,相对分子量分布范围较窄,分散相和分散介质的性质比较接近。

(2)溶-凝胶型

当沥青胶体溶液中的沥青质含量适中,并含有芳香度较高的胶质,胶团数量较多、浓度较大,胶团之间的距离相对更靠近时,沥青胶体结构是一种介于溶胶和凝胶之间的结构,称之为溶-凝胶结构,具有这种结构的沥青通常称为溶-凝胶型沥青。这种沥青的高温感温性较低,低温变形能力较好,常用于修筑高等级沥青路面。

(3)凝胶型

当沥青中的沥青质含量较大,可溶质的芳香族组分较少,分散介质的溶解能力不足,沥青胶体溶液中的胶团较大,大量分子聚集形成空间网状结构,具有非牛顿流体的性质时,这类沥青通常称为凝胶型沥青。这种结构类型的沥青虽然具有较好的感温性,但是低温变形能力较差。

沥青中各化学组分的相对含量对沥青胶体结构具有显著的影响,化学组分相对含量的不同可以使沥青形成不同类型的胶体结构。当沥青中的芳香烃和环烷烃的相对含量较高时,沥青为溶胶型沥青;当沥青中的芳香烃和环烷烃的相对含量较低时,沥青为凝胶型沥青;沥青在老化的过程中,芳香分向沥青质转变,从而导致沥青的芳香分的相对含量降低、沥青质的相对含量增加,沥青的胶体结构由溶胶型转变为凝胶型。

老化沥青使用性能恶化的主要原因就是老化使沥青化学组分失去了原有的配伍性,破坏了沥青稳定的胶体结构。老化沥青的再生就是通过向老化沥青中添加再生剂,对老化沥青的化学组分和胶体结构进行调整,从而使老化沥青的性能得到恢复。

1. 再生剂对老化沥青化学组分的影响

向流动状态下的人工老化沥青中分别掺加0%、2%、3%、4%、5%和6%的再生剂,搅拌均匀后进行沥青四组分测试,测试结果如表8-24所示。

再生沥青的化学组分　　　　　表 8-24

再生剂用量(%)	饱和分(%)	芳香分(%)	胶质(%)	沥青质(%)
0	26.5	31.9	24.2	17.4
2	26.9	32.3	23.6	17.2
3	27.2	32.4	23.4	17.0
4	27.6	32.7	23.0	16.7
5	28.1	32.9	22.5	16.5
6	28.5	33.2	22.1	16.2

从图 8-18～图 8-21 可以看出,随着再生剂掺量的增加,老化沥青的芳香分含量与饱和分含量均呈现增加趋势,而芳香分增加更为显著,沥青质与胶质含量降低明显,这说明再生剂能够有效调整老化沥青的化学组分。结合再生沥青的物理性能指标可以看出,再生沥青的沥青质含量与芳香分含量对再生沥青的性能具有显著的影响,当再生沥青的沥青质含量和芳香分含量与新沥青的沥青质含量和芳香分含量接近时,再生沥青的性能可得到很好恢复,接近新沥青的性能指标。

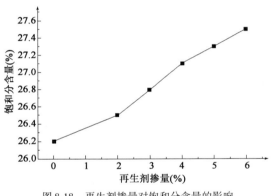
图 8-18　再生剂掺量对饱和分含量的影响

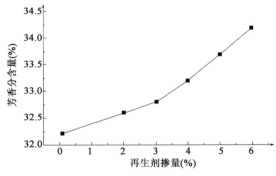
图 8-19　再生剂掺量对芳香分含量的影响

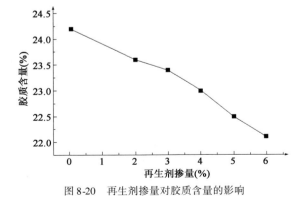
图 8-20　再生剂掺量对胶质含量的影响

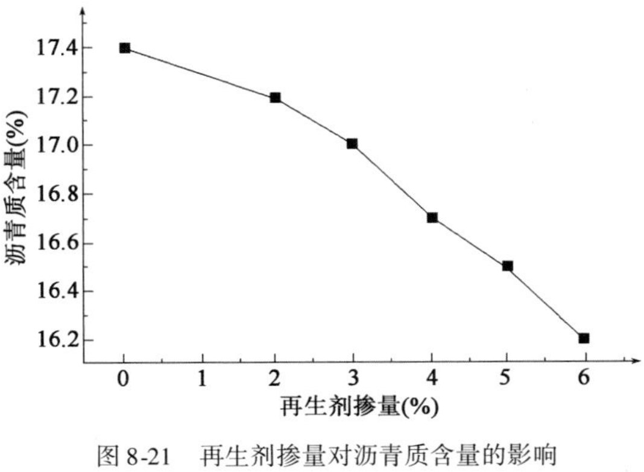

图 8-21　再生剂掺量对沥青质含量的影响

2. 再生剂对老化沥青胶体结构的影响

根据现代胶体理论,沥青的胶体体系是以固态微粒的沥青质作为核心,胶质作为胶溶剂,吸附在沥青质颗粒的四周形成分散相,然后溶于由芳香分和饱和分形成的分散介质中。由于沥青质的相对分子量远远高于芳香分和饱和分的相对分子量,并且其极性很强,因此难以直接溶解分散在由相对分子量较低、极性较弱的芳香分和饱和分所组成的分散介质中,尤其是饱和分的凝胶作用会阻碍沥青质在芳香分中的溶解分散,不利于沥青形成稳定的胶体体系,而极性较强的胶质则吸附在沥青质颗粒的四周,在沥青质和芳香分之间起到过渡的作用。因此在沥青的胶体体系中,分子量大、极性强的沥青质作为分散相是沥青胶体体系的核心,外围依次分布着胶质、芳香分和饱和分。沥青质和胶质之间的吸附力是沥青形成稳定胶体结构的基础,芳香分和饱和分依次分布在由胶质吸附在沥青质四周形成的胶团的外围,避免沥青质从胶体溶液中沉淀分离。

  沥青在老化的过程中化学组分会发生变化,主要体现在芳香分转变成为胶质,而后胶质又向沥青质转变,使沥青的各个化学组分的相对含量发生变化,导致沥青化学组分比例不协调、配伍性下降,使沥青的胶体结构受到破坏,并最终导致其性能恶化。老化沥青的再生指通过添加再生剂对老化沥青的化学组分进行调节,使老化沥青的各个化学组分的相对含量恢复至合理的配伍范围之内,使老化沥青的胶体结构得到恢复,从而使老化沥青的物理及化学性能得到恢复,满足道路沥青使用性能的要求。

  研究发现,沥青胶体结构的性质与化学组分配伍性之间的关系可通过沥青胶体稳定指数来表征,胶体稳定指数可通过式(8-2)计算得到。胶体稳定指数越大,沥青的胶体结构稳定性越好。

$$胶体稳定指数 = \frac{芳香分含量 + 胶质含量}{沥青质含量 + 饱和分含量} \quad (8-2)$$

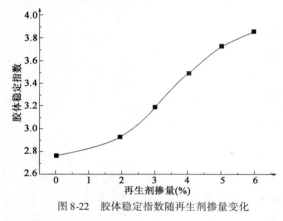

图 8-22　胶体稳定指数随再生剂掺量变化

图 8-22 是再生沥青的胶体稳定指数随再生剂掺量变化的曲线。从图中可以看出,随着再生剂掺量的增加,再生沥青的胶体稳定指数逐渐增大,说明再生剂的加入提高了老化沥青胶体结构的稳定性。

五、再生剂对沥青流变性能的影响

  沥青黏度值能较为准确地反映混合料的高温性能。实际工程中老化沥青再生也是通过控制沥青再生后的黏度和其他物理力学指标来进行的,因此再生剂就是一种能够改善老化沥青流变行为的低黏度制剂。对再生剂不同掺量时的再生沥青进行 135℃ 布洛克菲尔德(Brookfield)黏度与 25℃ 针入度试验,结果如表 8-25 所示。

不同再生剂掺量时再生沥青黏度、针入度的变化　　表 8-25

再生剂掺量(%)	0	2	3	4	5	6
针入度(0.1mm)	64.2	76	83.5	92.1	99.1	109
黏度(Pa·s)	0.4725	0.4150	0.3920	0.3620	0.3345	0.3100

从图 8-23 可以看出,再生剂对旧沥青的流变性能改善效果明显,随着再生剂掺量的增大,再生沥青的黏度降低,而表征路用性能的针入度增大,并且均与再生剂掺量呈现出良好的线性关系,说明再生剂的加入能对旧沥青的黏度起到很好的调节作用,而再生剂掺量需达到一定值才能对旧沥青的针入度起到良好的改善能力。

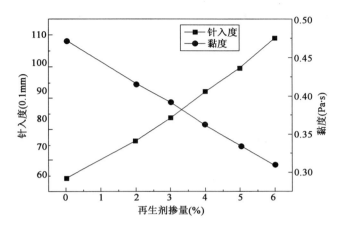

图 8-23　再生沥青的黏度与针入度随再生剂掺量的变化

六、再生沥青与集料的黏附性

沥青的黏附性是指沥青与石料之间相互作用所产生的物理吸附和化学吸附的能力。沥青与石料黏附性的优劣,对沥青路面的强度、水稳性以及耐久性都有很大的影响,故黏附性是沥青的重要性质之一,它除了受石料性质影响外,主要与沥青性质有关。再生沥青是在老化沥青中加入再生剂而组成的混合物,有必要探究再生沥青的黏附性,防止再生沥青路面因此发生严重的水损害。

采用水浸法测试再生沥青与粗集料的黏附性能。首先按四分法称取集料颗粒(9.5～13.2mm)100g 置于搪瓷盆中,放入 175℃烘箱中保温 1h,称取 5.5g±0.2g 沥青放入小型拌和器中,一起置入烘箱中加热 15min,然后将集料倒入搅拌器中搅拌 1～1.5min,使集料完全被沥青裹覆,立即取出集料平铺在玻璃板上,室温冷却 1h。然后将玻璃板浸入温度为 80℃±1℃的恒温水槽中,保持 30min,将剥离及浮出水面的沥青用纸片捞出,最后将玻璃板移至冷水中,仔细观察集料表面沥青薄膜的剥落情况。黏附性等级评定见表 8-26,试验结果见表 8-27。

沥青与集料的黏附性等级评定　　表 8-26

试验后集料表面上沥青膜剥落情况	黏附性等级
沥青膜完全保存,剥落面积百分率接近 0	5
沥青膜少部分为水所移动,厚度不均匀,剥落面积百分率小于 10%	4
沥青膜局部明显为水所移动,基本保留在集料表面上,剥落面积百分率小于 30%	3
沥青膜大部分为水所移动,局部保留在集料表面上,剥落面积百分率大于 30%	2
沥青膜为水所移动,集料基本裸露,沥青全浮于水面上	1

沥青与集料的黏附性等级试验结果　　　表 8-27

原样沥青	再生沥青	原样沥青	再生沥青
4	5	3	4

从上述试验结果可以看出,再生沥青与集料的黏附性优于原样沥青。原因可能是再生剂中含有酸性成分,使得再生沥青呈现一定酸性,与碱性集料有更好的黏附性;另一个原因可能是再生剂中含有黏结作用较高的物质,从而赋予了再生沥青较好的黏附性。

第四节　再生沥青混合料配合比设计与路用性能评价

一、再生沥青混合料配合比设计

热再生沥青混合料配合比设计流程如图 8-24 所示。

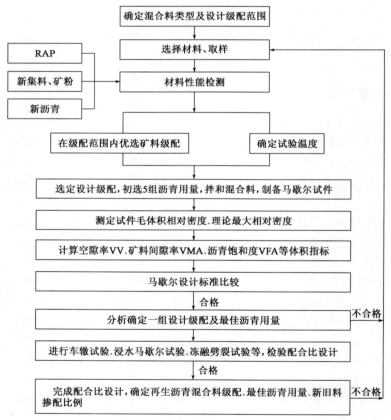

图 8-24　热再生沥青混合料配合比设计流程图

1. 试验原材料

1) RAP

RAP 中的集料和沥青的技术指标见表 8-28。

RAP 中集料和沥青技术指标　　　　　　　　　　　　　　　　　　　　表 8-28

检测项目	单位	技术要求	试验结果		试验方法
			0~2.36mm	2.36mm 以上	
集料表观密度	g/cm³	实测值	2.715	2.726	T 0304
集料表观相对密度	—	≥2.50	2.720	2.729	
集料毛体积相对密度	—	实测值	—	2.668	
集料吸水率	%	≤3	—	0.8	
沥青含量	%	实测值	4.88		T 0722
沥青针入度	0.1mm	80~100	66.6		T 0604
沥青 15℃延度	cm	≥100	24		T 0605
沥青软化点	℃	≥46	54.4		T 0606

2）新沥青

新沥青选用 90 号基质沥青,其技术指标见表 8-29。

90 号基质沥青技术指标　　　　　　　　　　　　　　　　　　　　表 8-29

检测项目	单位	技术要求	试验结果	试验方法
针入度	0.1mm	80~100	95	T 0604
15℃延度	cm	≥100	>100	T 0605
软化点	℃	≥46	43.4	T 0606
135℃黏度	Pa·s	—	0.305	T 0625

3）新集料

试验室所用新集料主要为石灰岩,共有 10~15mm、5~10mm 和 0~5mm 三档料,各档料技术指标见表 8-30 和表 8-31。

粗集料技术指标　　　　　　　　　　　　　　　　　　　　　　　表 8-30

检测项目	单位	技术要求	试验结果			试验方法
			10~15mm	5~10mm	0~5mm	
集料压碎值	%	≤28	19.6	—	—	T 0316
洛杉矶磨耗损失	%	≤30	18.9			T 0317
表观密度	t/m³	—	2.879	2.921	2.745	T 0304
表观相对密度	t/m³	≥2.60	2.884	2.925	2.748	
毛体积相对密度	t/m³	实测值	2.818	2.801	2.685	
吸水率	%	≤3.0	0.82	1.52	1.03	

细集料技术指标　　　　　　　　　　　　　　　　　　　　　　　表 8-31

检测项目	单位	技术要求	试验结果		试验方法
			3~5mm	0~3mm	
表观密度	g/cm³	实测值	2.872	2.746	T 0328
表观相对密度	—	≥2.50	2.877	2.753	T 0304

4) 填料

添加的填料为普通石灰石磨细矿粉,其性能指标见表8-32。

矿粉性能指标   表8-32

检测项目		试验结果	技术要求
视密度(g/cm³)		2.877	≥2.5
含水率(%)		0.1	≤1
粒度范围(%)	<0.6mm	11.57	100
	<0.15mm	16.65	10~100
	<0.075mm	86.77	75~100
外观		无团粒结块	无团粒结块
亲水系数		0.7	<1

5) 再生剂

试验中选择的再生剂性能指标见表8-33。

再生剂性能指标   表8-33

检测项目	试验结果	检测项目	试验结果
黏度(60℃,Pa·s)	0.83	饱和分含量(%)	16.3
闪点(℃)	>220	芳香分含量(%)	62.1
薄膜烘箱试验前后黏度比	1.1	胶质含量(%)	13.8
薄膜烘箱试验后质量损失(%)	-2.1	沥青质含量(%)	7.7

2. 再生沥青混合料的级配

本书选择密级配类型AC-13作为再生沥青混合料的目标级配,以RAP掺量80%为例,进行再生沥青混合料配合比设计研究。根据筛分试验得到回收集料和新集料的级配,确定了废旧沥青混合料掺量为80%时各档新集料的添加比例为10~15mm:5~10mm:0~5mm:RAP:矿粉=2.0:4.0:12.8:80.0:1.2,合成级配如表8-34、表8-35所示,再生沥青混合料的级配如图8-25所示。

矿料筛分结果   表8-34

筛孔尺寸(mm)	矿料规格种类				
	10~15mm	5~10mm	0~5mm	RAP	矿粉
	通过百分率(%)				
16	100	100	100	100	100.0
13.2	74.5	100	100	94.4	100.0
9.5	2.7	72.9	100	77.2	100.0
4.75	0.1	3.8	97.3	43.8	100.0
2.36	0.1	0.2	71.8	28.5	100.0
1.18	0.1	0.2	52.9	21.2	100.0

续上表

筛孔尺寸 (mm)	矿料规格种类				
	10~15mm	5~10mm	0~5mm	RAP	矿粉
	通过百分率(%)				
0.6	0.1	0.2	37.1	15.7	100.0
0.3	0.1	0.2	19.7	11.5	99.9
0.15	0.1	0.2	10.8	7.9	95.6
0.075	0.1	0.2	4.0	4.6	88.8

80%RAP掺量下矿料配合比计算结果　　　　表8-35

筛孔尺寸 (mm)	矿料规格种类					总计 (%)	目标级配 (%)
	10~15mm	5~10mm	0~5mm	RAP	矿粉		
	矿料掺配比例(%)						
	2.0	4.0	12.8	80.0	1.2		
	80%RAP掺量下各规格种类矿料通过百分率(配合后)(%)						
16	2	4	12.8	80	1.2	100	100
13.2	1.490	4.000	12.800	75.544	1.2	95.034	95.990
9.5	0.054	2.916	12.800	61.760	1.2	78.730	79.736
4.75	0.002	0.152	12.454	35.056	1.2	48.864	50.605
2.36	0.002	0.008	9.190	22.832	1.2	33.232	32.764
1.18	0.002	0.008	6.771	16.952	1.2	24.933	25.601
0.6	0.002	0.008	4.749	12.560	1.2	18.519	18.335
0.3	0.002	0.008	2.522	9.232	1.199	12.963	13.996
0.15	0.002	0.008	1.382	6.328	1.147	8.867	10.370
0.075	0.002	0.008	0.512	3.688	1.066	5.276	7.106

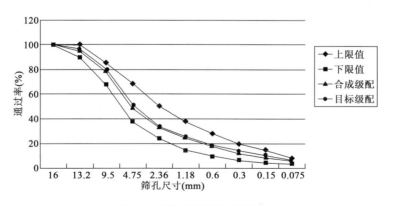

图8-25　再生沥青混合料的级配

3.新沥青和再生剂用量计算

首先根据再生沥青混合料中废旧沥青混合料的掺量,确定所需要添加的再生剂质量,然后根据所选定的沥青用量,计算不同沥青总用量下所添加新沥青的质量,添加新沥青的质量为总沥青用量减去再生剂质量与旧沥青质量总和。

再生剂用量和新沥青用量的计算公式分别如式(8-3)和式(8-4)所示。

再生剂用量 R 的计算公式为:

$$R = a \cdot P_{ab} \cdot r \tag{8-3}$$

新沥青用量 B 的计算公式为:

$$B = P_b - a \cdot P_{ab} \cdot (1 + r) \tag{8-4}$$

式中:a——废旧沥青混合料的掺量;

P_{ab}——废旧沥青混合料中的沥青含量;

r——再生剂质量与废旧沥青混合料中旧沥青质量的比值;

P_b——设计的再生沥青混合料总沥青用量。

4. 最佳油石比的确定

通过测定再生沥青混合料的马歇尔体积参数、稳定度和流值来确定再生沥青混合料的最佳油石比。与新沥青混合料的马歇尔配合比设计有所不同的是,由于再生沥青混合料中含有废旧沥青混合料,废旧沥青混合料的体积指标难以确定,采用计算的方法得到再生沥青混合料的最大理论密度有一定的难度,因此本书选择采用真空法直接测定再生沥青混合料的最大理论密度。通过表干法测定再生沥青混合料的毛体积密度、空隙率、沥青饱和度、矿料间隙率,通过沥青混合料马歇尔稳定度仪测试稳定度和流值,然后计算得到再生沥青混合料的最佳油石比 OAC。

混合料的拌和与压实是马歇尔试件制作的关键步骤。将 RAP 投入拌锅内,将称量好的再生剂均匀喷洒到旧料上,搅拌 30s,然后分别向拌锅中加入新集料和新沥青,分别搅拌 30s,最后加入预热的矿粉,搅拌 90s,其中再生剂掺量定为混合料的 0.25%。通常,马歇尔试件制作过程中的各个温度应由黏温曲线决定,但也可参考《公路沥青路面施工技术规范》(JTG F40—2004)的规定。本书参考《公路工程沥青及沥青混合料试验规程》(JTG E20—2011)中的方法 T 0702—2011,马歇尔试件制作过程中各个温度如下:新集料和矿粉加热温度为 185℃左右,RAP 加热温度为 140℃左右,沥青加热温度为 140℃左右,拌和温度为 165℃(按规定拌锅的实际加热温度设定为 175℃),成型温度为 155℃左右,之后成型马歇尔试件,试件双面各击实 75 次,静置 24h 后脱模进行马歇尔稳定度试验并测定试件的空隙率、矿料间隙率等各项指标。预选 4.0%、4.5%、5.0%、5.5%、6.0% 共 5 组不同的油石比制备马歇尔试件,测定再生沥青混合料马歇尔试件的体积参数以及稳定度和流值,结果见表 8-36、图 8-26。

80%RAP 掺量下不同油石比再生混合料体积性能指标 表 8-36

级配类型	油石比 (%)	毛体积密度 (g/cm³)	稳定度 (kN)	流值 (0.1mm)	VV (%)	VMA (%)	VFA (%)
AC-13	4.0	2.48	13.70	37.30	5.42	14.29	62.08
	4.5	2.50	14.30	43.20	4.35	14.15	69.25
	5.0	2.49	14.50	41.80	3.53	14.74	72.50
	5.5	2.48	13.20	42.10	3.05	15.44	78.93
	6.0	2.47	11.80	41.70	2.80	16.31	81.61
规范要求	—	—	≥8	20~45	3~5	≥13	65~75

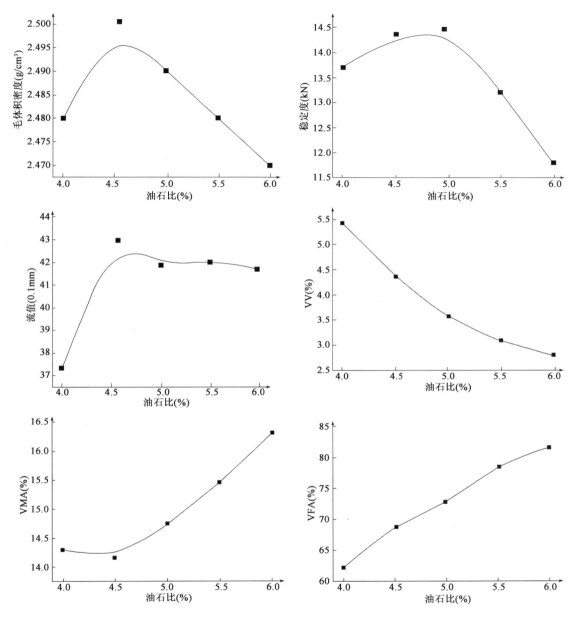

图 8-26　80% RAP 掺量下马歇尔试验结果

根据马歇尔试验结果,得出 80% RAP 掺量下热再生沥青混合料最大密度对应的油石比 $a_1 = 4.80\%$,最大稳定度对应的油石比 $a_2 = 4.51\%$,空隙率中值对应的油石比 $a_3 = 5.61\%$,饱和度中值对应的油石比 $a_4 = 4.71\%$。$OAC_{min} = 4.89\%$(稳定度范围对应最小值),$OAC_{max} = 5.13\%$(稳定度范围对应最大值)。所以:$OAC_1 = (a_1 + a_2 + a_3 + a_4)/4 = 4.91\%$,$OAC_2 = (OAC_{min} + OAC_{max})/2 = 5.01\%$,$OAC = (OAC_1 + OAC_2)/2 = 4.96\%$。

综上所述,RAP 掺量为 80% 时的最佳油石比为 4.96%。

二、旧料掺量对再生沥青混合料路用性能的影响

首先采用马歇尔设计方法确定不同 RAP 掺量下热再生沥青混合料级配、最佳新沥青掺量、最佳再生剂掺量等,然后需要对不同 RAP 掺量下的马歇尔配合比设计进行检验,以完成整个目标配合比设计。选择 5 个 RAP 掺量,分别为 60%、70%、80%、90% 和 100%。在 60%、70%、80%、90% 这四个 RAP 掺量下选择相近的矿料级配(100% RAP 掺量下的级配无法改变)和各自的最佳新沥青掺量分别进行热再生沥青混合料的室内性能试验。依据性能试验的结果以及现场施工因素,最终确定一个 RAP 掺量参考值。至此,才算完成了整个热再生沥青混合料的目标配合比设计。

1. 不同 RAP 掺量下再生沥青混合料的矿料合成级配

在研究不同 RAP 掺量对再生沥青混合料性能的影响时,为了保证 RAP 掺量为单一影响因素,必须消除其他因素的干扰,而级配就包括在这些因素之中。因此,对于不同的 RAP 掺量,需要尽可能地选择同一矿料合成级配进行试验,如果不同的 RAP 掺量下的矿料合成级配不能保证完全相同,至少也应该相差不大。

依据《公路沥青路面施工技术规范》(JTG F40—2004)关于 AC-13C 型沥青混合料的矿料级配范围要求和各规格矿料筛分结果,通过计算机试算确定不同 RAP 掺量下的矿料配合比为(80% RAP 掺量的情况前文已有论述):

(1) 60% RAP 掺量,10~15mm:5~10mm:0~5mm:RAP:矿粉 = 5.2:12.4:20.0:60.0:2.4。
(2) 70% RAP 掺量,10~15mm:5~10mm:0~5mm:RAP:矿粉 = 2.7:9:15.9:70.0:2.4。
(3) 90% RAP 掺量,10~15mm:5~10mm:0~5mm:RAP 料:矿粉 = 0.3:1.5:7.4:90.0:0.8。
(4) 100% RAP 掺量,10~15mm:5~10mm:0~5mm:RAP 料:矿粉 = 0:0:0:100.0:0。

矿料筛分结果及配合比计算结果见表 8-37~表 8-40,其中矿料规格种类中的"RAP"表示经抽提后的 RAP 中的集料,矿料合成级配曲线见图 8-27。

60% RAP 掺量下矿料配合比计算结果 表 8-37

筛孔尺寸 (mm)	矿料规格种类					总计 (%)	目标级配 (%)
	10~15mm	5~10mm	0~5mm	RAP	矿粉		
	矿料掺配比例(%)						
	5.2	12.4	20.0	60.0	2.4		
	60% RAP 掺量下各规格种类矿料通过百分率(配合后)(%)						
16	5.20	12.40	20.00	60.00	2.40	100.00	100.00
13.2	3.87	12.40	20.00	56.66	2.40	95.33	95.99
9.5	0.14	9.04	20.00	46.32	2.40	77.90	79.74
4.75	0.01	0.47	19.46	26.29	2.40	48.63	50.61
2.36	0.01	0.02	14.36	17.12	2.40	33.91	32.76
1.18	0.01	0.02	10.58	12.71	2.40	25.72	25.60
0.6	0.01	0.02	7.42	9.42	2.40	19.27	18.34
0.3	0.01	0.02	3.94	6.92	2.40	13.29	14.00
0.15	0.01	0.02	2.16	4.75	2.29	9.23	10.37
0.075	0.01	0.02	0.80	2.77	2.13	5.73	7.11

70%RAP掺量下矿料配合比计算结果

表 8-38

筛孔尺寸 (mm)	矿料规格种类					总计 (%)	目标级配 (%)
	10~15mm	5~10mm	0~5mm	RAP	矿粉		
	矿料掺配比例(%)						
	2.7	9	15.9	70.0	2.4		
	70%RAP掺量下各规格种类矿料通过百分率(配合后)(%)						
16	2.7000	9.0000	15.9000	70.0000	2.4000	100.0000	100.0000
13.2	2.0115	9.0000	15.9000	66.1010	2.4000	95.4130	95.9900
9.5	0.0729	6.5610	15.9000	54.0400	2.4000	78.9740	79.7360
4.75	0.0027	0.3420	15.4710	30.6740	2.4000	48.8900	50.6050
2.36	0.0027	0.0180	11.4160	19.9780	2.4000	33.8150	32.7640
1.18	0.0027	0.0180	8.4110	14.8330	2.4000	25.6650	25.6010
0.6	0.0027	0.0180	5.8990	10.9900	2.4000	19.3100	18.3350
0.3	0.0027	0.0180	3.1320	8.0780	2.3980	13.6290	13.9960
0.15	0.0027	0.0180	1.7170	5.5370	2.2940	9.5690	10.3700
0.075	0.0027	0.0180	0.6360	3.2270	2.1310	6.0150	7.1060

90%RAP掺量下矿料配合比计算结果

表 8-39

筛孔尺寸 (mm)	矿料规格种类					总计 (%)	目标级配 (%)
	10~15mm	5~10mm	0~5mm	RAP	矿粉		
	矿料掺配比例(%)						
	0.3	1.5	7.4	90.0	0.8		
	90%RAP掺量下各规格种类矿料通过百分率(配合后)(%)						
16	0.3000	1.5000	7.4000	90.0000	0.8000	100.0000	100.0000
13.2	0.2235	1.5000	7.4000	84.9870	0.8000	94.9110	95.9900
9.5	0.0081	1.0935	7.4000	69.4800	0.8000	78.7820	79.7360
4.75	0.0003	0.0570	7.2002	39.4380	0.8000	47.4960	50.6050
2.36	0.0003	0.0030	5.3132	25.6860	0.8000	31.8030	32.7640
1.18	0.0003	0.0030	3.9146	19.0710	0.8000	23.7890	25.6010
0.6	0.0003	0.0030	2.7454	14.1300	0.8000	17.6790	18.3350
0.3	0.0003	0.0030	1.4578	10.3860	0.7992	12.6460	13.9960
0.15	0.0003	0.0030	0.7992	7.1190	0.7648	8.6860	10.3700
0.075	0.0003	0.0030	0.2960	4.1490	0.7104	5.1590	7.1060

100% RAP 掺量下矿料配合比计算结果　　　　　表 8-40

筛孔尺寸 (mm)	矿料规格种类					总计 (%)	目标级配 (%)
	10~15mm	5~10mm	0~5mm	RAP	矿粉		
	矿料掺配比例(%)						
	0.0000	0.0000	0.0000	100.0000	0.0000		
	100% RAP 掺量下各规格种类矿料通过百分率(配合后)(%)						
16	0.0000	0.0000	0.0000	100.0000	0.0000	100.0000	100.0000
13.2	0.0000	0.0000	0.0000	94.4300	0.0000	94.4300	95.9900
9.5	0.0000	0.0000	0.0000	77.2000	0.0000	77.2000	79.7360
4.75	0.0000	0.0000	0.0000	43.8200	0.0000	43.8200	50.6050
2.36	0.0000	0.0000	0.0000	28.5400	0.0000	28.5400	32.7640
1.18	0.0000	0.0000	0.0000	21.1900	0.0000	21.1900	25.6010
0.6	0.0000	0.0000	0.0000	15.7000	0.0000	15.7000	18.3350
0.3	0.0000	0.0000	0.0000	11.5400	0.0000	11.5400	13.9960
0.15	0.0003	0.0030	0.7992	7.9100	0.7648	7.9100	10.3700
0.075	0.0003	0.0030	0.2960	4.6100	0.7104	4.6100	7.1060

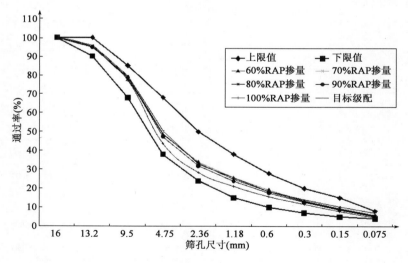

图 8-27　矿料合成级配曲线

2. 不同 RAP 掺配比例下最佳油石比的确定

试验结果见表 8-41~表 8-44，各指标曲线见图 8-28~图 8-30。

根据图 8-28 可以得出：$a_1 = 4.67\%$，$a_2 = 4.60\%$，$a_3 = 4.93\%$，$a_4 = 4.33\%$，$OAC_{min} = 4.61\%$，$OAC_{max} = 4.93\%$，从而 $OAC_1 = 4.63\%$，$OAC_2 = 4.77\%$，得出最佳油石比 $OAC = 4.70\%$。

60％ RAP 掺量下马歇尔试验结果　　　　　　　　　　　　　　　　表 8-41

级配类型	油石比 （％）	毛体积密度 （g/cm³）	稳定度 （kN）	流值 （0.1mm）	VV （％）	VMA （％）	VFA （％）
AC-13	4.0	2.49	11.50	41.20	5.21	13.04	60.07
	4.5	2.49	12.40	45.80	4.16	13.27	68.69
	5.0	2.49	11.90	44.60	3.22	13.93	74.89
	5.5	2.48	10.80	47.10	2.89	14.46	79.28
	6.0	2.46	9.80	45.20	2.62	15.49	83.29
规范要求	—	—	≥8	20～45	3～5	≥13	65～75

70％ RAP 掺量下马歇尔试验结果　　　　　　　　　　　　　　　　表 8-42

级配类型	油石比 （％）	毛体积密度 （g/cm³）	稳定度 （kN）	流值 （0.1mm）	VV （％）	VMA （％）	VFA （％）
AC-13	4.0	2.48	12.70	38.22	5.22	13.57	58.61
	4.5	2.49	13.20	40.13	4.21	13.69	66.12
	5.0	2.49	12.80	42.75	3.31	14.32	71.34
	5.5	2.48	12.10	44.32	2.92	15.02	76.22
	6.0	2.47	10.10	41.63	2.70	15.25	79.53
规范要求	—	—	≥8	20～45	3～5	≥13	65～75

90％ RAP 掺量下马歇尔试验结果　　　　　　　　　　　　　　　　表 8-43

级配类型	油石比 （％）	毛体积密度 （g/cm³）	稳定度 （kN）	流值 （0.1mm）	VV （％）	VMA （％）	VFA （％）
AC-13	4.0	2.49	14.9	36.1	5.94	14.31	58.49
	4.5	2.48	15.8	40.2	4.83	14.17	65.91
	5.0	2.48	16	39.7	3.95	14.77	73.26
	5.5	2.48	14.4	40.5	3.46	15.46	77.62
	6.0	2.47	12.9	38.1	3.11	16.35	80.98
规范要求	—	—	≥8	20～45	3～5	≥13	65～75

100％ RAP 掺量下马歇尔试验结果　　　　　　　　　　　　　　　表 8-44

级配类型	油石比 （％）	毛体积密度 （g/cm³）	稳定度 （kN）	流值 （0.1mm）	VV （％）	VMA （％）	VFA （％）
AC-13	5.13	2.487	15.5	36.2	3.684	13.981	73.651
规范要求	—	—	≥8	20～45	3～5	≥13	65～75

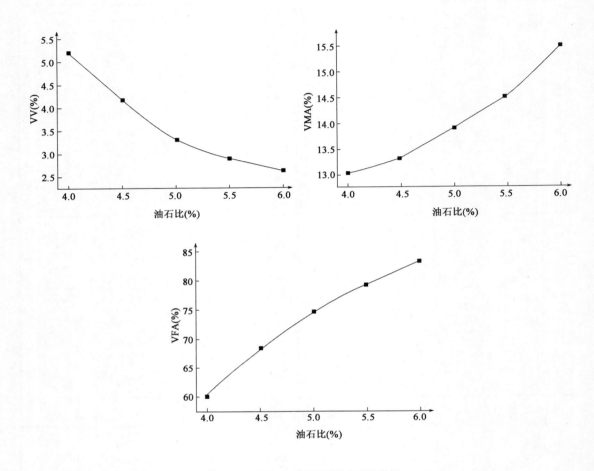

图 8-28 60% RAP 掺量下马歇尔试验指标

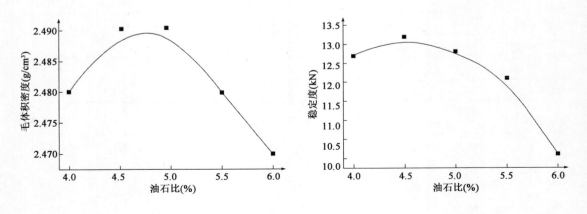

图 8-29

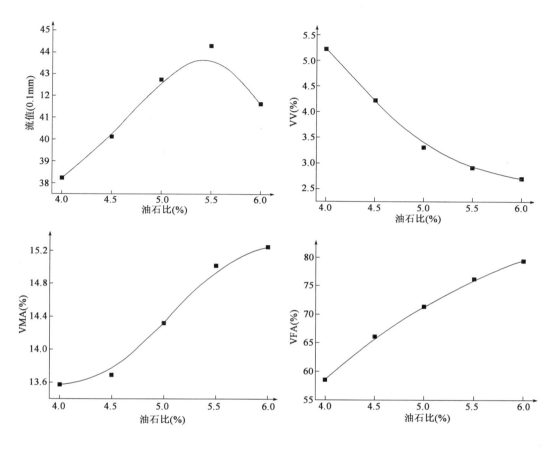

图 8-29　70% RAP 掺量下马歇尔试验指标

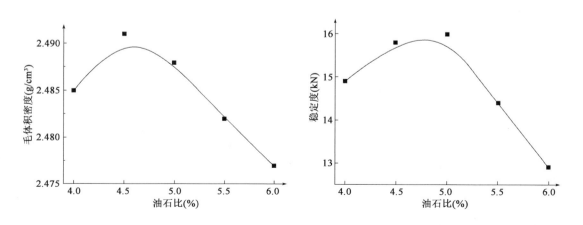

图　8-30

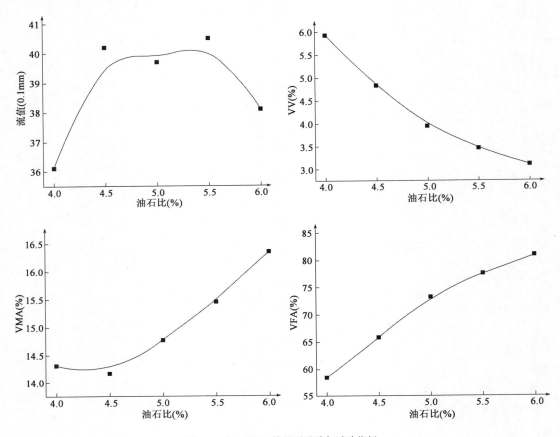

图 8-30 90% RAP 掺量下马歇尔试验指标

根据图 8-29 可以得出：$a_1 = 4.63\%$，$a_2 = 4.69\%$，$a_3 = 5.36\%$，$a_4 = 4.46\%$，$OAC_{min} = 4.61\%$，$OAC_{max} = 5.08\%$，从而 $OAC_1 = 4.79\%$，$OAC_2 = 4.85\%$，得出最佳油石比 $OAC = 4.82\%$。

根据图 8-30 可以得出：$a_1 = 4.65\%$，$a_2 = 4.57\%$，$a_3 = 6.00\%$，$a_4 = 4.77\%$，$OAC_{min} = 4.97\%$，$OAC_{max} = 5.20\%$，从而 $OAC_1 = 5.00\%$，$OAC_2 = 5.09\%$，得出最佳油石比 $OAC = 5.05\%$。

不同 RAP 掺量下最佳油石比汇总见表 8-45。

不同 RAP 掺量下最佳油石比汇总　　　　表 8-45

RAP 掺量(%)	60	70	80	90	100
最佳油石比(%)	4.70	4.82	4.96	5.05	5.13
新沥青掺量(%)	1.56	1.18	0.82	0.42	0

从图 8-31 可以看出，随着 RAP 掺量的增大，最佳油石比呈现递增趋势，而新沥青掺量呈现递减趋势。究其原因可能在于老化沥青与集料黏结比较牢固，使得再生剂在有限的时间内无法渗透扩散进入老化沥青内部，不能有效软化旧沥青，颗粒间的黏结作用有限。

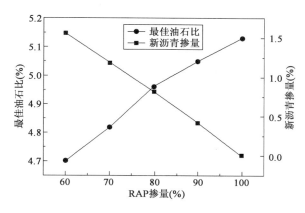

图 8-31　不同 RAP 掺量下最佳油石比与新沥青掺量

3. 不同 RAP 掺量下再生沥青混合料的高温稳定性

沥青混合料的高温稳定性是指高温条件下,沥青混合料在荷载作用下抵抗永久变形的能力,这些永久变形包括车辙、拥包、推移、泛油等,严重影响行车舒适性和安全性。在通常的汽车荷载作用下,永久性变形产生于夏季高温 25～30℃,即沥青路面路表的温度达到或超过沥青软化点温度(一般为 40～50℃)的情况下。由于热再生沥青混合料中含有一定比例的 RAP,其在材料组成上与普通的热拌沥青混合料有一定差异,对于高温稳定性的考虑则不同于普通热拌沥青混合料。RAP 中的旧集料性质基本不发生变化,而 RAP 中的旧沥青在长期使用过程中发生了老化,其软化点温度相应得到了提升,因此热再生沥青混合料发生永久性变形的可能性就应低于普通热拌沥青混合料,对热再生沥青混合料的高温稳定性就可不做重点考虑。从理论上讲,随着 RAP 掺量的升高,热再生沥青混合料的高温稳定性也应该越好。具体来说,对于选择的 0%、70%、80%、90%、100% 五个 RAP 掺量而言,若 60% RAP 掺量下的热再生沥青混合料高温稳定性能够满足要求,其他四个 RAP 掺量下的热再生沥青混合料高温稳定性也应该能够满足要求。但是,掺加一定比例的再生剂后降低了 RAP 中旧沥青的黏度,也就降低了热再生沥青混合料的高温稳定性。有研究指出,随着再生剂的增加,再生混合料的高温稳定性呈下降的趋势。不仅如此,而且如果再生剂与 RAP 中的旧沥青配伍性不好,则在高温条件下再生剂中的轻质油分在荷载作用下可能会析出,引起热再生混合料高温稳定性的变化。因此,如果随着 RAP 掺量的增加,高温稳定性反而降低,就认定再生剂的掺加对热再生沥青混合料的高温稳定性存在一定的负面影响;反之,如果随着 RAP 掺量的增加,高温稳定性亦提高,则可以不着重考虑再生剂的掺加对热再生沥青混合料高温稳定性的影响。

评价沥青混合料高温稳定性的试验方法有很多,包括但不限于圆柱体试件的单轴加载试验、三轴压缩试验、劈裂试验、扭转剪切试验、简单剪切试验,棱柱体试件的弯曲蠕变试验、车辙试验等。由于马歇尔稳定度与路面车辙量之间并无很好的相关性,用于铺筑沥青路面的沥青混合料的马歇尔稳定度高并不能说明沥青路面不产生车辙。因此,对于本书中的热再生沥青混合料而言,马歇尔稳定度仅用于确定最佳新沥青掺量,而不能用以评价高温稳定性。在我国公路工程实际中应用最广泛的是小型模拟试验设备的车辙试验,因为车辙试验操作方法较为简单,对试验设备的精度要求不是很高,而且能够很好地模拟沥青路面车辙形成的过程。

采用车辙试验来进行热再生沥青混合料的高温稳定性评价。分别在60%、70%、80%、90%和100% RAP掺量下的最佳油石比(分别为4.70%、4.82%、4.96%、5.05%和5.13%)和最佳再生剂掺量(0.25%)下,按照马歇尔试件毛体积密度计算热再生沥青混合料用量(约11kg),按《公路工程沥青及沥青混合料试验规程》(JTG E20—2011)中的方法成型车辙试件,并进行车辙试验,试验结果见表8-46。

不同 RAP 掺量下车辙试验结果　　　　表8-46

RAP掺量(%)	检测项目	单位	技术要求	试验结果	试验方法
0	动稳定度	次/mm	≥800	2107	T 0719
60				3400	
70				3725	
80				4105	
90				4768	
100				5624	

从图8-32可以看出,再生沥青混合料的动稳定度均在800次/mm以上,说明混合料配合比设计结果中各规格集料处于良好的填充状态,矿料之间嵌挤效果优良,填充密实;其次,再生混合料中依然有老化沥青存在,且老化沥青再生后黏聚力增大,大大提高了混合料的抗剪切能力。

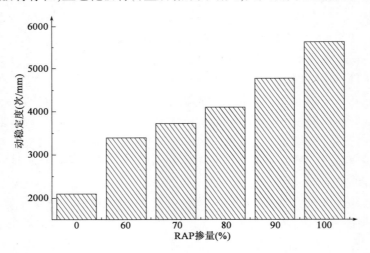

图8-32　不同RAP掺量下再生沥青混合料动稳定度

随着RAP掺量的增大,再生沥青混合料的动稳定度不断增大,掺加60% RAP后的动稳定度近似等同于新料动稳定度的2倍。这是因为RAP含量越高,再生沥青混合料中未软化的旧沥青越多,而RAP中旧沥青老化后,软化点升高,黏度增大,劲度提高,从而增强了热再生沥青混合料的抗车辙能力。因此,RAP的掺入有利于提高沥青混合料的高温稳定性。

4. 不同RAP掺量下再生沥青混合料的水稳定性

1)浸水马歇尔试验

分别在60%、70%、80%、90%和100% RAP掺量的最佳油石比4.70%、4.82%、4.96%、

5.05%、5.13%和最佳再生剂掺量0.25%下成型8个马歇尔试件,并将这8个试件大致分为空隙率相近的两组,两组试件分别置于60℃恒温水箱中保温30min和48h后测定马歇尔稳定度MS和MS_1,按《公路工程沥青及沥青混合料试验规程》(JTG E20—2011)计算各自的浸水残留稳定度MS_0,计算结果见表8-47。

不同RAP掺量下浸水马歇尔试验结果　　　　表8-47

RAP掺量(%)	检测项目	单位	技术要求	试验结果	试验方法
0	残留稳定度	%	≥75	94.3	T 0709
60				86.9	
70				85.6	
80				83.7	
90				81.1	
100				77.6	

分析图8-33可以看出,随着RAP掺量的增大,再生沥青混合料的残留稳定度MS_0逐渐降低,掺入60%RAP的残留稳定度比新沥青混合料降低了7.4%。

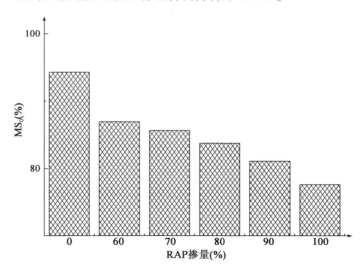

图8-33　不同RAP掺量下MS_0变化规律

2)冻融劈裂试验

冻融劈裂试验中的真空饱水、冻融和高温水浴三个环节只是把水损害的过程模拟得更加剧烈。由于其模拟的试验条件苛刻,冻融劈裂试验比浸水马歇尔试验对沥青混合料的水稳定性模拟性更好。分别在60%、70%、80%、90%、100%RAP掺量的最佳油石比4.70%、4.82%、4.96%、5.05%、5.13%和最佳再生剂掺量0.25%下成型8个马歇尔试件,并将这8个试件大致分为空隙率相近的两组,其中第二组试件按《公路工程沥青及沥青混合料试验规程》(JTG E20—2011)中的方法T 0717—1993饱水15min并在水中放0.5h左右,再放入加有10mL左右洁净水的塑料袋中置于-18℃冰箱16h左右后,取出试件放入60℃恒温水槽中保温24h。然后,将两组试件同时置于25℃恒温水槽中保温2h,按《公路工程沥青及沥青混合料试验规程》(JTG

E20—2011)中的方法 T 0716—2011 分别进行劈裂试验,计算各自的冻融劈裂抗拉强度比 TSR,计算结果见表 8-48。

不同 RAP 掺量下冻融劈裂试验结果　　　　表 8-48

RAP 掺量(%)	检测项目	单　位	技术要求	试验结果	试验方法
0	残留强度比	%	≥70	83.9	T 0729
60				78.9	
70				77.3	
80				75.1	
90				70.6	
100				66.8	

　　分析图 8-34 可知,TSR 随着 RAP 掺量的增大而不断减小,且下降趋势加剧,当完全是旧料时,其 TSR 不能满足规范要求。综合分析图 8-33 与图 8-34 可以得出结论:随着 RAP 掺量的加大,再生沥青混合料中的旧沥青含量增多,由于拌和时间有限,相应的未得到再生的残余老化沥青也在增多,这些老化沥青偏硬,降低了再生沥青与集料间的黏聚力,所以再生沥青混合料的浸水残留稳定度不断降低,这种破坏在冻融交替下更为严重,所以随着 RAP 掺量的增大,再生沥青混合料的水稳性能不断降低。

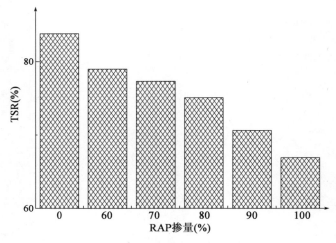

图 8-34　不同 RAP 掺量下 TSR 变化规律

　　另外一个原因在于:沥青混合料的水损坏的原理主要是水进入到沥青混合料内部,对沥青与集料之间形成了破坏。而对于再生沥青混合料来讲,新旧沥青的黏聚力比沥青和集料间的黏聚力要小,同时也比新沥青之间或旧沥青之间黏聚力要小得多。所以较普通沥青混合料而言,再生沥青混合料还存在新旧沥青之间的水损害,造成其之间的互相剥落。另外,本身旧沥青路面材料中就含有部分的泥块和粉尘,这些都会直接影响沥青与集料间的黏附性。旧料掺量太大,由此引起的水损害程度也会变大。

5. 不同 RAP 掺量下再生沥青混合料的低温抗裂性

　　温缩裂缝(Thermal Crack)是沥青路面的主要病害之一。气温寒冷或冷热交替,特别是气温的急剧下降,会引起沥青路面材料的温缩变形,这种温缩变形受到边界约束作用(如层间摩擦阻力等)而不能自由发生,产生温度应力。低温环境下的沥青路面材料不像常温下那样表现出黏弹塑性,这使得路面结构内的温度应力来不及松弛而出现应力积累。当温度应力积累到一定程度,超过沥青混合料的极限抗拉强度时,路表面就将出现低温开裂。随着持续低温或另一次降温的到来,在裂缝尖端就会产生应力集中,使得裂缝延伸并贯穿整个沥青路面面层。而持续低温或重复降温过程使得这种裂缝逐渐拉开,在基层顶面产生附加集中拉应力,加上基层本身的低温收缩应力,就可能超过基层材料的抗拉强度,使得基层逐渐开裂并深入下去。因此,研究沥青混合料的低温抗裂性能十分必要。

单纯从沥青混合料的角度考虑,引起沥青路面温缩裂缝的主要原因是混合料中沥青的性质。热再生沥青混合料中的 RAP 料中经过长期老化作用的旧沥青变硬变脆,劲度增大,表现为针入度和延度大幅度降低,导致旧沥青的低温性能下降,进而引起热再生沥青混合料的低温抗裂性不良。同时,在由于旧沥青黏结能力减弱而与新沥青和新集料之间形成的"弱界面"处易产生应力集中,该"弱界面"是承受温度应力的薄弱面,容易引起热再生沥青混合料的低温开裂。因此,对热再生沥青混合料的低温抗裂性必须加以重视。

研究沥青混合料低温抗裂性的试验方法有很多,包括但不限于圆柱体试件的低温劈裂试验、小梁弯曲破坏试验、应力松弛试验、切口小梁弯曲试验,棱柱体试件的压缩试验、矩形梁直接拉伸试验、蠕变试验等,目前我国应用最为广泛的有低温劈裂试验和小梁弯曲破坏试验。对于劈裂试验,尽管其操作方法较简单,但有资料表明,其劲度模量与沥青的路用性能相关性不太好,因此也很难模拟沥青混合料在低温开裂时的极限劲度模量。《公路沥青路面施工技术规范》(JTG F40—2004)建议采用 $-10℃$、$50mm/min$ 条件下的弯曲试验评价沥青混合料的低温抗裂性能,并对弯曲破坏应变提出了要求,这广泛用于热再生沥青混合料的低温抗裂性评价,且试验室内实施较方便,因此本书采用此法。

分别在 60%、70%、80%、90% 和 100% RAP 掺量下的最佳油石比 4.70%、4.82%、4.96%、5.05%、5.13% 和最佳再生剂掺量 0.25% 下成型车辙试件,每个车辙试件按规范切制 6~8 根小梁,在万能材料试验机上进行弯曲试验。读取试件破坏时(即峰值时)的最大荷载和跨中挠度,并按照小梁试件的实际尺寸计算弯曲破坏应变、抗弯拉强度,由此计算弯曲劲度模量,测试及计算结果如表 8-49 所示。

不同 RAP 料掺量下小梁弯曲破坏试验测试及计算结果 表 8-49

RAP 掺量(%)	检测项目	单 位	技术要求	试验结果	试验方法
0	弯曲破坏应变	10^{-6}	≥2300.00	3358.00	
	抗弯拉强度	MPa	—	9.55	
	弯曲劲度模量	MPa		2843.95	
60	弯曲破坏应变	10^{-6}	≥2300.00	2866.00	T 0715
	抗弯拉强度	MPa	—	8.39	
	弯曲劲度模量	MPa		3516.35	
70	弯曲破坏应变	10^{-6}	≥2300.00	2713.00	
	抗弯拉强度	MPa	—	8.18	
	弯曲劲度模量	MPa		3713.12	

续上表

RAP掺量(%)	检测项目	单 位	技术要求	试验结果	试验方法
80	弯曲破坏应变	10^{-6}	≥2300.00	2574.00	
	抗弯拉强度	MPa	—	8.01	
	弯曲劲度模量	MPa	—	4039.33	
90	弯曲破坏应变	10^{-6}	≥2300.00	2310.00	T 0715
	抗弯拉强度	MPa	—	7.85	
	弯曲劲度模量	MPa	—	4470.39	
100	弯曲破坏应变	10^{-6}	≥2300.00	2004.00	
	抗弯拉强度	MPa	—	7.68	
	弯曲劲度模量	MPa	—	4923.08	

从图 8-35 可以看出,随着 RAP 掺量的增大,再生沥青混合料的抗弯拉强度与最大弯曲破坏应变不断降低,弯曲劲度模量依次升高,与新料相比差距显著,说明随着 RAP 的掺入以及掺量的提高,再生沥青混合料的低温抗裂性能不断变差,而且高 RAP 掺量下再生沥青混合料的低温抗裂性能远低于对应新沥青和混合料的性能。原因在于随着 RAP 掺量的加大,再生沥青混合料中的再生沥青软化点升高,劲度增大而塑性降低,使得再生沥青混合料在低温条件下承受车辆荷载时能够产生的变形变小,从而低温抗裂性能变差。

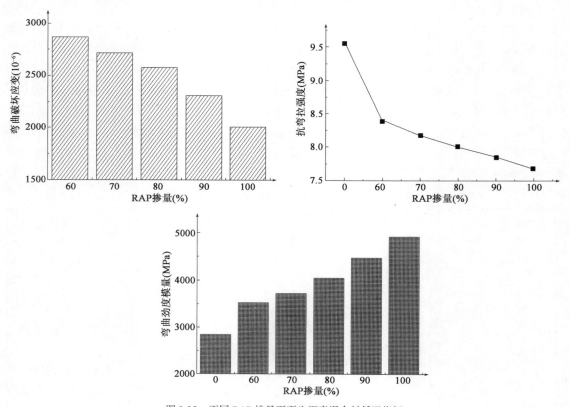

图 8-35 不同 RAP 掺量下再生沥青混合料低温指标

6. 基于性能确定 RAP 掺量参考值

热再生沥青混合料目标配合比设计应尽可能地满足《公路沥青路面施工技术规范》(JTG F40—2004)对热拌沥青混合料的要求。热再生沥青混合料应具有符合规范规定的高温稳定性、水稳定性和低温抗裂性。同时，虽然不应拘泥于个别指标是否能达到规范要求，但热再生沥青混合料的马歇尔体积参数和稳定度等最好能满足规范要求。将不同 RAP 掺量的热再生沥青混合料在最佳油石比和最佳再生剂掺量下的车辙动稳定度、马歇尔残留稳定度、冻融劈裂抗拉强度比、小梁弯曲破坏应变以及马歇尔体积参数和稳定度汇总，如表 8-50 所示。

不同 RAP 掺量下各试验结果汇总　　　　表 8-50

RAP 掺量(%)	60	70	80	90	100	规范要求
动稳定度(次/mm)	3400.00	3725.00	4105.00	4768.00	5624.00	≥800
残留稳定度(%)	86.90	85.60	83.70	81.10	77.60	≥75
冻融劈裂强度比(%)	78.90	77.30	75.10	70.60	66.80	≥70
弯曲破坏应变(10^{-6})	2866.00	2713.00	2574.00	2310.00	2004.00	≥2300.00
毛体积密度(g/cm^3)	2.49	2.49	2.49	2.48	2.49	—
稳定度(kN)	12.25	13.11	14.45	15.62	15.50	≥8
空隙率(%)	3.72	3.89	3.57	4.14	3.68	3~5
矿料间隙率(%)	13.60	14.10	14.70	14.80	14.00	≥13
沥青饱和度(%)	70.60	70.20	72.00	73.20	73.70	65~75
流值(0.1mm)	44.70	42.10	42.00	41.60	36.20	20~45

分析上述各 RAP 掺量下的各项性能指标并考虑施工现场的要求，最终选择 80% 的 RAP 掺量作为现场施工的再生比例。

三、再生剂对再生沥青混合料路用性能的影响

前文研究了再生沥青的相关性能，初步确定了单纯对于再生沥青体系而言的最佳再生剂掺量，但是在进行再生沥青混合料的拌和压实过程中，确定的再生剂最佳掺量并不一定满足再生沥青混合料路用性能要求，所以研究不同再生剂掺量对再生沥青混合料路用性能的影响是必要的。查询我国沥青路面气候分区图(温度)可以看出，青海绝大部分地区处于 3-2(夏凉冬寒)区，在研究再生剂对旧沥青混合料路用性能影响时，了解该区沥青混合料的规范要求是必要前提，表 8-51 列出了规范对该区沥青混合料路用性能的要求。

3-2 区基质沥青混合料技术要求　　　　表 8-51

检测项目	技术要求	检测项目	技术要求
动稳定度(次/mm)	≥600	稳定度(kN)	≥8
残留稳定度(%)	≥75	空隙率(%)	3~5
冻融劈裂强度比(%)	≥70	矿料间隙率(%)	≥13
弯曲破坏应变(10^{-6})	≥2300	沥青饱和度(%)	65~75
毛体积密度(g/cm^3)	—	流值(0.1mm)	20~40

1. 基本物理性能

青海省温度分区为 3-2 区，雨量分区为 250～500mm，选择 RAP 掺量为 80% 来评价再生剂掺量对再生沥青混合料性能的影响，再生剂掺量选取为再生沥青混合料质量的 0%、0.146%、0.220%、0.293% 和 0.366%，油石比选择 4.96%。将称量好的 RAP 放入 140℃ 烘箱中保温 1h 后倒入 175℃ 拌锅内，搅拌 30s 后向其中加入一定掺量预热至流动状态的再生剂，再次搅拌 30s 后出料，利用击实仪制备标准马歇尔试件，试验结果见表 8-52。

再生剂掺量对再生沥青混合料性能的影响　　　　表 8-52

再生剂掺量(%)	空隙率(%)	稳定度(kN)	流值(0.1mm)
0	4.0635	15.3300	39.6000
0.146	3.8924	14.9100	41.0000
0.220	3.6125	14.6000	42.2000
0.293	3.4927	14.0900	44.6000
0.366	3.3844	10.2900	47.6000

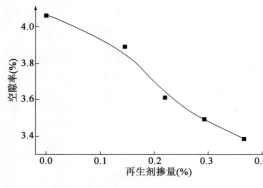

图 8-36　再生剂掺量对再生沥青混合料空隙率的影响

结合图 8-36～图 8-38 可以看出，随着再生剂掺量的增加，再生沥青混合料的空隙率和稳定度不断减小，流值不断增大，其中空隙率减小趋势不断变缓，而稳定度与流值在再生剂掺量为 0.25% 之后变化加剧。这说明随着再生剂掺量的加入，旧料中的老化沥青黏度降低，流动性增大，一方面能够更好地填充集料空隙，另一方面也造成了再生混合料的稳定度降低、流值升高。当再生剂掺量超过旧沥青掺量的 0.25% 后，在有限的拌和时间内，再生剂未能完全扩散进入旧沥青，有部分再生剂裹覆在旧沥青表面，降低了集料间的黏附性，使得再生混合料的稳定度损失更大，流值也随之增大。

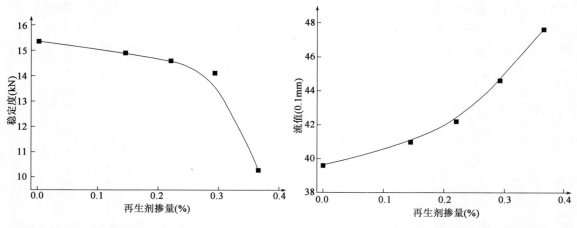

图 8-37　再生剂掺量对再生沥青混合料稳定度的影响　　图 8-38　再生剂掺量对再生沥青混合料流值的影响

2. 高温稳定性

再生沥青混合料的高温性能采用车辙试验(动稳定度)检验。将取回的再生沥青混合料经轮碾成型,满足常温放置的要求时间,在60℃恒温箱中保温大于5h,然后放入车辙仪进行试验,试验结果见表8-53。

再生剂掺量对再生沥青混合料车辙性能的影响　　　表8-53

再生剂掺量(%)	检测项目	单位	技术要求	试验结果	试验方法
0	动稳定度	次/mm	≥800.000	5011.000	T 0719
0.146				4558.000	
0.220				4276.000	
0.293				4031.000	
0.366				3625.000	

从图8-39可以看出,上述再生剂掺量下混合料的动稳定度均满足规范要求,这说明设计的混合料级配良好,集料之间嵌挤作用明显且填充紧密。随着再生剂掺量的增加,再生沥青混合料的动稳定度不断降低,原因在于再生剂的不断加入使得老化沥青针入度明显增大,沥青变软,从而动稳定度降低,高温性能下降。

3. 低温抗裂性

青海省位于我国西北,属于高寒干旱地区,冬长夏短,冬季温度偏低,最低气温可达-20℃甚至更低,且昼夜温差大。沥青结构层直接受外

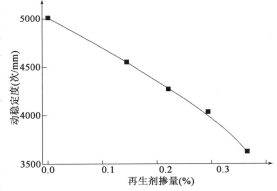

图8-39 再生剂掺量对再生沥青混合料动稳定度的影响

界气温变化的影响,气温下降,尤其是气温骤降时,会在路面结构上产生温度梯度,路面面层因温度下降而收缩的趋势受到其下部层次的约束而使面层产生拉应力。在一般温度条件下,这个应力会由于应力松弛而减小,但是当温度降低时,沥青混合料的应力松弛模量随温度的降低而逐渐变大,松弛能力降低,从而出现较大的应力积累。此外,由于表面的沥青比内部的沥青更容易老化,老化后的沥青黏性降低,抗疲劳开裂的能力下降。在上述因素的作用下,沥青路面在寒流到来之际出现大量的横向裂缝。发生低温开裂的沥青混凝土结构层,在季节交替、温度升降的反复疲劳作用下,裂缝会变宽或出现新的裂缝。所以研究再生沥青混合料的低温性能至关重要。

按照现行规范规定,采用轮碾法制备板块状试件,用切割法制作小梁试件,再生料AC-13试件尺寸为30mm(宽)×35mm(高)×250mm(长),跨径为200mm;试验温度为-10℃,保温超过45min,加载速率为50mm/min。采用低温弯拉试验仪(LWWL)进行试验,试验结果见表8-54。

不同再生剂掺量下低温弯曲试验结果（-10℃）　　　　　表8-54

再生剂掺量(%)	抗弯拉强度(MPa)	弯曲破坏应变(10^{-6})	弯曲劲度模量(MPa)	试 验 方 法
0	7.190	1524.000	5874.180	
0.146	7.560	1929.000	4640.880	
0.220	7.860	2276.000	4189.770	T 0715
0.293	8.220	2605.000	3871.730	
0.366	8.590	2932.000	3392.580	
规范要求	—	≥2300.000	—	—

从图8-40可以看出，随着再生剂掺量的增加，再生沥青混合料的弯曲破坏应变不断增大，弯曲劲度模量不断减小，也就是说再生沥青混合料的低温抗裂性能随着再生剂掺量的增加而不断提升，原因在于随着再生剂的不断引入，旧料中的老化沥青逐渐变软，塑性增大，使得沥青混合料在受到荷载作用时能承受更大的应变，从而低温抗裂性能不断提升。

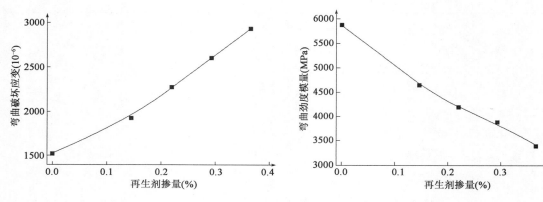

图8-40　不同再生剂掺量下再生沥青混合料低温指标

4. 水稳定性

1) 水损害对沥青路面稳定性的影响和表现

路面使用的沥青混合料，所有的集料必须被沥青膜牢固裹覆，其抗剥离的性质是非常重要的指标。为了达到路面耐久性的要求，集料与沥青间的抗剥离性及黏附性是十分重要的性能。

到目前为止，对于沥青混合料水损害的机理并未完全研究明白，一般认为有以下两方面原因：一是黏附力的降低，是指水的影响使裹覆的沥青膜从集料上脱落；二是黏聚力的降低，是指水使沥青变得软了，大大降低了和集料之间的黏聚力。发生损坏的时候，以上两种情况是同时存在并相互作用的。水损坏的机理和特点可以从沥青混合料路面的破坏过程中表现出来，损害主要表现为龟裂、网裂、孔洞、坑槽。

(1) 最早时候，水分以水汽和水膜的形式渗透到集料和沥青的界面上，直接影响沥青的黏附性。

(2) 接下来，在动荷载反复的作用下，沥青与集料之间就会剥离。

(3) 温度变化使水分冻融，加上进一步的渗入，路面开始出现松散、麻面等病害。

(4) 脱落的集料和沥青颗粒被过往车辆反复碾压，最后就会出现孔洞和坑槽。

2）水稳定性试验方法

沥青混合料的水稳定性试验方法主要有：煮沸、80℃浸入试验、真空饱水马歇尔试验、浸水间接拉伸试验、浸水马歇尔试验、Lottman 条件下的间接拉伸试验、冻融劈裂试验、浸水车辙试验等。而浸水马歇尔试验简捷，容易操作，能很好地对沥青路面水稳定性进行评价，是目前国内较常用的方法。

（1）浸水马歇尔试验

将标准马歇尔试件分两组成型：其中一组在 60℃ 的恒温水中通过保温 30min 后测定马歇尔稳定度 MS，另一组在 60℃ 的恒温水中通过保温 48h 后测定马歇尔稳定度 MS_1。浸水残留稳定度 MS_0 按式（8-5）计算：

$$MS_0 = \frac{MS_1}{MS} \times 100\% \tag{8-5}$$

试验结果见表 8-55。

不同再生剂掺量下浸水马歇尔试验结果 表 8-55

再生剂掺量(%)	检测项目	单 位	技术要求	试验结果
0	浸水残留稳定度	%	≥75	76.900
0.146				80.500
0.220				83.100
0.293				84.200
0.336				85.100

（2）冻融劈裂试验

采用双面击实 50 次的马歇尔试件，试件分两组，每组 5 个，其中一组在 25℃ 恒温水浴中浸泡 2h 后测定劈裂强度，得到劈裂抗拉强度 R_{T1}。另一组饱水过程顺序为：①在 25℃ 的恒温水浴中浸泡 20min；②在 0.09MPa 的真空容器中浸水抽真空 15min；③在 −18℃±2℃ 的冰箱中恒温 16h；④在 60℃ 水中恒温 24h；⑤在 25℃ 水中浸泡 2h。与第一组试件一样对冻融以后的试件进行劈裂试验，得到劈裂抗拉强度 R_{T2}。然后用式（8-6）计算冻融劈裂强度比 TSR：

$$TSR = \frac{R_{T1}}{R_{T2}} \times 100\% \tag{8-6}$$

试验结果见表 8-56。

不同再生剂掺量下冻融劈裂试验结果 表 8-56

再生剂掺量(%)	检测项目	单 位	技术要求	试验结果
0	冻融劈裂强度比	%	≥70	67.200
0.146				70.400
0.220				74.700
0.293				79.100
0.336				75.200

由图 8-41 可以看出，随着再生剂掺量的增大，再生沥青混合料的 MS_0 不断增大，而 TSR 在再生剂掺量为 0.3% 左右时出现最大值。分析原因在于，随着再生剂掺量的增加，老化沥青

针入度升高,流动性变大。一方面,再生混合料的空隙率不断变小,使得水更难进入沥青与集料的黏结面,从而水稳定性变好;另一方面,旧沥青与新沥青及集料之间的黏附力增大,从而水稳定性变好。当再生剂掺量达到一定比例时,一部分再生剂在有限的时间内未能扩散进入旧沥青而残留在集料颗粒表面形成一层薄膜,这层薄膜在冻融环境交替作用下出现损害,导致再生沥青混合料水稳定性能下降。

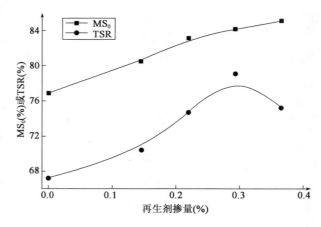

图 8-41 不同再生剂掺量下再生沥青混合料的 MS_0 与 TSR

第五节 再生沥青混合料的老化特性

一、室内模拟老化试验

1. 再生沥青的模拟老化

分别采用 TFOT 5h 和 PAV 20h 来模拟再生沥青的短期和长期老化。

短期老化:向内径为 140mm 的平底圆盘中注入 $50g \pm 0.5g$ 再生沥青,然后将其置于 163℃ 薄膜烘箱中进行老化,老化时间 5h,最后所得沥青即为短期老化沥青。

长期老化:将上步所得 $50g \pm 0.5g$ 短期老化沥青同样装入内径为 140mm 的平底圆盘中,将其放入 PAV 长期老化仪中进行长期老化,老化时间 20h,最后制得长期老化沥青。

2. 再生沥青混合料的模拟老化

采用经短期老化(STOA)和长期老化(LTOA)后的再生沥青混合料模拟不同使用阶段的情况,老化试验方法按 SHRP 沥青混合料老化标准(SHRP M007)进行。

STOA 用来模拟沥青混合料在施工现场铺筑过程中的老化。试验方法:将拌和好的沥青混合料均匀摊铺在搪瓷盘中,平均厚度 $21 \sim 22 kg/m^2$,放入 $135℃ \pm 1℃$ 的烘箱中,在强制通风的条件下恒温 $4h \pm 5min$。经短期老化后,按要求成型试件。

LTOA 用来模拟路面使用 5~7 年内的老化,因此在进行长期老化前需进行短期老化。试验方法:将短期老化后的混合料在规定的拌和温度下成型试件。将成型好的试件置于 $85℃ \pm 1℃$

烘箱中,在强制通风的条件下恒温 120h±0.5h,再将烘箱中试件自然冷却至室温。

STOA 是模拟松散混合料在拌和、储存、运输和摊铺碾压过程中的受热而挥发和氧化的效应,即沥青混合料在施工阶段的短期老化效应;而 LTOA 是模拟碾压成型的沥青路面受车载和环境因素作用下的持续氧化效应,即沥青路面在使用阶段的长期老化效应。

二、再生沥青的老化特性

1. 常规物理指标

将上述制得的老化沥青按照规范要求的方法进行各项性能指标的测试,试验结果见表 8-57。

再生沥青老化后的性能指标　　　　表 8-57

沥青种类	25℃针入度(0.1mm)	15℃延度(cm)	软化点(℃)	135℃黏度(Pa·s)
人工老化沥青	64.2	>100.0	47.1	0.473
再生沥青	83.1	36.5	47.2	0.496
再生沥青短期老化	51.4	12.7	51.9	0.924
再生沥青长期老化	21.5	2.8	64.2	1.256

从图 8-42 可以看出,老化沥青再生后(其中加有改性剂),针入度显著增大,经过再次老化后,针入度又显著降低,而且经过再次短期老化后的沥青针入度低于初次老化沥青,一方面可能是因为再生剂的再生效果经过再次老化后丧失,另一方面则可能在于加入改性剂的缘故,使得沥青塑性降低。

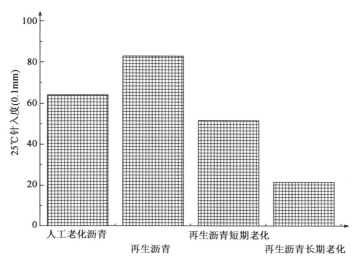

图 8-42　不同阶段沥青的针入度对比

从图 8-43 可以看出,老化沥青经过再生后(其中加有改性剂),软化点变化不大,原因在于改性剂的加入抵消了再生剂的软化作用;而经过再次短期老化后,沥青的软化点增加不是很大,经过长期老化后,软化点显著增大。这说明再生剂在再生沥青短期老化过程中有一定的抑制作用,长期老化过程中,随着再生剂的老化,使得这种抑制作用不断削减直至作用甚微。

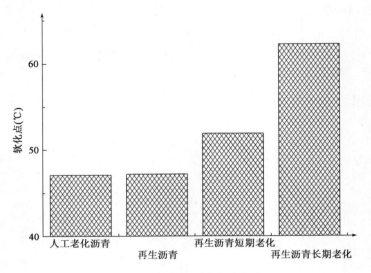

图 8-43　不同阶段沥青的软化点对比

从图 8-44 可以看出,老化沥青经过再生后(其中加有改性剂),黏度变化不明显,原因与上述软化点变化不明显原因一致,经过再次短期老化及长期老化后,黏度显著增加。

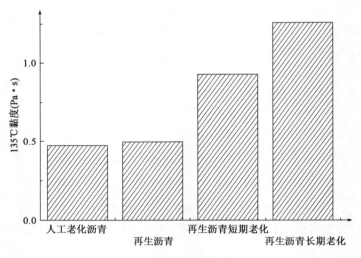

图 8-44　不同阶段沥青的黏度对比

由延度值可以看出,掺加改性剂后的再生沥青延度降低显著,主要原因是改性剂使得再生沥青内部形成空间网络结构,导致沥青变硬变稠,从而延度降低明显,经过再次短期老化及长期老化后,延度持续显著降低。

2. 动态剪切流变性能

分析图 8-45 与图 8-46 可以看出,随着温度的升高,沥青的相位角逐渐增大,复数模量不断降低,二者变化趋势逐渐趋于平缓。另外,再生沥青与老化沥青相比,其复数模量随再生剂的加入降低,相位角增大,说明再生剂的加入使得老化沥青中弹性成分减少,相应增加了老化沥青的黏性成分。原因在于向老化沥青中加入再生剂之后,再生剂能使老化沥青中聚集的沥青质重新溶解分散在沥青轻质组分中,更有利于老化沥青胶体结构的恢复。

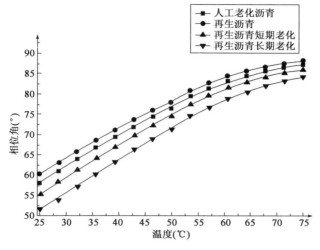

图 8-45　不同阶段沥青的相位角对比

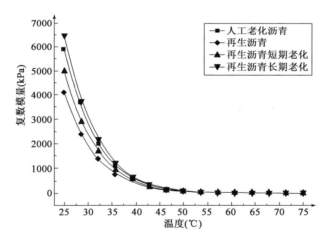

图 8-46　不同阶段沥青的复数模量对比

再生沥青经过短期老化及长期老化后,相位角不断减小,而复数模量不断增大,其中相位角均低于初次老化后的沥青,而复数模量在再生沥青经过长期老化后才超过初次老化后的沥青。这说明再生剂的引入可以在一定程度上抵消沥青的老化,抑制黏性成分向弹性成分转变,但经过长期老化后,这种抑制作用随着再生剂的不断老化以及沥青本身的进一步老化而不断消失。

从图 8-47 可以看出,老化沥青经过再生剂的再生后,车辙因子减小,再次经过短期老化后,车辙因子增大,但是介于再生沥青与初次老化后的沥青之间;经过长期老化后,车辙因子显著增大,超过初次老化后的沥青。这说明再生剂的引入降低了沥青的高温抗变形能力,原因在于再生剂使得老化沥青塑性增强,在车辆荷载作用下更易变形;随着老化的再次进行以及不断延续,再生剂不断老化,其软化作用不断降低,沥青中弹性成分不断增加,沥青变硬,从而抗车辙能力不断提高。

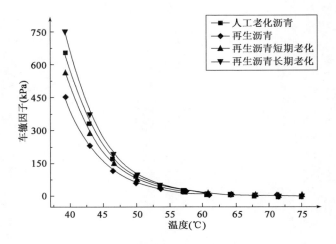

图 8-47 不同阶段沥青的车辙因子对比

3. 低温弯曲流变性能

对于沥青的低温弯曲流变性能,本书采用弯曲蠕变劲度试验进行评价,试验结果见表 8-58。

沥青不同老化状态下弯曲蠕变劲度试验结果　　表 8-58

沥青老化状态	-12℃		-18℃	
	$S(MPa)$	m	$S(MPa)$	m
人工老化沥青	320	0.187	351	0.158
再生沥青	276	0.235	324	0.195
再生沥青短期老化	334	0.175	362	0.143
再生沥青长期老化	425	0.138	461	0.117

分析图 8-48 可以看出,人工老化沥青经过再生后,两个温度下的劲度模量 S 均有所降低,而劲度蠕变斜率 m 则有一定的增大;再生沥青经过短期老化后,劲度模量 S 稍微增加,劲度蠕变斜率 m 也出现较小的降低趋势,经过长期老化后,二者在两个温度下延续了短期老化的趋势,只不过变化趋势增大。

出现上述规律的原因为:沥青的老化本质在于沥青内的酮和羧酸以及芳香族中的苯甲基和许多脂肪烃侧链容易与氧结合,使得氧大量存留在酮、亚砜或其他含氧官能团中,增加沥青的极性,促使沥青分子间缔合,使沥青的劲度大幅度增加,而加入再生剂后,沥青极性降低,抑制了沥青分子间的缔合作用,从而黏度出现一定的降低。随着再次老化的进行,再生剂不断地与氧结合,重复上述过程,在两者相互制约下,再生沥青再次短期老化后劲度反而增加不明显。但是随之老化的进一步进行,再生剂所起的制约作用不断削减直至消失,沥青的劲度又出现大幅度的增加。

4. 组成结构

对上述不同阶段的沥青进行四组分试验,进而研究再生沥青老化过程中的组成变化,从而推出其结构变化,四组分试验结果见表 8-59。

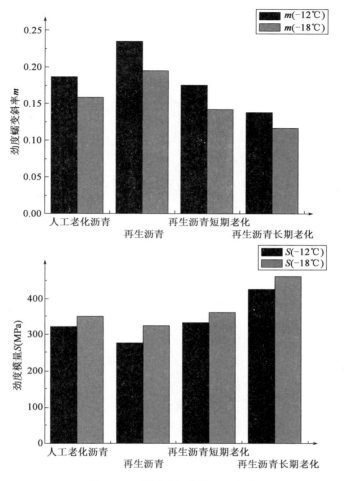

图 8-48　不同阶段沥青的 S、m 对比

四组分试验结果　　　　　　　　　　　　　　　表 8-59

四组分试验	沥青质含量(%)	饱和分含量(%)	芳香分含量(%)	胶质含量(%)
人工老化沥青	17.4	26.5	31.9	24.2
再生沥青	16.6	27.7	32.6	23.1
再生沥青短期老化	17.1	27.4	31.6	23.9
再生沥青长期老化	18.1	27.2	29.6	25.1

分析图 8-49 可以看出,人工老化沥青经过再生剂再生后,沥青质含量降低,而再生沥青经过短期老化及长期老化后,沥青质含量又呈现增加趋势,其中再生沥青经过短期老化后沥青质含量稍低于原样沥青初次老化后的含量。

分析图 8-50 可知,老化沥青经过再生后,饱和分含量增大显著,而再生沥青经过后续短期老化及长期老化后,与其他组分相比较而言饱和分含量变化不明显,只有少许降低,基本上保持稳定。

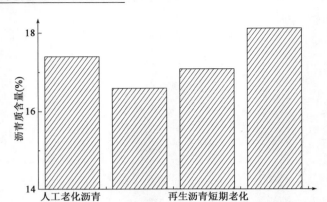

图 8-49 不同阶段沥青的沥青质含量对比

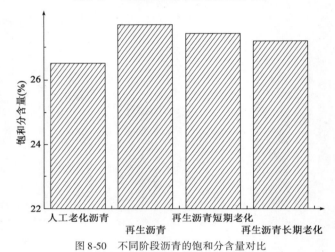

图 8-50 不同阶段沥青的饱和分含量对比

从图 8-51 可以看出,芳香分含量随着再生剂的引入而提高,但是在再生沥青的后续老化进程中芳香分含量不断降低,长期老化与短期老化相比较,降幅明显增大。

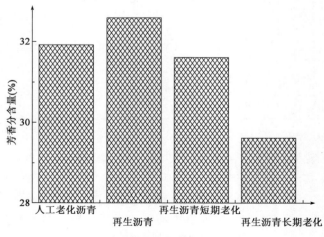

图 8-51 不同阶段沥青的芳香分含量对比

从图 8-52 可以看出,再生剂的引入使得胶质含量明显降低,而再生沥青经过再次老化过程后,胶质含量逐渐升高,且随着老化的进一步充分,其含量增幅变大。

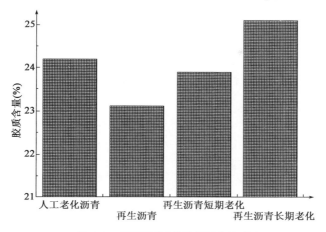

图 8-52　不同阶段沥青的胶质含量对比

三、再生沥青混合料的老化特性

按照前文所述试验方法制备人工模拟老化的沥青混合料,依据规范对其各项性能指标进行测试,测试结果见表 8-60、表 8-61。

再生沥青混合料老化试验结果　　　　表 8-60

指　　标	动稳定度(次/mm)	浸水残留稳定度(%)	冻融劈裂强度比(%)	弯曲破坏应变(10^{-6})
再生沥青混合料	4105	90.5	83.9	2217
STOA 混合料	5200	76.9	70.6	1636
LTOA 混合料	6720	69.6	63.3	1478

新沥青混合料老化试验结果　　　　表 8-61

指　　标	动稳定度(次/mm)	浸水残留稳定度(%)	冻融劈裂强度比(%)	弯曲破坏应变(10^{-6})
新拌沥青混合料	1820	98.5	89.7	3533
STOA 混合料	2093	88.2	80.4	2578
LTOA 混合料	2436	82.3	74.9	2064

从图 8-53 可以看出,再生沥青混合料各个老化状态下的动稳定度均远大于新拌沥青混合料,说明再生沥青混料的高温稳定性优于新拌沥青混合料。再生沥青混合料经过再次老化后的动稳定度显著增加,而新沥青混合料增幅没有那么显著,这说明虽然再生沥青混合料的高温稳定性比新拌沥青混合料优异,但是其抗老化性能较差,主要原因在于再生沥青的抗老化性能低于新沥青。

分析图 8-54 与图 8-55 可以看出,在各个老化状态下,再生沥青混合料的浸水残留稳定度与冻融劈裂强度比较新拌沥青混合料均降低。

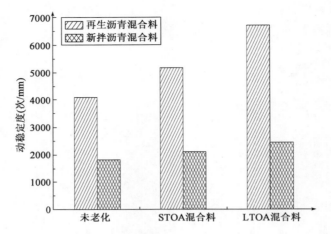

图 8-53　不同老化状态沥青混合料动稳定度比较

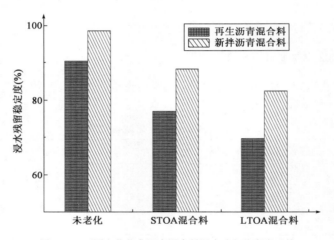

图 8-54　不同老化状态沥青混合料浸水残留稳定度比较

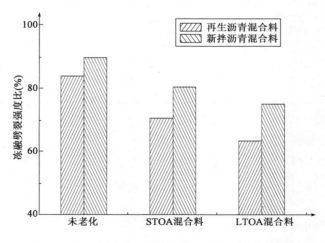

图 8-55　不同老化状态沥青混合料冻融劈裂强度比比较

通过上述分析可以看出,再生沥青混合料的水稳定性低于新拌沥青混合料,通过短期老化后,再生沥青混合料水稳定性降幅大于新拌沥青混合料,并且长期老化后,充分的老化加大了这一差距。

分析图 8-56 可以看出,再生沥青混合料的低温抗裂性能明显低于新拌沥青混合料,经过短期老化后,再生沥青混合料与新拌沥青混合料低温抗裂性能降幅差距不大,而长期老化后该差距被拉大,新拌沥青混合料降幅明显高于再生沥青混合料。

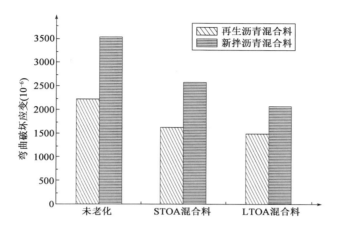

图 8-56　不同老化状态沥青混合料弯曲破坏应变比较

第六节　改性剂对再生沥青混合料性能的影响

大量科研试验和工程实践证明,道路石油沥青在与外界环境及荷载反复作用下会逐渐发生老化而导致其性能损失,黏聚能力下降而变硬变脆,进而导致路面发生各种病害,降低交通运输能力甚至造成交通隐患。特别是在青海等高寒高海拔地区,其气候特点为无霜期极短,冬长夏短,干燥多风,昼夜温差和年温差极大。受气候影响以及沥青材料性能制约,沥青路面极易发生疲劳裂缝,影响道路正常的使用功能。因此,针对青海特殊的气候条件开展改性沥青研究及推广应用十分必要。

A 改性剂是一种新型聚合物改性剂,其相对分子量在 5000~15000 之间,常温时为固体,温度高于 115℃时呈液体状,140℃时的布氏黏度为 0.45Pa·s,每吨价格大致与 SBS 改性剂相当,用于在降低沥青混合料拌和与压实温度的同时提高其使用性能。A 改性剂作为一种新型改性剂,国内尚未对此进行研究,其在美国的研究已初见成效,并在工程中取得了良好的应用效果。

美国威斯康星州立大学一直致力于 A 改性剂的应用研究,其研究结果显示:

(1)沥青中加入 A 改性剂可有效提高沥青的高温等级,如在 PG64-22 的基质沥青中加入 1%~2% 的 A 改性剂,沥青等级将能提高至 PG70-22,加入 2.5%~3.5% 的 A 改性剂,沥青等级可提高到 PG76-22。

(2)PG70 的 A 改性沥青老化前,其 PG 实际分级富余 2.25~4.35℃;老化后,其 PG 实际分级富余 1.75~4.2℃。

(3)掺配一定剂量的 A 改性剂可将 PG64 的基质沥青等级提高至 PG76,其黏度与同等级的 SBS 改性沥青相比有很大幅度的降低。

(4)同一压实温度下,A 改性剂的加入使得沥青混合料更易于压实,且与 SBS 改性沥青混合料相比,A 改性沥青混合料压实至目标空隙率(4%)所需的压实功减少了 60%。

A 改性剂从 2004 年开始在沥青中应用,比较典型的案例有:

(1)2009 年 6 月,在美国威斯康星州四车道县级公路上铺设试验段 2.4km,路面厚度 7.5cm,其中包括主干道、次干道和道路交叉口。交通管理部门参与了整个工程的铺设和监测,此次施工用到的 A 改性沥青在拌和前已热储存 42d,路面铺设完成至今使用状况良好。

(2)2010 年 6 月,在美国得克萨斯州 SH347 洲际高速公路上铺设了 1000t 沥青混合料,铺设路段交通流量大,重载车辆较多。铺设里程 990m,面层厚度 3.8cm,混合料类型 SMA-13,州交通部门参与了整个铺设过程。为了验证 A 改性沥青混合料的低温铺设效果,选择两种摊铺拌和温度,175℃拌和,154℃压实,压实遍数为(3+3)次(3 次振动碾压和 3 次静压);137℃拌和、压实,压实遍数(2+2)次(2 次振动碾压和 2 次静压)。目前使用状况良好。

(3)2011 年 8 月,在美国洛杉矶洲际 112 高速公路和 171 高速公路的交互区域铺设试验段,面层厚度 5cm,沥青混合料类型为 Superpave-13,其中掺有 15% 的 RAP,混合料拌和温度 160℃,到场温度 143℃,摊铺温度 135℃,目前使用状况良好。

(4)2011 年 2 月,在德国霍尼韦尔工业园区的道路上铺设试验路,路面面层由上、下面层组成,上面层 A 改性剂掺量为集料用量的 0.2%,下面层 A 改性剂掺量为集料用量的 0.1%。拌和温度 160~170℃,混合料总拌和时间 60s,目前使用状况良好。

(5)2011 年 6 月,在我国西安渭南西铜高速公路改扩建工程的匝道上铺设试验段,此路段交通量大,重载车辆较多,面层厚度 4cm,试验段里程 300m,混合料类型 SMA-13,A 改性剂掺量为集料用量的 0.3%,目前使用状况良好。

(6)2011 年 8 月,在我国内蒙古锡林浩特至白音华一级公路主线上铺设试验段,设计行驶速度 100km/h,上面层厚度 5cm,级配类型 AC-16,A 改性剂掺量为集料用量的 0.3%,目前使用状况良好。

一、改性剂添加方式选择

近 50 年来,沥青混合料改性剂的研究发展迅速,其种类到目前为止已有上百种之多,所采用的改性剂添加工艺分为湿法和干法两类,如图 8-57 所示。

1. 湿法

湿法也称为对沥青进行改性,是将改性剂用工厂或现场加工的方法,预先混入基质沥青中,制成成品改性沥青,再按普通沥青混合料的生产工艺生产改性沥青混合料。该法优点是基质沥青和改性剂混合均匀,质量容易控制。按照制作方式的不同,湿法又可分为简单搅拌法、高速剪切(或胶体磨)法以及母粒(或母液)法。

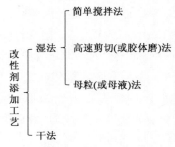

图 8-57 改性剂添加方式

1) 简单搅拌法

简单搅拌法适用于与沥青相容性较强的改性剂，如一般的抗剥落剂、橡胶粉、SBR 胶乳（脱水均混）、天然沥青等。该方法操作简单，工程应用中只需将改性剂按照剂量预先加入沥青搅拌罐中混合均匀即可进行沥青混合料的生产，为生产改性沥青的首选方法。但是，任何改性剂均存在高温老化的问题，只是耐老化能力不同而已，当改性好的沥青不能及时用于施工而长时间热储存时，便会产生老化，影响其使用性能。

2) 高速剪切（或胶体磨）法

对于 SBS 等与沥青相容性较差的改性剂，通常采用高速剪切或胶体磨进行加工。该工艺对加工设备的要求较高，由于我国高速剪切机和胶体磨核心设备制造水平不高，电子化、自动化水平低，严重限制了该工艺制作改性沥青的准确性和稳定性。同时，该方法是在高温下采用强制手段将改性剂分散在沥青中，长时间高温易造成基质沥青和改性剂的老化与裂化，且在实际应用中容易出现如热储存稳定性不好，改性沥青易离析、凝聚等问题。

3) 母粒（或母液）法

母粒（或母液）法是将 SBS、SBR 等先采用溶剂法或混炼法制备成高浓度的沥青母粒（或母液，其改性剂浓度比母粒低些），再在现场把改性沥青母粒与基质沥青掺配调稀成要求剂量的改性沥青使用，又称为二次掺配法。一般母粒或母液制作过程中可能要添加部分溶剂对改性剂进行溶解或溶胀，在溶剂回收时可能有少数改性剂被带出，造成一定浪费；并且生产过程中溶剂难于完全回收，母粒（或母液）中一般残留有 5% 以下的溶剂；另外，溶剂对沥青或改性剂是否有负面影响也不得而知；再者，母粒（或母液）使用的沥青品种与工程上的沥青品种不一致时，也存在沥青的配伍性问题，因此现在国外已经很少采用此法生产改性沥青了。

2. 干法

干法也称为直接投料法，是将改性剂在沥青混合料拌和过程中的适当时机直接按比例加入拌和容器中，同时完成对沥青混合料的改性与拌和。使用该方法进行沥青混合料的改性，工艺相对简单，不需要增加特殊的搅拌或改性设备，加工成本低，但能否在短短的几十秒内与沥青混合料拌和得十分均匀，始终是个疑问。目前，用于沥青混合料改性的 SBR 胶乳、纤维稳定剂、硅藻土、磨细橡胶粉、抗车辙剂、高模量剂、有机降黏剂及高黏改性剂等，均采用该工艺实现对沥青混合料的改性。

沥青混合料的拌和过程由干拌及湿拌两阶段组成，干拌是指在加入沥青胶结料之前的拌和，目的是将不同粒径范围的粗细集料混合均匀；湿拌是加入沥青胶结料之后的拌和，是使沥青胶结料或沥青胶浆均匀裹覆粗细集料的过程，确保压实成型的沥青混合料能够完全胶结在一起，形成稳定的体系。沥青混合料的拌和过程中，应当选取恰当的时机加入沥青混合料改性剂，才能达到较好的应用效果。对于纤维或颗粒状改性剂，在干拌时加入则可借助机械搅拌力及石料的冲击、摩擦力，使纤维呈单丝状、颗粒改性剂呈单粒状或更细小的微粒状分散于集料之中；若在湿拌时加入，由于改性剂与沥青的相容性较差或根本不溶于沥青，改性剂在尚未分散时便会在沥青的胶黏作用下成团聚集，使其更难于分散，同时，沥青的加入会减弱石料之间的冲击、摩擦力，也不利于改性剂的破碎、微粒化与分散。对于 SBR 胶乳，干拌时加入反而会破坏改性剂的形态或影响其对沥青的改性效果，则应在湿拌时加入。

综上所述,对于任何一种改性剂,应根据改性剂的形态、性质及改性机理,选择适宜的添加工艺,否则便会影响改性效果,造成改性材料的浪费,同时还会产生不必要的设备投入,增大工程成本。

3. 湿法拌和

结合就地沥青热再生工程在现场的施工工艺要求,着重评价不同湿法工艺下再生沥青路用性能并且优化出改性剂最佳添加方式。就地沥青热再生改性剂湿法添加方式见图8-58。

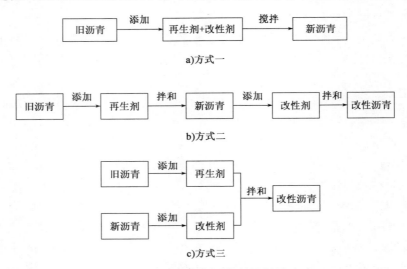

图8-58 就地沥青热再生改性剂湿法添加方式

方式一:将再生剂与改性剂按照一定的掺配比例混合在一起,然后提前铺洒到即将加热软化的旧沥青路面上,保证再生剂与改性剂与旧沥青拌和时具有充足温度及时间,然后将新沥青与改性再生后的旧沥青拌和均匀使用。

方式二:将再生剂按照一定的用量提前铺洒到即将加热软化的旧沥青路面上,保证再生剂与旧沥青拌和时具有充足温度及时间,然后将新沥青与再生后的旧沥青拌和均匀,再添加改性剂,保证改性温度及融合时间,之后与新集料拌和使用。

方式三:提前将改性剂添加到新沥青融合反应一段时间,保证改性剂的用量为新旧沥青的总需求量;另一方面将再生剂按照一定的用量提前铺洒到即将加热软化的旧沥青路面上,保证再生剂与旧沥青拌和时具有充足温度及时间,之后经过机械设备组与改性沥青融合。

分别对三种方式进行改性沥青性能试验,数据见表8-62。

A 改性剂湿法添加方式性能评价   表8-62

添加方式	方式一	方式二	方式三
针入度(0.1mm)	84.3	85.7	83.5
软化点(℃)	56.7	58.5	60.4
延度(5℃,5cm/min,cm)	33.6	34.4	32.7
弹性恢复(25℃,%)	61.3	60.6	60.7

从图8-59上可以看出,三种 A 改性剂添加方式的改性沥青物理性能呈现略小差异:对改

性沥青的高温性能具有较大提升的是方式三,即再生剂、改性剂分别添加到旧沥青、新沥青后相互拌和;对改性沥青的低温性能具有较大提升的是方式二,即旧沥青添加再生剂后与新沥青拌和均匀之后进行改性。但比较几组数据可以看出,虽然改性方式不同导致改性沥青性能之间出现差异,但之间的差异相对较小。高寒高海拔地区沥青路面经常出现的道路病害以裂缝为主,方式二提高沥青的低温延展性能比较适合高寒、昼夜温差大的地区,因此湿法拌和中推荐使用方式二作为 A 改性剂添加方式。

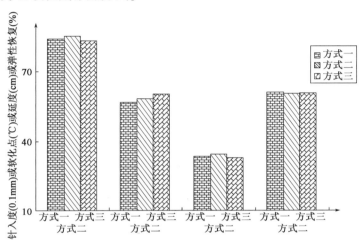

图 8-59　A 改性剂湿法添加方式性能评价

4. 干法拌和

结合就地沥青热再生工程在现场的施工工艺要求,着重评价不同干法工艺下再生沥青混合料路用性能并且优化出改性剂最佳添加方式。就地沥青热再生改性剂干法添加方式见图 8-60。

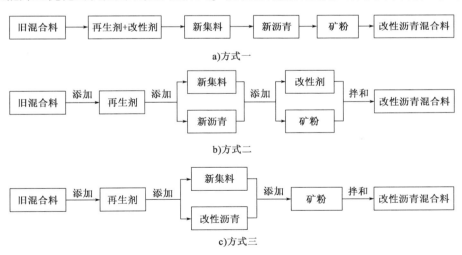

图 8-60　就地沥青热再生改性剂干法添加方式

方式一:将再生剂与改性剂按照一定的掺配比例混合在一起,提前铺洒到即将加热软化的旧沥青路面上,保证再生剂与改性剂与旧沥青拌和时具有充足温度及时间,然后将新沥青、新集料与破碎后的旧沥青混合料在拌和车中搅拌均匀摊铺，要保证搅拌过程具有充足的温度及拌和时间。

方式二：将再生剂按照一定的用量提前铺洒到即将加热软化的旧沥青路面上，保证再生剂与旧沥青拌和时具有充足温度及时间，然后将新沥青、新集料与再生后的旧沥青混合料拌和均匀，添加改性剂与矿粉的混合物，再进行拌和。保证改性温度及拌和时间，之后进行混合料的铺筑施工。

方式三：采用 A 改性沥青代替普通沥青，其余步骤为就地热再生一般的施工流程。

按照三种不同的改性剂添加方式制作马歇尔试件并测试相关指标，数据见表 8-63。

A 改性剂干法添加方式下马歇尔指标　　　　表 8-63

添加方式	无再生剂及改性剂	方式一	方式二	方式三
马歇尔稳定度（kN）	14.3	13.1	13.7	12.6
残留稳定度（%）	79.4	88.2	82.5	89.6
冻融劈裂强度比（%）	74.6	84.7	78.7	86.4
动稳定度（次/mm）	3700	2634	3327	2546

由图 8-61 可以得出，添加再生剂与改性剂后的试件马歇尔稳定度均小于无添加剂、纯由旧沥青混合料与新集料沥青组成的混合料稳定度。这是由于旧路面沥青受到长期荷载以及光照、氧气等老化作用而逐渐变硬变脆，黏聚力下降，表现在沥青混合料方面上就是其稳定度升高。三种添加方式均满足设计及施工规范的要求。

从图 8-62 中可以更为清晰地看出添加 A 改性剂后沥青混合料在水环境下的性能变化。未添加再生剂及改性剂的普通沥青混合料虽然具有最高的稳定度，但是在长时间（48h）的 60℃ 热水浸泡后，其残留稳定度仅为 79.4%，居于四种混合料试件底层；而同样，经过冻融后，无再生剂及改性剂的混合料试件强度降低最为明显，不满足沥青路面施工质量要求。所以，就地热再生工程需要在新铺沥青混合料中添加再生剂和改性剂，以提高路面使用性能及服务寿命。

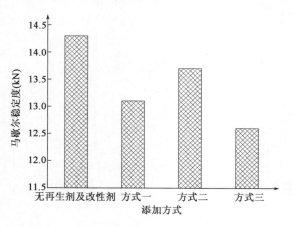

图 8-61　A 改性剂不同干法添加方式下混合料马歇尔稳定度

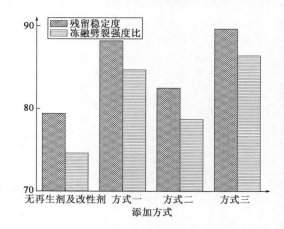

图 8-62　A 改性剂不同干法添加方式下混合料水稳定性能

针对三种不同的 A 改性剂添加方式，混合料性能测试结果表明存在较为明显的区别。方式二改性效果最差，即先将矿粉与改性剂相互掺和均匀，然后投放到已经拌和一段时间的沥青混合料中。这是由于拌和时间较短,改性剂在拌和仓中不能充分均匀分散,部分沥青混合料中沥青并没有达到改性目的,因此沥青混合料试件表现出较高的稳定度但较低的残留稳定度以及冻融劈裂强度比。方式一和方式三这两种添加方式使得沥青混合料低温性能改善较为明显,其中,方式三添加方法改善更为明显一些。即采用改性沥青作为新沥青添加到旧沥青混合料中效果最好。

由图 8-63 可以看出,沥青混合料的动稳定度和马歇尔稳定度在数据表现上具有相似性,均是未添加再生剂和改性剂的沥青混合料强度最大。这是由于旧沥青老化使得其性能流失而变硬变脆,而再生剂与改性剂不能充分均匀分散到沥青混合料中,使得部分沥青一直处于硬脆状态。同时,由于方式一与沥青拌和时间远远大于方式二,其性能效果亦优于方式二,但三种添加方式中以方式三对沥青改性性能最好。

结合以上数据,推荐方式三作为 A 改性剂的添加方式,即采用改性沥青作为现场热再生新沥青使用。次之,采用再生剂与改性剂混合

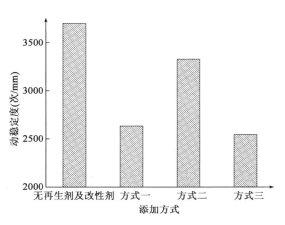

图 8-63 不同干法添加方式下混合料动稳定度

均匀后铺洒到旧沥青路面上的方法,延长改性剂和再生剂与沥青作用时间。因此现场施工应根据机械设备情况选用干法方式三或湿法方式二进行新旧沥青混合料再生改性。

5. 添加工艺

为评价大剂量改性剂对沥青性能的影响,需要设计相应沥青试验进行研究分析。按照新旧沥青质量比为 1:4 设计沥青改性试验。方案一:将 5 质量沥青的 A 改性剂用量添加到 1 质量的新沥青中改性拌和(拌和后保温静置 24h);方案二:将 5 质量沥青的 A 改性剂用量添加到 1 质量的新沥青中改性拌和;方案三:将 1 质量沥青的 A 改性剂用量添加到 1 质量的新沥青中改性拌和,然后将 4 质量沥青的 A 改性剂用量添加到 4 质量的旧沥青中改性拌和,然后两种沥青混合均匀。具体方案内容及性能测试结果见表 8-64 和表 8-65。

A 改性剂于新旧沥青中投放试验　　　　表 8-64

项 目	内　　容
方案一	改性(6% 5m 改性剂 + m 新沥青);保温静置 24h;混合(m 新沥青 + 4m 旧沥青)
方案二	改性(6% 5m 改性剂 + m 新沥青);混合(m 新沥青 + 4m 旧沥青)
方案三	改性(6% m 改性剂 + m 新沥青);改性(6% 4m 改性剂 + 4m 旧沥青);混合(m 新沥青 + 4m 旧沥青)

A 改性剂投放方式对沥青性能的影响　　　　表 8-65

添加方式	方案一	方案二	方案三
针入度(0.1mm)	81.6	83.4	85.5
软化点(℃)	65.4	64.8	63.1
延度(5℃,5cm/min,cm)	21.5	24.6	35.3

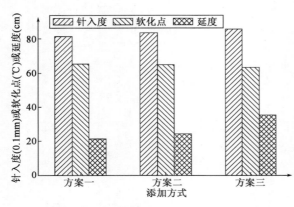

图 8-64 A 改性剂投放工艺对沥青性能的影响

从图 8-64 可以看到,三种不同的 A 改性剂投放方式使得改性沥青性能发生一些比较明显的变化:三大指标中变化幅度最小的是沥青软化点,三种添加工艺基本上具有相同的软化点;影响次之的是沥青针入度,方案三具有更大的针入度值是由于改性剂在沥青中融合良好、分散均匀,而方案一或方案二中存在部分沥青未被改性或改性剂聚团,导致改性不均匀、不彻底;影响最为明显的是沥青低温性能,更能说明方案三对沥青性能改性良好,而改性方案一和方案二有不彻底性或者改性过程中改性剂极易产生聚团现象使得沥青性能改善有限。

将方案三进行扩展,在保证新旧沥青混合后性能优良的基础上,设计新沥青中允许添加的最大 A 改性剂剂量,方案及测试结果分别见表 8-66 和表 8-67。

A 改性剂于新旧沥青中投放试验(方案三扩展)   表 8-66

项目	内容
A	改性($6\%\ m$ 改性剂 $+m$ 新沥青);改性($6\%\ 4m$ 改性剂 $+4m$ 旧沥青);混合(m 新沥青 $+4m$ 旧沥青)
B	改性($6\%\ 3m$ 改性剂 $+m$ 新沥青);改性($6\%\ 2m$ 改性剂 $+4m$ 旧沥青);混合(m 新沥青 $+4m$ 旧沥青)
C	改性($6\%\ 5m$ 改性剂 $+m$ 新沥青);改性(0 改性剂 $+4m$ 旧沥青);混合(m 新沥青 $+4m$ 旧沥青)

A 改性剂在新沥青中最大添加量对沥青性能的影响   表 8-67

添加方式	A	B	C
针入度(0.1mm)	85.5	85.0	83.4
软化点(℃)	63.1	63.4	64.8
延度(5.5cm/min,cm)	35.3	27.4	24.6

从图 8-65 可以看出,在三种不同的添加方式中,最后混合的改性沥青在针入度以及软化点两方面相差无几,说明在等量新旧沥青以及 A 改性剂充分混合后,其高温性能能够保持较优状态,改性工艺对沥青高温稳定性能影响较小。但不同于针入度和软化点,沥青低温延度对改性工艺具有比较强烈的敏感性,表现在不同工艺下其数值差异很大。这说明改性剂在沥青中的分散、融合程度直接影响其低温环境下的延展能力。

青海长时间处于高寒环境下,因此需要优先保证改性沥青具有优良的低温延展能力。对表 8-67 中延度数据进行回归计算,以沥青路面施工规范要求的改性沥青低温延度最小值 30cm 为底线,计算得出新沥青中最大 A 改性剂掺量为 10.5%。

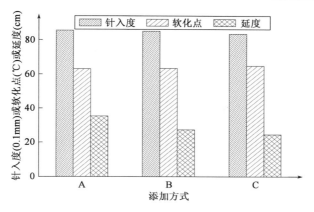

图 8-65　A 改性剂在新沥青中最大添加量对沥青性能的影响

另外,方案一与方案二低温延度不符合沥青路面施工规范要求,所以在添加沥青改性剂时需要将改性剂分别添加到新旧沥青中,其中新沥青中可以适当提高改性剂的添量,但不宜过多,以免改性剂发生聚团现象而导致很难分散均匀。将部分改性剂铺洒到旧沥青路面上进行加热改性,需要足够的改性温度以及反应时间,以保证改性性能。因此,针对新旧沥青添加质量比为 1:4 的情况,部分 A 改性剂必须通过铺洒在就沥青路面上的方式进行改性,且铺洒质量至少为改性剂总量的 2/3,在新沥青中最大添加量为改性剂总量的 1/3。

二、改性剂掺量选择

A 改性剂的掺量不单单对沥青性能影响显著,对沥青混合料路用性能也具有较大的影响。就地热再生工程施工过程中,旧沥青与新沥青需要在拌和仓中与旧集料一起拌和,新沥青与旧沥青之间没有较长时间进行均匀分散。因此在选择改性剂掺量时需要分别对新沥青以及拌和后的沥青混合料进行性能评价,对比选择最佳改性剂掺量。

1. 不同掺量下改性沥青性能

根据以往采用 A 改性剂实体工程中添加剂量的经验,分别在平均添加剂量上下浮动 1% 进行沥青物理指标试验。相似工程的经验添加剂量为混合料总质量的 0.3%,按照其最佳油石比为 5.1% 计算得出经验添加量为沥青用量的 6.18%,因此在试验中分别按照沥青用量的 4%、5%、6%、7%、8% 添加比例进行沥青改性并测试改性沥青性能指标,获取最佳掺量。数据见表 8-68。

A 改性剂掺量对沥青性能的影响　　　　表 8-68

掺量(%)	4	5	6	7	8
针入度(0.1mm)	89.3	89.7	87.5	86.7	83.5
软化点(℃)	53.7	57.3	62.7	61.2	59.4
延度(5℃,5cm/min,cm)	32.6	34.8	36.7	33.4	31.3

由图 8-66 可以得出,随着 A 改性剂掺量的增加,改性沥青针入度缓慢下降,这是由于改性剂会与沥青发生相应的物理化学反应,增加沥青中胶团含量,进而降低改性沥青的针入度,提高沥青黏聚能力。另外,沥青高温与低温性能会随着改性剂掺量的提高而呈现先增大后减小

的趋势,并且掺量不高于6%时,改性沥青软化点和延度提高幅度比较明显,能够显著提高沥青高温稳定性能以及低温延展能力,有效减少沥青路面高温车辙及低温裂缝等病害的产生。当掺量大于6%时,改性沥青的软化点及低温延度均出现缓慢的降低,但下降幅度较小。结合经济性分析得出,A改性剂最佳掺量在沥青用量的6%左右。

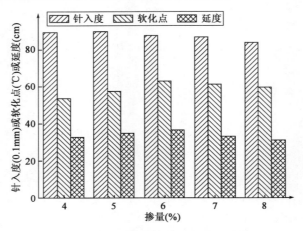

图8-66　A改性剂掺量对沥青性能的影响

2. 不同掺量下改性沥青混合料性能

依照《公路工程沥青及沥青混合料试验规程》(JTG E20—2011)中所列方法,采用5种不同掺量的A改性沥青进行沥青混合料车辙、小梁弯曲、冻融劈裂以及残留稳定度试验,根据试验结果评价A改性剂对沥青混合料性能的影响并选择最佳掺量。

制作沥青混合料试件的原材料包括破碎后的旧沥青混合料、新集料、新沥青、矿粉、再生剂、A改性剂,其中新沥青为按新沥青质量6%用量改性的A改性沥青。为了更明显地表现A改性剂掺量对沥青混合料性能的影响,用于混合料的改性剂用量为旧沥青质量的2%、4%、6%、8%和10%。

A改性剂的添加工艺为:

(1)将旧沥青混合料放入140℃烘箱保温1h;将新集料放入185℃烘箱保温4h;将新沥青(A改性剂改性沥青)放入,加热成熔融状态。

(2)将旧沥青混合料放入拌和锅中,温度为175℃,拌和30s。

(3)放入再生剂,拌和30s。

(4)加入新集料、新沥青,拌和30s。

(5)加入矿粉,拌和90s。

(6)取出拌和好的混合料,成型试件。

分别制取马歇尔试件、车辙试件以及小梁试件进行性能测试,结果见表8-69。

不同A改性剂掺量对沥青混合料性能的影响　　　　　　　　　　表8-69

掺量(%)	残留稳定度(%)	冻融劈裂强度比(%)	动稳定度(次/mm)	弯曲破坏应变(10^{-6})
2	77.4	70.1	2344	2427
4	82.5	77.4	3477	2845

续上表

掺量(%)	残留稳定度(%)	冻融劈裂强度比(%)	动稳定度(次/mm)	弯曲破坏应变(10^{-6})
6	85.8	81.3	4517	3218
8	87.6	83.4	4162	2446
10	89.2	82.1	3249	1874

由图 8-67 可以看出，在沥青混合料中添加 A 改性剂可以有效改善其水稳定性能，并且随着改性剂掺量的提高，沥青混合料水稳定性能逐步提高。残留稳定度在不同改性剂掺量下没有峰值，而冻融劈裂强度比在 8% 掺量附近出现峰值，这说明 A 改性剂的最佳掺量应控制在 8% 附近。

由图 8-68 可以看出，A 改性剂掺量在 6% 以下时，沥青混合料高温和低温均随着改性剂用量的增多而升高；而当 A 改性剂掺量大于 6% 时，沥青混合料的高温和低温性能不断降低。由此可以得出，改性剂的最佳掺量不应大于 6%，结合改性剂对沥青混合料水稳定性能的影响，提出 A 改性剂的最佳掺量为沥青质量的 5%~6%。

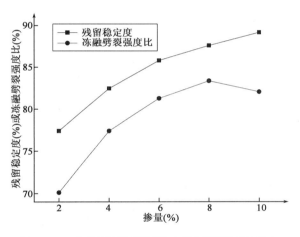

图 8-67 A 改性剂掺量对沥青混合料水稳定性能的影响

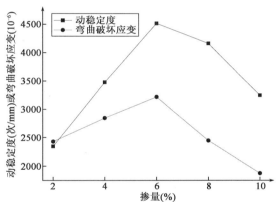

图 8-68 A 改性剂掺量对沥青混合料高温和低温性能的影响

第七节 就地热再生施工技术

随着施工设备的不断完善和现场检测技术的不断进步，沥青路面就地热再生技术已受到世界各国的广泛关注和高度重视。部分发达国家已广泛采用这一技术，利用完整的热再生机械设备进行全套机械化作业。当前，随着我国高等级沥青路面的增多，随之而来的公路维修量也大幅度增加，因此，研究高性能的沥青路面就地热再生施工工艺很有必要。沥青路面的就地热再生利用，就是将旧沥青路面经过路面再生专用设备在短时间内加热至施工温度，利用一定的铣刨工具将路面铣刨到一定的深度，然后根据混合料性能要求添加新集料、再生剂等重新拌和成混合料，并摊铺和碾压成新路面的一整套工艺。沥青再生技术分为三个层次：最基本的层次是沥青结合料的再生,就是通过掺加再生剂使得老化沥青性能得到恢复;第二个层次是工艺再生,即通过成熟的就地或厂拌热再生技术进行沥青路面材料的再利用;第三层次是路用性能的再生,即再生后的沥青路面恢复到与新建路面同样的路用性能。

一、就地热再生技术优势及施工方案

1. 就地热再生技术优势

通过对目前国内已经采用的就地热再生施工工程的总结,发现沥青混凝土路面就地热再生技术除了环保、节约投资和交通干扰小外,还有以下优势:

(1)有利于沥青混凝土路面层间连接。沥青混凝土路面的设计理论是完全连续体系,如果层间不连续或连接不好,层间剪应力显著增大,极容易造成沥青混凝土面层的剪切破坏。沥青混凝土路面的破坏往往是由于层间出现了剪应力而产生的。采用沥青混凝土路面就地热再生技术,由于再生层与老路面的连接是热连接,几乎为一体,杜绝了层间连接不良的问题。

(2)改善路面级配,降低孔隙率,延长路面寿命。沥青混凝土路面就地热再生技术可以针对旧路面的级配来设计,使再生后的级配得以改善,延长路面的使用寿命。

(3)恢复沥青的性能和沥青混凝土路面的柔韧性。沥青混凝土路面经过多年的使用,在荷载、光照、热、雨水等各种因素的作用下,沥青老化,延度大大降低,沥青混凝土柔韧性越来越差,变得脆硬,抗变形能力下降,容易开裂。就地热再生技术可恢复或大部分恢复沥青的路用性能,使沥青混凝土路面重新变得柔韧,从而延长路面的使用寿命。

(4)有利于沥青混凝土路面深层裂纹的愈合。沥青混凝土路面就地热再生施工时,在路表以下5cm处的温度约为100℃,经路面机械碾压后,再生路面以下的原有细小裂纹可以愈合,从而延长路面的使用寿命。

(5)接缝无漏水。采用就地热再生技术时,纵向接缝是热接缝,杜绝了接缝漏水而产生的病害。

2. 就地热再生技术施工方案

废旧沥青混合料再生,就是根据生产调和沥青的原理,在旧沥青中加入某种组分的低黏度油料再生剂或适当黏度的新沥青材料进行调配,使调配后的再生沥青具有合适的黏度和所需的路用性质,然后把旧集料、掺加的新集料与再生沥青一起搅拌形成新的沥青混合料。简单地说,沥青混合料再生是将旧沥青混合料与新材料按一定的比例加热搅拌,形成再生沥青混合料,其原理如图8-69所示。

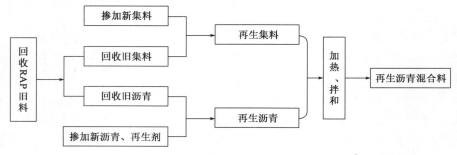

图8-69 沥青混合料再生原理框图

沥青路面就地热再生就是原沥青路面的热再生全部在现场完成,处理厚度一般为20～50mm,某些设备可达75mm。沥青路面就地热再生首先要加热和软化原沥青路面,以便于翻松或旋转碾碎到一定深度,然后将翻松的旧沥青混合料充分拌和。根据需要添加新沥青、再生剂、新混合料或集料,将所形成的再生混合料就地摊铺、压实,从而达到消除路面病害、恢复路面性能的目的,是一种连续的作业方式。就地热再生针对的是沥青路面表面层,对表面层进行不同程度的性能恢复,改善沥青路面包括排水性能在内的功能性服务性能。根据待再生路面的病害特点和设计要求,就地热再生机组有多种类型,其基本工艺如下:预先加热路面→耙松或铣刨路面,同时加入再生剂→添加特制级配新混合料→就地搅拌新旧混合料→摊铺压实。就地热再生施工工艺流程框图如图8-70所示。

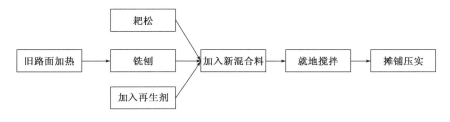

图8-70　就地热再生施工工艺流程框图

可以采用的就地热再生技术方案有三种:表面再生法、重铺再生法及复拌再生法。

(1)表面再生法

表面再生法是用加热机对旧沥青路面加热至一定温度后,用复拌机将路面翻松,并在复拌机上的搅拌器中把翻松的材料拌和均匀(可同时加入适量的添加剂恢复沥青性能),然后摊铺到路面上,用压路机碾压成型;也可以用人工将已加热软化的路面进行翻松作业。这种方法适合维修破损不严重、破损面积较小的路面,修复后可消除原路面的车辙、龟裂等病害,恢复路面的平整度,改善路面性能。

(2)重铺再生法

重铺再生法是通过使用现场再生设备的复拌机,在表面再生法施工的基础上,把旧路面材料翻松、搅拌均匀并整平后,同时在其上面再铺设一层新的沥青混合料作为磨耗层,形成全新材料的路面,最后用压路机碾压成型。这种方法适用于破损较严重路面的维修翻新和旧路升级改造施工,可以恢复路面的抗滑阻力,修整车辙,改善道路横坡和加大沥青路面强度。

(3)复拌再生法

复拌再生法是用现场热再生设备的加热机将旧路面加热至一定温度后,用复拌机将旧路面翻松,通过材料输送装置将翻松后的材料送入搅拌器,同时把特别配置的新热沥青混合料、沥青或恢复沥青特性的再生剂按适当的比例加入搅拌器,由搅拌器中的叶片把新旧材料一起拌和均匀,形成新品质的沥青混合料,然后摊铺到路面上,用压路机碾压成型。这种方法适用于维修中等程度破损的路面,可以改善现有沥青路面材料的特性,修复老化和非稳定的磨耗层,改变道路横坡,增强道路强度,也可以将磨耗层改造为黏结层,然后再覆盖新的磨耗层。复拌就地热再生施工工艺示意如图8-71所示。

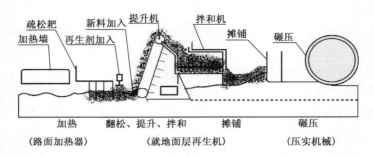

图 8-71　复拌就地热再生施工工艺示意图

二、就地热再生施工设备介绍

就地热再生施工的主要设备是热再生机组,其中关键部分主要是加热板,它要提供高效的辐射热能,对旧路面加热既要时间短,并达到一定的深度,又不能过热,使沥青老化,失去再生的意义。能对整条车道进行连续就地再生作业的设备一般具有路面预热功能、热铣刨功能、新料添加功能、拌和功能、摊铺功能等。

1. 加拿大马泰克公司就地热再生施工设备

主要施工设备有:预加热机 2 台(可选用 1 台),预热铣刨机 1 台,加热混合机 1 台,摊铺机 1 台,双钢轮压路机、胶轮压路机、沥青混合料运输车辆的使用通过试验段确定。所有设备可以自主行走,远距离可通过牵引车牵引行走,加热板、耙松器等可以伸缩,牵引行走时宽度为 3m。

预热机是一个综合热空气及低级红外线的加热机,通过燃烧柴油将空气加热到 600～700℃,通过一个大的多支管上的无数个小孔将热空气喷射到沥青路面上,利用循环装置使热空气对地面加热,未利用的空气被吸回。由于热空气不断地循环加热重复循环使用,节能效果显著。这是其相对其他热再生机的一个优点,这种加热机加热效率高,加热均匀,污染小。该加热方式可以通过温度传感器在热风发生装置的出口处检测热风的温度,实现计算机自动控制燃烧量。

第一台加热机加热后地表温度可达到 110℃,第二台加热机加热后地表温度可达到 120～140℃。加热铣刨机利用热能软化并铣刨路面,收集原路面混合料并在路中间堆成梯形。铣刨深度、宽度可以根据施工计划自动控制。新混合料经过加热干燥混合机铺在旧料上面。

加热、干燥、混合是使用一系列的装置进行混合、搅拌,并再次通过热空气及低级红外线的热能组合进行加热,此过程可去除混合料里的水分,经过此搅拌程序,回收材料及新料得到完全彻底的搅拌。新料和还原剂的添加可以通过计量控制。摊铺前的再生混合料温度可以达到 130℃ 以上。再生混合料从搅拌机送往摊铺机进行摊铺,由压路机压实。

2. 芬兰卡罗泰康公司就地热再生施工设备

主要施工设备有:预加热机 2 台,再生列车 1 台,双钢轮压路机、轮胎压路机、沥青混合料运输车辆的使用通过试验段确定。所有设备可以通过牵引车牵引行走。

加热机通过燃烧柴油产生热辐射和热空气对流来加热地面,能使铣刨鼓前路面表层温度达到 140℃,路面下 50mm 处达到 50℃。加热机前端有鼓风机,用于加热前清除路面的灰尘和水分。加热过程中产生的有害气体由一个真空送风机抽取,并通过管道送到一个二次燃烧器中,处理后的排放物符合环保要求。

施工时再生列车将原路面沥青混合料耙松,将新添加的再生剂或沥青混合料计量加入双轴拌和缸,通过螺旋送料器分散,然后摊铺、压实,形成新的路面。热再生最大宽度为 4.5m,最大深度为 5cm,施工速度为 1.6~2.3m/min(与加热的温度有关)。

3. 德国维特根公司就地热再生施工设备

主要施工设备有:HM4500 型预加热机 2 台,Remixer 4500 型再生列车 1 台,双钢轮压路机、轮胎压路机、沥青混合料运输车辆的使用通过试验段确定。所有设备使用低平板车运输。再生列车设备可以折叠至 3.0m 宽。加热机由多个独立的、可调节燃烧量的加热单元组成,可折叠至 2.5m 宽。

加热机通过自载液化气罐的丙烷燃烧金属网产生红外线,利用热辐射和红外线的发热原理来加热地面。由于红外线加热对路面材料有较强的热穿透能力,既能有效地加热沥青路面的较深层部位,又不会使路面过热,因而具有热功率高、加热均匀等优点,能将路面加热到 120~150℃,路面下 20mm 处达到 84℃。有随路面温度而自动控制气源的开关装置。加热机由多个独立加热单元组成,便于维修,加热板可以折叠,便于运输。

施工时再生列车将原路面沥青混合料耙松,将新添加的再生剂或沥青混合料计量加入双轴拌和缸,通过螺旋送料器分散,然后摊铺、压实,形成新的路面。热再生最大宽度为 4.5m,最大深度为 6cm,施工速度为 1.6~2.3m/min(与加热的温度有关)。

4. 英达热再生公司就地热再生施工设备

英达就地热再生机组由 2 台 HM16 型"加热王"、1 台 RM6000 型"公路王"和 1 台 EM6500 型沥青混合料提升复拌机组成。英达就地热再生机组主要工作原理为:2 台 HM16"加热王"组成的高效能的辐射加热墙对路面进行加热,先将沥青路面加热至合适的工作温度(加热的时间视坑洞大小、深度而定),使沥青路面软化,随后 RM6000 型"公路王"使用液压气动复合式疏松耙对路面进行耙松、再生,并把原路面旧料收集成料带,EM6500 型沥青混合料提升复拌机负责将旧料与补充的少量新料提升拌和,经摊铺、碾压后,形成一条平整的道路。

英达就地热再生施工设备采用自主研发、掌握多项核心专利技术的就地热再生机组,在交通运输部组织的"材料节约与循环利用专项行动计划之沥青路面就地热再生成套设备和施工技术"成果鉴定会上,该套设备和施工技术获得了"国际领先"殊荣。相比于其他就地热再生设备,英达就地热再生施工设备的主要创新点如下:

(1)每台设备都为汽车半挂牵引式,整个机组既可以像汽车一样在公路上高速行驶,又可以在施工时以很慢的稳定速度行走。正是这一技术创新,使得这套机组具有极好的机动灵活性,不仅可以用于高等级公路沥青路面的就地热再生施工,而且可以快速转场,这是国内外同类设备不能比拟的。

(2)采用以液化石油气为燃料、特殊陶瓷材料为热辐射体的沥青路面加热板。液化气几乎 100% 转化成辐射热能,加热效率与能源利用率高,比热风加热方式以及普通反射式红外加热器加热方式加热效率提高 1 倍以上。

（3）可折叠结构加热墙，在工作时展开宽度达 4.5 m，折叠后宽度不超过 2.5 m，可以在高速公路上高速牵引运输，机动灵活，转场迅速。

（4）横向多组多排液压、气压双控制升降的耙齿式沥青路面疏松耙，可以在需要的范围内自动适应路面高低变化，使得已加热路面被均匀耙松，确保被再生路面沥青混合料中集料不被打碎，以保证被再生路面沥青混合料级配不被改变。

（5）再生剂喷洒采用计算机自动控制，均匀布置再生剂洒布盘，洒布盘将再生剂均匀地洒布在被耙松的路面旧沥青混合料上，使得再生剂与旧沥青混合料均匀、充分裹覆，确保再生剂添加比例准确且均匀。

5. 鞍山森远列车

一般而言，传统的公路大修方法是"开膛破肚"式维修，不仅维修时间长、造价高，而且还会产生大量废旧沥青混合料。废旧路面材料循环应用不仅经济效益巨大，而且可变废为宝，形成一个符合循环经济的产业链。在这种背景下，森远"时代再生列车"开始推入市场。

森远"时代再生列车"是国家"863"计划项目、国家重点新产品、国家火炬计划项目，是目前国际上比较先进的沥青路面就地热再生施工设备，它是由鞍山森远路桥股份有限公司研发生产的，在京藏高速公路宁夏段、北京段，连徐高速公路江苏段及沈大高速公路等多条道路的沥青路面上都得到了使用，深受业主单位的认可。

森远"时代再生列车"由 2 台路面加热机、1 台加热铣刨机、1 台加热复拌机组成，摊铺机、压路机、自卸车为必备的辅助设备，施工时共同编组进行连续作业，用于高等级公路的大面积连续翻修作业，具有就地加热、翻松（铣刨）、添加再生剂、添加新集料、新旧料复拌、烘干、摊铺、整平、压实等功能，可一次成型新路面。森远"时代再生列车"对旧路沥青混合料 100% 就地再生利用，成功治理了沥青路面出现的车辙、龟裂、松散、摩擦系数下降、泛油、纵横向裂缝等病害，具有节约资源、减少环境污染、作业时不封闭交通、经济和社会效益都非常显著等特点，可以说森远"时代再生列车"开启了养护施工领域新的阶段，为道路养护施工提供了全新的施工方案。

三、就地热再生技术工艺特点

就地热再生技术是一种主要针对沥青路面的施工工艺，可应用于沥青路面的建设、养护、维修及改扩建等，目前就地热再生技术在我国河北、陕西、江苏、浙江、湖南、福建、广东、江西、新疆、内蒙古等多地得到了广泛的应用。

就地热再生是通过现场加热、翻松、拌和、摊铺、碾压等工序，一次性实现旧沥青混凝土路面的 100% 就地再生利用，真正达到了"石料再用，沥青再生"的要求。具有无须铣刨、收集和运输废旧沥青混合料等优点，就地热再生施工速度快、效率高，而且通常采用单车道施工，具备对道路运营影响程度低的优点，图 8-72 与图 8-73 为传统工艺与就地热再生施工现场对比。

与传统养护方式相比，就地热再生技术具有施工快速、环保、高效、对交通干扰小等特点：

（1）就地热再生技术采用专业再生设备对沥青路面进行流水性施工，整个施工过程包括对原路面的处理、新沥青混合料的添加、摊铺及压实等，均为一次性完成。

（2）采用就地热再生技术可实现原路面沥青混合料的100%原价值再用。一方面，人们不需要从自然界开采大量的砂、石等原材料；另一方面，也不向自然界丢弃大量的废旧沥青混合料。

图8-72　传统工艺导致施工现场交通堵塞

图8-73　就地热再生施工现场

与传统方式相比，采用就地热再生的技术方案，在保证施工质量的前提下，可以节约大量的新沥青混合料，满足节能减排、低碳经济的道路养护要求。同时也相应减少了材料的往返运输次数等，减少了施工对交通的影响。

四、就地热再生工艺对再生效果的影响分析

1. 旧料加热温度对再生沥青混合料性能的影响分析

温度的控制贯穿整个就地热再生施工过程。首先，对再生路面进行预热，在路面再生深度范围内形成一个合适的温度场，为路面翻松创造条件；其次，要为旧沥青料的再生和新旧沥青料的拌和提供合适的工作温度；最后，要保证足够的摊铺温度和压实时间，达到路面结构要求。对再生路面的质量起决定性作用的温度包括四部分：旧料加热温度、再生剂加热温度、新料温度、再生料摊铺后（碾压前）温度。本书采取室内试验与现场检测的方式，主要对旧料加热温度和再生剂加热温度进行探讨研究。

将再生剂运送到施工现场的过程中会产生温度下降和离析；再生复拌主机上的沥青罐也可能导致罐内再生剂温度下降；受到现场环境影响，旧沥青混合料进拌和锅前后温度也可能发生比较大的变化，最终造成旧沥青和再生剂拌和时再生料的温度有所波动（剔除新沥青混合料变异因素）。在就地热再生中，旧沥青混合料的利用率为100%，占到再生混合料的70%~90%，旧料温度对拌和好的再生料温度影响较大。再生剂要及时渗透到老化沥青内必须达到足够的温度，才能实现再生。

试验方法：试验前，设定搅拌锅的保温温度为175℃，新集料拌和前将其加热至185℃，新沥青加热温度为140℃，再生剂加热温度为120℃。再生混合料的拌和过程必须与现场施工工序保持一致：首先，在已经达到保温温度的搅拌锅中加入预热的旧料，然后依次加入预热的再生剂、新集料、新沥青以及改性剂，每次均拌和30s，最后加入预热的矿粉，拌和90s。试验结果见表8-70。

不同旧料加热温度下再生料的性能指标　　　　表 8-70

旧料加热温度（℃）	空隙率（%）	稳定度（kN）	流值（0.1mm）	浸水残留稳定度（%）	冻融劈裂强度比（%）	动稳定度（次/mm）	弯曲破坏应变（10^{-6}）
110	4.53	15.62	44.3	78.9	70.6	4436	2012
125	3.94	14.45	42.0	80.5	73.4	4212	2347
140	3.57	12.76	39.4	83.7	75.1	4105	2665
155	3.52	10.12	36.1	81.3	74.2	3976	2415

从图 8-74 可以看出，随着旧料加热温度的提高，再生沥青混合料的稳定度、流值以及空隙率不断减小，随着温度的提高，变化趋势逐渐变缓，温度低于 125℃时的空隙率不能满足要求。

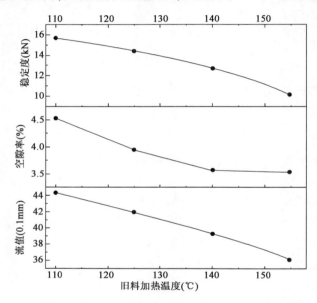

图 8-74　不同旧料加热温度下再生混合料基本性能

从图 8-75 可以看出，随着旧料加热温度的提高，再生沥青混合料的浸水残留稳定度 MS_0 与冻融劈裂强度比 TSR 均呈现先增大后减小的趋势，在 140℃时出现峰值，说明旧料加热温度为 140℃时，再生沥青混合料的水稳定性能达到最佳。

分析图 8-76 与图 8-77 可以看出，再生沥青混合料的动稳定度随着旧料加热温度的提高逐渐减小，而弯曲破坏应变随着旧料加热温度的提高先增大后减小，在 140℃时达到最大值。所以在 140℃时，再生沥青混合料的高温性能与低温抗裂性能同时达到最佳。本书建议旧料加热温度控制在 140℃左右即可。

2. 再生剂加热温度对再生沥青混合料性能的影响分析

上文试验研究表明旧料加热温度设定为 140℃时，再生沥青混合料的性能到达最佳，所以研究最佳再生剂加热温度时，旧料加热温度设定为 140℃。再生剂加热温度设置为 100℃、120℃、140℃、160℃，拌制沥青混合料并测试其各项性能指标，结果汇总如表 8-71 所示。

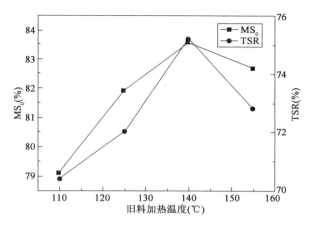

图 8-75　旧料加热温度对再生混合料水稳性的影响

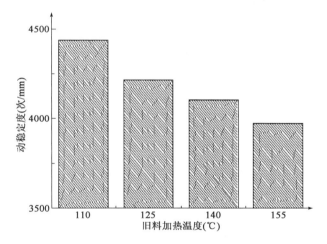

图 8-76　旧料加热温度对再生混合料动稳定度的影响

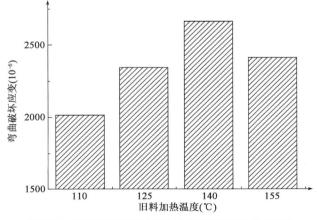

图 8-77　旧料加热温度对再生混合料低温抗裂性能的影响

不同再生剂加热温度下再生料的性能指标 表 8-71

再生剂加热温度（℃）	空隙率（%）	稳定度（kN）	流值（0.1mm）	浸水残留稳定度（%）	冻融劈裂强度比（%）	动稳定度（次/mm）	弯曲破坏应变（10^{-6}）
100	4.23	14.62	43.7	81.0	71.9	4358	2137
120	3.57	12.76	39.4	83.7	75.1	4105	2631
140	3.17	11.22	37.1	81.2	72.7	4093	2213
160	3.62	12.53	38.9	78.3	70.0	4512	1806

分析表 8-71 可以看出，随着再生剂加热温度的不断提高，再生沥青混合料的稳定度、流值以及空隙率均呈现先减小后增大的趋势，在再生剂加热温度为 140℃ 时达到最小值。

分析图 8-78 可以看出，再生剂加热温度对再生沥青混合料的水稳定性能影响规律比较明显，浸水残留稳定度 MS_0 与冻融劈裂强度比 TSR 均是随着再生剂加热温度的提高先升高然后降低，在再生剂加热温度为 120℃ 时达到最大值，这说明再生剂加热温度为 120℃ 的情况下，再生沥青混合料的水稳定性能达到最佳。

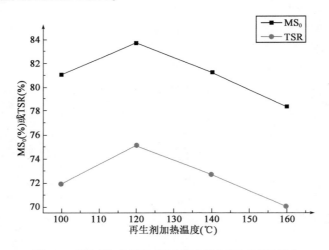

图 8-78　再生剂加热温度对再生混合料水稳定性能的影响

从图 8-79 可以看出，随着再生剂加热温度的升高，再生沥青混合料的动稳定度呈现先减小后增大的趋势，并在 140℃ 时达到最小值，其中 120℃ 与 140℃ 两种情况下的动稳定度相差不大。

分析图 8-80 可知，再生沥青混合料的低温抗裂性能随着再生剂加热温度的升高呈现先增大后减小的趋势，并在再生剂加热温度为 120℃ 时达到最大，这说明再生沥青混合料的低温抗裂性能在再生剂加热温度为 120℃ 时最佳。

综合上述试验分析可以看出，再生沥青混合料的各项性能与再生剂加热温度呈现较好的规律：稳定度、流值、空隙率以及动稳定度均呈现先减小后增大的趋势，而浸水残留稳定度、冻融劈裂强度比与弯曲破坏应变呈现先增大后减小的趋势。究其原因在于：随着再生剂加热温度的不断升高，再生剂在有限的时间内能够更好地在老化沥青中进行扩散，老化沥青不断变软，塑性增强，流动性变大，所以再生沥青混合料的空隙率与稳定度不断减小，动稳定度呈现降低趋势，弯曲破坏应变呈现增大趋势，但是当再生剂加热温度超过 120℃ 后，再生剂出现老化，再生性能下降,所以各项性能又呈现变坏趋势。所以本书建议再生剂加热温度控制在120℃左右。

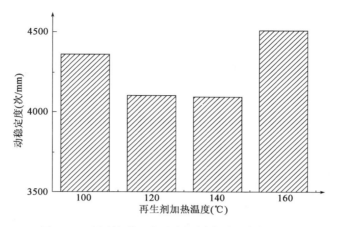

图8-79 再生剂加热温度对再生混合料动稳定度的影响

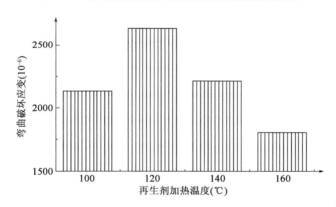

图8-80 再生剂加热温度对再生混合料低温抗裂性能的影响

3.搅拌时间对再生沥青混合料性能的影响分析

就地热再生过程中,混合料拌和时间直接关系到施工车行进速度,所以研究拌和时间对再生沥青混合料性能的影响是很有必要的。将再生剂加入旧料中的搅拌时间设置为0s、30s、60s、90s,对应的总拌和时间分别为240s、270s、300s、330s,按照前文加料顺序进行混合料的拌制,并测试不同搅拌时间下再生沥青混合料的性能指标,试验结果见表8-72。

搅拌时间对再生沥青混合料性能的影响 表8-72

搅拌时间 (s)	空隙率 (%)	稳定度 (kN)	流值 (0.1mm)	浸水残留 稳定度 (%)	冻融劈裂 强度比 (%)	动稳定度 (次/mm)	弯曲破坏应变 (10^{-6})
240	4.62	14.85	44.6	75.2	67.3	4412	1592
270	3.57	12.76	39.4	83.7	75.1	4105	1983
300	3.02	10.24	35.6	86.2	79.4	3825	2358
330	2.50	8.83	30.1	90.5	82.2	3342	2726

从表 8-72 可以看出,随着再生剂与旧料直接接触时间的延长,再生沥青混合料的稳定度、流值以及空隙率不断减小。加入再生剂后,不经搅拌直接加入新集料,所得再生沥青混合料空隙率不满足要求。

从图 8-81 可以看出,随着搅拌时间的延长,再生沥青混合料的浸水残留稳定度 MS_0 与冻融劈裂强度比 TSR 不断提高,而且搅拌时间从 240s 到 270s,增长幅度很大,之后增长趋势变缓,说明加长搅拌时间对于再生沥青混合料的水稳定性能有利,而且保证再生剂与旧料有一定的单独接触时间很重要。

分析图 8-82 可以看出,随着搅拌时间的延长,再生沥青混合料的动稳定度不断降低,但全部满足规范相关要求,说明搅拌时间的延长不利于混合料的高温稳定性。

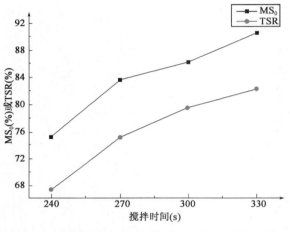

图 8-81 搅拌时间对再生沥青混合料水稳定性能的影响　　图 8-82 搅拌时间对再生沥青混合料动稳定度的影响

从图 8-83 可以看出,随着搅拌时间的延长,再生沥青混合料的低温抗裂性能不断提高,增幅也比较明显,说明搅拌时间加长可以有效改善再生沥青混合料的低温抗裂性能。

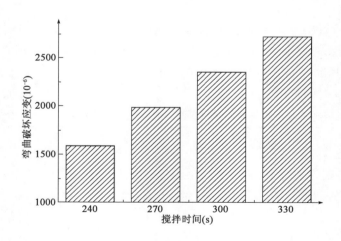

图 8-83 搅拌时间对再生沥青混合料低温抗裂性能的影响

由上述分析可知,加长搅拌时间不利于再生沥青混合料的高温性能,但可以有效改善其低温抗裂性能。究其原因在于:延长搅拌时间,则再生剂与旧料的直接接触时间得到加长,再生剂在这期间可以有效地渗透扩散进入旧沥青内部,使得老化沥青针入度明显降低,塑性与流动性显著增大,从而再生沥青混合料的空隙率显著降低,进而水稳定性能得到改善。沥青变软也使得其动稳定度增大,在一定车辆荷载下能够产生的变形也随之增大,最终再生沥青混合料的低温抗裂性能得到显著改善。本书建议搅拌时间控制在300s左右,其中再生剂加入后单独搅拌时间控制在60s左右。

4. 加料顺序对再生沥青混合料性能的影响分析

有研究表明,在就地热再生过程中,不同的加料顺序对再生效果有着很大的影响。主要加料顺序有以下几种:

(1)顺序A:旧料→再生剂→新集料→新沥青→改性剂→矿粉→再生沥青混合料;
(2)顺序B:旧料→再生剂→新沥青混合料→改性剂→矿粉→再生沥青混合料;
(3)顺序C:旧料→新集料→再生剂→新沥青→改性剂→矿粉→再生沥青混合料。

根据上面三种加料顺序进行再生沥青混合料的拌制,拌和时间与温度采用前面所述的最佳时间与温度,对再生沥青混合料进行性能指标的测试,试验结果见表8-73。

不同加料顺序再生沥青混合料性能 表8-73

加料顺序	稳定度(kN)	流值(0.1mm)	空隙率(%)	浸水残留稳定度(%)	冻融劈裂强度比(%)	动稳定度(次/mm)	弯曲破坏应变(10^{-6})
A	14.45	42	3.57	87.9	79.1	4105	1984
B	13.32	36	3.79	83.4	76.2	4326	1865
C	12.94	33	3.92	80.5	74.5	4469	1622

分析图8-84可以看出,三种加料顺序拌和得到的马歇尔试件具有一定的差异性:对于稳定度与流值,A>B>C;对于空隙率,A<B<C。

从图8-85可以看出,三种加料顺序下,A的浸水残留稳定度MS_0与冻融劈裂强度比TSR最大,其次为B,最差的为C,这说明加料顺序A的水稳定性能最好,C的水稳定性能最差。A与B相比,再生剂与旧料接触时间长,但前期再生剂与旧料的接触面积却比B小,B的水稳定性能比A差,说明再生剂与旧料的接触时间对再生沥青混合料水稳定性能的影响大于再生剂与旧料的接触面积。而C与A相比,前者是以新沥青混合料的形式加入旧料中,说明新集料与新沥青混合加入会削弱再生剂与旧料接触时间的积极影响。

分析图8-86可以看出,三种加料顺序所得再生沥青混合料的动稳定度以C最优,其次是B,最差的是A,但是差距并不是太大,进一步验证了前面所说的结论。

从图8-87同样可以看出,A的弯曲破坏应变最大,依次是B与C,这说明再生沥青混合料的低温抗裂性能受再生剂与旧料接触时间的影响较大,而这种积极作用同样会被新料以新沥青混合料的形式加入所带来的消极影响所抵消,而这种消极影响更大一些。

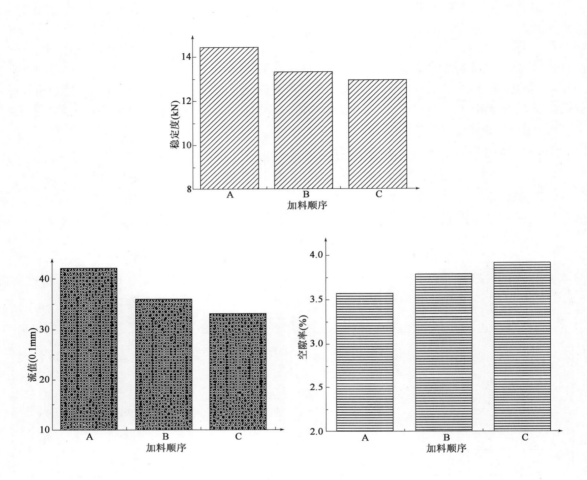

图 8-84　不同加料顺序马歇尔指标对比

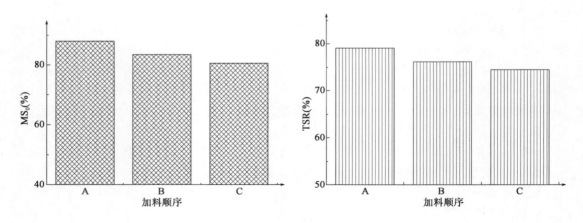

图 8-85　不同加料顺序水稳定性能对比

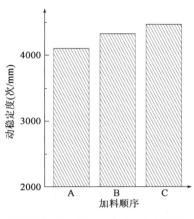
图8-86 不同加料顺序动稳定度对比

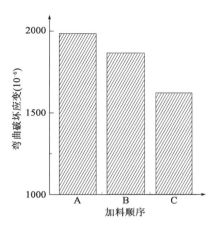
图8-87 不同加料顺序弯曲破坏应变对比

第八节 施工质量控制与安全管理

与普通沥青路面施工质量控制不同的是，就地热再生施工过程中特有的加热机加热、原路面铣刨、再生剂以及外掺料添加等环节，需要进行严格的过程控制，这些环节是此技术得以有效运用的重要步骤，决定着原路面再生施工的成败。沥青路面就地热再生技术自2002年引进国内以来，各施工单位大多是参照国外应用经验进行生产，再生后路面质量虽然没有出现大问题，但主要环节的施工质量还是难以得到全面有效的保障，导致其难以达到预期的效果。2019年11月1日，交通运输部颁布的《公路沥青路面再生技术规范》（JTG/T 5521—2019）开始实施，规范借鉴和总结了国内外沥青路面再生技术的已有经验和研究成果，其中对就地热再生的施工设备、施工准备、施工工艺、质量控制和验收标准做了统一规定。规范的出现可让施工单位少走弯路、降低成本，但不能保证万无一失。就地热再生技术受地域条件影响较大，为保证原路面有良好的再生质量，不同地区还是需要有适应各地情况的施工控制措施。

就地热再生施工有加热机加热、原路面铣刨、再生剂以及外掺料添加等环节，比普通沥青路面施工质量控制更严格。沥青路面就地热再生施工过程中的工程质量控制应满足表8-74、表8-75的要求。

就地热再生混合料施工过程中的工程质量控制标准　　　表8-74

检查项目	检查频度	质量要求或允许偏差	试验方法
再生剂用量	随时	适时调整，总量控制	每天计算
压实度代表值	每天1~2次	最大理论密度的104%	T 0924，JTG F40—2004
再生混合料摊铺温度	随时	>120℃	温度计测量

就地热再生外形尺寸现场质量检查项目与频度(对照再生技术规范要求)　　表 8-75

检查项目	检查频度	质量要求或允许偏差	试验方法
宽度(mm)	每 1km 20 个断面	大于设计宽度	T 0911
再生厚度(mm)	每 1km 5 点	−5	T 0912
加铺厚度(mm)	每 1km 5 点	±3	T 0912
平整度 IRI(mm)	全线连续	<3	T 0932
外观	随时	表面平整密实,无明显轮迹、裂痕、推挤、油包、离析等缺陷	目测
压实度代表值	每 1km 5 点	最大理论密度的 104%	T 0924

本节重点对就地热再生施工过程中的温度、外掺料掺量、路面处理厚度、路面压实度以及再生后路面抗滑性能几项主要指标进行控制,提出相关工艺参数的控制值。

一、再生温度控制

施工过程中的再生温度控制,主要包括再生现场外界环境温度、旧路面加热温度、再生料拌和温度及再生料碾压温度四个方面。

1. 环境温度

环境温度随天气、季节和时段的不同而不同。现场再生过程中,环境温度通过影响旧路面加热温度及再生料摊铺温度,从而直接影响成型后的路面质量。现场检测数据表明,环境温度(即空气温度)与加热后表面达到的温度没有必然的关系,旧路面加热后的温度主要受旧路面湿度、外界风力及油石比等的影响较大。

再生主机行进速度测试结果显示:在无风、微风或晴天天气下,其工作速度可以达到 2.5m/min 左右;在阴天或大风天气下,其工作速度只能保持在 2m/min 以下。由此可见,再生施工应尽量选在温度较高、天气较好时进行,这样才能充分提高加热机加热效率,从而保证再生路面质量。

有研究表明,环境温度与再生料摊铺后的温度呈现出线性关系,这就说明环境温度对摊铺后至碾压前再生料的温度有比较大的影响。相较于复拌再生工艺,在加铺再生工艺下,实测温度即摊铺后新料表面温度要高于再生料表面温度。如果测试点的摊铺温度越高,成型后的空隙率越小,因此,趁高温进行碾压有利于获得良好的再生路面性能。一般来讲,若环境温度达到 20℃以上,摊铺后温度就能达到 120℃左右,并且由于复拌再生层的变异性大于新料罩面层,因此,当采用复拌再生工艺施工时,应尽量选择在气温大于 20℃的情况下进行,加铺再生工艺施工的环境温度则应大于 15℃。

2. 旧路面加热温度

一般来讲,控制加热温度主要依靠观察加热过程中旧沥青路面的直观信号以及耙松刀头工作是否顺畅。旧路面加热至 180℃左右时,原路面基本没有很大的改变,此时耙松器齿轮很难"下地";加热至 210℃左右时,耙松器耙松阻力较小,易于翻松旧料;加热温度继续提高,耙松旧料越容易,但是温度过高容易导致旧料中的沥青结合料烧焦老化,从而影响再生料的质量,并且还会产生大量黑色烟气,给环境造成污染。本书建议:当第二台加热机加热后,宜将旧路面温度维持在200~220℃,如果现场气温较低(<15℃)则可适当提高5~10℃。

红外辐射加热机的加热温度多由操控人员凭经验调整,而热风循环式加热机的加热温度由其自动控制装置控制。作业时首先设定热风温度给定值,自动控制系统根据热电偶反馈的信号,通过温度控制器调整风门大小,将温度自动稳定在设定的范围内。再生施工单位可考虑购进一台热风循环式加热机与两台红外辐射加热机串联作业,一方面可以应对天气突发情况,提高再生施工效率;另一方面可使加热路面至期望的温度更具操控性。

3. 再生料拌和温度

再生料拌和温度主要由加热板加热后的旧料温度、再生剂温度及从拌和站制备的新料温度构成。特别要注意的是,三者在搅拌锅内搅拌的时间不能超过50s,因为在相对短暂的时间内,搅拌锅内再生料的拌和温度没有保障,从出口下落到铣刨路底面上后再暴露于空气中,在这一过程中混合料温度可能有所下降。因此,尽管采取保温措施对进入搅拌锅前的旧料、外掺新料、再生剂实行保温,但混合后检测得出的再生料温度仍存在一定的变化幅度。有关资料显示,对于同一再生路段,由于旧料加热温度差异、环境影响、往主机接料斗中添加新料而使机组停止行走等因素,不同的再生料拌和温度存在一定的变化,但平均温度应该保持在130~150℃。

因此,通过控制加热旧路面温度,做好新料、再生剂保温措施,保证拌和后再生料温度是关键所在。如果个别拌合料温度偏低,从而导致摊铺温度低于规范要求,也应该采取及时跟进碾压并增加碾压次数等措施予以弥补。

4. 再生料碾压温度

影响再生料压实效果的重要因素之一就是碾压温度,具体包括初压温度和终压温度。其中,初压温度,也就是经主机熨平板预压实后到压路机碾压时再生料的温度,与再生料摊铺温度紧密相关,一般情况下二者相差5℃左右,在天晴少风的天气则基本保持一致。比较而言,低温(如125℃)下摊铺的沥青混合料比高温(如150℃)下摊铺的混合料不容易压实。若沥青混合料的初压温度太高,混合料将会变得不稳定从而很难压实;若初压温度太低,也无法达到规定的压实度。因此,必须为再生料确定适宜的初压温度。

沥青混合料从摊铺温度降至最小允许压实温度所需的时间(以分钟表示)即有效压实时间。研究表明,沥青混合料最小压实温度为80℃,如果低于此温度,即使增加再多的压实功也不能提高密实度,并且还可能导致混合料中集料的破碎而造成密实度的降低。因此,再生施工前,事先必须测定试验段再生沥青混合料的有效压实时间,确定适宜的再生料初压温度。

5. 再生料温度离析控制

沥青混合料储存、运输及摊铺过程中受天气等因素的影响,产生热量损失而导致出现温度差异的状况即为温度离析。相关研究表明,所观察到的现象并非集料离析造成,而是与运料车从沥青混合料搅拌设备到施工工地的运输过程中所产生的沥青混合料温度差异有关,这一现象被称为"温度差异破坏"。

再生施工时,温度离析的破坏不只表现在对再生路面强度的影响,对路面的平整度和压实度的均匀性也产生破坏。只有当再生料摊铺面的整体被同等程度地压实后才能形成均匀的密度。低温区域的冷混合料不能被整体压住,导致熨平板起伏,造成摊铺面粗糙,或者因为低温区域承受压路机的重量,致使负载超重而出现裂缝。由于就地热再生工艺的特点,在加热机加热阶段、新料添加后至布料搅笼阶段、再生料摊铺压实阶段较容易出现温度离析现象。

(1)加热阶段

加热机加热后的旧路面热像图显示,表面温度分布很不均匀,平均温差在10℃以内,有的甚至达到15℃以上。短时间内,加热不均的旧料经耙松后在搅拌锅内很难拌和均匀,从而导致再生料难以摊铺均匀。因此,要采取在加热板两侧加挡风罩、延长加热时间以及反复加热等方式予以改善。再生主机的耙松器前的两块辅助加热板可以再次补充热量,尽量保证旧料易于耙松,使其具有良好的和易性,比较容易拌和、摊铺、压实。

(2)新料生产、装车、运输及使用阶段

在拌和楼聚料斗和储料仓装入沥青混合料的过程中容易产生温度离析。当沥青混合料从储料仓输送到运输车车厢后,车厢四壁的温度会明显降低,但车厢中心的温度将不会发生太大的变化,从而也会形成温度离析。在新料运输过程中,会因毡布覆盖不好、运料车等待卸料时间过长形成温度离析。当新料卸到再生主机接料斗中后,中间的混合料一般会首先随着输送带进入分料斗或二级布料搅笼,而两边的混合料则会停留相对较长的时间,才会被两侧的挡板推向中间,导致中间的混合料比两侧的温度要高一些,从而导致摊铺的混合料的温度不均匀。再加上在拌和楼装料、运输途中可能会遇到运料车变速、紧急制动以及路况差等情况,并且螺旋分料器本身等因素也会产生新料的温度离析。

在拌和楼生产前应对冷料供给系统进行标定,使各个冷料仓供料均衡、稳定,在保证混合料准确配比的同时能使冷料供给系统的机械特性达到最佳;标定搅拌设备的计量系统,以减少新料的计量误差和级配变动;由试验确定合理的搅拌时间和搅拌充盈率,提高新料搅拌的均匀性和路用性能。拌和楼中储料仓卸料至运料车车厢中时,可采取下列措施减少混合料集料离析:缩短出口至车厢的下落距离,保持40~60cm为宜,且运料车变换位置接料。操作方法是往运料车中三个不同的位置卸料,第一次将料卸在车厢的前部,第二次靠近后部车厢门,第三次在中间。同时还可以分两层装料,下层先中间再前、再后,上层先中间再前、再后,避免装料料堆太高,以免大集料向四周流动。当运料车将新料卸入再生主机接料斗时,尽量使混合料整体下落,不要逐渐将混合料卸入接料斗。同时车厢底板需要处于良好启闭状态并涂润滑剂,使全部混合料同时向后滑。快速卸料可预防粗料集中在摊铺机受料斗两侧的外边部。运输过程中需对新料采取保温措施。

从沥青混合料装入运料车开始,在运料车车厢周边就产生了热量损失。混合料的温度越高,温度差别越大,混合料的温度损失也越多。周围空气温度较低时,热量损失也越大。由于沥青和集料的导热系数较小,在产生热量损失的车厢周边,冷混合料占有较大百分比,热量从混合料中心部分向边部缓慢传导。由于导热系数小,在运料车的周边混合料与中心混合料之间产生大温度差别。

一般情况下大吨位的运输车辆易于保温,因此,沥青混合料的运输应尽量采用大吨位的车辆,最好保持在20t以上。尽管再生施工新料需求量不大,运输车的吨位也应在15t以上。尤其是在运距较长、气温偏低的情况下,不能使用小吨位的车辆。运输过程中可采用双层篷布(中间加海绵)覆盖混合料,卸料时不要将其掀开。

二、再生厚度控制

再生路面的平整度和再生剂用量都会受到再生厚度的影响,而且再生厚度还可能造成再生沥青混合料性能不均匀,从而影响到再生路面质量。因此,再生施工时,主机在铣刨、耙松旧路面时的深度必须保持均匀一致。

三、再生剂和外掺料掺量控制

施工过程中检测数据表明,再生剂和新沥青混合料的用量偏差宜在±0.2%范围内。再生剂剂量太多,再生路面会出现泛油和发软;再生剂剂量太少,会出现摊铺离析、压实困难等问题,导致再生效果不理想,旧沥青的老化状况不能得到有效的改善,路面的耐久性差。因此,再生沥青混合料要有适当光泽,颜色既不能过于光亮(再生剂偏多),也不能暗淡(再生剂偏少),在现场施工时要根据试验室取样的检测结果及时进行调整。

四、再生路面压实质量控制

影响再生料压实质量的因素主要有两方面:外部因素和内部因素。外部因素主要指环境因素、压实设备碾压组合及压实步骤;内部因素主要指再生料性能、摊铺厚度以及集料最大公称粒径与层厚的关系。在进行就地热再生施工时,环境因素及再生料本身状况(再生料配比等)属不可控因素,现场应及时调整再生料摊铺厚度、压实设备碾压组合及压实步骤。下面从可控因素入手,对再生路面的压实质量进行控制。

1. 再生料摊铺厚度

当热再生机组工作稳定后,为保证复拌主机与压实机械间有一定的有效碾压区间,压路机前进速度必须与再生主机保持一致。再生料摊铺的层厚应至少是集料最大公称粒径的3倍,同时必须保证摊铺厚度不能过厚。

再生料摊铺厚度的均匀性会影响到压实效果,摊铺厚度一致的路面易获得较好的压实度。因严重车辙和基层部位下陷造成原表层混合料变少,在原路面有较深的车辙或有不平整下承层路表的地方进行再生料摊铺时,会出现再生路表下凹的现象。这种情况一般通过铣刨病害面层或基层后再回补足量混合料来处理。

2. 再生料碾压方式

不同的再生沥青混合料有不同的碾压方式。碾压方式的选择要通过铺筑试验段后检验来确定。因为进行就地热再生施工时,一次只能对一个车道进行再生,压路机选择2~4台为宜,初压一般选择振动压路机,复压一般选择轮胎压路机,光面的时候用钢轮压路机。

为了得到符合规范压实度要求的再生料,压路机必须直接紧跟在再生主机熨平板后面,换言之,在不影响正常碾压的情况下,压实区域的长度应该尽可能缩短,以防碾压区降温过快而导致混合料的劲度过高不能充分压实,复拌加铺工艺尤为如此。

五、再生路面平整度控制

平整度是再生后路面质量比较薄弱的一个环节。在进行再生施工时,一方面可根据施工现场的实际情况选择找平方式,如拉钢丝、走滑靴、路面上放置铝合金找平梁或使用超声波找平系统等方式;另一方面可在压实环节加以控制。

通过对原路面充分预热,并且保证耙松后车道两侧侧立面部位有足够高温,以及严格控制再生料摊铺及压实过程,再生后的新沥青路面能取得满意的平整度,满足规范对路面平整度要求。

六、再生路面施工质量一致性控制

要确保再生沥青路面的质量一致性,需要注意以下几个方面:

(1)选取代表性的待处理路段取样进行集料级配、沥青含量和含水率测定。

(2)对于现场再生工艺,必须配套能准确计量和喷洒再生恢复剂和添加新集料或者新混合料的设备。

(3)对于工厂再生工艺,必须要将不同工地回收的再生混合料分开堆放,而且料堆要堆成圆锥形,料堆高度不高于3m,以利于水分散发,切忌堆成低、矮、扁平的料堆。同时,料堆上不能盖油布,以免再生混合料颗粒被压实再结团,必须储存在有屋顶的开敞式建筑物内,要避免基层材料混入。

(4)现场摊铺要控制离析,并充分压实,建议用核子密度仪随时监测。

(5)对用于路上的再生混合料进行抽提,监测混合料的级配和再生混合料中沥青的用量。

七、质量保证措施

(1)各级管理人员、工程技术人员和质检人员必须对工程质量严格要求,一丝不苟地执行施工规范、操作规程和质量验收标准。

(2)领导和技术人员对工程的关键部位要跟班作业,严格把关,发现问题及时解决。

(3)对技术复杂、施工要求高的施工部位,除必须认真进行技术交底外,还要现场指导,先做样板,再全面开展施工作业。

(4)实行全面质量管理,成立主要分项的质量控制小组并认真开展活动,对存在的质量问题,制订整改措施,明确各级质量责任制,做到责任落实到人。

(5)实行优质有奖,劣质受罚,质量和经济利益挂钩,保证质量目标的实现。在施工过程中不断组织定期和不定期的质量检查评比,不断发现和处理施工操作中存在的质量问题,不断提高施工质量水平。

(6)建立施工现场的例会制度,通过工程例会,经常掌握生产动态,解决施工中存在的质量问题,确保施工生产的顺利进行。

(7)项目经理每天召开一次工程质量分析会议及质量意识教育会议。总结施工过程中的质量情况,对类似质量问题出现的原因进行分析并提出整改措施,并对施工过程中可能出现的质量问题进行交底,防止质量问题的产生。

(8)技术负责人专职负责质量检查,工程技术人员定时检查各作业层的质量情况,以真实的数据反映当天的质量情况,并做详细记录。

八、施工安全管理

1.安全交通布控

平阿高速公路路幅分布为双向四车道,车流量较大,且车速较快,施工时做好安全交通布控对保证安全快速施工具有重要意义。作业封闭区域仅封闭作业段落,其余路段继续通行。当天施工结束,路表温度降至50℃以下时开放交通。

安全交通布控按公路安全施工作业规范及当地交警、路政以及业主的要求进行。同时应注意:

(1)锥筒应摆放在分割超车道与行车道标线的外侧,耙松时,耙松到标线里侧。

(2)考虑到行车道与超车道的接缝压实质量的问题,压实接缝时,要临时中断超车道交通几分钟,待接缝压实好后,再放行交通。

就地热再生施工段落间距超过1km时需采用平板车对部分设备进行转场。当天热再生施工完后,机械设备就近停靠在指定地点,并摆放好标志牌。

2. 安全管理措施

(1)成立以项目经理为组长的安全领导小组,项目设专职安全员,班组设兼职安全员,专、兼职安全员有职有责,严格管理。

(2)各级安全组织必须履行职责,从措施强度、安全教育、技术交底、执行检查等环节层层把关,纠正违章作业,消灭事故隐患。

(3)各级施工管理人员、工程技术人员必须熟悉与工程施工有关的安全条例、规范等,各工种工人必须熟悉本工种的安全技术操作规程,否则不许上岗。

(4)道路施工作业现场按照交警、业主等部门的安全施工有关规定,设置醒目有效的标志和警示锥。施工现场作业人员必须身穿安全标志服。

(5)施工现场车辆切实注意进出施工区域安全,杜绝违章作业行为,一经发现将严肃处理,服从交警安全管理。

(6)加强安全检查,每天都要巡查,派专人全力维护施工现场交通安全。

(7)施工中如遇因车流量太大而造成拥堵的现象,配合交警等部门对拥堵车辆进行疏通。

第九节 现场试验工程

一、就地热再生技术实体工程介绍

青海省境内平阿、马平西、宁大及西湟倒等高等级公路自运营以来,交通量不断增加,路面在重载交通比例增大、环境昼夜温差较大等综合因素影响下,已经不同程度地出现车辙、纵横裂缝及网裂等病害,路面使用性能逐步降低。为保证道路正常使用并延长其使用寿命,在综合考虑西宁市周边高等级公路交通量大、施工工期短等特点及就地热再生技术的优势后,青海省自2012年以来陆续在西宁周边多条高等级公路实施了就地热再生技术,对路面进行养护维修。具体实施明细见表8-76。

二、就地热再生技术实施效果评价

以平阿高速公路为例,施工路段有连续上坡和连续下坡,病害主要集中在行车道,全线主要病害为车辙(车辙深度最大达8.7cm,其他基本都在1cm以上),少量横缝、纵缝。对重度裂

表 8-76 青海省 2012—2015 年就地热再生技术实施情况明细

序号	年份	路段名称	实施时间	桩号范围	再生机组	宽度 (m)	厚度 (cm)	再生单车道长度 (m)	工程量 (m²)
1	2012	马平西高速公路	6.8—7.25	K1699+557~K1803+700	维特根	4.00	4.0	29302	117208.00
2		西湟倒一级公路	6.17—7.10	K32+190~K84+000	鞍山森远	3.80	4.0	18553	70501.40
3		马平西高速公路	6.6—6.15	K1757+200~K1810+459		3.93	4.0	8172	32115.96
			2012 年合计					56027	219825.36
4	2013	平西高速公路	3.28—5.10	K1778+864~K1812+702	鞍山森远	3.92	4.0	30577	119861.84
5		马平高速公路	4.25—6.25	K1700+790~K1745+880	维特根	3.92	4.0	10393	40740.56
6		平阿高速公路	4.5—5.20	K0+434~K23+000	*	3.92	4.0	21263	83350.96
7		西湟倒一级公路	5.17—7.15	K18+130~K93+955	鞍山森远	3.92	4.0	47617	184975.70
8		马平西高速公路	7.2—7.31	K1750+109~K1779+096		3.92	4.0	36488	143842.24
9		西湟倒一级公路	6.25—8.3	K58+714~K93+756	维特根	3.92	4.0	15482	60689.44
10		西湟一级公路	8.2—8.20	K25+460~K48+310	鞍山森远	3.92	4.0	15783	61869.36
11		宁大高速公路黎明收费站匝道	8.24—8.26	K0+000~K1+438		4.10	4.0	2329	9548.90
			2013 年合计					179932	704879
12	2014	平阿高速公路	3.28—4.30	K1778+864~K1812+702		3.92	4.0	19766	77482.72
13		西湟一级公路	4.25—5.15	K17+750~K48+900		3.92	4.0	22299	87412.00
14		湟倒一级公路	5.18—6.30	K48+900~K94+000		3.92	4.0	32936	129109.00
15		马平西高速公路	4.14—6.30	K1695+200~K1750+000	维特根	3.92	4.0	72682	284913.44
16		宁大高速公路	6.25—8.15	K1+200~K32+000	鞍山森远	3.70	4.0	61341	227175.98
			2014 年合计					209024	806093.14
17	2015	平阿高速公路	6.6—7.25	K0+000~K41+000	英达热再生机组	分段不同	4.0	30306	164342.70
18		宁大高速公路	7.25—8.26	K0+000~K34+700		3.92	4.0	16862	66099.00
19		西过境高速公路	7.10—7.25	K1814+000~K1819+500		分段不同	4.0	11613	53622.70
20		马平西高速公路	5.21—6.10	K1699+545~K1773+232	鞍山森远	3.92	4.0	25205	98803.60
21		平西高速公路	6.11—7.18	K1779+478~K1811+541		3.92	4.0	10491	41124.72
22		西塔高速公路	6.26—7.14	K3+770~K21+232		3.92	4.0	27804	108991.70
			2015 年合计					122281	532984.42
			合计 (2012—2015 年)					567264	2263781.92

缝等病害采用灌浆等方式预处理后,采用就地热再生技术对其进行整体维修。施工过程中,通过对再生沥青混合料及路面相关指标进行测试,各指标均满足规范或合同要求。

通过对青海省就地热再生技术已施工路段的路面性能进行跟踪观测,发现再生路面状况良好,与相邻超车道和未进行再生的原行车道相比,再生路面横向裂缝较少,不存在纵向裂缝,相邻超车道的横向裂缝多数没有扩展到再生路面,说明就地热再生技术对于反射裂缝的防治具有较好的效果。

第十节　经济效益分析

一、就地热再生项目成本概述

由于就地热再生项目的核算并没有明确的定额及核算标准,因此本书参照公路工程概(预)算中建筑安装工程费用组成以及《沥青混凝土路面现场热再生预算定额(试行)》,将就地热再生项目视为一般的公路工程项目进行核算。其成本可以分解为直接费、间接费与税金三个部分。将材料费与施工机械使用费作为分析的重点对不同方式的就地热再生成本进行分析。

(1)直接费,是指施工过程中耗费的构成工程实体或有助于工程形成的各项支出,包括人工费、材料费、施工机械使用费。

(2)间接费,由规费和企业管理费构成,其中企业管理费主要是指企业的各项目经理部门为组织和管理工程施工所发生的全部支出,包括施工现场管理人员工资、奖金、职工福利费、行政管理用固定资产折旧费及修理费、物料消耗、低值易耗品摊销、取暖费、水电费、办公费、差旅费、财产保险费、检验试验费、工程保修费、劳动保护费、排污费及其他费用。

(3)税金,根据比例进行计提,指企业完成就地热再生工程按国家税法规定应计入建筑安装工程造价内的营业税、城市维护建设税以及教育费附加等。

二、就地热再生项目成本构成因素分析

1. 人工费

人工费是指直接从事就地热再生工程施工的生产工人开支的各项费用,其计算公式为:

$$人工费 = \sum(工日消耗量 \times 日工资单价)$$

其中:工日消耗量包括基本用工、其他用工;日工资单价包括生产工人基本工资、工资性补贴、生产工人辅助工资、职工福利费、劳动保护费。

2. 材料费

材料费是指施工过程中耗费的构成工程实体的原材料、辅助材料、构配件、零件、半成品的费用。在就地热再生项目中,主要材料包括沥青混合料和再生剂等。计算公式为:

$$材料费 = \sum(材料消耗量 \times 材料基价)$$

其中:再生剂的添加量根据沥青混合料性能及老化程度进行配合比设计而确定。

3. 机械费

机械费指施工机械作业所发生的机械使用费以及机械安拆费和场外运费。计算公式为：

施工机械使用费 = ∑(施工机械台班消耗量 × 机械台班单价)

通过现场调研发现，机械费对就地热再生项目总成本影响最大。结合前文所介绍的就地热再生施工工艺，具体分析就地热再生机组各个施工环节对项目总成本的影响要素。

1) 加热成本

就地热再生的加热环节由加热机完成，对加热机台班费有影响的因素包括折旧费、大修理费、设备经常修理费、设备安拆费及场外运费、台班人工费、燃油动力费、其他费用等。不同种类的加热机技术指标对加热成本的影响包括：

(1) 最大加热功率，是指用于加热路面的部件正常工作时所能释放出的最大热功率。热功率越大，单位时间产生的热量越大，消耗的燃料越多。

(2) 加热宽度，是指正常工作时对路面的最大加热宽度。加热宽度越大，工作效率越高，单位时间产生的热量越大，消耗燃料越多。

(3) 加热深度，是指正常工作时，对路面加热后，面层达到施工要求温度的深度。加热深度越深，燃烧消耗越多，生产成本越高。

(4) 燃料消耗量，是指在环境温度20℃±2℃、风速小于3m/s的天气下，在最大工作宽度这种理想条件下对沥青混凝土路面进行加热作业，使40mm厚面层温度均达到100℃以上时，每小时加热单位面积所消耗燃料的量。燃料消耗量对加热成本有着重要的影响。

(5) 工作速度，是指工作时的行驶速度。行驶速度的大小对燃料的消耗有一定的影响。

(6) 加热机的数量。根据路面情况，有的热再生机组采用1台加热机加热，而有的热再生机组采用多台加热机联合加热。

(7) 加热机的加热原理分为红外加热墙辐射加热和热风循环加热，不同加热方式的加热宽度、加热深度、加热能力、消耗燃料的种类等均不同，对成本的影响也不同。

2) 翻松成本

就地热再生机组翻松作业由热再生机组的翻松装置完成，不同种类的翻松装置技术指标对翻松机械台班费的影响包括：

(1) 翻松方式。就地热再生机的翻松装置有耙松式和铣刨式，不同的翻松方式对燃料的消耗量是不同的，因此对再生成本的影响也是不同的。

(2) 翻松装置的工作深度，是指正常工作时，翻松旧路面面层的深度。翻松深度越深，燃烧消耗越多，生产成本越高。

(3) 工作速度，是指工作时的翻松速度。翻松速度的大小对燃料的消耗有一定的影响。

(4) 旧混合料温度。当旧混合料的温度较低时，翻松装置需要更大的功率完成作业，因此消耗的燃料也较多，成本也较高，所以对原路面加热到恰当的温度十分重要。

3) 拌和成本

混合料的拌和作业由复拌机完成。拌和成本主要由复拌机的台班费组成，不同种类的复拌机技术指标对成本的影响包括：

(1) 复拌机的功率，是指用于拌和混合料的部件正常工作时所用功率。热功率越大，单位时间产生的热量越大,消耗的燃料越多。

(2)复拌机拌和速度应与拌和机的行走速度相协调,拌和速度和拌和时间对成本有着一定的影响。

4)摊铺成本

摊铺作业主要由摊铺机完成。有的热再生机组具有摊铺功能,无摊铺功能的热再生机组需用辅助机械摊铺机完成摊铺。摊铺成本主要由摊铺机台班费构成,一般与摊铺机的功率、工作时间、摊铺速度、摊铺时的松铺系数和路面情况有关。

5)碾压成本

碾压作业主要由压路机完成。碾压成本主要由压路机台班费构成。碾压作业一般由辅助机械压路机完成。碾压时影响成本的因素主要有碾压时的遍数、压路机的吨位、功率和作业时间等。

以上为就地热再生工艺成本分析,结合现场测定各工艺环节不变成本和可变成本的情况,发现对就地热再生项目总成本影响较大的有加热系统、翻松系统和拌和装置,因此施工时应重点关注加热机和再生机的成本。

4. 间接费

就地热再生项目间接费包括企业管理费和规费,其中规费又包括施工排污费、施工定额测定费、社会保障费、住房公积金和危险作业意外伤害保险费等。间接费计算以直接费为基数乘以间接费费率。

三、三种再生方式成本分析

前面主要介绍了就地热再生项目成本构成情况,下面主要对森远、英达和维特根三种典型就地热再生机组施工的成本情况,从就地热再生方式、主要设备、工艺等环节对各成本因素进行核算及分析。在计算时,按每日施工面积进行费用分摊,并将各项费用的计价单位统一换算为"元/m²"(即再生厚度为4cm的每平方米单价)进行对比分析。三种再生技术施工成本见表8-77。

就地热再生施工成本情况 表8-77

再生机组	直接费(元/m²)		间接费(元/m²)		税金 (元/m²)	合计 (元/m²)
	直接工程费	其他工程费	规费	企业管理费		
森远	41.69	2.18	0.64	1.01	1.55	47.07
英达	44.25	2.24	0.51	1.07	1.64	49.71
维特根	46.98	2.41	0.42	1.14	1.75	52.7

四、就地热再生机组总成本构成

三种不同的就地热再生方式中,机械费所占的比重较大,下面主要分析不同就地热再生机组购置的可行性与经济性,为施工企业采购提供一定的参考。

由森远就地热再生机组的施工工艺可知,所需的主要机械配置为2台SY4500型加热机,

1台SY4500型加热翻松机,1台SY4500型加热复拌机;辅助机械配置为1台摊铺机,1台沥青混合料运输车,1台双钢轮压路机和1台轮胎压路机。其中加热机价格为300万元/台,翻松机价格为800万元/台,复拌机价格为400万元/台,森远就地热再生机组首期投资合计1800万元。

由英达热再生机组施工工艺可知,所需的主要机械配置为2台HM16型加热机,1台RM6000"公路王"再生机,1台EM6500沥青混合料提升复拌机;辅助机械配置为1台摊铺机,1台沥青混合料运输车,1台双钢轮压路机和1台轮胎压路机。其中加热机价格为356万元/台,再生机价格为1000万元/台,复拌机价格为488万元/台,英达热再生机组首期投资合计2200万元。

由维特根热再生机组施工工艺可知,所需的主要机械配置为2台HM4500型加热机,1台Remixer 4500型再生机;辅助机械配置为1台沥青混合料运输车,1台双钢轮压路机和1台轮胎压路机。其中,加热机价格为500万元/台,再生机价格为2000万元/台,维特根就地热再生机组首期投资合计3000万元。

由于维特根热再生机组比另外两个热再生机组多了摊铺功能,为了便于比较,在森远和英达热再生机组中分别加一个价值300万元的摊铺机,这样三种热再生机组都具有了加热、翻松、添加再生剂、复拌和摊铺功能。进行功能统一之后,可对森远、维特根、英达三种热再生设备进行经济性分析,三者首期投资分别为2100万元、2500万元、3000万元。

五、就地热再生的施工成本效益分析

将就地热再生施工所节约的原材料费、废弃场地占用费、废料运输费与新增的材料费、燃料费的差额作为就地热再生施工所产生的收益,并以AC-13沥青混合料为例,计算就地热再生技术的效益。

1. 原材料节省费用

就地热再生施工每平方米原材料的节约量和节约费用如表8-78、表8-79所示,各原材料单价参照青海省交通工程材料价格。

就地热再生施工的原材料节约量　　　　表8-78

再生机组	森远(kg/m^2)	英达(kg/m^2)	维特根(kg/m^2)
新沥青用量	0.927	0.984	0.968
改性剂用量	0.339	0.360	0.354
再生剂用量	0.283	0.300	0.295
节约新沥青混合料用量	90.400	96.000	94.400

就地热再生施工的原材料节约费用　　　　表8-79

再生机组	森远(元/m^2)	英达(元/m^2)	维特根(元/m^2)	材料单价(元/kg)
新沥青用量增加费用	2.781	2.952	2.904	3.000
改性剂增加费用	6.034	6.408	6.301	17.800
再生剂增加费用	5.660	6.000	5.900	20.000
节约新沥青混合料费用	28.928	30.720	30.208	0.320
原材料节约费用	14.453	15.360	15.103	—

2. 燃料增加费用

已知森远、英达、维特根就地热再生所增加的燃料费用分别为 5.495 元/m²、8.10 元/m²、13.79 元/m²。

综上，计算可得森远、英达、维特根就地热再生施工的收益 = 原材料节约费用 – 燃料增加费用，具体数值如表 8-80 所示。

就地热再生施工效益   表 8-80

再生机组	森远（元/m²）	英达（元/m²）	维特根（元/m²）
再生效益	8.958	7.260	1.313

3. 就地热再生施工年收益情况

（1）通过咨询森远相关技术人员，该单位再生机组在设备正常运转情况下，作业速度为 3m/min，每天工作 6h，按再生宽度一幅行车道为 3.75m 计算，每天可进行就地热再生的面积为 4050m²。若对就地热再生施工每年有效工作的天数统一按 100d 计算，则每年可采用就地热再生修复的面积为 40.5 万 m²，每年可产生的施工效益为 362.8 万元。

（2）通过咨询英达相关技术人员，该单位再生机组在设备正常运转情况下，作业速度为 4m/min，每天工作 6h，按再生宽度一幅行车道为 3.75m 计算，每天可进行就地热再生的面积为 5400m²。若对就地热再生施工每年有效工作的天数统一按 100d 计算，则每年可采用就地热再生修复的面积为 54 万 m²，每年可产生的施工效益为 392.04 万元。

（3）通过咨询维特根相关技术人员，该单位再生机组在设备正常运转情况下，作业速度为 5m/min，每天工作 6h，按再生宽度一幅行车道为 3.75m 计算，每天可进行就地热再生的面积为 6750m²。若对就地热再生施工每年有效工作的天数统一按 100d 计算，则每年可采用就地热再生修复的面积为 67.5 万 m²，每年可产生的施工效益为 88.6 万元。

根据上述成本及节省费用估算，英达就地热再生机组施工经济效益最高，其次为森远，维特根就地热再生机组施工经济效益最差。

参 考 文 献

[1] 才洪美,张玉贞,王涛.SBS胶乳改性乳化沥青稳定性研究[J].石油沥青,2008(3):20-23.
[2] 徐世法,罗晓辉,孙中阁.SBS改性乳化沥青温拌混合料路用性能评价研究[J].北京建筑工程学院学报,2008(2):25-29.
[3] 吴旷怀,李燕枫,杨国梁,等.乳化沥青冷再生沥青混合料的研究[J].暨南大学学报(自然科学版),2008(3):281-285.
[4] 沙爱民,王振军.水泥乳化沥青混凝土胶浆-集料界面微观结构[J].长安大学学报(自然科学版),2008(4):1-6.
[5] 肖晶晶,郑南翔,宋哲玉.乳化剂对改性乳化沥青性能影响及机理研究[J].郑州大学学报(工学版),2008(3):5-9.
[6] 吴超凡,曾梦澜,钟梦武,等.乳化沥青冷再生混合料设计方法试验研究[J].湖南大学学报(自然科学版),2008(8):19-23.
[7] 夏朝彬,马波.国内外乳化沥青的发展及应用概况[J].石油与天然气化工,2000(2):88-91+52.
[8] 张思源,魏建民.水泥-乳化沥青混合料配合比设计与施工技术研究[J].重庆交通学院学报,2000(1):72-75.
[9] 沈金安,李福普.改性乳化沥青在高速公路沥青路面维修养护中的应用前景[J].石油沥青,2000(1):33-43.
[10] 蔡旭,王端宜,陈小庭,等.改性乳化沥青对微表处混合料性能的影响[J].公路,2011(2):127-132.
[11] 严金海,倪富健,杨美坤.乳化沥青冷再生混合料的间接拉伸疲劳性能[J].建筑材料学报,2011(1):58-61+77.
[12] 詹成根.改性剂及乳化剂对改性乳化沥青性能的影响[J].公路与汽运,2011(5):83-88.
[13] 徐传杰,才洪美,张小英.SBS胶乳改性乳化沥青制备技术研究[J].石油炼制与化工,2010(11):71-75.
[14] 范维玉,杨炎生,王哲,等.稳定剂对乳化沥青蒸发残留物性能的影响[J].中国石油大学学报(自然科学版),2012(4):155-159+165.
[15] 杨炎生,范维玉,王哲,等.阳离子乳化沥青对水泥乳化沥青浆体流变性的影响[J].中国石油大学学报(自然科学版),2012(6):167-171.
[16] 秦永春,徐剑,黄颂昌,等.道路用乳化沥青技术要求的研究[J].公路交通科技,2005(2):17-19.
[17] 王长安,吴育良,许凯,等.影响乳化沥青稳定性的主要因素[J].新型建筑材料,2005(1):52-54.
[18] 陈宪宏,孙立夫.SBR改性乳化沥青的研究[J].湖南科技学院学报,2007(4):110-112.
[19] 胡力群,沙爱民.振碾式乳化沥青-水泥混凝土的路用性能[J].长安大学学报(自然科学版),2007(2):12-15+29.

[20] 卢久富,刘冬,李福宾,等.改性乳化沥青的研制及其储存稳定性考察[J].石油炼制与化工,2007(3):14-17.

[21] 何会成,杨奇竹,吴旷怀.乳化SBS改性沥青和SBR改性乳化沥青对比试验[J].石油沥青,2007(4):21-24.

[22] 周鸿顺,汤发有.阳离子乳化沥青及其乳化剂的应用进展[J].精细石油工,1996(3):5-8.

[23] 徐剑,石小培,秦永春.乳化沥青冷再生路面性能衰变规律研究[J].公路交通科技,2015(1):19-24.

[24] 李荣生.改性乳化沥青及其在微表处养护工程中的应用研究[D].大庆:东北石油大学,2014.

[25] 奚达源.高速公路路面微表处应用研究[D].广州:华南理工大学,2012.

[26] 吴赞平,徐中宁,徐卫东,等.沪宁高速公路微表处实施路段路用性能评价[J].公路,2004(12):190-193.

[27] 毛利洪,章水清,朱红军.微表处技术的应用与研究[J].筑路机械与施工机械化,2007(3):33-36.

[28] 郭峰伟,陈小雪.纤维微表处应用技术研究[J].石油沥青,2007(3):48-50.

[29] 周谦,李荫国,王庆山.微表处施工工艺与质量控制[J].石油沥青,2007(3):61-66.

[30] 居浩,黄晓明.微表处混合料性能影响因素研究[J].公路,2007(7):212-218.

[31] 陈俊,彭彬,黄晓明.微表处路面使用状况调查与分析[J].公路交通科技,2007(12):34-37.

[32] 居浩.微表处养护技术使用状况调查与分析[J].石油沥青,2007(6):46-53.

[33] 徐剑,秦永春.微表处混合料可拌和时间的影响因素[J].公路交通科技,2002(1):4-7.

[34] 徐剑,秦永春,黄颂昌.微表处混合料路用性能研究[J].公路交通科技,2002(4):39-42.

[35] 孙晓立,张肖宁,蔡旭.基于加速加载试验的微表处长期路用性能[J].同济大学学报(自然科学版),2012(5):691-695.

[36] 叶尖.纤维碎石封层试件成型方法研究[D].大连:大连理工大学,2009.

[37] 张海堂.基于DSP的同步碎石封层设备沥青洒布控制系统研究[D].西安:长安大学,2007.

[38] 王鑫涛.同步碎石封层车沥青及碎石洒(撒)布精度研究[D].西安:长安大学,2013.

[39] 张文.基于STM32的同步碎石封层车控制系统的研究[D].西安:西安工业大学,2014.

[40] 刘贤惠,武泽锋,李巍,等.同步碎石封层技术简介[J].东北公路,2003(1):21-24.

[41] 郑平安.高性能双层碎石封层用于干线公路沥青面层的技术研究[D].西安:长安大学,2014.

[42] 陈小琪,刘培林,赵鸿铎,等.同步碎石封层技术的试验路研究[J].上海公路,2006(3):31-33+5.

[43] 胡育青.碎石封层技术及在我国的应用前景[J].公路与汽运,2006(6):45-48.

[44] 张裔佳,沈迪.同步碎石封层关键技术研究[J].交通标准化,2009(Z1):160-162.

[45] 郭寅川.纤维沥青碎石封层结构行为及材料设计研究[D].西安:长安大学,2012.

[46] 陈素丽,许福文,李桂芝.同步碎石封层技术研究及在公路养护中的应用[J].公路,2005(6):174-181.

[47] 顾海荣.同步碎石封层设备关键技术研究[D].西安:长安大学,2008.

[48] 宿秀丽.同步碎石封层在沥青混凝土路面养护中的应用研究[D].西安:长安大学,2008.

[49] 李曦.碎石封层性能影响因素试验研究[D].长沙:长沙理工大学,2009.

[50] 赵晓亮.纤维沥青碎石封层配合比设计研究[D].西安:长安大学,2010.

[51] 覃峰,包惠明.同步碎石封层新技术的应用[J].桂林工学院学报,2007(1):69-72.

[52] 邹剑,蒋功雪.同步碎石封层技术在沥青路面预防性养护中的应用[J].湖南交通科技,2007(2):33-35.

[53] 郭玉伟.SBS改性乳化沥青用于同步碎石上封层的研究[D].天津:河北工业大学,2012.

[54] 郑仲润.华南湿热地区纤维沥青碎石封层适应性研究[D].西安:长安大学,2013.

[55] 王帅杰.纤维沥青碎石封层用于沥青路面预防性养护研究[D].西安:长安大学,2013.

[56] 贺华.改性乳化沥青及微表处性能研究[D].西安:长安大学,2006.

[57] 肖晶晶.微表处改性乳化沥青及混合料性能研究[D].西安:长安大学,2007.

[58] 杨奇竹.乳化SBS改性沥青及其微表处技术研究[D].广州:广州大学,2007.

[59] 张凯强.微表处养护技术及其应用研究[D].长春:吉林大学,2007.

[60] 邵鹏康.功能型超微表处路面养护材料设计研究[D].西安:长安大学,2014.

[61] 奚达源.高速公路路面微表处应用研究[D].广州:华南理工大学,2012.

[62] 李荫国,李桂芝,周玉芝,等.对微表处用原材料选用及技术要求的建议[J].石油沥青,2004(6):37-42.

[63] 于鹏程.稀浆封层与微表处配合比设计方法研究[D].长春:吉林大学,2008.

[64] 李栓.微表处混合料设计分析及级配优化研究[D].西安:长安大学,2008.

[65] 李素贤.甘肃地区纤维微表处的适用性研究[D].西安:长安大学,2009.

[66] 支喜兰,王威娜,张超,等.高速公路沥青混凝土路面预防性养护对策研究[J].公路,2009(2):170-175.

[67] 方伟俊.公路沥青路面预防性养护措施决策研究[D].大连:大连理工大学,2008.

[68] 徐强.高速公路沥青路面预防性养护评价体系研究[J].中外公路,2009(3):64-68.

[69] 周辉.高速公路沥青路面预防性养护研究[J].中外公路,2007(3):246-248.

[70] 刘汝晓.公路预防性养护最优化决策与研究[D].西安:长安大学,2008.

[71] 周林.高速公路沥青路面预防性养护对策优选研究[D].武汉:武汉工业学院,2008.

[72] 何本万,卢静.公路预防性养护时机的确定方法探讨[J].交通科技,2011(1):81-84.

[73] 鲍晓军.高速公路路基路面病害科学检测与预防养护研究[D].长沙:长沙理工大学,2008.

[74] 何本万,卢静.公路预防性养护时机的确定方法探讨[J].交通科技,2011(1):81-84.

[75] 姚飞.高速公路沥青路面的预防性养护技术研究[D].长沙:长沙理工大学,2010.

[76] 张程.秦巴山区公路水毁调查分析及预防性养护措施研究[D].西安:长安大学,2012.

[77] 何光兵.高速公路沥青路面预防性养护研究[D].西安:长安大学,2012.

[78] 玉俊杰.基于预防性养护的高速公路沥青路面使用性能评价和预测模型研究[D].北京:

北京交通大学,2009.
[79] 王春清.京秦高速公路沥青路面预防性养护技术研究[D].西安:长安大学,2007.
[80] 罗幸平.超薄磨耗层(NovaChip)在京珠北高速公路预防性养护中的应用[D].广州:华南理工大学,2010.
[81] 郭圣林.高速公路沥青路面预防性养护措施优选研究[D].重庆:重庆交通大学,2012.
[82] 李品.农村公路路面使用性能评价及预防性养护研究[D].长沙:长沙理工大学,2013.
[83] 姚玉玲,任勇,陈拴发.沥青路面的预防性养护时机[J].长安大学学报(自然科学版),2006(6):34-38.
[84] 赵佳军,李捷.沪宁高速公路沥青路面预防性养护技术[J].现代交通技术,2006(6):13-16.
[85] 马志云,张鹏翼,唐永斌.公路预防性养护现状分析及对策研究[J].内蒙古公路与运输,2009(1):60-62.
[86] 邓鹏飞,张伟.高速公路沥青路面预防性养护关键技术研究[J].武汉工业学院学报,2009(2):89-93.
[87] 衡思叶.高等级公路沥青路面预防性养护技术研究[D].西安:长安大学,2011.
[88] 罗曼,汤杰,幸远.高速公路预防性养护战略体系研究[J].中外公路,2011(1):269-272.
[89] 胥燕.高速公路沥青路面最佳预防性养护时机的研究[D].西安:长安大学,2009.
[90] 赵婷.高速公路沥青路面使用性能评价及预防性养护决策研究[D].西安:长安大学,2011.
[91] 杨林江.沥青路面厂拌再生利用设计与施工技术[M].北京:人民交通出版,2008.
[92] 拾方治,马卫民.沥青路面再生技术手册[M].北京:人民交通出版社,2006.
[93] 徐剑,黄颂昌,邹桂莲.高等级公路沥青路面再生技术[M].北京:人民交通出版社,2011.
[94] 董平如,沈国平.京津塘高速公路沥青混凝土就地热再生技术[J].公路,2004,1(1):123-130.
[95] 沈国印.沥青混凝土路面再生利用试验分析[J].公路,2003,5(5):107-110.
[96] 马涛.SMA路面现场热再生技术研究[D].南京:东南大学,2010.
[97] 拾方治,孙大权,吕伟民.沥青路面再生技术简介[J].石油沥青,2004(5):56-59.
[98] 张金喜,李娟.我国废旧沥青混合料再生利用的现状和课题[J].市政技术,2005,23(6):340-344.
[99] 林森,叶勤,李强.厂拌热再生间歇式拌和楼改造关键技术[J].现代交通技术,2011,8(2):37-40.
[100] 刘金玲.沥青及沥青混合料就地热再生工艺研究[D].大连:大连理工大学,2009.
[101] 吕伟民,严家汲.沥青路面再生技术[M].北京:人民交通出版社,1989.
[102] 朱文天.美国及欧洲沥青路面旧料再生技术和设备[J].交通世界,2007(04S):38-39.
[103] 马尉倘."汉十"高速公路沥青路面就地热再生施工技术研究[D].西安:长安大学,2007.
[104] 樊统江,徐栋良,贾敬鹏,等.沥青混凝土路面再生技术及其在国外的发展[J].重庆交

通大学学报(自然科学版),2007,26(3):82-87.

[105] 日本道路协会.日本路面废料再生利用技术指南[M].王元勋,张文魁译.北京:人民交通出版社,1990.

[106] 美国沥青再生协会(ARRA).美国沥青再生指南[M].北京:人民交通出版社,2001.

[107] 张清平.沥青路面现场热再生技术研究[D].长沙:长沙理工大学,2011.

[108] 雒泽华.沥青路面再生技术在我国的发展应用[J].建设机械技术与管理,2008(7):25-34.

[109] 潘万宝.沥青路面热再生在道路改建工程中试验应用[J].安徽建筑,2006,12(5):123-124.

[110] 屈朝彬,从保华,郭永辉,等.旧沥青路面现场热再生技术在石安高速公路上的应用[J].公路交通科技(技术版),2006(11):28-30.

[111] 刘惠.现场热再生沥青路面低温性能试验研究[D].大连:大连理工大学,2008.

[112] 马登成,任化杰,马尉倘.沥青路面就地热再生混合料级配优化设计[J].公路交通科技,2014,31(8):1-6.

[113] 范勇军.沥青混合料厂拌热再生技术研究[D].长沙:长沙理工大学,2007.

[114] 张新波.热再生技术在浙江沪杭甬高速上的应用[D].长春:吉林大学,2014.

[115] 梁尤彦.GZSZ再生沥青混凝土生产运作优化的研究[D].广州:华南理工大学,2011.

[116] Ronald L, Jon A, Sorenson J B. Hot in-place recycling:State of the practice[R]. Salt Lake City,1997.

[117] Ronald L, Jon A, Sorenson J B. New developments in hot in-place recycling of asphalt pavements[R]. Washington D.C.,2001.

[118] He G P, Wong W G. Laboratory study on permanent deformation of foamed asphalt mix incorporating reclaimed asphalt pavement materials[J]. Construction and Building Materials,2007,21(5):1809-1819.

[119] 刘欣楠,马涛,陶向华,等.沥青路面就地热再生养护技术研究[J].公路交通科技,2011(3):28-31.

[120] 满都拉,银华,信志刚,等.沥青路面就地热再生技术应用现状分析[J].内蒙古公路与运输,2011(2):49-51.

[121] 戴合理.就地热再生工艺处治沥青混凝土路面车辙的适应性探讨[J].公路,2010(6):219-223.

[122] 况栋梁.渗透型再生剂的制备及其对再生沥青及混合料性能的影响[D].武汉:武汉理工大学,2012.

[123] Shen J A, Ohne Y, Amirkhanian S J. Determining Rejuvenator Content for Recycling Reclaimed Asphalt Pavement by SHRP Binder Specifications[J]. The International Journal of Pavement Engineering,2002,3(4):261-268.

[124] 陈静云.沥青路面再生方法的试验研究[D].大连:大连理工大学,2011.

[125] 水恒福.道路沥青老化动力学研究[J].华东理工大学学报:自然科学版,1998,24(4):399-404.

[126] 金鸣林,杨俊和,史美仁.道路沥青老化机理分析[J].上海应用技术学院学报:自然科学版,2004,1(1):14-17.

[127] 刘忠安,金鸣林.道路沥青老化过程中组成与分子量分布的变化[J].公路,2001(5):74-77.

[128] 金鸣林,史美仁,冯安祖,等.胜利100B和韩国70道路沥青的热老化过程[J].南京化工大学学报,2001,23(1):35-39.

[129] 杨洪滨.道路沥青抗老化性能及其改性的研究[D].青岛:中国石油大学,2008.

[130] 丰晓,叶奋,黄彭.基于沥青老化的红外光谱羰基吸光度分析[J].建筑材料学报,2008,11(3):375-378.

[131] 田晓.石油沥青老化/硬化机理研究[D].青岛:中国石油大学,2009.

[132] Doh Y S, Amirkhanian S N, Kim K W. Analysis of unbalanced binder oxidation level in recycled asphalt mixture using GPC[J]. Construction and Building Materials,2008,22(6):1253-1260.

[133] Chen J S, Liao M C, Shiah M S. Asphalt modified by styrene-butadiene styrene triblock copolymer:Morphology and model[J]. Journal of materials in civil engineering,2002,14(3):224-229.

[134] Airey G D. Styrene butadiene styrene polymer modification of road bitumens[J]. Journal of Materials Science,2004,39(3):951-959.

[135] 李军.聚合物改性沥青多相体系形成和稳定的研究[D].青岛:中国石油大学,2008.

[136] 王仕峰,张玉军,王迪珍,等.SBS改性沥青的老化行为[J].合成橡胶工业,2003,26(5):301-304.

[137] 吕伟民.关于再生剂质量指标的研究[J].华东公路,1986,5:11.

[138] 黄煜镔,吕伟民,周小平.沥青路面再生技术的原理与应用[J].重庆建筑大学学报,2005,26(6):129-133.

[139] 马涛. Compound Rejuvenation of Polymer Modified Asphalt Binder[J]. Journal of Wuhan University of Technology(Materials Science Edition),2010,6:38.

[140] 王佳妮.模拟紫外环境下沥青流变行为及老化机理的研究[D].哈尔滨:哈尔滨工业大学,2008.

[141] 原健安.沥青中组成聚集状态转变对物理性能的影响[J].西安公路交通大学学报,1997,17(4):10-14.

[142] 余国贤,周晓龙,金亚清,等.废旧渗透性再生剂的实验研究[J].石油学报(石油加工),2006,22(5):96-100.

[143] Shen J A, Amirkhanian S N, Miller J A. Effect of rejuvenating agents on Superpave mixtures containing reclaimed asphalt pavements[J]. The International Journal of Pavement Engineering,2007(19):376-384.

[144] Valdés G, Pérez-Jiménez F, Miró R, et al. Experimental study of recycled asphalt mixtures with high percentages of reclaimed asphalt pavement[J]. Construction and Building Materials,2011,25(3):1289-1297.

[145] Tabakovic A, Gibney A, McNally C, et al. Influence of recycled asphalt pavement on fatigue performance of asphalt concrete base courses[J]. Journal of Materials in Civil Engineering, 2010, 22(6):643-650.

[146] Shen J A, Amirkhanian S N, Miller J A. Effect of rejuvenating agents on Superpave mixtures containing reclaimed asphalt pavements[J]. The International Journal of Pavement Engineering, 2007(19):376-384.

[147] Valdés G, Pérez-Jiménez F, Miró R, et al. Experimental study of recycled asphalt mixtures with high percentages of reclaimed asphalt pavement[J]. Construction and Building Materials, 2011, 25(3):1289-1297.

[148] Shen J A, Amirhanian S, Lee S J. The effect of rejuvenator agents on recycled aged CRM binders[J]. The International Journal of Pavement Engineering, 2005, 6(4):273-279.

[149] Shu X, Huang B S, Vukosavljevic D. Laboratory evaluation of fatigue characteristics of recycled asphalt mixture[J]. Construction and Building Materials, 2008, 22(7):1323-1330.

[150] 侯月军,周志刚,高及阳.不同再生剂对旧沥青性能的改善[J].交通科学与工程,2009,25(3):17-21.

[151] 马涛,黄晓明,张久鹏.基于材料复合理论的老化沥青再生规律[J].东南大学学报(自然科学版),2008,38(5):520-524.

[152] 王为民,王永刚,廖克俭,等.调和法在废旧沥青再生技术中的应用[J].石油化工高等学校学报,2004,17(1):20-24.

[153] 张金喜,林翔,苗英豪,等.再生沥青混合料变异性影响因素正交实验[J].北京工业大学学报,2010,36(6):771-778.

[154] 张志祥,吴建浩.再生沥青混合料疲劳性能实验研究[J].中国公路学报,2006,19(2):31-35.

[155] 李进,王金凤,徐萌,等.再生剂对再生沥青感温性的影响[J].石油化工高等学校学报,2010,23(1):34-38.

[156] 余国贤,周晓龙,金亚清,等.废旧渗透性再生剂的实验研究[J].石油学报(石油加工),2006,22(5):96-100.

[157] 刘崇理.沥青路面的再生机理与再生剂研究[J].北方交通,2010(5):6-9.

[158] 刘军,杨彦海,李和平,等.渗透性再生剂的研究选择[J].环境工程,2004,22(1):44-47.

[159] 姚家鑫.渗透性再生剂的研制[D].重庆:重庆交通大学,2008.

[160] 李振海,王国峰,等.再生剂制备技术及再生沥青的评价[J].中国石油大学学报,2011,35(5):152-156.

[161] 丁湛,栗培龙,高小花,等.废橡胶用于废旧沥青混合料再生的试验研究[J].郑州大学学报,2008,29(1):115-118.

[162] Khaled Nassar, Walid Nassar. Reclaimed asphalt pavement detection and quantity determination[J]. Practice Periodical on Structural Design and Construction, 2007(1):171-177.

[163] 李胜强.厂拌热再生沥青混合料路用性能研究[D].重庆:重庆交通大学,2009.

[164] 倪小军,陈仕周,凌天清.沥青路面再生利用技术综述[J].重庆交通大学学报(自然科学版),2004,23(5):39-42.

[165] 耿九光.高速公路旧沥青混合料热再生技术研究[D].西安:长安大学,2007.

[166] 吴少鹏,黄晓明.路用渗透性再生剂的研究[J].国外建材科技,2001,22(4):47-50.

[167] Derdeyn C P, Videen T O, Yundt K D, et al. Variability of cerebral blood volume and oxygen extraction: stages of cerebral haemodynamic impairment revisited[J]. Brain, 2002, 125(3): 595-607.

[168] Trost S E, Heng F J, Cussler E L. Chemistry of deicing roads: Breaking the bond between ice and road[J]. Journal of transportation engineering, 1987, 113(1): 15-26.

[169] Karlsson R, Isacsson U. Investigations on bitumen rejuvenator diffusion and structural stability (with discussion)[J]. Journal of the Association of Asphalt Paving Technologists, 2003, 72.

[170] 丁录玲,黄晓明.渗透性再生剂扩散机理与扩散模拟试验研究[J].交通科技,2009(5):75-78.

[171] 李进,徐萌,张小英,等.老化沥青与再生剂混合相行为[J].辽宁石油化工大学学报,2009,29(4):19-23.

[172] 耿九光.沥青老化机理及再生技术研究[D].西安:长安大学,2009.

[173] 周持兴.聚合物流变实验与应用[M].上海:上海交通大学出版社,2003.

[174] Yildirim Y. Polymer modified asphalt binders[J]. Construction and Building Materials, 2007, 21(1): 66-72.

[175] Karlsson R, Isacsson U. Laboratory studies of diffusion in bitumen using markers[J]. Journal of materials science, 2003, 38(13): 2835-2844.

[176] Karlsson R, Isacsson U. Application of FTIR-ATR to characterization of bitumen rejuvenator diffusion[J]. Journal of Materials in Civil Engineering, 2003, 15(2): 157-165.

[177] 朱新春.高速公路沥青混凝土路面就地热再生技术[J].中国市政工程,2005(5):16-17.

[178] 江燕青.沥青路面就地热再生技术的研究[D].西安:长安大学,2006.

[179] 谷雨.热再生沥青混合料配合比设计与性能研究[D].重庆:重庆交通大学,2013.

[180] 何世雄,任文宏,赵永伟.再生沥青混合料路用性能的对比研究[J].公路交通科技(应用技术版),2013(10):053.

[181] 薛彦卿,黄晓明.厂拌热再生沥青混合料力学性能试验研究[J].建筑材料学报,2011,14(4):507-511.

[182] 侯睿.沥青抽提方法评价与就地热再生技术研究[D].南京:东南大学,2006.

[183] 苏举.旋转蒸发器法沥青回收试验探讨[J].公路,2009(11):216-220.

[184] 肖争荣.旧沥青混合料再生利用技术的探索[J].山西交通科技,2006(2):013.

[185] 李建才.沥青回收与再生[J].东北公路,2001,24(3):22-23.

[186] 熊出华,张永兴,凌天清,等.一种新的沥青回收方法探讨[J].中外公路,2006,26(2):203-205.

[187] 李龙.沥青混合料再生利用研究[D].西安:长安大学,2003.

[188] 马如宏,史金飞.沥青混凝土路面现场热再生技术[J].盐城工学院学报(自然科学版),2004,14(1):53-56.

[189] 蔡全辉.废旧沥青混合料厂拌热再生应用问题研究[D].哈尔滨:哈尔滨工业大学,2013.

[190] 张岩.厂拌热再生沥青混合料设计研究[D].大连:大连理工大学,2013.

[191] 龙钧.沥青路面就地热再生沥青配伍性研究[D].南京:南京林业大学,2014.

[192] 曾令永,季鹏,奚丽珍.现场热再生技术在沪宁高速公路大修工程中的应用与研究[J].上海公路,2004(1):13-16.

[193] 王日彬,王全学,吕连洪.废旧沥青混合料再生利用[J].黑龙江交通科技,2002,2:17-19.

[194] 王芳,袁万杰,陈忠达.沥青老化性能评价指标研究[J].公路交通技术,2005(2):57-58.

[195] 李祝龙,丁小军,赵述曾,等.沥青混合料应用中的环境保护[J].交通运输工程学报,2004(4):1-4.

[196] 中华人民共和国交通运输部.公路沥青路面再生技术规范:JTG/T 5521—2019[S].北京:人民交通出版社股份有限公司,2019.

[197] 丁柯,陈炳生.浅议沥青路面旧料再生利用[J].中国市政工程,2003(3):5-6.

[198] 侯睿,黄晓明.新旧沥青调和再生规律研究[J].石油沥青,2006,20(4):26-29.

[199] 中华人民共和国交通运输部.公路工程沥青及沥青混合料试验规程:JTG E20—2011[S].北京:人民交通出版社,2011.

[200] 韦琴,杨长辉,熊出华,等.旧沥青路面再生利用技术概述[J].重庆建筑大学学报,2007,29(3):128-131.

[201] 高及阳.海南地区高速公路就地热再生沥青路面再生沥青研究[D].长沙:长沙理工大学,2009.

[202] 孙道建.厂拌热再生沥青混合料的研究与应用[D].济南:山东大学,2012.

[203] 李海军,黄晓明.SHRP 沥青性能分级量度的探讨[J].公路交通科技,2006,23(2):36-38.

[204] 杜月宗,赵可.基质沥青与改性沥青在 SHRP PG 分级试验中的不同表现[J].石油沥青,2003,17(B04):100-105.

[205] 车法,蒋双全,李洪印.现场热再生沥青混合料性能试验研究及评价[J].武汉理工大学学报,2010(14):65-69.

[206] 谭忆秋,邵显智,张肖宁.基于低温流变特性的沥青低温性能评价方法研究[J].中国公路学报,2002,15(3):1-5.

[207] 景彦平.沥青结构及高聚物改性沥青机理研究[D].西安:长安大学,2006.

[208] 丁福臣,魏洁.石油沥青质胶体分散特性的研究[J].石油化工高等学校学报,2001,14(3):7-9.

[209] 魏荣梅.道路沥青的老化与再生研究[D].武汉:武汉理工大学,2006.

[210] 张永兴,熊出华,凌天清.再生剂与老化沥青微观作用机理[J].土木建筑与环境工程,2010,32(6):55-59.
[211] 陈端阳.再生沥青混合料配合比设计及路用[J].中南公路工程,2005,29(3):84-88.
[212] 苏凯,孙立军.沥青路面车辙产生机理[J].石油沥青,2006,20(4):1-7.
[213] 钱国平,蒋丽君,李帅.沥青路面低温抗裂性能热收缩复合模型研究[J].中外公路,2011,31(3):73-76.
[214] 胡达平.再生沥青混合料应用技术研究[J].市政技术,2003(4):229-234.
[215] 郑晓光,杨群,吕伟民.沥青路面水损害的病害特征与机理分析[J].中南公路工程,2006,31(2):96-98.
[216] 张志祥,吴建浩.再生沥青混合料疲劳性能试验研究[J].中国公路学报,2006,19(2):31-35.
[217] 张智刚.空隙率对沥青混合料水稳性的影响分析[J].湖南交通科技,2006,32(3):33-35.
[218] 林翔,张金喜,苗英豪,等.再生沥青混合料配合比设计影响因素试验研究[J].公路交通科技,2011,28(2):14-19.
[219] 伍国富,邹宏德.沥青混合料高温稳定性评价指标的试验研究[J].市政技术,2006,23(6):345-348.
[220] 张俊标,王绍怀,张肖宁.APA评价再生沥青混合料路用性能[J].石油沥青,2004,18(2):7-10.
[221] 李海军,林广平,黄晓明.高等级公路沥青混凝土路面再生适用性[J].公路,2005(7):183-188.
[222] 耿九光,戴经梁,陈忠达.热再生沥青混合料低温抗裂性能全程评价[J].武汉理工大学学报(交通科学与工程版),2008,32(6):1029-1032.
[223] 邹桂莲,徐剑.再生沥青混合料路用性能试验研究[J].公路与汽运,2011(2):121-124.
[224] 黄冰,颜可珍,林峰.沥青低温性能评价指标的灰色关联度分析[J].公路工程,2010,35(2):19-22.
[225] 倪富健,赖用满,沈恒,等.TLA复合改性沥青混合料路用性能研究[J].公路交通科技,2005,22(1):13-16.
[226] 张硕.冰雪地区干法橡胶改性沥青混合料性能研究[D].西安:长安大学,2011.
[227] 刘先森,朱战良,王欣,等.厂拌热再生沥青技术在广佛高速公路路面大修工程的应用[J].公路,2005(11):131-136.
[228] 郭伟.沥青路面就地热再生施工工艺及技术[J].商品与质量,2010(12):64-66.
[229] 张竹平.沥青混凝土路面就地热再生工艺及设备[J].筑路机械与施工机械化,2003,20(4):20-22.
[230] 陈长征.就地热再生施工技术在海南高速公路的应用[J].山西建筑,2010,36(1):305-307.
[231] 任义军.沥青混凝土就地再生机械与施工研究[D].西安:长安大学,2005.
[232] 马涛,李春雷,张建,等.沥青路面就地热再生列车应用研究[J].北京工业大学学报,

2011,37(1):126-130.
[233] 周雯.英达第 3 代就地热再生机组介绍[J].筑路机械与施工机械化,2008(04):24-25.
[234] 佘满汉.PE 改性沥青混合料模拟老化和再生性能研究[D].长沙:长沙理工大学,2012.
[235] 熊巍,卢何.热再生沥青混合料的路用性能试验研究[J].公路,2006(10):191-194.
[236] 张永明.热拌再生沥青混凝土技术研究及应用[D].天津:天津大学,2010.
[237] 刘振兴.海南省现场热再生沥青路面施工工艺及质量控制研究[D].长沙:长沙理工大学,2009.
[238] 刘登普.高等级沥青路面再生技术及施工[J].湖南交通科技,2002,18(2):33-35.
[239] 王迅.沥青混合料路面再生技术及工艺设备[J].矿山机械,2009(12):9-12.
[240] 刘明光.国内就地热再生施工机械简介[J].建设机械技术与管理,2009(2):78-80.
[241] 姜武杰,赵文华,马先启.沥青路面就地热再生工艺及其应用[J].建筑机械,2006(09S):84-86.
[242] 高宏波.沥青混凝土就地热再生方式与成本分析[D].重庆:重庆交通大学,2012.